国家出版基金项目
NATIONAL PUBLICATION FOUNDATION

● 生态文明法律制度建设研究丛书

疏离与统合：
环境公益诉讼程序协调论

SHULI YU TONGHE
HUANJING GONGYI SUSONG CHENGXU XIETIAO LUN

何 江 ● 著

重庆大学出版社

图书在版编目（CIP）数据

疏离与统合：环境公益诉讼程序协调论 / 何江著
. -- 重庆：重庆大学出版社，2023.6
（生态文明法律制度建设研究丛书）
ISBN 978-7-5689-3810-5

Ⅰ.①疏…　Ⅱ.①何…　Ⅲ.①环境保护法－行政诉讼
－研究－中国　Ⅳ.①D925.304

中国国家版本馆CIP数据核字（2023）第094558号

疏离与统合：环境公益诉讼程序协调论

何　江　著

策划编辑：孙英姿　张慧梓　许　璐
责任编辑：张红梅　　版式设计：许　璐
责任校对：王　倩　　责任印制：张　策

＊

重庆大学出版社出版发行

出版人：饶帮华

社址：重庆市沙坪坝区大学城西路21号

邮编：401331

电话：（023）88617190　88617185（中小学）

传真：（023）88617186　88617166

网址：http://www.cqup.com.cn

邮箱：fxk@cqup.com.cn（营销中心）

全国新华书店经销

重庆升光电力印务有限公司印刷

＊

开本：720mm×960mm　1/16　印张：24　字数：334千
2023年6月第1版　　2023年6月第1次印刷
ISBN 978-7-5689-3810-5　定价：138.00元

丛书编委会

主　任：黄锡生

副主任：史玉成　　施志源　　落志筠

委　员（按姓氏拼音排序）：

邓　禾　　邓可祝　　龚　微　　关　慧

韩英夫　　何　江　　卢　锟　　任洪涛

宋志琼　　谢　玲　　叶　轶　　曾彩琳

张天泽　　张真源　　周海华

作者简介

何江，西南政法大学经济法学院讲师，西南政法大学西部生态法研究中心研究人员，最高人民法院第六批实践锻炼青年学者，西南政法大学博士后研究人员，重庆大学法学博士。在《法制与社会发展》《中国人口·资源与环境》《北京理工大学学报》《安徽大学学报》《中国地质大学学报》《郑州大学学报》等刊物发表论文十余篇，其中部分论文被中国人民大学复印报刊资料《经济法学·劳动法学》《诉讼法学·司法制度》全文转载。主持国家社会科学基金青年项目、中国博士后科学基金项目、重庆市社会科学规划项目、重庆市教育委员会人文社会科学研究项目、西南政法大学校级课题等科研项目多项；主研国家社会科学基金重大项目、教育部项目、司法部项目和中国法学会项目等十余项。主要从事环境与资源保护法学、能源法学等的教学与研究工作，尤其关注环境诉讼、环境责任等领域。

总　序

　　"生态兴则文明兴，生态衰则文明衰。"良好的生态环境是人类生存和发展的基础。《联合国人类环境会议宣言》中写道："环境给予人以维持生存的东西，并给他提供了在智力、道德、社会和精神等方面获得发展的机会。"一部人类文明的发展史，就是一部人与自然的关系史。细数人类历史上的四大古文明，无一不发源于水量丰沛、沃野千里、生态良好的地区。生态可载文明之舟，亦可覆舟。随着发源地环境的恶化，几大古文明几近消失。恩格斯在《自然辩证法》中曾有描述："美索不达米亚、希腊、小亚细亚以及其他各地的居民，为了得到耕地，毁灭了森林，但是他们做梦也想不到，这些地方今天竟因此成了不毛之地。"过度放牧、过度伐木、过度垦荒和盲目灌溉等，让植被锐减、洪水泛滥、河渠淤塞、气候失调、土地沙化……生态惨遭破坏，它所支持的生活和生产也难以为继，并最终导致文明的衰落或中心的转移。

　　作为唯一从未间断传承下来的古文明，中华文明始终关心人与自然的关系。早在5000多年前，伟大的中华民族就已经进入了农耕文明时代。长期的农耕文化所形成的天人合一、相生相克、阴阳五行等观念包含着丰富的生态文明思想。儒家形成了以仁爱为核心的人与自然和谐发展的思想体系，主要表现为和谐共生的顺应生态思想、仁民爱物的保护生态思想、取物有节的尊重生态思想。道家以"道法自然"的生态观为核心，强调万物平等的公平观和自然无为的行为观，认为道是世间万物的本源，人也由道产生，是自然的组成部分。墨家在长期的发展中形成"兼相爱，交相利""天志""爱无差等"的生态思想，对当代我们共同努力探寻的环境危机解决方案具有较高的实用价值。正是古贤的智慧，让中华民族形成了"敬畏自然、行有所止"的自然观，使中华民族能够生生不息、繁荣壮大。

中华人民共和国成立以来，党中央历代领导集体从我国的实际国情出发，深刻把握人类社会发展规律，持续关注人与自然的关系，着眼于不同历史时期社会主要矛盾的发展变化，总结我国发展实践，从提出"对自然不能只讲索取不讲投入、只讲利用不讲建设"到认识到"人与自然和谐相处"，从"协调发展"到"可持续发展"，从"科学发展观"到"新发展理念"和坚持"绿色发展"，都表明我国环境保护和生态文明建设作为一种执政理念和实践形态，贯穿于中国共产党带领全国各族人民实现全面建成小康社会的奋斗目标过程中，贯穿于实现中华民族伟大复兴的中国梦的历史愿景中。党的十八大以来，以习近平同志为核心的党中央高度重视生态文明建设，把推进生态文明建设纳入国家发展大计，并提出美丽中国建设的目标。习近平总书记在党的十九大报告中，就生态文明建设提出新论断，坚持人与自然和谐共生成为新时代坚持和发展中国特色社会主义基本方略的重要组成部分，并专门用一部分内容论述"加快生态文明体制改革，建设美丽中国"。习近平总书记就生态文明建设提出的一系列新理念新思想新战略，深刻回答了为什么建设生态文明、建设什么样的生态文明、怎样建设生态文明等重大问题，形成了系统完整的生态文明思想，成为习近平新时代中国特色社会主义思想的重要组成部分。

生态文明是在传统的发展模式出现了严重弊病之后，为寻求与自然和谐相处、适应生态平衡的客观要求，在物质、精神、行为、观念与制度等诸多方面以及人与人、人与自然良性互动关系上所取得进步的价值尺度以及相应的价值指引。生态文明以可持续发展原则为指导，树立人与自然的平等观，把发展和生态保护紧密结合起来，在发展的基础上改善生态环境。因此，生态文明的本质就是要重新梳理人与自然的关系，实现人类社会的可持续发展。它既是对中华优秀传统文化的继承和发扬，也为未来人类社会的发展指明了方向。

党的十八大以来，"生态文明建设"相继被写入《中国共产党章程》和《中华人民共和国宪法》，这标志着生态文明建设在新时代的背景下日益规范化、制度化和法治化。党的十八大提出，大力推进生态文明建设，把生态文明建设放在突出地位，融入经济建设、政治建设、文化建设、社会建设各方面和全过程，努力建设美丽中国，实现中华民族永续发展。党的十八届三中全会提出，必须建立系统完整的"生态文明制度体系"，用制度保护生态环境。党的十八届四中全会将生态文明建设置于"依法治国"的大背景下，进一步提出"用严格的法律制度保护生态环境"。可见，生态文明法律制度建设的脚步不断加快。为此，本人于2014年牵头成立了"生态文明法律制度建设研究"课题组，并成功中标2014年度国家社科基金重大项目，本套丛书即是该项目的研究成果。

本套丛书包含19本专著，即《生态文明法律制度建设研究》《监管与自治：乡村振兴视域下农村环保监管模式法治构建》《保护与利用：自然资源制度完善的进路》《管理与变革：生态文明视野下矿业用地法律制度研究》《保护与分配：新时代中国矿产资源法的重构与前瞻》《过程与管控：我国核能安全法律制度研究》《补偿与发展：生态补偿制度建设研究》《冲突与衡平：国际河流生态补偿制度的构建与中国应对》《激励与约束：环境空气质量生态补偿法律机制》《控制与救济：我国农业用地土壤污染防治制度建设》《多元与合作：环境规制创新研究》《协同与治理：区域环境治理法律制度研究》《互制与互动：民众参与环境风险管制的法治表达》

《指导与管控：国土空间规划制度价值意蕴》《矛盾与协调：中国环境监测预警制度研究》《协商与共识：环境行政决策的治理规则》《主导或参与：自然保护地社区协调发展之模式选择》《困境与突破：生态损害司法救济路径之完善》《疏离与统合：环境公益诉讼程序协调论》，主要从"生态文明法治建设研究总论""资源法制研究""环境法制研究""相关诉讼法制研究"四大板块，探讨了生态文明法律制度建设的相关议题。本套丛书的出版契合了当下生态文明建设的实践需求和理论供给，具有重要的时代意义，也希望本套丛书的出版能为我国法治理论创新和学术繁荣作出贡献。

2022 年 9 月 于山城重庆

前　言

一、环境公益的司法保护为何重要

从审判机构来看，截至 2023 年 1 月，全国共设立环境资源审判专门机构或组织 2426 个[1]，"我国成为全球唯一建成覆盖全国各级法院环境资源审判体系的国家"；从审判程序来看，环境民事公益诉讼、环境行政公益诉讼、生态环境损害赔偿诉讼等相继入法，使环境公益的司法保护形成了独具特色的中国方案。但是这种发展也引发了强烈批评，最尖锐的指责在于，保护公共利益长期是行政权的出发点，环境公益的司法保护本质上是构建一套与环境行政规制并行的规制体系，而这有违管理学关于"一类事项原则上由一个部门统筹、一件事情原则上由一个部门负责"的基本逻辑，从而损害了行政权和司法权之间的合理分工与权力平衡。[2] 对于环境公益司法保护的正当性，学界多从司法能动的功利主义和实用主义视角进行论证，存在"由果推因"的逻辑问题。

本书从发生学的角度考察发现，实际上法院在环境规制中的不同阶段经历了角色嬗变。当代环境问题始于工业革命，在 18 世纪 60 年代—20 世纪 60 年代，不那么紧迫的环境问题与不那么主动的行政风格两相叠加，结果是，政府非常谨慎地将未突破社会容忍限度和环境容量的生态环境问题提升到政府的规制议程。基于政府与

---

[1]　刘帆. 全面加强生态环境公共利益司法保护：最高人民法院发布环境公益诉讼专题指导性案例［EB/OL］.（2023-01-11）［2023-01-28］. 最高人民法院官网.

[2]　王明远. 论我国环境公益诉讼的发展方向：基于行政权与司法权关系理论的分析［J］. 中国法学，2016（1）：49-68.

市场的双重失灵，此一阶段的法院通过"私人妨害理论"，将环境问题引发的纠纷纳入相邻权纠纷进行解决，此时的法院实际上充当了"环境规制主导者"的角色。20世纪60—80年代，在环境问题加剧、环保意识增强和行政模式转换的共同作用下，各国环境问题出现"治理上移"，如中国、美国、日本、德国等在1969—1974年出台了国家层面的环境法律，并组建了环境行政主管部门。法院出于对行政机关专业性的尊重，从台前走向幕后，仅对环境行政规制的"漏网之鱼"进行私益维权性质的个案裁判。同时为防止环境行政的越权行使，法院还充当了"环境规制制衡者"的角色。20世纪80年代至今，环境问题进一步加剧，考虑到对环境行政规制的过度依赖，弱化了公众对其自身生态环境进行保护的能力和神圣职责，而诉讼又是公众发挥自身效能最有力的工具，于是为了补足环境行政规制之不足并回应公众参与的时代需求，各国一方面强化环境行政规制权力，另一方面则重拾对法院的信任和依赖，对环境司法进行了重塑，此时的法院逐渐成为与政府"分庭抗礼"的——虽然是饱受争议的——"环境规制替代者"。概言之，在"夜警国家""福利国家"和"风险社会"，法院以私人讼争裁决者为底色，根据社会情势变迁还承担了"环境规制主导者""环境规制制衡者"和"环境规制替代者"的角色。法院的"环境规制替代者"角色可以从"代理彩票理论"中得到证成。[1]可见，法院在环境规制中始终占有一席之地。

二、为什么以环境公益诉讼的程序协调为视角

自上而下的环境行政规制并非环境治理中的"万能药"，自下而上的环境司法规制也非环境治理中的"洪水猛兽"。环境行政规

---

[1] 何江.论环境规制中的法院角色：从环境公益诉讼的模式选择说开去［J］.北京理工大学学报（社会科学版），2020，22（1）：141-149.

制与环境司法规制均不具有单独进行环境治理的绝对优势，二者优势互补的结构性特征使环境规制跳脱政府主导的成见和禁锢，政府与法院的合作规制作为环境规制的"第三条道路"应当成为一种"次优选择"[1]。

既有环境公益司法保护研究多集中于特定类型诉讼程序的构建与完善，而未顾及环境公益司法保护之整体性构造。然而，制度安排"嵌"在制度结构中[2]，"就制度论制度"往往给人以"不识庐山真面目"之惑。例如同一环境侵害行为往往具备多重违法属性，能够同时触发民事公/私益责任、行政责任与刑事责任，不同的责任追究存在着与之对应的程序路径，而责任尤其是民事公益责任、惩罚性赔偿责任等，与传统公法责任中的行政和刑事责任存在着交叉或重叠，倘若缺乏协调，极易陷入对侵权人的规制不足或规制过度的窘境。鉴于环境公益的司法保护面临不容小觑的程序协调难题，本书从"整体主义环境哲学"的角度探讨环境公益诉讼与关联诉讼的协同配合机制。

三、本书的学术价值

其一，提出"环境实体公益"与"环境秩序公益"的区分。对"环境公益"这一环境公益诉讼的诉讼对象研究不足，直接造成环境公益诉讼的受案范围不清、模式选择混乱等难题。本书认为，在解释论的视角下，环境公益应当作"环境实体公益"和"环境秩序公益"的二元界分，前者旨在恢复实体层面被破坏的生态环境，并构成环境民事公益诉讼的核心诉求；后者旨在救济环境侵害行为对环境秩序的冲击，并构成环境行政公益诉讼的基石诉求。借助"环

---

[1]　何江.论环境规制中的法院角色：从环境公益诉讼的模式选择说开去［J］.北京理工大学学报（社会科学版），2020，22（1）：141-149.

[2]　林毅夫.关于制度变迁的经济学理论：诱致性变迁与强制性变迁［C］//罗纳德·H.科斯，等.财产权利与制度变迁：产权学派与新制度学派译文集.刘守英，等译.上海：格致出版社，上海三联书店，上海人民出版社，2014：269.

境实体公益"和"环境秩序公益"的区分来诠释抽象的"环境公益"，是解决环境公益诉讼的受案范围和模式选择问题的理论前提。

其二，提出环境公益诉讼程序协调的基本框架。实践中已经出现环境刑事附带民事公益诉讼、环境行政附带民事公益诉讼两种全新的诉讼模式，司法解释也对环境民事公益诉讼与生态环境损害赔偿诉讼的程序协调进行了规定。此外，学术界还在探讨环境刑事附带行政公益诉讼、环境民事公/私益诉讼合并审理的可能性。然而，既有讨论缺乏一种体系化的理论框架来对环境公益诉讼的程序协调进行整全性构造。本书基于"利益说"对环境公益诉讼与关联诉讼的关系进行区分，将实质指向公共利益的诉讼间的协调关系称为"环境公益诉讼的内部程序整合"，将环境公益诉讼与实质指向私有利益的诉讼间的协调关系称为"环境公益诉讼的外部程序衔接"，进而通过环境公益诉讼内部程序整合与外部程序衔接的大框架将环境公益诉讼与关联诉讼的程序协调问题进行体系化建构。

其三，研究诉的合并在环境公益诉讼程序协调中的应用可能及其限度。本书以"3.0 版本"的"相对的诉讼标的理论"为基础，构造了一种更加广义的诉的合并理论，即区别于民事诉讼中诉讼标的的合并，而涵盖不同性质诉讼的合并审理，并指出诉的合并在环境公益诉讼程序协调中的应用形态主要表现为"附带审理"与"合并审理"。同时，本书指出可以通过赋予法院以诉的合并的自由裁量权以保障诉的合并在环境公益诉讼程序协调中的推行，并适当改造举证规则、管辖规则、既判力规则等，使环境公益诉讼与关联诉讼可以通过诉的合并实现程序协调；同时，基于诉讼公正原则与诉讼经济原则确定环境公益诉讼程序协调的限度。

其四，环境公益诉讼内部程序整合的制度创新。环境民事公益诉讼构造出一种"法院—责任人"的直接规制路径，环境行政公益诉讼则构造出一种"法院—政府—责任人"的间接规制路径，二者在维护环境公益这一核心取向上是殊途同归的，由此引发环境行政／民事公益诉讼的程序竞合。环境行政／民事公益诉讼的程序协调可以通过设计不同情形下的诉讼模式选择方案、完善环境行政附带民事公益诉讼程序来具体展开。环境刑事／民事公益诉讼的程序协调面临着与检察机关提起的刑事附带民事诉讼功能重叠、过罪化倾向和检察机关"双重代位"引发的主体不适格质疑，可以通过构建以"先民后刑"模式为原则，以"刑民分离"模式为补充的审理策略，并同时通过附带诉讼时的公告豁免、管辖级别冲突时的"就低"策略等来应对程序整合面临的问题。

其五，环境公益诉讼外部程序衔接的制度创新。环境民事公／私益诉讼的程序协调面临着"紧密式衔接"和"松散式衔接"两条路径。鉴于"紧密式衔接"模式在我国目前的制度语境下面临着较大的"转轨成本"，"松散式衔接"模式则具有成本低廉而成效显著的优势，因此选择"松散式衔接"模式破解"双轨制环境诉讼"附带的弊端更具可行性。具体而言，可以通过争点分隔和中间裁判的方式实现环境民事公／私益诉讼程序衔接的效率提升。环境民事公益诉讼与生态环境损害赔偿诉讼的程序衔接也面临两条路径，即基于解释论的视角通过受案范围、诉前程序、起诉顺位、诉讼请求和证据融通等方面的制度改造来实现二者的程序衔接，以及基于建构论的视角赋予行政机关以责令修复、赔偿生态环境损害的行政权力，以契合行政和司法相协同的"环境共治"理念。

四、本书的结构安排

本书前三章是理论研究部分。其中，第一章是"导论"，主要包括问题的提出、国内外研究述评和研究旨趣等内容。第二章是"环境公益诉讼程序协调的基本概念厘定"，主要对全文涉及的环境公益、环境公益诉讼、环境公益诉讼的程序协调、环境公益诉讼程序协调的基本框架等基本范畴进行框定。第三章是"环境公益诉讼程序协调的理论澄清"，主要回答"何以可能""为何协调""如何协调"三个基本问题，尤其是通过"代理彩票理论"论证了环境行政规制与环境司法规制二元并存的正当性。

本书后三章是制度建构部分。其中，第四章是"环境公益诉讼的内部程序整合"，主要涵盖环境行政／民事公益诉讼的程序整合以及环境刑事／民事公益诉讼的程序整合。第五章是"环境公益诉讼的外部程序衔接"，主要涵盖环境民事公／私益诉讼程序衔接以及环境民事公益诉讼与生态环境损害赔偿诉讼的衔接。第六章是"结语"，主要概括环境公益诉讼程序协调的基本原则与规制策略。

本书由博士论文修改而成，在此衷心感谢导师黄锡生教授的悉心指导，因为您的支持和点拨才有本书的顺利成型，但是文责自负。同时，由衷地感谢我的妻子苏小宇，是你的坚毅和支持，让我能够全身心地投入学习和科研，也因为重心的偏移，让你承担了诸多本应由两个人分担的工作和压力，在此谨致以诚挚的敬意和谢意！

谨以此书献我给最爱的家人！

二〇二三年五月　于重庆

目　录

第三章　环境公益诉讼程序协调的理论澄清

第六章 结语

主要参考文献

第一章 导 论

第一节 问题缘起

随着环境民事公益诉讼、环境行政公益诉讼与生态环境损害赔偿诉讼的相继法治化，环境司法规制体系逐渐成型且日益成为与环境行政规制并驾齐驱的环境治理举措。经济学者对这场司法领域内的"准自然实验"进行的实证研究发现，环境司法改革"有效降低了工业污染物的排放总量和人均排放量"[1]。然而"挑出某个特定的制度安排并绝对地讨论它的效率是不会得到什么结果的"，因为"制度安排'嵌在'制度结构中，所以它的效率还取决于其他制度安排实现它们功能的完善程度"[2]。这样的担忧并非空穴来风，因为环境侵害的复杂性和多元性，使环境侵害往往同时契合民事责任、行政责任与刑事责任的构成要件，也同时满足公益诉讼与私益诉讼的诉讼要求。由此形成了涵盖行政执法（以及由此延伸的环境行政公益诉讼）、民事责任（包括环境民事公益诉讼和生态环境损害赔偿）与刑事责任（包括刑事责任和刑事附带民事公益诉讼）的"公私（法）并行、六诉并存"局面。[3]

---

[1] 范子英，赵仁杰.法治强化能够促进污染治理吗？：来自环保法庭设立的证据［J］.经济研究，2019，54（3）：21-37.

[2] 林毅夫.关于制度变迁的经济学理论：诱致性变迁与强制性变迁［C］//罗纳德·H.科斯，等.财产权利与制度变迁：产权学派与新制度学派译文集.刘守英，等译.上海：格致出版社，上海三联书店，上海人民出版社，2014：269.

[3] 张宝.环境法典编纂中民事责任的定位与构造［J］.环球法律评论，2022（6）：40-55.

适格主体面临着复杂的公益诉讼模式选择与程序整合，以及公益诉讼与传统的私益诉讼之间的程序衔接问题。可见，在单项的制度安排，即环境民事公益诉讼、环境行政公益诉讼与生态环境损害赔偿诉讼得以确立之后，如何将其妥帖地嵌套进既有的制度结构并使其协调运转，成为新一轮环境司法体制改革的核心研究内容。

一、从程序竞合到模式选择

环境民事公益诉讼与环境行政公益诉讼的相继入法，暂时平息了学界关于环境公益诉讼的适格原告、诉讼参加人地位、诉讼标的、诉讼收益分配、救济方式选择等问题的争论。然而还没来得及享受这"庶民的胜利"，理论界和实务界又陷入了另一个理论泥潭，即针对同一环境公益侵害事实，当其既符合环境民事公益诉讼的起诉条件也符合环境行政公益诉讼的起诉条件之时，应当如何选择——此即学界热议的环境公益诉讼模式选择难题。

从诉讼标的来看，环境民事公益诉讼旨在调整平等主体间的环境法律关系，环境行政公益诉讼旨在调整不平等主体间的环境法律关系[1]，二者呈现出了截然不同的面貌。之所以在理论和实务中衍生出模式选择之争，概因两种诉讼模式所救济的根本利益——受被诉违法行为侵害的环境公共利益——是等同的，环境民事公益诉讼与环境行政公益诉讼的程序竞合问题由此产生[2]。以实践中常见的私主体污染环境为例，维护公益乃行政之出发点，《中华人民共和国宪法》（以下简称《宪法》）第八十条规定，国务院负有"领导和管理生

---

[1] 检察机关提起的环境民事公益诉讼与环境行政公益诉讼在形式上分别呈现出"官告民"和"官告官"的特性。但是论者指出，根据诉讼法原理，公权力主体作为环境公益诉讼的起诉主体时，是以降格为"凡市民"中一分子的身份提起诉讼的，在诉讼中其仅能发挥职业优势而不能行使职权优势，因此检察机关作为原告提起的公益诉讼并未突破民事诉讼"民告民"和行政诉讼"民告官"的本质。参见黄锡生，谢玲. 环境公益诉讼制度的类型界分与功能定位：以对环境公益诉讼"二分法"否定观点的反思为进路［J］. 现代法学，2015，37（6）：108–116.
[2] 巩固. 检察公益"两诉"衔接机制探析：以"检察公益诉讼解释"的完善为切入［J］. 浙江工商大学学报，2018（5）：27–34.

态文明建设"之职责。私主体污染环境损害社会公益，往往也意味着行政管理上的疏漏或不足。此时，针对私主体造成的环境公益损害，适格原告将面临路径选择：路径一，以负有监管职责的行政部门为被告，向法院提起环境行政公益诉讼，请求行政部门责令私主体停止非法排污、进行环境治理或支付相关费用。本书将这一以行政责任为内核的路径概括为"法院—政府—责任人"间接规制路径。路径二，以造成环境侵害的私主体为被告，向法院提起环境民事公益诉讼，要求私主体停止侵害并对其造成的损害予以补救。本书将这一以民事责任为内核的路径概括为"法院—责任人"直接规制路径。

问题在于，围绕环境公共利益保护这一核心议题，无论是选择行政内核的路径一，还是民事内核的路径二，两条路径的处理在实际内容和客观功能上都是趋同的，即最终均指向对环境侵害的惩罚、矫正或填补[1]。由此适格原告面临着一种通过诉讼方式维护环境公益的程序竞合，即无论是启动环境行政公益诉讼进而通过"法院—政府—责任人"的间接规制路径，抑或启动环境民事公益诉讼进而通过"法院—责任人"的直接规制路径，二者在维护环境公共利益这一核心目的上是殊途同归的。

针对环境公益诉讼的模式选择问题，学界形成了多种观点：

其一，以环境行政公益诉讼为主模式论。该理论是当前学界的主流理论，其认为，环境民事公益诉讼通过强化司法权和要求行政权配合司法权，使法院超越和取代生态环境主管部门，成为环境公共事务的第一顺位保护者，而生态环境主管部门则沦为提供科学技术等专业性支持的辅助者，这种模式容易造成司法权对行政权的不当干涉，从而有损行政权与司法权之间的合理分工和权力平衡。环境行政公益诉讼旨在督促生态环境主管部门依法行政，并不会产生法院挤占行政机

---

[1] 巩固.检察公益"两诉"衔接机制探析：以"检察公益诉讼解释"的完善为切入[J].浙江工商大学学报，2018（5）：27—34.

关权力空间的问题，因此应当成为环境公益诉讼的主导模式[1]。该学说的极端观点甚至认为，"民事公诉[2]实无必要"[3]。

其二，以环境民事公益诉讼为主模式论。该理论认为，环境行政公益诉讼与环境民事公益诉讼虽然在保护环境公益这一核心指向上功能趋同，但是二者仍然存在主次之别、轻重之分，在诉讼模式选择中，应当将以"法院—责任人"直接规制路径为内核的环境民事公益诉讼作为首选方案，将以"法院—政府—责任人"间接规制路径为内核的环境行政公益诉讼作为例外。原因在于，"福利国家"背景下积极、主动、全面的"给付行政"模式出现了，行政权几乎渗透社会生活的方方面面，而出现侵害公共利益的领域一般都有对应的行政主管部门，倘若以此为划分标准而提起行政公益诉讼，则所有公益诉讼都将是行政公益诉讼。论者进一步指出，"政府失灵"是出现环境民事公益诉讼的缘由，以优先提起环境行政公益诉讼为原则，实质上是将问题重新推给了本就"执行不力"或"执行不能"的行政部门，不仅有违构建环境民事公益诉讼之宗旨，也可能导致公益维护的迟滞或乏力。鉴于环境民事公益诉讼为主的模式选择有利于将矛盾聚焦于侵权行为，也有利于环境公益的尽快恢复，因此应当在公益诉讼模式选择中以环境民事公益诉讼为原则[4]。

其三，二元并存论。论者认为，环境民事公益诉讼与环境行政公益诉讼是性质有别的两类诉讼，基于我国的司法结构和公益诉讼产生的背景等来看，环境民事公益诉讼与环境行政公益诉讼二元并存才是

[1] 参见王明远.论我国环境公益诉讼的发展方向：基于行政权与司法权关系理论的分析[J].中国法学，2016（1）：49-68；王曦.论环境公益诉讼制度的立法顺序[J].清华法学，2016（6）：101-114；黄锡生，谢玲.环境公益诉讼制度的类型界分与功能定位：以对环境公益诉讼"二分法"否定观点的反思为进路[J].现代法学，2015，37（6）：108-116.
[2] 根据受益主体是否特定，诉讼可以分为公益诉讼与私益诉讼；根据诉讼法律属性，诉讼可以分为民事诉讼、行政诉讼和刑事公诉；根据起诉主体是否是公诉机关，诉讼可以分为公诉和自诉。因此，此处的"民事公诉"是公诉机关提起的民事公益诉讼的简称。
[3] 赵颖，巴图.民事公诉抑或行政公诉：兼论检察监督之重新定位[C]//别涛.环境公益诉讼.北京：法律出版社，2007.
[4] 参见汤维建.行政公益诉讼与民事公益诉讼可相互转化[N].检察日报，2015-06-08（3）；何莹，尹吉，莫斯敏.民事公益诉讼与行政公益诉讼的程序衔接问题研究[C]//黄河.深化依法治国实践背景下的检察权运行：第十四届国家高级检察官论坛论文集.北京：国家检察官学院出版社，2018：534.

环境公益司法保护的理性选择。法国就同时建立有民事与行政公益诉讼。也有论者指出，环境民事公益诉讼实际上相当于环境行政的司法执行，法院有资源和能力处理涉案的环境事务，不会替代传统的环境行政执法机构[1]，因此从这一层面看，环境民事公益诉讼与环境行政公益诉讼应当并存。

其四，融合论。该理论认为，环境公益诉讼是一种特别的诉讼模式，不宜进行民事和行政公益诉讼的二元分隔，应当参考美国的公民诉讼建立统一的环境公益诉讼制度[2]。

实务界对于如何妥善处理环境公益诉讼程序竞合问题尚未形成自觉或长远的规划，而理论界也远未形成共识。"该选择何种公益诉讼进行监督，是否存在选择的优先性"同样困扰司法实践[3]，造成现实中的操作略显凌乱。

二、从模式选择到程序协调

笔者对于环境公益诉讼模式选择的倾向性意见，暂且按下不表。之所以将环境公益诉讼的模式选择作为本书立论的引子，一方面是想强调环境公益诉讼的模式选择议题的形成是一种进步，其已经跳出"就制度论制度"的桎梏，开始关注紧密相关的两种制度间的关系处理问题；另一方面是想说明，仅仅讨论环境公益诉讼的模式选择问题仍显不足，因为环境公益诉讼并非在真空中运行，同一环境侵害行为可能同时满足民事、行政与刑事责任的构成要件，也同时契合私益诉讼与公益诉讼的要求[4]。因此，环境行政/民事公益诉讼之间相互关联构

[1] 王慧.环境民事公益诉讼的司法执行功能及其实现[J].中外法学，2022（6）：1503-1522.
[2] 张忠民.论环境公益诉讼的审判对象[J].法律科学，2015（4）：115-122.
[3] 何莹，尹吉，莫斯敏.民事公益诉讼与行政公益诉讼的程序衔接问题研究[C]//黄河.深化依法治国实践背景下的检察权运行：第十四届国家高级检察官论坛论文集.北京：国家检察官学院出版社，2018：534.
[4] 《生态环境损害赔偿制度改革方案》规定，生态环境损害行政责任或刑事责任的承担，不影响生态环境损害赔偿责任的承担。《最高人民法院关于审理环境民事公益诉讼案件适用法律若干问题的解释》也规定，环境民事公益诉讼的存在，不影响环境民事私益诉讼的提起。

成的模式选择问题，仅构成宏观的环境公益诉讼程序协调的子课题。笔者将环境公益诉讼内部的相关程序整合，及其与外部的私益诉讼等关联诉讼的衔接，共称为"环境公益诉讼的程序协调问题"，并构成本书的问题意识。

具体而言，除学界热议的环境民事／行政公益诉讼的程序协调问题之外，至少还包括环境刑事／民事公益诉讼、环境刑事／行政公益诉讼、环境民事公／私益诉讼、环境行政公／私益诉讼，以及生态环境损害赔偿诉讼与环境民事公益诉讼等的程序协调问题[1]。刘艺就指出，公益诉讼"需要在规范和实践层面与行政诉讼制度、民事诉讼制度、刑事公诉制度进行体系性融合，构建出完善的诉讼程序"[2]。

实际上，实践中已经存在对环境诉讼程序协调的初步探索，环境司法"三审合一"改革就是典型。环境问题的原因行为极其复杂，既可能是行政机关不作为或乱作为，也可能是多个私主体之间盘根错节的民事关系，责任形态也就可能在刑事、民事和行政责任之间切换或全部满足。鉴于此，有学者指出，"环境纠纷往往具有综合性特点，涉及民事、行政和刑事等领域，其中的边界很难厘清"[3]。加之对同一环境侵害事实相关的案件进行分开审理会带来效率低下和裁判歧异等问题，于是环境领域的"三审合一"机制应运而生，其寄希望于通过将传统的诉讼资源加以整合并重新配置，提升环境司法效能。然而诚如有的学者所言，实践中的环境司法"三审合一"是不彻底的，因为其并未创设新的体制机制，而是将原本属于民事审判庭、行政审判庭和刑事审判庭的案件统一划归专门的环境审判组织审理，实际上采用的仍然是各自的诉讼程序[4]。环境民事公益诉讼、环境行政公益诉

---

[1] 《关于统筹推进自然资源资产产权制度改革的指导意见》要求，"全面落实公益诉讼和生态环境损害赔偿诉讼等法律制度，构建自然资源资产产权民事、行政、刑事案件协同审判机制"。吕忠梅也强调，应当妥善处理公益诉讼与生态环境损害赔偿诉讼的衔接、刑事公诉与生态环境损害赔偿诉讼的衔接。参见孙航.首个生态环境损害赔偿司法解释出台，专家表示：全面回应以往司法实践中存在的主要问题[EB/OL].（2019-06-05）[2023-01-28].中国法院网.

[2] 刘艺.检察公益诉讼立法完善之整体框架[N].检察日报（理论版），2019-05-20.

[3] 黄秀蓉，钭晓东.论环境司法的"三审合一"模式[J].法制与社会发展，2016，22（4）：103-117.

[4] 吕忠梅，等.环境司法专门化：现状调查与制度重构[M].北京：法律出版社，2017：131.

讼与生态环境损害赔偿诉讼的相继法治化无疑会加剧环境诉讼的程序协调难题。

不难发现，环境公益诉讼的程序协调是一项复杂的系统性工程，其不仅牵涉新兴的公益诉讼之间的程序协调，还牵涉公益诉讼与传统的私益诉讼的程序协调。要解决这项复杂的系统性工程，至少应当解决如下问题：

首先，如何设计环境公益诉讼程序协调的基本框架？实践中已经出现环境刑事附带民事公益诉讼、环境行政附带民事公益诉讼两种全新的协调模式，司法解释也对生态环境损害赔偿诉讼与环境公益诉讼的程序协调进行了规定。除此之外，学术界还在探讨环境刑事附带行政公益诉讼、环境民事公／私益诉讼合并审理的可行性。由此引发的问题在于，上述做法和设想是否符合诉讼法理论的基本要求，又如何设计体系周延、逻辑自洽的环境公益诉讼协调框架。对上述问题的解答构成环境公益诉讼程序协调的前提和基础。

其次，环境公益诉讼程序协调的理论基础何在？环境刑事公诉与环境民事公益诉讼的附带审理已经得到司法解释的认可并成为主导性的责任追究方式，生态环境损害赔偿诉讼与环境民事公益诉讼的程序协调也逐渐法治化，其余的程序协调（如环境行政公益诉讼与环境民事公益诉讼的附带审理）则处于探索期。笔者认为，环境公益诉讼的程序协调不应是适格原告或司法机关"跟着感觉走"的随意选择，而应是遵循环境公益司法救济客观需求和诉讼原理的规范选择。为此，笔者针对环境公益诉讼程序协调的理论基础展开探讨。为了避免分开审判诱发同一问题多次审理、诉讼效率低下、共同争点裁判歧异等问题，本书以诉的合并在环境公益诉讼程序协调中的应用为视角，探讨环境公益诉讼程序协调的可能与限度。

最后，环境公益诉讼程序协调应当如何落地？环境公益诉讼内部程序和外部程序之间往往存在着截然不同的举证规则、管辖规则、既判力规则。例如环境刑事犯罪、行政公益诉讼原则上由基层人民法院管辖，民事公益诉讼则由中级人民法院管辖。实践中，环境刑事附带民事公益诉讼往往以作为"主诉"的刑事公诉为参考，由基层人民法院管辖，而环境行政附带民事公益诉讼则以"从诉"的民事公益诉讼为参考，由中级人民法院管辖。如何在具有关联性的环境诉讼之间实现程序协调，成为完善环境司法程序"绕不过去的桥"。

第二节　国内外研究述评

关于"环境公益诉讼的程序协调"这一议题，学术界研讨的重点有二：其一，对作为子课题的环境公益诉讼模式选择问题进行了细致讨论；其二，对环境公益诉讼与关联诉讼的程序协调问题进行了初步探讨。

一、环境公益诉讼模式选择的研究述评

就环境公益诉讼的模式选择而言，王曦的观点较具有代表性。王曦认为，我国的环境公益诉讼存在立法顺序颠倒的问题，即我国首先通过 2012 年《中华人民共和国民事诉讼法》（以下简称《民事诉讼法》）第五十五条与 2014 年《中华人民共和国环境保护法》（以下简称《环境保护法》）第五十五条的修改确立环境民事公益诉讼，再通过 2017 年《中华人民共和国行政诉讼法》（以下简称《行政诉讼法》）第二十五条的修改确立环境行政公益诉讼，是一种立法顺序的颠倒。在王曦看来，"监管环境监管者"是环境公益诉讼之核心要旨，应当通过环境行政公益诉讼构建司法权对行政权的制约和督促机制，而非通过环境民事公益诉讼构建司法权对行政权的补强机制。司法权对行政权的补强仅适用于环境行政无法律授权等极端情形。鉴于此，

他认为正确的立法顺序是先立环境行政公益诉讼，后立环境民事公益诉讼[1]。王曦所言的环境公益诉讼的立法顺序问题，实质就是环境公益诉讼的模式选择问题，其关于先立环境行政公益诉讼后立环境民事公益诉讼的判断隐含着"扬行政抑民事"的司法模式选择倾向。以环境行政公益诉讼为主模式论构成了当前环境公益诉讼模式选择的主流观点[2]。

与此针锋相对的观点是以环境民事公益诉讼为主模式论。汤维建就一针见血地指出，在给付行政的行政范式下，公权力触及社会生活的方方面面。凡是侵害国家利益或社会利益的案件，往往都暗含着某种程度的行政失职。倘若以此为基础提起行政公益诉讼，那么所有的公益诉讼都将是行政公益诉讼。汤维建进一步指出，行政失职是催生环境民事公益诉讼之缘由，倘若强调行政公益诉讼的绝对优先，实际上又将问题推回给了行政机关，而行政机关资源有限、中立有限等问题并不会随之消解，因此行政公益诉讼的绝对优先可能带来公益维护的迟滞或乏力。为此，汤维建指出，环境民事／行政公益诉讼存在主次之别和轻重之分，只有构建以民事公益诉讼为主导、以行政公益诉讼为补充的诉讼格局，才能将诉讼的焦点聚于实施环境侵害的被告身上，而不是将问题推到本就执行不能的行政部门，从而通过司法规制补强行政规制，使环境公益得到尽快恢复。持类似观点的学者亦不在少数[3]。

与以环境民事公益诉讼为主模式论和以环境行政公益诉讼为主模式论有别，以徐以祥为代表的学者认为，环境民事／行政公益诉讼的

---

[1] 王曦.论环境公益诉讼制度的立法顺序 [J].清华法学，2016（6）：101-114.
[2] 类似的观点可参见黄锡生，谢玲.环境公益诉讼制度的类型界分与功能定位：以对环境公益诉讼"二分法"否定观点的反思为进路 [J].现代法学，2015，37（6）：108-116；梁春艳.我国环境公益诉讼的模式选择 [J].郑州大学学报（哲学社会科学版），2015，48（6）：46-50；王明远.论我国环境公益诉讼的发展方向：基于行政权与司法权关系理论的分析 [J].中国法学，2016（1）：49-68.
[3] 参见汤维建.行政公益诉讼与民事公益诉讼可相互转化 [N].检察日报，2015-06-08（3）；李艳芳，吴凯杰.论检察机关在环境公益诉讼中的角色与定位：兼评最高人民检察院《检察机关提起公益诉讼改革试点方案》[J].中国人民大学学报，2016，30（2）：2-13；何莹，尹吉，莫斯敏.民事公益诉讼与行政公益诉讼的程序衔接问题研究 [C]//黄河.深化依法治国实践背景下的检察权运行：第十四届国家高级检察官论坛论文集.北京：国家检察官学院出版社，2018：534.

二元并存（也进而预示着实践中的二元重）才是环境公益诉讼的应然模式选择。具体而言，徐以祥认为，综合考量环境公益诉讼产生的背景以及我国的司法结构，并辅之以对环境公益诉讼所承载的制度功能的考察，环境民事公益诉讼在我国有着独立存在和发挥效用的空间，因此其与环境行政公益诉讼二元并存才是我国环境司法发展完善的路径选择[1]。在此基础上，论者指出，在环境民事公益诉讼与环境行政公益诉讼的起诉条件均成立之时，应当赋予适格原告模式选择权，法院则具有说明两种公益诉讼差异性的释明义务，以此保障当事人的程序选择权[2]。

以张忠民为主的学者则跳出既有的制度结构，不再在环境民事公益诉讼与环境行政公益诉讼中作选择，而是寻求一种新的制度创新。张忠民指出，环境民事/行政公益诉讼的区分并未厘清二者的诉讼标的，实际上不应当将环境公益诉讼根据民事和行政进行区分，理想的做法应当是将其视为一种独立诉讼进行构建和应用[3]。刘超也指出，环境公益诉讼的制度出路在于针对环境侵权纠纷的特殊性，设计突破现行三大诉讼分立格局的专门环境诉讼机制[4]。丁国民、高炳巡等亦持类似观点[5]。

以环境民事公益诉讼为主模式论、以环境行政公益诉讼为主模式论及二元并存论是在既有的制度框架下提出的模式选择因应之策。环境民事/行政公益诉讼融合论则跳出既有的规则束缚而寻求一种从根本上解决环境公益诉讼模式选择问题的方法。前者呈现出一定的保守性，而后者呈现出一定的冒进性。笔者认为，"就制度论制度"往往

[1] 徐以祥.我国环境公益诉讼的模式选择：兼评环境行政公益诉讼为主模式论［J］.西南民族大学学报（人文社会科学版），2017，38（10）：86–94.
[2] 参见柯阳友，曹艳红.论民事公益诉讼和行政公益诉讼的关系［J］.刑事司法论坛，2006（1）：419–426；郭宗才.民事公益诉讼与行政公益诉讼的比较研究［J］.中国检察官，2018（9）：3–6.
[3] 张忠民.论环境公益诉讼的审判对象［J］.法律科学（西北政法大学学报），2015（4）：115–122.
[4] 刘超.环保法庭在突破环境侵权诉讼困局中的挣扎与困境［J］.武汉大学学报（哲学社会科学版），2012，65（4）：60–66.
[5] 丁国民，高炳巡.论我国环境公益诉讼的归位与诉讼模式的选择［J］.中国社会科学院研究生院学报，2016（6）：121–127.

是不得要领的，环境民事／行政公益诉讼的模式选择讨论固然有价值，但是脱离整体的制度结构，这种讨论也是徒劳无益的。例如，环境侵害行为既符合环境民事公益诉讼，又符合环境行政公益诉讼的起诉要求，同时检察机关对其侵犯环境法益的行为已经拟提起刑事公诉，此时选择环境刑事附带民事公益诉讼可能更为适宜。换言之，环境公益诉讼模式选择的讨论仍然具有相当的局限性，实践中应将环境公益诉讼置于环境司法的大背景下进行整体性的制度协调。

二、环境公益诉讼程序协调的研究述评

司法实务中，环境公益诉讼往往不是单独提起的，其与私益诉讼、刑事公诉、生态环境损害赔偿诉讼等交叉、融合，互相嵌套，使其在实践操作中比单纯的模式选择更为复杂。学界对环境公益诉讼与关联诉讼并存时的程序协调，提出了同领域的合并诉讼与跨领域的附带诉讼两种解决方案。

同领域的合并诉讼研究比较多的是环境民事公／私益诉讼的合并审理。张旭东认为，当同一环境侵害同时满足环境民事公／私益诉讼的构成要件时，公／私益诉讼的分离式救济会不可避免地造成环境纠纷的整体性肢解，引发同一问题多次审理、诉讼效率低下、共同争点歧义、公私益相互遮蔽等困境。张旭东指出，基于环境侵害发生的二阶段机理，环境民事公／私益诉讼的合并审理成为可能，具体操作是在审判中采取"前阶共同（基础）事实＋后阶各损害事实"的二阶事实认定模型，实现环境纠纷一次性解决[1]。黄忠顺也对环境民事公／私益诉讼的合并审理模式表示支持，认为应当通过程序赋权或实体赋权两种手段实现环境民事公／私益诉讼的有机融合[2]。吴如巧等也在公私益融合之必要性的理论预设下，探讨了环境民事公／私益

---

[1] 张旭东.环境民事公私益诉讼并行审理的困境与出路［J］.中国法学，2018（5）：278-302.
[2] 黄忠顺.论公益诉讼与私益诉讼的融合: 兼论中国特色团体诉讼制度的构建［J］.法学家，2015（1）：19-31.

诉讼融合时应当如何处理诉讼请求、事实认定和证据证明等方面的共通性问题[1]。

对于跨领域的环境公益附带诉讼，罗丽指出，应当妥善处理环境公益诉讼制度与已有外部制度间的功能重叠问题，充分发挥刑事附带民事诉讼制度的功能，实现环境公益诉讼与既有制度之间的有效衔接[2]。具体而言，在环境刑事公诉中，检察院是公诉人，此时由检察院履行公益诉讼起诉人的职责，最能实现诉讼的效率性目标。姜保忠、姜新平以及龙婧婧等则对环境刑事附带民事公益诉讼这一全新的诉讼模式进行了探讨，在肯定环境刑事附带民事公益诉讼模式合法性的基础上，提出了诸多关于如何落实并发挥环境刑事附带民事公益诉讼效用的制度改革建议[3]。除曝光率颇高的环境刑事附带民事公益诉讼外，环境行政附带民事公益诉讼模式也得到了学界的关注。孙洪坤等认为，环境行政附带民事公益诉讼是检察机关提起公益诉讼改革的重大制度创新，其在既有规则下运行会面临诉讼主体资格、诉前程序、举证责任和调解等方面的障碍，应当通过扩大公益诉讼原告主体范围、统一举证责任、调解法制化等方面完善环境行政附带民事公益诉讼制度[4]。

汪劲、李浩、彭中遥等人则首先基于各自对环境民事公益诉讼与生态环境损害赔偿诉讼的辩证关系的认识，提出两种诉讼衔接的方式

---

[1] 吴如巧，雷嘉，郭成.论环境民事公益诉讼与私益诉讼的共通性：以最高人民法院相关司法解释为视角的分析［J］.重庆大学学报（社会科学版），2019，25（5）：167-178.
[2] 罗丽.我国环境公益诉讼制度的建构问题与解决对策［J］.中国法学，2017（3）：244-266.
[3] 参见姜保忠，姜新平.检察机关提起刑事附带民事公益诉讼问题研究：基于150份法院裁判文书的分析［J］.河南财经政法大学学报，2019，34（2）：79-87；龙婧婧.检察机关提起刑事附带民事公益诉讼的探索与发展［J］.河南财经政法大学学报，2019，34（2）：88-94.
[4] 参见孙洪坤，施丽芝.论环境行政附带民事公益诉讼的法律适用与制度构建：以首例环境行政附带民事公益诉讼案件为切入点［J］.山东审判，2018，34（1）：48-58；朱沛东，潘建明.行政附带民事公益诉讼相关实务探析［J］.法治社会，2017（6）：103-109；宋京霖.行政公益附带民事公益诉讼的理论基础［J］.中国检察官，2017（18）：7-9；徐金波.行政公益附带民事公益诉讼相关问题研究［J］.中国检察官，2017（18）：10-14；迟晓燕.行政公益附带民事公益诉讼的诉讼请求及判决执行［J］.中国检察官，2017（18）：19-21.

方法[1]。具体而言，汪劲认为，生态环境损害赔偿诉讼本质上有别于环境民事公益诉讼，应当归于私益诉讼的范畴，在两类诉讼的程序协调中，应当确立生态环境损害赔偿诉讼的优先顺位[2]。李浩持相反的态度，其认为从诉讼本质的角度分析，环境公益诉讼是属概念，生态环境损害赔偿诉讼是种概念，前者与后者是包含与被包含的关系，在处理两类诉讼的关系时，不设起诉的先后顺序是一种理想且可行的方案[3]。彭中遥则认为，生态环境损害赔偿之诉既非私益诉讼亦非公益诉讼，而是一种新型的、特殊的环境民事诉讼类型，应当构建"行政机关—环保组织—检察机关"三位一体且逐层递进的索赔主体结构，进而最大限度地释放两种诉讼模式之合力[4]。

关于环境公益诉讼的程序协调，不同的学者从不同的角度提出了诸多真知灼见。然而学界对传统的环境私益诉讼、新兴的环境公益诉讼与特殊的生态环境损害赔偿诉讼之间的协调问题的讨论，仍然呈现出一种混乱的状态，缺乏一种体系化的理论框架对环境公益诉讼的程序协调进行整全性构造。正是基于当前研究的不足，本书试图提炼出环境公益诉讼程序协调的共通性问题，并基于逻辑自洽的理论框架提出环境公益诉讼程序协调的可能、方法及其限度。

第三节 研究旨趣

环境公益诉讼作为新的制度安排，只有妥帖地嵌套进既有的制度

---

[1] 参见汪劲.论生态环境损害赔偿诉讼与关联诉讼衔接规则的建立：以德司达公司案和生态环境损害赔偿相关判例为鉴[J].环境保护，2018，46（5）：35-40；李浩.生态损害赔偿诉讼的本质及相关问题研究：以环境民事公益诉讼为视角的分析[J].行政法学研究，2019（4）：55-66；彭中遥.论生态环境损害赔偿诉讼与环境公益诉讼之衔接[J].重庆大学学报（社会科学版）：2021，27（3）：169-180；牛颖秀.生态环境损害赔偿诉讼与环境民事公益诉讼辨析：以诉讼标的为切入的分析[J].新疆大学学报（哲学·人文社会科学版），2019，47（4）：40-47.
[2] 汪劲.论生态环境损害赔偿诉讼与关联诉讼衔接规则的建立：以德司达公司案和生态环境损害赔偿相关判例为鉴[J].环境保护，2018，46（5）：35-40.
[3] 李浩.生态损害赔偿诉讼的本质及相关问题研究：以环境民事公益诉讼为视角的分析[J].行政法学研究，2019（4）：55-66.
[4] 彭中遥.论生态环境损害赔偿诉讼与环境公益诉讼之衔接[J].重庆大学学报（社会科学版），2021，27（3）：169-180.

结构才能发挥其预期效用。当前关于环境公益诉讼的讨论并未实质性跳出"就制度论制度"的牢笼，亟待一种整体视角和宏观视野来全面检视和建构环境公益诉讼与既有制度结构之间的协调关系。

一、构建环境公益诉讼与关联诉讼的协同配合机制

理论界对环境公益诉讼的程序协调议题缺乏应有的关注，实务界亦缺乏自觉和长远的规划。环境公益诉讼与关联诉讼的关系处理在实践中呈现出一种"跟着感觉走"的随意性。例如实践中创设的环境行政附带民事公益诉讼模式在原告资格、管辖、举证等方面，均无法律或司法解释作为依据，由此为地方司法试点提供了广阔的空间，也埋下了"脱离"法治轨道运行的隐患。本书认为，在环境公益诉讼已经基本解决"无法可依"问题的背景下，为了避免环境司法"能动"变"盲动"，应当将关注的重点从制度建构转向对环境公益诉讼实践的总结以及对实践中问题的理论反思，环境法学研究也应当从关注立法论研究转向关注解释论和实施论研究。环境公益诉讼与关联诉讼已经呈现出功能重合和程序竞合问题，倘若不能妥善处理，环境公益诉讼将难以发挥预期效用，其与关联诉讼的功能重叠、程序冲突甚至可能消解制度本身的正当性和实效性。环境公益诉讼的程序协调研究正是聚焦于制度安排与制度结构之间的嵌套问题，以期能够真正地"盘活"环境公益诉讼制度，进而使环境司法规制发挥预期效用。

值得一提的是，我国的公益诉讼制度采取了程序类型化的发展进路，即根据公益诉讼的适用类型差异进行不同的程序规则设计[1]。因此，公益诉讼的模式选择与程序协调问题不局限于环境领域，食品药品安全、反不正当竞争、英雄烈士人格利益保护等领域均存在为维护公益而衍生的公益诉讼模式选择与程序协调问题。具体而言，虽然《民

---

[1] 吴俊.中国民事公益诉讼年度观察报告（2017）［J］.当代法学，2018（5）：136–146.

事诉讼法》第五十五条[1]、《行政诉讼法》第二十五条[2] 分别规定了民事、行政公益诉讼的适用范围，但是均将生态环境和资源保护、食品安全领域作为其适用领域。也就是说，环境公益诉讼面临的模式选择和程序协调问题，食品药品安全领域同样存在。除此之外，《中华人民共和国反不正当竞争法》（以下简称《反不正当竞争法》）也提供了适格原告针对不正当竞争行为提起民事私益诉讼的权利，这一诉权具有实质性的公益维护功能。而实践中，适格原告往往采取向反不正当竞争的主管部门举报的做法来规制反不正当竞争行为。向行政主管部门举报的功能与行政公益诉讼的功能趋同，是同一谱系的类似制度设计。因此在反不正当竞争领域，同样存在民事性质的私人执法模式与行政性质的公共执法模式的选择问题[3]。可见，对环境公益诉讼的模式选择与程序协调的相关原理和规则的探讨，并非没有扩及一般的价值。

二、探讨诉的合并在公益诉讼中的适用范围与限度

我国环境公益诉讼建构面临民事、行政与刑事分立的传统诉讼格局。从发生学的角度看，环境民事公益诉讼与环境行政公益诉讼长期以来是独立于彼此而被单独论证和建构的[4]。

环境民事 / 行政公益诉讼独立建构的做法有利于"各个突破"，但是这种建构模式割裂了环境公益诉讼的整体性，滋生出诸多问题。实践表明，环境民事公益诉讼创建的适格原告与污染行为人直接对话的模式，以及环境行政公益诉讼构建的适格原告通过行政机关与污染

---

[1] 该法第五十五条规定，民事公益诉讼的适用范围包括生态环境和资源保护领域、食品药品安全领域。
[2] 该法第二十五条规定，行政公益诉讼的适用范围包括生态环境和资源保护领域、食品药品安全领域、国有财产保护领域和国有土地出让领域。
[3] 李友根. 论公私合作的法律实施机制：以《反不正当竞争法》第 6 条为例 [J]. 上海财经大学学报（哲学社会科学版），2010，12（5）：34-41.
[4] 2012 年《民事诉讼法》修订中，确立了包括环境民事公益诉讼在内的民事公益诉讼制度，再到2014 年《环境保护法》修订中予以细化和落实。而环境行政公益诉讼则长期是行政法学者研究的热点，在环境民事公益诉讼建成之后，2015 年由全国人大常委会颁布《全国人民代表大会常务委员会关于授权最高人民检察院在部分地区开展公益诉讼试点工作的决定》，启动了环境行政公益诉讼的试点，再于2017 年修正《行政诉讼法》，正式确立环境行政公益诉讼。可见二者的发展轨迹呈现出一种单向度的特征。

行为人对话的模式，构成了程序竞合。在环境公益诉讼内部，最高人民法院关于环境民事公益诉讼的相关规定，与最高人民检察院关于环境公益诉讼的相关规定出现了龃龉之处 [1]。在环境民事 / 行政公益诉讼外部，环境刑事公诉、环境民事私益诉讼、环境行政私益诉讼以及生态环境损害赔偿诉讼具有诸多关联，希望各个制度在各自领域内独立运行不切实际。"为诉讼而诉讼"的试点、"为制度而制度"的建构，忽视了制度安排"嵌"在制度结构之中的制度经济学原理 [2]。打破民事、行政与刑事公诉的传统划分，进行必要的整合和衔接研究，已经成为环境民事 / 行政公益诉讼和生态环境损害赔偿诉讼法治化之后最为迫切的任务。否则，局限于学科划分的环境公益诉讼难以从"纸面上的法"变为实际生活所需的"活法"。

那么，环境公益诉讼程序协调的破题关键何在呢？鉴于环境公益诉讼的程序协调主要表现为环境刑事附带民事公益诉讼、环境行政附带民事公益诉讼，以及环境公 / 私益诉讼合并审理等形式，其中，同类型的刑事附带民事公益诉讼、行政附带民事公益诉讼属于"附带审理"，而异质型的环境公 / 私益诉讼基于诉讼标的的直接牵连而引发"合并审理"，本书认为，"附带审理"与"合并审理"在本质上均属"诉的合并"的范畴，因此"诉的合并"理论就有望成为撬动环境公益诉讼程序协调的"阿基米德支点"。但是环境公益诉讼中的诉的合并应当基于诉讼规律和诉讼原理而存在一定的适用阈值，否则环境刑事诉讼、环境行政公 / 私益诉讼、环境民事公 / 私益诉讼与生态环境损害赔偿诉讼的全部合并可能构成诉讼程序"不能承受之重"。为此，本书将重点探讨"诉的合并"在环境公益诉讼程序协调中的适用可能及其限度。

---

[1] 罗丽.我国环境公益诉讼制度的建构问题与解决对策 [J].中国法学，2017（3）：244-266.
[2] 林毅夫.关于制度变迁的经济学理论：诱致性变迁与强制性变迁 [C] // 罗纳德・H.科斯，等.财产权利与制度变迁：产权学派与新制度学派译文集.刘守英，译.上海：格致出版社，上海三联书店，上海人民出版社，2014：263.

第二章 环境公益诉讼程序协调的基本概念厘定

第一节 环境公益的学理解释

一、环境公益与环境公益诉讼之关系

环境公益诉讼的运行逻辑是在传统的环境行政规制之侧，建构以司法为中心、诉讼为手段的环境公益保护补强模式。基于我国民事诉讼与行政诉讼分立的传统，通过司法手段维护环境公益的诉讼程序也被略显生硬地切割为环境民事公益诉讼与环境行政公益诉讼（以下简称"两诉"），前者旨在调整平等主体间的环境民事法律关系，后者旨在调整不平等主体间的环境行政法律关系。由此"两诉"呈现出不同的诉讼主体、诉讼客体和诉讼功能，也就呈现出几乎完全不同的"面相"。然而由于"两诉"所救济的根本利益——受被诉违法行为侵害的环境公益——是等同的，因此塑造出了以诉讼方式救济环境公益的程序竞合[1]。质言之，围绕环境公益的司法保护，环境民事公益诉讼以"法院—责任人"为直接规制路径，与环境行政公益诉讼则以"法院—政府—责任人"为间接规制路径，虽然在诉讼

---

[1] 巩固.检察公益"两诉"衔接机制探析: 以"检察公益诉讼解释"的完善为切入[J].浙江工商大学学报，2018（5）：27–34.

程序上略显不同，但在实际内容和客观功能上是趋同的。由此衍生出环境公益诉讼的模式选择问题，即在发生环境公益侵害的情况下，适格原告究竟应当提起环境行政公益诉讼还是环境民事公益诉讼以救济环境公益。

根据对《民事诉讼法》第五十五条以及《行政诉讼法》第二十五条的文义解读，私主体对环境公益造成侵害是提起环境民事公益诉讼的充分条件，公权力对环境公益造成侵害是提起环境行政公益诉讼的充分条件。但是由于当前对环境公益诉讼的讨论疏于对"环境公益"这一诉之利益进行深入讨论，因此实践中对"何为环境公益"及其衍生出的"如何选择环境公益诉讼模式"缺乏明确、清晰的理论指导。

因"环境公益"概念本身的不清晰而造成环境公益诉讼模式选择混乱的"担忧"并非空穴来风。司法实践中，一些在本质上构成环境公益侵害的案件却被法院拒之门外。例如自然之友针对甘肃省存在的严重"弃风弃光"现象，以国家电网甘肃省电力公司为被告提起环境民事公益诉讼。由于"环境公益"概念的内涵与外延不清晰，兰州市中级人民法院以国家电网甘肃省电力公司作为电力购销和调配电力供应的电网企业，并非发电企业，其本身没有实施污染环境、破坏生态的行为，因此也就不符合环境公益诉讼的受案范围为由，驳回了自然之友的起诉。自然之友向甘肃省高级人民法院提起上诉称，《中华人民共和国可再生能源法》规定电力公司应当对风能和太阳能光伏发电进行全额收购，由于国家电网甘肃省电力公司怠于收购，这一部分缺失的电力由燃煤发电所取代，而后者产生的二氧化碳、二氧化硫等化合物构成对环境公益的侵害。最终，甘肃省高级人民法院于 2019 年撤销兰州市中级人民法院的驳回起诉民事裁定，指令甘肃省矿区人民法院审理此案。[1] 目前此案已经和解结案。从"弃风弃光"是否能够纳入环境公益诉讼范畴一波三折的经历可以看出，对于何为"环境公

[1] 王学琛．"弃风弃光"现象严重，环保组织诉国网甘肃公司将进入实体审理［EB/OL］．（2019-01-29）［2023-01-28］．界面新闻网．

益"，理论界和实务界尚未形成共识，也就进一步导致环境公益诉讼受案范围呈现出变动不居的问题。

与此类似，"环境公益"厘定不清还会造成一些"似是而非"的案件进入环境公益诉讼程序。例如"绿发会（全称"中国生物多样性保护与绿色发展基金会"）诉上街区马固村村委会、上街区人民政府、峡窝镇人民政府和上街区文广局等人文遗迹破坏案"中，虽然原告提起了环境民事公益诉讼，但是被告却包括"上街区人民政府、峡窝镇人民政府以及上街区文广局"，诉讼请求则包括"重新规划该地区，采取原地保护、建立文物博物馆等措施"。不难发现，上述三被告在性质上属于行政机关，"重新规划该地区"在性质上属于责令履行行政行为类诉请，从当事人和诉讼请求来看，此案当属环境行政公益诉讼，而司法实践中却以环境民事公益诉讼结案[1]。可见，在认识到"环境公益"遭受侵害的情况下，还应当厘清究竟侵害了何种环境公益，进而决定选择何种环境公益诉讼模式。

概言之，由于对"环境公益"概念本身的研究不足，一些"似是而非"的案件被纳入环境公益诉讼的受案范围，造成公益诉讼的稀释和泛化；而一些"似非而是"的环境公益侵害案件却被排斥在法院之外，造成通过诉讼方式维护环境公益的乏力和虚化。"环境公益"作为一个法律概念被提出，实际上已经被赋予程序和实体层面的规范效力，而当务之急是厘清环境公益的内涵和外延，进而为实践中正确选择和适用环境公益诉讼提供指引。

二、环境公益的内涵与外延辨析

环境公益由"环境"与"公益"共同组成。通说认为，"公益"乃"公共利益"之简称[2]。在探究环境公益之前，我们有必要对"公共利益"

---

[1] 参见河南省郑州市中级人民法院民事调解书（2015）郑民二初字第 125 号。
[2] 胡建淼，邢益精．公共利益概念透析［J］．法学，2004（10）：3-8.

进行解析。"公共利益"是一个为人熟知的概念，然而"熟知"非"真知"，"公共利益"作为一个高度抽象和不确定的法律概念，其内涵和外延是言人人殊，有学者甚至感叹"公益之概念只能被描述而无法定义"[1]。那么，何为"公共利益"，何为"环境公益"呢？

（一）追根溯源："公共利益"词义考

罗马法学家认为，"公法是关于罗马国家的法律，私法是关于个人利益的法律"[2]。公私法的划分传统一定程度上源于对公共利益与私人利益的划分，即公法关注公共利益，私法关注私人利益[3]。可见，公共利益与私人利益的区分和公法与私法的区分同根同源，并相互强化。将维护公共利益作为政府行政的出发点，使"公共利益"这一概念成为架构公法规范体系与国家权力结构的根本要素和基本概念。2004 年《中华人民共和国宪法修正案》首次将"公共利益"这一概念写入宪法。伴随此次宪法修正，何为公共利益，公共利益的构成元素为何，公共利益与国家利益、社会利益和私人利益的关系如何等问题，成为理论界和实务界孜孜以求的课题。

《辞海》曰，"公共利益"谓"共同体的总体利益，具有总体性、宏观性和整体性等特点"[4]。不同于传统物权所限定的"你的""我的"，公共利益是在一种"社会整体"语境下表述为"我们的"东西。这一概念常被学者所鄙夷[5]，被认为"不过是由谈论它的人所代表的、并被提升为一个社会的普遍要求之托辞的全体趋向或要求而已"[6]。笔者认为，对"公共利益"一词的批判，正如学者批判"可持续发展观"一词的弊端时所指出的，其"魅力"可能也正在于其"空心化"，

[1] 蔡志方.行政救济与行政法学（三）[M].台北：学林文化事业有限公司，1998：526.
[2] 盖尤斯.法学阶梯[M].黄风，译.北京：中国政法大学出版社，1996.
[3] 贺海仁.私法、公法和公益法[J].法学研究，2006，28（6）：154-155.
[4] 夏征农，陈至立.辞海[M].6 版.上海：上海辞书出版社，2009：719.
[5] 例如王利明指出，"公共利益是一类似于诚实信用、公序良俗等弹性条款的概念，一个难以在法律上对其内容加以明确界定的概念"。参见王利明.物权法与国家征收补偿[J].上海城市管理职业技术学院学报，2007（2）：10-14.
[6] 詹姆斯·M.布坎南，戈登·图洛克.同意的计算：立宪民主的逻辑基础[M].陈光金，译.上海：上海人民出版社，2014：12.

即提出一个美好目标却没有具体要求，各群体都可以从自己的角度作出符合自己期望的解释，所以被广泛接受[1]。梁忠就此指出，"利益理论容易成为套套逻辑，不可能错"[2]。然而，这样到处讨好、无所不包的模糊概念只是有助于抽象"共识"的达成，却难以对法治实践产生有实际意义的指导[3]。

公共利益概念被贬抑，源于此概念本身的不确定性。"公益概念的最特别之处，即在于其概念内容的不确定性。"[4]具体而言，不确定性包括两层含义，即受益对象的不确定性以及利益内容的不确定性。受益对象的不确定性源于纽曼的"不确定多数人理论"，是指公共利益由不特定的社会成员共同享有，这就从根本上区别于某一集团、组织等可以确定具体范围的"众益"，而表现出辐射范围内"利益均沾"的倾向。由于该理论符合多数决民主理念，因此成为划分公共利益范围的通说。陈慈阳就指出，团体福祉是自由民主法治社会国家的要求，团体福祉就是整体公共利益[5]。

相较公共利益的辐射范围而言，公共利益之利益内容的不确定性更难理解、描述和定义。公共利益的内容是随着时代背景和社会现实需求的变化而变化的。本书认为，公共利益之内容的形成机制可以分为两个阶段：第一阶段，由公众或民意代表决定在某一具体时段内公共利益的具体内容的阶段。在这一阶段，被划入公共利益范围的内容会被纳入行政权力的保护和调整范围，由此形成狭义上的，也即法律所保护的公共利益；另一部分则构成广义上的，也即虽未纳入法益保护范畴但仍构成应然公益的内容。被纳入法律保护范畴的公共利益会受到行政资源更多的关注和保障，而未被纳入法律保护范畴的公共利

---

[1]　陈昌曙.哲学视野中的可持续发展［M］.北京：中国社会科学出版社，2000：1.
[2]　梁忠.界权论：关于环境法的另一种解释［J］.中国地质大学学报（社会科学版），2019，19（2）：23-34.
[3]　巩固.环境法律观检讨［J］.法学研究，2011（6）：66-85.
[4]　陈新民.德国公法学基础理论：上册［M］.济南：山东人民出版社，2001：182.
[5]　陈慈阳.环境永续过程中之法制缺漏与新制度之建构：以环境救济法典之建构为任务［J］.清华法治论衡，2012（2）：14-37.

益则会对既有制度体系产生冲击。在卢曼看来，这种冲击表现为两种形式，即"规范性预期"和"认知性预期"。前者是指法律系统以现有制度结构为圭臬，对非法益范畴的公共利益诉求进行消极的或积极的抵抗，以维护既有制度结构和社会系统的稳定；后者是指法律系统基于利益考量而对新的利益诉求予以保护并变更制度结构以适应现实需求的现象[1]。"认知性预期"是公共利益步入第二阶段的桥梁，即法律保护的公共利益与非法律保护的公共利益产生双向流动的过程。具体而言，以往受法律保护的公共利益可能基于科技、认知等因素的发展，不再具备纳入法律强制保护的需要；而以往不受法律保护的公共利益基于保有的稀缺、"公意"的达成与反复的抗争带来的社会运行高成本，而被既有法律系统所吸收和内化，由此成为新的公共利益。环境公共利益从"制度外利益"晋升为"制度内法益"，就经过了这样一个相互对抗、妥协的内化过程，后文将对此过程加以详述。

可见，"公共利益"是一个发展中的概念，其受益对象具有非特定性，其利益内容具有动态调整性，任何企图明确其具体内涵的努力注定会失败[2]。然而，宪法及诸多法律实际上已经赋予公共利益以规范意涵。基于上述关于公共利益发展的二阶段划分，公共利益的内涵可以通过以下两种方式明晰：一方面，公共利益的划分来自"公意"，而"公意"往往由民意机关通过民主程序决定。因此，我国公共利益的受益主体和内容均应由人民代表大会经过民主程序决定[3]。另一方面，公共利益是一个发展中的概念，在法律作出概括式规定之后，行政机关与司法机关基于"规范性预期"和"认知性预期"，并结合社会发展需要，可以对具体的公共利益（可以是非法律所确认的公共利

[1] 季卫东.法治秩序的建构（增补版）[M].北京：商务印书馆，2014：174.
[2] 朱学磊.论行政公益诉讼的宪法基础：以传统行政诉讼模式的合宪性危机为线索[J].现代法学，2016，38（6）：23-32.
[3] 张千帆."公共利益"的困境与出路：美国公用征收条款的宪法解释及其对中国的启示[J].中国法学，2005（5）：36-45.

益）在执法或司法过程中进行调整、框定和保护[1]。

（二）基本元素：私益与公益之互动关系

关于私益与公益的关系，现阶段的观点主要分两种，第一种观点认为公益乃私益之综合。论者认为，"'公共利益'不是别的，就是私人利益的总和"[2]。"公益虽非全部私益的结合体，也应当是包含了无数个私益的融合体，可以说公益是通过私益辐射而产生的。"[3]在这种观念中，公共利益是共同体存在所必需的价值，是全体成员的共同目标，构成一种整体性公共利益观[4]。第二种观点则认为，公益虽然由私人共享，但是在公益的形态、制度和理念上，公益与私益是并行的。其代表性论述是，公共利益"并不归属于任何一个特定的个体，也并非个人利益的总和"[5]。在这种观念下，公共利益与私人利益既相克也相生，两者呈现出一种内在的张力：一方面，公共利益的增进和维护往往暗含着私人利益的增进和保障；另一方面，推进公共利益保护的行为时常会损害具体的私人利益，由此造成公共利益和私人利益的紧张关系。

现阶段私益的实现越来越依赖公益的保障，个人的生存权、发展权倘若缺乏公益的庇护，也就难以实现效益最大化[6]。然而，另一番景象是，基于公共利益的需要，政府对私有住宅的征收、对集体林木的限制砍伐，都在一定程度上造成了因公益保护而侵害私益的问题。例如一些财产权至上的观点认为，大量的环境保护法律法规对财产权的自由行使增加了诸多限制，许多权利内容被抽空，财产权利人受益

[1] 郑贤君．"公共利益"的界定是一个宪法分权问题：从 Eminent Domain 的主权属性谈起［J］．法学论坛，2005，20（1）：20-23．
[2] 张千帆．"公共利益"的构成：对行政法的目标以及"平衡"的意义之探讨［J］．比较法研究，2005（5）：1-14．
[3] 邢昕．行政公益诉讼启动标准：基于 74 份裁判文书的省思［J］．行政法学研究，2018（6）：136-144．
[4] 吕普华．集合式利益、分布式利益抑或复合式利益？：公共利益本质问题论争的学术史考察［J］．江汉论坛，2015（7）：60-66．
[5] 黄锡生，谢玲．环境公益诉讼制度的类型界分与功能定位：以对环境公益诉讼"二分法"否定观点的反思为进路［J］．现代法学，2015，37（6）：108-116．
[6] 章志远．行政公益诉讼热的冷思考［J］．法学评论，2007，25（1）：17-24．

或根据其自身意志进行利用的权利被限制或剥夺。这种冲突倘若不能通过制度内通道予以缓释，势必在制度外造成难以为既有制度结构所承受的爆发式呈现。

法治最核心的任务是将社会冲突限制在制度结构所搭建的框架内，这就要求在个人权利保障和公共利益的增进及维护中寻求适当平衡。毕竟出于公共利益需要对私有权利的限制，并非无条件地具有合法性[1]。根据德国的公法学说，以公共利益的名义对私人权利进行的限制必须满足一定的条件，可以具体区分为限制基本权利的一般条件与补偿义务。前者可以分为符合法律保留原则、符合比例原则、符合平等原则。符合法律保留原则的核心要义是对基本权利的限制应当以法律规定为限。符合比例原则的核心要义是对公民的损害以最小伤害为原则，且对权利人的损害不得超过所带来的公共利益。韩大元指出，作为具有宪法位阶的比例原则，能够对立法、行政和司法进行直接的约束，因此也就成为基于公益限制私权的核心指标[2]。符合平等原则的核心要义是对恣意的禁止，这就类似于将规制的制定者假设为"无知之幕"后的"哲学王"，其所分配的权利、义务应当平等地由不确定的公众所享有或负担[3]。对于后者所指称的补偿义务，需要强调的是，倘若对个人权利的限制是合比例和可承受的，基于公共利益的需要进行的限制可以免于补偿，这就类似于德国法上的"财产权利的社会义务"[4]。但倘若对权利人的损害构成了一种"特别牺牲"，则公权力机关对承担特别贡献的权利人，应当给予公平的补偿。

（三）内涵廓清：公共利益关联概念厘清

关于公共利益的类型，也是一个难以达成共识的问题。例如美国法学家将利益区分为个人利益、公共利益和社会利益[5]。我国学者于

---

[1] 徐以祥. 环境规制与财产权保障的冲突和协调［J］. 现代法学，2009（2）：94-100.
[2] 韩大元. 宪法文本中"公共利益"的规范分析［J］. 法学论坛，2005（1）：5-9.
[3] 徐以祥. 环境规制与财产权保障的冲突和协调［J］. 现代法学，2009（2）：94-100.
[4] 张翔. 财产权的社会义务［J］. 中国社会科学，2012（9）：100-119.
[5] 庞德. 通过法律的社会控制［M］. 沈宗灵，董世忠，译. 北京：商务印书馆，1984：41.

安将公共利益区分为国家公共利益、社会公共利益、公众或者群体公共利益等[1]。《民事诉讼法》第五十五条规定的民事公益诉讼的诉讼对象是对"社会公共利益"的损害行为，而《行政诉讼法》第二十五条规定的行政公益诉讼的诉讼对象是对"国家利益或者社会公共利益"的损害行为。可见，理论界和实务界均未对公共利益及其关联概念的内涵与外延达成共识。

基本可以确定的是，对公共利益的讨论必须结合一国的政治体制、意识形态和社会语境[2]。就目前我国的法律规定与相关学者的讨论来看，亟待厘清"公共利益"与关联概念的关系，主要包括"国家（公共）利益""社会（公共）利益""集体利益"以及"公共利益"。

我们不妨首先将"集体利益"排除在公共利益的范畴之外。原因在于，集体利益是一个在中国语境下存在的特殊利益类型。宪法基于我国的经济组织、生产资料等国家和集体的区分而进行不同的制度设计。在经济制度方面，社会主义公有制被区分为全民所有制和劳动群众集体所有制。在生产资料方面，《宪法》第九条规定，自然资源属国家所有，由法律规定属于集体所有的除外。实践中，抽象的、全国范围的集体经济或集体利益被限定在宽泛的制度设计层面，而具体的、特定化的、具有一定空间范围的集体经济，则是真实的市场交易主体。换言之，较之于宽泛的国家利益，集体利益实际上是特定集体的特定多数人利益，集体利益的退出或进入具有严格的程序。学者就此指出，"以组织目标与功能判断，国家利益与集体利益的诉求显然不同，二者不能相互涵盖"[3]。因此实践中的集体利益，实际上并非公共利益，而是具有具体所指的、有具体对象的、在特定范围内的特定人的利益。"如果主体虽然多数但是特定，那就谈不上'公

[1]　于安. 行政诉讼的公益诉讼和客观诉讼问题 [J]. 法学，2001（5）：16-17.
[2]　吴惟予. 生态环境损害赔偿中的利益代表机制研究：以社会公共利益与国家利益为分析工具 [J]. 河北法学，2019（3）：129-146.
[3]　何燕，李爱年. 生态环境损害担责之民事责任认定 [J]. 河北法学，2019，37（1）：171-180.

共'。"[1] 因此，在探讨公共利益之时，不应将表现为众人利益的集体利益与公共利益等同。

再来看国家利益，"国益"与"公益"并非泾渭分明的两个概念[2]。前已述及，《民事诉讼法》与《行政诉讼法》将国家利益与社会利益作了区分[3]。有论者认为应当用社会公共利益吸收国家利益，因为国家（尤其是政府）享有的利益在本质上就是社会的公共利益。然而，笔者认为，国家利益具有两个层级的含义，第一个层级是广义上的国家公共利益[4]，具体是指不特定多数人的利益，由于不特定多数人的利益在缺乏代表的情况下容易出现集体行动难题，因此，虚构的"国家"成为特定领域内公共利益的当然代表者。有论者指出，国家利益这一概念本身具有不确定性，因为国家是一个集合且抽象的概念，国家本身不能享受因拥有财产而带来的快乐，也不能产生因丧失财产而带来的痛苦[5]。第二个层级是狭义上的国家公共利益，具体是指国家这一机构本身存在的利益。国家是否具有自身利益是一个具有争议性的话题，但是在我国特定的国家背景下，"国家公共利益"的提法较之于其他国家更为兴盛。实践中，无论是国有经济、政府大楼或办公用品，还是自然资源，都可以视为一个法律上的"拟制人"所单独享有的财产利益。从这一层面上讲，国家与企业等私主体具有同样的利益诉求和利益保有、行使或放弃的权能。我国创设的生态环境损害国家索赔权就是基于这一角度进行的制度建构。张卫平也认为，公益有两层含义，第一层是社会公共利益，第二层即为国家利益[6]。徐祥民基于对法律中出现的公共利益的实证分析也发现，社会公共利益不是国家利益，因为

[1] 程龙. 刑事附带民事公益诉讼之否定 [J]. 北方法学，2018（6）：117-124.
[2] 何燕，李爱年. 生态环境损害担责之民事责任认定 [J]. 河北法学，2019，37（1）：171-180.
[3] 由于国家利益涵盖的广泛性，国家利益与社会公共利益难以划清界限，所以《民事诉讼法》的公益诉讼条款对国家利益与社会公共利益做了模糊的表达。参见王胜明. 中华人民共和国民事诉讼法释义：最新修正版 [M].2 版. 北京：法律出版社，2012：101.
[4] 张宝，潘鸣航. 环境公益诉讼中"公益"的识别与认定：一种反向排除的视角 [J]. 中南大学学报（社会科学版），2018，24（2）：37-45.
[5] 关保英. 行政公益诉讼的范畴研究 [J]. 法律科学（西北政法大学学报），2009，27（4）：53-61.
[6] 张卫平. 民事公益诉讼原则的制度化及实施研究 [J]. 清华法学，2013，7（4）：6-23.

法律中的社会公共利益与国家利益处于并列的地位[1]。

问题在于，国家这一"拟制人"毕竟有别于私主体，其权力来自人民的让渡，其权力的行使、放弃不得超越人民的授权。基于这样的考虑，有论者基于自然资源国家所有权公权说[2]认为，国家利益实际上仍然是一种公共利益，其内部存在着一种双重委托关系，即表象上的国家享有的利益，实际上是人民委托国家管理的利益，不特定多数的人民才是国家利益的最终享有者。质言之，自然资源的国家所有权在本质上是一种价值宣示，与其说是国家享有对自然资源的占有、使用、收益和处分权能，毋宁说是保护公民基本权利、增进公共福祉的一种国家环境保护义务。其根本目的在于防止公共物品为私人垄断而损害公共福祉，因此根据国民的公共信托设立自然资源的国家垄断[3]。

但否认国家存在单独利益推论的问题在于，其基于国家这一主体的特殊性，实际上否定了国家公共利益的存在，而只承认公共利益。这样的推理固然符合情感需要，但在实际操作中，国家确实具有与私立机构等类似的行为逻辑和责任构成。因此，基于"近因"原则，在国家享有的利益，与人民委托国家享有的利益这两条路径之间，更适宜明确产权，赋予国家以利益，并通过权力制衡的制度设计防止国家滥用自然资源国家所有权。实践中，国有土地出让、国有资产保护领域是《宪法》特别规定由国家独占的公共利益，而环境保护、食品药品安全等方面的利益，即便可以通过私益诉讼的方式进行救济，也会出现大量的剩余利益难以得到周全保护。因此，以社会公共利益为内核的诉求，如要求停止环境侵害行为的禁令、向国库支付的民事罚款，

---

[1] 徐祥民.2012修订的《民事诉讼法》没有实现环境公益诉讼"入法"[J].清华法学, 2019, 13（3）: 158-170.

[2] 参见巩固.自然资源国家所有权公权说[J].法学研究, 2013（4）: 19-34; 巩固.自然资源国家所有权公权说再论[J].法学研究, 2015, 37（2）: 115-136.

[3] 张宝.环境规制的法律构造[M].北京: 北京大学出版社, 2018: 246.

往往也以国家为预设对象，以恢复被侵害的公法秩序为目的 [1]。概言之，社会公共利益的维护时常被"移花接木"般地转化为对国家利益的维护，这根源于化解集体行动难题的策略选择，其本身并不表明社会公共利益乃国家利益的下位概念，只是基于社会公共利益的公共性而难以为个体所独享，也就可能诱发诸多利益保护不周的问题。因此创设出国家利益维护这一应对策略，也由此造成国家公共利益与社会公共利益的混淆。

此时，广义的国家利益就等同于狭义的国家利益、社会利益和私人利益的总和。那么，狭义的国家利益与社会利益又如何区分呢？笔者认为，狭义的国家利益具有一定的公共成分，但是与社会公共利益相比，狭义的国家利益具有特定的管理主体，其权力的行使需要经过法律的授权，其处置自由度较之于公共利益的处置自由度也更大。但是社会公共利益针对的是不特定多数人的利益，包括狭义的国家本身也是公共利益的享有者之一。在这种情况下，社会公共利益的维护就成为一件极其困难的事情，究竟哪些社会公共利益应当纳入法律的保护范围是一个社会博弈的结果。就好比在工业革命之前，虽然环境问题也逐渐成为一个"问题"，但较之于更为紧迫的生存问题，维护生态环境这一社会公共利益尚缺乏纳入行政规制范畴的合理性和正当性。换言之，狭义的国家利益具有一定的稳定性，其以法律的规定为准，如自然资源国家所有权的权能内容来自宪法或法律的授权。而社会公共利益是一个发展中的概念，具体可以分为受法律评价和保护的社会公共利益与非经法律评价和保护的社会公共利益。前者主要是指经过社会博弈被法律予以强制性保护的利益，后者反之。需要强调的是，社会公共利益纳入法律保护的范畴是可逆的，也就是说，某种社会公共利益可能基于供给的过于充分而不再需要昂贵的法律和行政资源予以保护，进而退化为由社会自治的公共利益。

---

[1] 巩固.大同小异抑或貌合神离？：中美环境公益诉讼比较研究［J］.比较法研究，2017（2）：105-125.

质言之，私人利益与公共利益既相互联系，又存在内在冲突，公共利益的维护既可能增进私人利益，也可能侵害私人利益。公共利益是一个宽泛的概念，其不以国别为区分标准，例如反人类罪或者生态环境破坏行为可能侵犯全人类的利益。在公共利益之下，倘若以国家为界分标准，则可以分为狭义的国家利益、社会公共利益和私人利益，三者共同构成广义上的国家利益。狭义的国家利益和社会公共利益虽有联系，但是区别也比较明显。厘清公共利益的相关概念，当务之急是对环境公共利益进行内涵解析。

三、环境秩序公益与环境实体公益的界分

长期以来，"环境权理论"都是环境法学界研究和关注的重点，但对于"何为环境公益"这个问题的研究则显得捉襟见肘。论者就此指出，环境法得以存在和发展的正当性基础，并不在于所谓的公民环境权，而在于被环境权遮蔽的环境公共利益[1]。换言之，环境公共利益才是环境法权中的环境权力和环境权利的正当来源。

（一）从应然到实然：作为法益的环境公益

社会通常假定既有的利益、权力或威望的势力范围和分配格局是合理的。然而，利益、权力或威望属于稀缺资源，其占有不具有共享性。因此，当新的利益诉求亟待被承认而与之成替代关系的旧的利益集团不愿退场时，就会出现社会冲突[2]。齐美尔等人认为，社会递嬗的原动力正是这些社会冲突。在冲突学派看来，社会冲突隐含着重要的社会治理功能，具体包括：其一，激发社会的更新力和创造力；其二，使仇恨在社会分裂之前得到宣泄；其三，促进常规性冲突解决机制的建立[3]。

---

[1]　朱谦.环境公共利益的法律属性［J］.学习与探索，2016（2）：59-65.
[2]　顾培东.社会冲突与诉讼机制［M］.3版.北京：法律出版社，2016：16.
[3]　L.科塞.社会冲突的功能［M］.孙立平，等译.北京：华夏出版社，1989：17-183.

那么，应然性法益即实定法应当保护但尚未纳入保护范畴的（公共）利益，应该如何进入实定法保护范畴呢？有论者指出，唯有基于"持续的同意"，经由公共领域的自由辩论而产生共识，才能将某项公共利益从应然法益转化为实然法益。[1] 那么环境公共利益是否具备纳入法益保护范畴的条件呢？这一问题在当下基本已经形成共识，即对环境公共利益的维护已经迫在眉睫，将其从应然法益转化为实然法益符合人民主权的基本宗旨。

从某种程度上说，环境污染和生态破坏构成了一种人类引以为傲的工业文明的"原罪"[2]。长期以来，在制度结构和常识观念层面对环境问题予以弱化或无视，既是一种竭泽而渔的短视做法，也是不得已而为之的策略选择。环境侵权纠纷的频繁出现使既有的社会利益分配格局出现严重失衡，而这种失衡不见容于现行秩序之下，于是在民众个体诉求和社会普遍认同的共同作用之下，才由昂贵的行政和司法体制来维护重要性日益彰显的生态环境利益[3]。正是在这样的背景下，"生态文明建设"相继写入《中国共产党章程》和《宪法》，"环境公共利益"的法律保护也日渐规范化、制度化和法治化[4]。需要强调的是，公共利益范围的扩张不仅局限于环境领域，随着公益诉讼制度的逐步完善，其调整范围已经触及国家利益（如国有资产、土地出让）、分散利益（如食品药品等众多消费者权益保护）、社会价值（如英雄烈士名誉权保护）等领域[5]。

---

[1] 苏振华，郁建兴. 公众参与、程序正当性与主体间共识：论公共利益的合法性来源 [J]. 哲学研究，2005（11）：63-69.

[2] 巩固. 大同小异抑或貌合神离？：中美环境公益诉讼比较研究 [J]. 比较法研究，2017（2）：105-125.

[3] 刘超. 环保法庭在突破环境侵权诉讼困局中的挣扎与困境 [J]. 武汉大学学报（哲学社会科学版），2012，65（4）：60-66.

[4] 但是也有学者对环境公共利益构成环境法基石的观念提出了质疑，认为环境法的基础理论并不需要主张新的环境权利，也不需要强调环境义务，而需要重新界定权利，即对现有财产权体系进行限缩，将环境保护视为财产权本身所具有的内在要求，进而重新划定财产权的边界。学者将此理论称为"界权论"。参见梁忠. 界权论：关于环境法的另一种解释 [J]. 中国地质大学学报（社会科学版），2019（2）：23-34.

[5] 吴俊. 中国民事公益诉讼年度观察报告（2017）[J]. 当代法学，2018（5）：136-146.

（二）从笼统到精细：环境公益的类型界分

经过多年的博弈、争辩，人们终于就环境公益应当纳入法益的保护范畴这一提议达成了共识。然而，对于究竟何为环境公益，环境公益应当如何界分，环境公益与当前的自然资源制度又如何衔接等问题，权力机关还暂未形成长远规划。这一点从当前的环境公益保护立法中可见端倪。在《民事诉讼法》与《行政诉讼法》中，对基于诉讼方式保护环境公益的诉讼范围，只是简单地概括为"损害环境公共利益"的行为，这并非事实判断性质的还原，甚至在实践中造成了不小的麻烦，最显而易见的表征是法院对原告提起的公益诉讼是否符合受理条件的把握具有宽泛的自由裁量权。笔者亦不否认诉讼法对环境公共利益受案范围进行宽泛规定具有相当程度的合理性，因为列举式立法必然面临"法律条文有限而社会事实无穷"的立法难题，与其通过司法解释使列举式立法"疲于奔命"，不如在制度的草创期给予一定的自由裁量空间。然而，公益诉讼开展数年之后，已经到了对"环境公益"进行精细梳理、提炼和概括的关键时期。

自然资源具有二元属性，即在同一自然资源之上，既承载着可以通过权属制度进行分割的资源利益，也承载着具有共享属性进而难以分割的生态利益。自然资源的资源利益往往被纳入物权的保护范畴，而生态利益基于识别的困难无法纳入私权的保护体系，由此形成了"有主自然资源"和"无主生态环境"的重叠[1]。自然资源的公私益双重属性使得环境侵权有别于传统的民事侵权。因为传统的民事侵权往往是侵权人的侵权行为直接损害被侵权人利益，不存在被影响但不受法律保护的第三者利益。然而在环境侵权中，其运行是一个动态的过程，环境侵害往往首先对生态环境中的环境要素产生影响，而作为环境组成部分的大气、水、土壤等要素具有一定的承载能力，能够通过氧化、

[1]　张宝，潘鸣航.环境公益诉讼中"公益"的识别与认定：一种反向排除的视角［J］.中南大学学报（社会科学版），2018，24（2）：37-45.

生物降解等方式降低或消除污染或破坏行为对环境介质产生的影响。但是这种承载能力存在一定的阈值，一旦超出这一阈值，便会引发受法律否定性评价的环境问题。概言之，环境侵害遵循"侵害行为—环境要素（或介质）损害—人身财产或生态环境损害"的发生机理[1]。有学者在此基础上，将第一阶段归纳为侵害行为引发环境要素损害的阶段，将第二阶段归纳为环境要素损害引发人身财产或生态环境损害的阶段[2]。

传统的侵权责任机制对于生态环境的保护实际上是利用了自然资源的二元属性，即在保护私有财产权益和人身权益的同时，通过反射利益机制间接保护生态环境利益。这样的保护机制具有滞后性和不完整性，其弊端在于，根据传统侵权责任的认定标准，只有当污染或破坏行为损害生态环境，且进一步损害受法律保护的人身、财产利益时才能启动法律的保护程序，其实质上是将建基于自然资源之上的生态利益遗漏在了法益的保护范畴之外。而环境公益诉讼制度的构建，实际上就是法律调整法益的保护范畴，将之前只能通过间接方式保护的生态环境纳入司法的调整范围，从而拓宽法益的内涵和外延。

任何法律的建构和法学研究都是以将社会生活类型化为基础的[3]。现阶段对环境公益的理解，大多局限于实体公益的角度，即将自然资源之上的利益区分为资源利益和生态利益，前者由自然资源主管部门统管，后者由生态环境主管部门统管[4]。基于实体公益解析环境公共利益内涵的代表是朱谦，其认为："环境公共利益是……各种天然的和经过人工改造的自然因素能够满足人类生存和发展需要的生态利益。"[5]徐以祥、周骁然也指出，环境民事公益诉讼的第一重目的是

---

[1] 环境要素损害与生态环境损害具有重大差异，前者是指单个的环境要素的不利改变，后者则是指各环境要素统一、协调运行所形成的系统功能的损害。参见吕忠梅."生态环境损害赔偿"的法律辨析［J］.法学论坛，2017（3）：5–13.
[2] 张旭东.环境民事公私益诉讼并行审理的困境与出路［J］.中国法学，2018（5）：278–302.
[3] 于改之.刑民交错案件的类型判断与程序创新［J］.政法论坛，2016，34（3）：142–153.
[4] 对于"生态环境"的提法，有论者发表了否定意见。参见竺效.论环境侵权原因行为的立法拓展［J］.中国法学，2015（2）：248–265.
[5] 朱谦.环境公共利益的法律属性［J］.学习与探索，2016（2）：59–65.

消除环境公共利益损害，第二重目的是公平合理地配置损害产生的成本。[1] 笔者认为上述论述实际上是对环境公益诉讼救济对象的不全面解读，在环境实体公益之外，还存在亟待维护的环境秩序公益。

环境公益诉讼作为一种客观诉讼，其维护环境实体公益（生态利益）的功能自不待言。但是在实体公益之外，环境公益诉讼还有保护环境法律所确立的客观环境法律秩序的功能和目的。申言之，环境侵害行为在对生态环境这一实体公益造成损害之时，往往附带了对环境秩序这一秩序利益的损害。由公权力根据共同体的需求作出的决定是公益的表现，公益决定的形式是法律，遵守法律就是维护秩序公益。[2] 因此识别客观诉讼的关键，在于"是否侵犯了需要维护的客观法秩序和普遍的公共利益"[3]。巩固指出，公民诉讼的公法属性主要体现在"以实现守法而非救济原告为核心的法律责任"。刘长兴也指出，"从制度层面观察，环境污染和破坏一方面导致了一定利益受损，另一方面导致了公共秩序破坏，而秩序和利益都是法律致力于维护的对象，环境法应将环境问题的目标即环境保护目标归结为环境保护秩序的维护和环境利益的保护。"[4]

然而，也有学者对制度所维护的秩序是否构成公共利益提出了否定观点。张卫平就直截了当地说："社会秩序当然不等于社会公共利益。"[5] 这一观点也得到了诸多论者的支持，例如徐祥民通过对法律的实证研究发现，"社会公共利益不是公共秩序或社会秩序意义上的利益"[6]。其论据是，在《中华人民共和国证券法》第一条和《中华人民共和国出境入境管理法》第三条中，社会公共利益与公共秩序是以并列的形式出现在法条中的，因此徐祥民认为良好秩序这种利益不

[1]　徐以祥，周骁然.论环境民事公益诉讼目的及其解释适用：以"常州毒地"公益诉讼案一审判决为切入点 [J].中国人口·资源与环境，2017，27（12）：97-105.
[2]　刘艺.检察公益诉讼的司法实践与理论探索 [J].国家检察官学院学报，2017，25（2）：3-18.
[3]　刘艺.构建行政公益诉讼的客观诉讼机制 [J].法学研究，2018，40（3）：39-50.
[4]　刘长兴.超越惩罚：环境法律责任的体系重整 [J].现代法学，2021，43（1）：186-198.
[5]　张卫平.民事公益诉讼原则的制度化及实施研究 [J].清华法学，2013，7（4）：6-23.
[6]　徐祥民.2012修订的《民事诉讼法》没有实现环境公益诉讼"入法" [J].清华法学，2019，13（3）：158-170.

属于社会公共利益。然而，笔者认为，法律制度所追求的秩序构成一种特殊的公共利益。有别于私主体是侵犯环境实体公益的主要来源，侵犯环境秩序的，不仅包括私主体，也涵盖了以行政机关为主的公法人。作为客观诉讼的行政公益诉讼就是建立在"如何监督政府依法行政""监管环境监管者"的问题上发展而来的。可见，政府及其职能部门不规范履行职权，与私主体超越既有规范体系实施环境侵害的行为，在侵害环境秩序公益方面具有等同性。这就从侧面说明，环境民事公益诉讼对救济环境实体公益已经呈现出很强的规范能力，为何在环境民事公益诉讼法治化之后仍然创设环境行政公益诉讼，盖因私主体的环境侵害行为往往蕴含着行政机关不规范行使职权进而侵害环境秩序公益的现实问题；也解释了为何在私益诉讼和团体诉讼都已经建立并且成熟的情况下，我国仍然要将食品安全引发的争议纳入公益诉讼的范畴——仅借助私益诉讼和团体诉讼尚不能完全恢复对秩序的侵害，由此提起的行政公益诉讼可以在私益诉讼、团体诉讼之侧，保护食品安全秩序价值，也即本书所指的秩序公益。

因此，确立环境行政公益诉讼主要是为了维护环境秩序公益这一独立价值[1]。从比较法的角度看，德国也建有环境公益诉讼，因为其有着组织严密并且效能优异的行政管理系统，因此德国未建立通过司法体系维护环境实体公益的民事公益诉讼，而是建立了督促政府执法、维护环境秩序公益的环境行政公益诉讼，"德国的环境公益诉讼的主要角色和功能是维护客观的环境法秩序"[2]。可见，环境行政公益诉讼以维护环境秩序公益为主旨，环境民事公益诉讼以维护环境实体公益为主旨。

总之，环境公益诉讼所救济的环境公共利益，不仅包括环境实体

---

[1] 顾培东指出，"社会冲突的'解决'意味着冲突主体放弃和改变蔑视以及对抗社会统治秩序和法律制度的心理与态度，增强与社会的共容性，以避免或减少（至少是同类冲突）的重复出现。"此处针对已经发生的社会秩序冲突的消解，以及对将来同类冲突的避免或减少，就是秩序公益的集中表现。参见顾培东. 社会冲突与诉讼机制［M］. 3 版. 北京：法律出版社，2016：31.

[2] 徐以祥. 我国环境公益诉讼的模式选择：兼评环境行政公益诉讼为主模式论［J］. 西南民族大学学报（人文社会科学版），2017，38（10）：86-94.

公益，还包括环境秩序公益。前者旨在恢复实体层面被破坏的公共利益，而后者旨在救济秩序层面对现有制度体系及其遵守的冲击。唯有对两者进行均衡保护，方能实现环境公共利益维护之目的。

但是并不存在一个先验的环境公益概念，立法者也并不享有何为环境公益的"最后决定权"，环境公益概念的明晰和类型界分与环境公益诉讼并不能实现天然对接，因此澄清了环境公益的内涵与外延不等同于同时澄清了环境公益诉讼的受案范围和模式选择方案，因为基于司法成本和社会发展的考虑，并非所有因环境公益引发的纠纷都能成为环境公益诉讼的标的[1]。环境公益诉讼的受案范围归根结底应当是建立在科学的环境公益概念之上，根据具体情况和诉讼法理而作出的理性抉择。具体而言，作为法律条文的适用机构——行政与司法机关——才具备使"环境公益"的内容确定化的基础和能力。因此，司法行为尤其是法院的审判行为，应当促使环境公益的概念在个案中具体实现，并通过环境公益诉讼的类型化，使环境公益诉讼救济的范围体现在案由的设计之上，此即所谓的"由司法决定公益"[2]。印度最高法院帕格瓦提就指出，"利益的范围和性质不可能通过固定的规则或者任何限制模式定义，只能由法官在每一起具体案件中决定"[3]。也唯有如此，才能形塑出符合社会发展规律的"环境公益"合理范围。

第二节　环境公益诉讼的路径选择

厘清了环境公益的规范意涵，就需要进一步分析环境公益诉讼的内涵与外延。为了明晰我国语境下的环境公益诉讼，不妨进行反向推理，从环境公益侵害行为的界分与司法规制的兴起角度，解析环境公

---

[1] 关保英.行政公益诉讼的范畴研究［J］.法律科学（西北政法大学学报），2009，27（4）：53-61.
[2] 黄学贤.行政公益诉讼若干热点问题探讨［J］.法学，2005（10）：45-52.
[3] 张旭东.环境民事公益诉讼特别程序研究［M］.北京：法律出版社，2018：105.

益诉讼的内涵与外延。

一、环境公益侵害行为的类型界分

（一）环境公益侵害与环境诉讼进化

国家出现的缘由是许多政治哲学家探讨的重点问题。托马斯·霍布斯在著作《利维坦》中对政治国家之前的自然状态进行了描述，认为在缺乏权威的自然状态中，"人们不断处于暴力死亡的恐惧和危险之中，人的生活孤独、贫困、卑污、残忍而短寿"[1]。霍布斯描绘了一幅可怕的图景，其意欲表达的是，失去国家（政府）的管控，人类的本性将不可避免地把我们卷入残酷的冲突之中[2]。有论者指出，人类的关系受瞬时兴致、任性和专横力量控制，映射到现实中，则是"人们不仅愿意进行冲突，而且看上去经常渴望冲突。如果没有冲突，人们也会为鸡毛蒜皮的事而争论不休"[3]。

社会冲突看似是权益享有者的私事，但社会冲突的存在或爆发也会危及整个社会的稳定、和谐与发展。顾培东指出，社会冲突是"主体的行为与社会既定秩序和制度以及主流道德意识的不协调或对之的反叛"[4]，其在本质上激发了社会整合机制的病态。于是，为了控制社会冲突的烈度，一种由公权力主导的、以正义为内核的纠纷解决机制应运而生，而私力救济作为一种普遍适用的纠纷解决机制，逐渐蜕变为"查漏补缺"的角色。从本质上看，诉讼过程是社会冲突在特殊空间的延续，但是基于特定空间和规则的存在，社会冲突的反社会倾向被大大消解：一方面，自上而下的惩罚机制形成的强制力使冲突主体切实感受到违法成本的提高，促使其在今后提高行为选择的合理

---

[1] 霍布斯. 利维坦［M］. 黎思复，黎廷弼，译. 北京：商务印书馆，1985：95.
[2] Jonathan Wolff. 政治哲学绪论［M］. 龚人，译. Hong Kong：Oxford University Press（China）Ltd，2002：10.
[3] 顾培东. 社会冲突与诉讼机制［M］. 3版. 北京：法律出版社，2016：9-10.
[4] 顾培东. 社会冲突与诉讼机制［M］. 3版. 北京：法律出版社，2016：4.

度；另一方面，未处于冲突中的社会主体也可以借由已经发生的责任惩处加深对社会规则的认知程度，从而降低社会"无意识违法"之可能 [1]。因此，诉讼或者说司法日益成为国家稳定的安全阀或社会矛盾的润滑剂，其功能主要表现为法理功能和社会功能，前者是指司法活动所固有的和基本的辨别是非、定分止争等功能，后者是指司法活动所派生的缓解社会矛盾、引领社会风气等功能 [2]。在诉讼出现之后，人们评价某一社会的法治水平，就不再以该社会中社会冲突发生的频度和烈度为依据，而以诉讼排解社会冲突的能力和效果为标准 [3]。

　　诉讼尤其是侵权诉讼在解决社会冲突中起到了不可替代的重要作用。但是随着大量生产和大量消费时代的到来，社会的集约化程度加剧，社会冲突不再只涉及个体，而是常常涉及一群人、一类人或一个阶层的人 [4]。于是，大规模侵权的出现使得把一个诉讼案仅放在两个当事人之间进行考虑的传统框架越发显得不甚完备 [5]。面对此种情景，有人主张建立避开法院、强化行政权的纠纷处理机制。但是这种主张实际上是将民众的自力救济视为社会"恶"，所以才着重消弭而非引导参与式的纠纷解决哲学。然而诚如叶俊荣所言，自力救济是"将民众的关切导向公益的契机"，调动和发挥本就负有公益维护义务的公众的作用，应当成为诉讼机制变革的重要内容 [6]。所以，一种基于维护公共利益的诉讼机制——公益诉讼开始出现并逐渐普及。一般认为，公益诉讼的意义有二：其一，摆脱了"直接利益关系"的诉权束缚，公益损害的行为开始受到司法规制，使违法企业打消规避的念想，同时促进行政机关勤勉执法；其二，为民众提供了一条针对公益侵害的体制内参与渠道，从而避免了因诉求无门而动辄走上街头的社会稳定

[1]　顾培东.社会冲突与诉讼机制［M］.3 版.北京：法律出版社，2016：31.
[2]　孙笑侠，吴彦.论司法的法理功能与社会功能［J］.中国法律评论，2016（4）：73-88.
[3]　顾培东.社会冲突与诉讼机制［M］.3 版.北京：法律出版社，2016：19.
[4]　张陈果.论公益诉讼中处分原则的限制与修正：兼论《新民诉法解释》第 289、290 条的适用［J］.中外法学，2016，28（04）：902-927.
[5]　莫诺·卡佩莱蒂.福利国家与接近正义［M］.刘俊祥，等译.北京：法律出版社，2000.
[6]　叶俊荣.环境政策与法律［M］.台北：元照出版公司，2010.

问题[1]。

公益诉讼肇始于罗马法，但是在当时的社会背景下，其价值并不显著，进而也就难以得到有效的践行或推广。继罗马法之后，法国在1807年实施的《法国民事诉讼法典》和《法院组织法》规定检察机关可以基于维护公共秩序而提起公益诉讼。《法国民事诉讼法典》第四百二十一条明确规定，"于法律规定之情形，检察院代表社会"[2]。美国则在1970年的《清洁空气法》中确立了环境公民诉讼制度。德国在建立环境公益诉讼制度方面较为谨慎，其于2002年修改《联邦自然保护法》时才赋予环境团体以行政公益诉权[3]。从发生学的角度看，我国的环境民事公益诉讼确立在先，环境行政公益诉讼确立在后[4]。

公共利益与私人利益的区隔推动了公法与私法的区分，而因应不同利益诉讼救济机制的需要，刻画出公益诉讼与私益诉讼不同的品性。在这一价值预设的推导下，环境公益诉讼成为实现环境正义和环境民主的制度化手段[5]。但是这种观念也受到学者的质疑，例如王太高指出，"实质上一切诉讼都维护着社会的公共利益"。因为从根本上讲，基于对社会冲突的治理，一切诉讼都在客观上产生出公益保护的效果，而公益的维护同时为私人利益的实现创造了条件，因此私益诉讼与公益诉讼在本质上具有一致性。"传统的诉讼和公共利益诉讼之间的差别，从某种意义上说，本身可能是一种错觉。"[6]可见，公益诉讼与私益诉讼之间有着不可忽视的共通性。但是私益诉讼主要保护私主体的私权，虽然兼顾公共利益或公共秩序，但是总的来说，后者都是一种反射利益。例如在私益诉讼中，由实质当事人充当原告的情况下，

[1] 叶俊荣.环境政策与法律［M］.台北：元照出版公司，2010：237.
[2] 法国新民事诉讼法典［M］.罗结珍，译.北京：中国法制出版社，1999：85.
[3] 陶建国.德国环境行政公益诉讼制度及其对我国的启示［J］.德国研究，2013，28（2）：68-79.
[4] 王曦.论环境公益诉讼制度的立法顺序［J］.清华法学，2016（6）：101-114.
[5] 刘超.环保法庭在突破环境侵权诉讼困局中的挣扎与困境［J］.武汉大学学报（哲学社会科学版），2012，65（4）：60-66.
[6] 王太高.论行政公益诉讼［J］.法学研究，2002，24（5）：42-53.

诉讼成本与败诉风险都由实质当事人承担，因此可以推定其会在诉讼中作出理性选择。而在环境公益诉讼中，形式当事人缺乏诉讼成本或败诉风险的制约，胜诉受益也不由其本人支配，此时就需要构建不一样的诉讼机制 [1]。因此公益诉讼为公众提供了一个表达利益诉求的契机，具有独立存在的价值和意义。在探究环境公益司法保护的具体形态之前，我们不妨先厘清侵害环境公益行为的类型，从而为不同的侵害行为设置不同的公益诉讼策略。

（二）环境公益侵害行为的类型分析

环境公益可以区分为环境实体公益和环境秩序公益。循此逻辑，侵害环境公益的行为可以区分为侵害环境实体公益的行为与侵害环境秩序公益的行为。二者呈交叉关系，即侵害环境实体公益的行为大多会相应侵害该领域的环境秩序公益。相反，侵害环境秩序公益的行为不一定会侵害环境实体公益。

就侵害环境实体公益的行为而言，可以根据侵害主体的不同，将其区分为公权力与私主体的环境实体公益侵害行为。在以往的研究中，总是默认私主体，尤其是生产力和破坏力兼具的企业是环境实体公益侵害的核心主体，相应地，学者认为侵害环境实体公益的行为应当纳入环境民事公益诉讼的范畴。实际上，公权力也是侵害环境实体公益的重要主体，理论上讲，其侵害行为既可能构成环境民事公益诉讼的对象，亦可能构成环境行政公益诉讼的对象。具体而言，公权力机关作为具有自身利益和行为逻辑的团体，其行为可以根据是否牵涉行政权力的行使分为行政行为和非行政行为。关涉环境的行政行为有环境行政规划、环境行政许可、环境行政审批等行为，这些行为往往会对环境产生深远影响，倘若这些行为侵害到环境公益，则应当根据行政诉讼法原理，对上述行政行为提起环境行政公益诉讼。同时，公权力

---

[1]　黄忠顺 . 论诉的利益理论在公益诉讼制度中的运用：兼评《关于检察公益诉讼案件适用法律若干问题的解释》第 19、21、24 条［J］. 浙江工商大学学报，2018（4）：19-29.

机关也是一种特殊的私主体，其基于机构运行的需要，也会产生随意排放废水、废气、废渣等损害环境的行为。在此类情形中，倘若公权力违反法律规定实施了侵害环境公益的行为，由于上述行为是"行政无涉"的，因此应当纳入环境民事公益诉讼的范畴。公权力的其他行为亦可能对环境公益产生影响，较为特殊的是市政设施对环境产生的影响。如贵州省赫章县可乐乡在该乡新民村多宣组河滩临时堆放固体生活垃圾，垃圾倾倒地点未采取任何防渗漏、防扩散措施，造成环境污染。赫章县人民检察院基于维护环境公益的需要，对可乐乡政府提起环境行政公益诉讼[1]。可乐乡政府作为基层政府，具有依法处置生活垃圾的法定职责。因此可乐乡违规进行垃圾处理的行为就构成了环境行政公益诉讼的诉讼对象[2]。

就侵害环境秩序公益的原因行为而言，理论上私主体与公权力均可对其产生侵害，且对环境秩序公益的侵害会引发公权力或私主体的行政或刑事责任。但是公权力和私主体承担的行政或刑事责任具有一定差异，表现在私主体侵害环境秩序公益源于未遵守法律、法规或规章设定的强制性遵守义务，而公权力侵害环境秩序公益多源于未规范行使法律、法规或规章赋予的行政职权。概言之，环境民事公益诉讼通过矫正私主体侵害环境公益的行为来维护环境公益，环境行政公益诉讼通过矫正公权力侵害环境公益的行为（一般是不当行政行为）来维护环境公益[3]。前者重在关注环境实体公益，后者重在关注环境秩序公益，司法审查的重点是行政机关"特定"的职权行为，而非作为实体的环境质量本身。

私主体的环境侵权原因行为存在环境污染和生态破坏的二元区

---

[1] 向定杰.生活垃圾不能想倒就倒 贵州检察机关对6个乡级政府提起行政公益诉讼［EB/OL］.（2017-05-06）［2023-01-28］.中华人民共和国最高人民检察院.

[2] 德国亦规定，适格原告可以针对政府在建设垃圾焚烧、能源生产等设施时违反法律规定的行为提起环境行政公益诉讼.参见陶建国.德国环境行政公益诉讼制度及其对我国的启示［J］.德国研究，2013，28（2）：68-79.

[3] 王曦.论环境公益诉讼制度的立法顺序［J］.清华法学，2016（6）：101-114.

分[1]，而公权力对环境公益的侵害行为界分却鲜有研究。实际上公权力对环境公益的侵害更值得研究。原因在于，公益的受益主体广泛、不特定，因此衍生出以维护公益为职责的权力谱系。倘若这一维护公益的权力体制机制本身成为侵害环境公益的缘由，则构成既有法律救济机制调整的真空地带。

　　根据公权力所担当的角色，可以将公权力侵害环境公益的行为区分为作为环境管理者从事的行为与非作为环境管理者从事的行为。论者指出，"行政主体的行为与行政行为并非同一概念，行政主体的行为中除了行政行为之外，还有一些不具有行政行为特征的普通民事行为"[2]。前者是指政府以公权力主体的身份做出的行为，后者则是指政府未行使监督管理权力、以普通"民事主体"的身份做出的行为。在后一种情况中，政府本身成为与其他私主体无异的环境与资源消耗者，其产生的噪声、废水、废气或废渣超出法律规定的，亦应承担责任。在这两种情况之间，还存在一种"中间地带"，即政府本身并未行使行政职权而产生影响环境公益的情形。在这一中间地带，政府本身的职权性被弱化，而民事性特征被增强。鉴于政府有别于一般的私主体，这种行为是民事公益诉讼还是行政公益诉讼的评价对象在实践中引起了争议。笔者认为，在这些中间地带，需要根据政府的参与度和职权赋予来区别对待。例如对于政府拥有或经营的工厂，由于工厂本身具有独立的法人资格，因此在工厂出现违反环境法律法规的情形时，应当提起环境民事公益诉讼；而在市政设施违反环境义务的情形中，政府失职的因素占主要因素，因此提起环境行政公益诉讼更为妥当。

　　在政府行使职权的情形中，又可以根据行政行为的属性，将公权力侵害环境公益的行为区分为抽象行政行为和具体行政行为。抽象行政行为主要是指有引发大规模环境公益侵害可能的不科学的产业规划或政策，具体包括：①针对政府有关自然保护区、国家公园等发

---

[1]　竺效.论环境侵权原因行为的立法拓展［J］.中国法学，2015（2）：248-265.
[2]　冯勇.行政公益诉讼受案范围的界定：标准与架构［J］.人民论坛，2013（17）：146-147.

布的保护命令或解除禁令事项的命令；②针对政府有损环境公益的行政许可；③针对政府对经营者损害环境行为的不作为或乱作为[1]。根据当前的法律规定，我国尚未建立真正意义上的对环境抽象行政行为的司法审查制度，《环境保护法》第十四条也仅规定，国务院有关部门和省、自治区、直辖市人民政府组织制定经济、技术政策，应当充分考虑对环境的影响，而未将对环境造成负面影响作为政策是否可行的具有拘束力的认定因素。但是这并不能否认其对环境抽象行政行为进行司法审查的意义和价值。有论者指出，抽象行政行为较之于具体行政行为与公益的关系更为密切，环境公益诉讼倘若将抽象行政行为排除在外，制度本身将丧失存在的意义[2]。可见，将公权力的抽象行政行为纳入司法审查，将是环境公益诉讼的新课题。

公权力具体行政行为侵害环境公益的情形，又可以根据履职主动与否，分为作为和不作为。这一划分的前提是具体行政行为可以区分为羁束性行政行为和裁量性行政行为。由于裁量性行政行为属于公权力自治的范畴，因此其作为和不作为一般不受司法审查。对于公权力的羁束性行政行为，"作为"被环境行政公益诉讼评价的原因主要是行政机关违法行使职权，"不作为"则是行政机关有义务作为而不作为引起的责任。经统计，在环境行政公益诉讼中，行政机关不作为的案件远高于乱作为的案件。论者基于不作为的原因，将公权力不作为分为权力不足、运行乏力等"客观不能"和不主动履行职责、推卸责任等"主观不能"，对完善环境行政公益诉讼的诉讼对象具有启发意义[3]。

[1] 陶建国.德国环境行政公益诉讼制度及其对我国的启示［J］.德国研究，2013，28（2）：68-79.
[2] 王太高.公益诉讼：中国行政诉讼的新课题［J］.扬州大学学报（人文社会科学版），2002，6（5）：56-61.
[3] 曹树青."怠于行政职责论"之辩：环保行政部门环境公益诉讼原告资格之论见［J］.学术界，2012（3）：109-115.

二、环境公益司法保护的实践样态

通过诉讼方式救济公共利益是现代社会的一项创新举措。刘艺认为，公益诉讼是针对侵害国家利益或社会公益的行为，是由法律授权的特定主体提起的非自利性诉讼[1]。这一定义模糊了民事诉讼与行政诉讼的区分，做法与美国类似，即认为存在一个包容性的公益诉讼概念，而不具体区分公益诉讼的内部性质[2]。与此相对，有学者在框架性的公益诉讼之下，将公益诉讼具体区分为民事公益诉讼与行政公益诉讼。例如赵许明认为，公益诉讼是"向法院提起民事或者行政诉讼，通过法院依法审理，追究违法者法律责任、回复社会公共利益的诉讼制度"[3]。那么，是否存在一种独立的环境公益诉讼模式？如果不存在，救济环境公共利益的诉讼模式究竟包括哪些？

救济环境公益的公益诉讼究竟包括哪些模式，在理论界众说纷纭。经徐以祥考证，世界范围内的环境公益诉讼主要有三种模式，即以美国为代表的不区分民事与行政的统一环境公益诉讼模式；以法国为代表的区分民事与行政的环境公益诉讼模式；以及以德国为代表的仅确立行政性质的环境公益诉讼模式[4]。詹建红认为，对环境公益诉讼进行整体类型化，可以分为环境行政、民事和宪法公益诉讼[5]。笔者认为上述分类均欠缺合理性：其一，徐以祥的类型化抓住了实践中的运行样态，但是其分类并未置于国家环境治理体系的整体大背景之下，环境公益诉讼在整个环境公共利益的司法救济体系中的"坐标"亦未明确；其二，詹建红的分类具有一定的逻辑性，但是一方面宪法诉讼在我国并未确立，另一方面其分类仅关注理论，而对实践中的真实样态欠缺关注。笔者认为，就具体形态划分，通过司法手段救济环境公

---

[1] 刘艺.构建行政公益诉讼的客观诉讼机制［J］.法学研究，2018，40（3）：39-50.
[2] 曹明德.中美环境公益诉讼比较研究［J］.比较法研究，2015（4）：67-77.
[3] 赵许明.公益诉讼模式比较与选择［J］.比较法研究，2003（2）：68-74.
[4] 徐以祥.我国环境公益诉讼的模式选择：兼评环境行政公益诉讼为主模式论［J］.西南民族大学学报（人文社会科学版），2017，38（10）：86-94.
[5] 詹建红.论环境公益诉讼形态的类型化演进［J］.河北法学，2006，24（8）：100-107.

共利益的诉讼模式应当包括环境民事、行政和刑事公益诉讼。就实践操作划分，除上述单行诉讼机制之外，还应包括环境刑事附带民事公益诉讼、环境行政附带民事公益诉讼等混合形态。

1. 环境民事公益诉讼

环境民事公益诉讼是我国通过诉讼方式保护环境公益的最早尝试，其要旨在于，环境公益具有独立的保护价值，而传统的侵权诉讼模式通过反射利益保护机制对其保护略显乏力，当环境行政亦不能实现环境公益的周全保护时，可以通过拓展诉讼保护环境公益。换言之，环境民事公益诉讼是适格原告就违反环境法律、侵害公共环境权益者，向法院提起并要求其承担民事责任的诉讼[1]。在环境民事公益诉讼中，法院成为直接的环境规制者，环境侵害人则成为被规制者，救济的主要是环境实体公益。

环境民事公益诉讼构建的"法院—责任人"规制路径无疑释放了司法效能，增加了公权力保护环境公益的路径选择。然而公益的维护长期以来是行政机关的主要职责，倘若在行政规制之侧"另起炉灶"般地创立环境公益的司法规制路径，那么如何处理行政规制与司法规制的关系，以及如何解决由此带来的行政机关懒政怠责的问题，都将可能成为环境民事公益诉讼建立后引发的"公共政策的意外后果"。正是在这样的背景下，为了让环境公益的公权力维护机制回归行政机关，督促行政机关依法履职的环境行政公益诉讼应运而生。

2. 环境行政公益诉讼

针对环境民事公益诉讼对既有行政模式的挑战，叶俊荣指出，环境公益诉讼的目的并非损害赔偿，而是督促执法。[2]赵颖、巴图也指出，为了维护公益，首要任务是完善行政规制，解决行政不作为、滥用职权的问题，而非舍本逐末、有病乱投"医"[3]（此处的"医"指的是

[1] 叶勇飞.论环境民事公益诉讼［J］.中国法学，2004（5）：105-111.
[2] 叶俊荣.环境政策与法律［M］.台北：元照出版公司，2010：250.
[3] 别涛.环境公益诉讼［M］.北京：法律出版社，2007：328

被寄予厚望的法院——引者注）。可见，环境行政公益诉讼区别于法院直接作用于侵权人的民事诉讼模式，其遵循行政优先的传统，通过督促行政机关规范执法来实现环境公益的保护。所以在环境行政公益诉讼中，控辩双方（检察机关与行政机关）虽然遵循对抗程序，即双方围绕行政行为是否合法展开辩论，但是就其本质而言，双方都是为了维护环境公益，因此是同一个目标、同一个价值追求，两种诉讼对环境实体公益的保护是殊途同归的。是故，张雪樵长指出："行政公益诉讼不像一个纯粹的诉，与其说是一个诉讼，倒更应归类为一种解决问题的方式。"[1] 概言之，在环境行政公益诉讼中，其诉讼目的不在于直接保护公民个人权利或环境实体公益，而是旨在监督政府规范履行环境职权，主要维护的是环境秩序公益。

3. 环境刑事公诉

刑事制裁是法治语境下对公民行为最严厉的惩罚，对这一牵涉公民基本权利最为深刻的规则，我国与其他国家一样，实行国家追诉主义，即无论受害人是否主张或放弃追究犯罪嫌疑人的刑事责任，都将由国家公诉机关通过公诉的方式对犯罪嫌疑人予以制裁。其理由在于，犯罪行为不仅侵害私人利益，而且也对社会秩序和公共安全造成损害，对公共利益构成了侵害。因此，从本质上讲，刑事公诉维护的正是公共利益[2]。值得一提的是，此处的"公诉"并非"公益诉讼"的简称，而是指公权力机关提起的诉讼。《中华人民共和国刑事公诉法》（以下简称《刑事公诉法》）根据诉讼提起主体的不同，将刑事公诉分为公诉和自诉两类。循此逻辑，民事、行政和刑事案件理论上都可以存在由公权力机关提起的"公诉"。由于《中华人民共和国刑法》（以下简称《刑法》）与《刑事公诉法》规定的自诉案件主要是侮辱、诽谤案、暴力干涉婚姻自由案、虐待案、侵占案等牵涉公民人身财产的案件，与环境公益损害的情形并不重合，因此环境刑事公诉多为公诉

---

[1]　张雪樵.检察公益诉讼比较研究［J］.国家检察官学院学报，2019（1）：149–160.
[2]　王太高.论行政公益诉讼［J］.法学研究，2002，24（5）：42–53.

案件。论者指出，"公诉权的涉猎范围的确定以是否属于公益为标准"[1]。问题在于，既然环境刑事公诉所救济的利益亦属环境公益的范畴，那么环境刑事公诉是否属于环境公益诉讼呢？这一问题在理论界和实务界存在较大争议。

2005 年《国务院关于落实科学发展观加强环境保护的决定》提出，"研究建立环境民事和行政公诉制度"。此处的"环境民事和行政公诉"实际上就是检察机关以公诉人的身份提起环境民事 / 行政公益诉讼的代称。随着《民事诉讼法》和《行政诉讼法》将环境公益诉讼纳入法治轨道，可以得出的结论是，在现行制度结构下，环境公益诉讼特指环境民事与行政公益诉讼。

理论界对环境公益诉讼仅包含民事和行政两种性质的诉讼的判断表达了质疑。因为环境刑事公诉无论是从形式还是从内容来看，都与检察机关提起的环境民事 / 行政公益诉讼有着相当程度的同质关系。李扬勇就此指出："环境公益诉讼可以分为环境民事、行政、环境公诉（此处的环境公诉特指环境刑事公诉。——引者注）。"[2] 又如，别涛根据原告性质的不同，将环境公益诉讼分为普通环境公益诉讼和环境公诉，前者即惯常理解的环境行政 / 民事公益诉讼，后者则包括环境刑事、民事和行政公诉[3]。再如，章志远直截了当地说："行政公益诉讼只是公益诉讼的一种类型，它或者与刑事公诉或者与民事公益诉讼一起共同构成了公益诉讼。"[4] 关于刑事公诉属于环境公益诉讼范畴的观点不胜枚举[5]。

---

[1] 孙洪坤，陶伯进.检察机关参与环境公益诉讼的双重观察：兼论《民事诉讼法》第 55 条之完善［J］.东方法学，2013（5）：115-124.

[2] 李扬勇.论我国环境公益诉讼制度的构建：兼评《环境影响评价公众参与暂行办法》［J］.河北法学，2007，25（4）：145-148.

[3] 别涛.环境公益诉讼［M］.北京：法律出版社，2007：2-3.

[4] 章志远.行政公益诉讼热的冷思考［J］.法学评论，2007，25（1）：17-24.

[5] 例如郭宗才指出，检察机关维护公益的公诉权主要包括"刑事公诉权、民事公益诉讼权、行政公益诉讼权"。张晓玲指出："根据被诉当事人的不同，公益诉讼可以分为刑事公诉诉讼、民事公益诉讼和行政公益诉讼。"参见郭宗才.民事公益诉讼与行政公益诉讼的比较研究［J］.中国检察官，2018（9）：3-6.张晓玲.行政公益诉讼原告资格探讨［J］.法学评论，2005（6）：134-141.

　　笔者认为，环境刑事公诉[1]应当纳入广义的环境公益诉讼范畴[2]，原因在于：其一，从公益诉讼产生的历史来看，刑事公诉本就属于公益诉讼的范畴。有学者考证，公益诉讼滥觞于罗马法，而古罗马时期的公益诉讼主要是刑事方面的[3]。只不过刑事公益诉讼后来被国家追诉主义衍生出的刑事公诉所取代，虽然在名称上"公益"被遮蔽，但实际上其内核仍然指向公益的维护。可见环境刑事以及民事、行政公益诉讼在起源上具有"近亲性"[4]。其二，从环境犯罪和刑事公诉的性质来看，环境刑事公诉满足公益诉讼的构成要件。我国刑法规定的严重危害国家安全和公共利益的犯罪行为，由检察院代表国家向法院提起公诉，以惩治犯罪、保护公益，该类诉讼应当属于广义的公益诉讼范畴[5]。具体到环境议题中，环境犯罪是侵害环境公益最严重的形态，倘若造成一般侵害都符合对环境公益的侵害，那么造成严重侵害的行为反而不构成对环境公益的侵害，这在逻辑上是解释不通的。巩固就此指出："我国环境公益诉讼在整体架构上延续了传统诉讼类型的分野，严格区分民事诉讼与行政诉讼，与刑事公诉一道在环境公益保护方面形成三足鼎立之势。"[6]

三、小结

　　基于涉诉主体、争议性质和利益诉求的不同，诉讼可以被分为

---

[1] 因为不存在环境刑事自诉，因此本书所称的环境刑事公诉特指环境刑事公诉。
[2] 也有论者对环境刑事公诉属于环境公益诉讼的观点表达了质疑。例如王岚指出，虽然环境刑事责任间接上有助于环境公益的保护，但其主要以对违法行为者的惩罚为目的，在救济效果上也不能实现直接的填补，因此应当被排除在环境公益损害救济机制之外。参见王岚.论生态环境损害救济机制［J］.社会科学，2018（6）：104-111.
[3] 李艳芳，李斌.论我国环境民事公益诉讼制度的构建与创新［J］.法学家，2006（5）：101-109.
[4] 柯阳友，曹艳红.论民事公益诉讼和行政公益诉讼的关系［J］.刑事司法论坛，2006（1）：419-426.
[5] 路国连.论行政公益诉讼：由南京紫金山观景台一案引发的法律思考［J］.当代法学，2002（11）：94-98.
[6] 巩固.2015年中国环境民事公益诉讼的实证分析［J］.法学，2016（9）：16-33.

民事诉讼、行政诉讼与刑事公诉[1]。根据诉讼原理和既有的诉讼制度来看，环境民事、行政与刑事公益诉讼理论上构成了以司法方式保护环境公益的闭合圆圈。然而，在环境公益和私益诉讼的中间地带，衍生出一种中国特有的、呈现出民事自治与行政管理交织、公法责任与私法责任混同的司法制度，即生态环境损害赔偿诉讼。2016年，《最高人民法院关于充分发挥审判职能作用为推进生态文明建设和绿色发展提供司法服务和保障的意见》将生态环境损害赔偿诉讼列为一种独立的环境资源案件类型。在"夹缝中"生存的生态环境损害赔偿诉讼，却在环境民事案件中占有不小的体量，那么堪称主流环境利益救济模式的生态环境损害赔偿诉讼的法律性质为何？其与环境公益诉讼尤其是环境民事公益诉讼是何关系？对于上述问题，从现有的规则体系中尚无法得出确切结论。《生态环境损害赔偿制度改革方案》中也明确指出，生态环境损害赔偿诉讼与环境民事公益诉讼的衔接问题应由最高人民法院予以明确。2019年，《最高人民法院关于审理生态环境损害赔偿案件的若干规定（试行）》（以下简称《关于审理生态环境损害案件若干规定》）第十六、十七和十八条对生态环境损害赔偿诉讼与环境民事公益诉讼的衔接问题进行了规定，但是仍然不能轻松得出二者究竟是替代关系还是包含关系抑或交叉关系。

关于生态环境损害赔偿诉讼的性质，理论界主要形成了"国益诉讼"和"公益诉讼"两派。其中，"国益诉讼"派认为，根据《宪法》第九条、《中华人民共和国民法典》（以下简称《民法典》）第二编"物权"第五章"国家所有权和集体所有权、私人所有权"的相关规定，自然资源属于国家所有。这种所有权在性质上与民事主体对其财产享有的物权并无差异。因此，环境污染、生态破坏等活动就可以被理解为一种针对国有财产的侵权。根据"诉的利益"理论，针对生态

---

[1] 王峰.行政诉讼、民事诉讼与刑事公诉之比较研究：从制度属性的视角［J］.行政论坛，2013（1）：69-74.

环境损害进行的诉讼就是一种维护国家所有者利益的"国益诉讼"[1]。实务界普遍将环境公益诉讼与生态环境损害赔偿诉讼视为救济生态损害的并行不悖的手段，"国益诉讼"理论为生态环境损害赔偿诉讼的独立存在奠定了基础，因此成为一种普遍流行的理论。在这一语境下，生态环境损害赔偿诉讼是一种创新的诉讼制度和诉讼类别[2]。

　　然而，这一理论却遭到了诸多质疑，原因包括：其一，生态环境损害赔偿诉讼多适用于大气、水、土壤和森林等环境要素的损害，但是根据现行法规定，"大气"并不属于国家所有，而是全民共有；"土壤"中农村和城市郊区的土地属于集体所有；因此，生态环境损害赔偿所依赖的并非"国家利益"一种，而是至少涉及公共利益、国家利益与集体利益三种权益，不宜以"国益诉讼"一概论之[3]。其二，将社会主义公有制意义上的"国家所有"贬低为私有制意义上的个人所有，体现的是一种实用主义思路，但是这种理论忽视了"国家所有"的公有属性，因此面临着极大的理论缺陷。其三，创设由行政机关以原告身份提起的生态环境损害赔偿诉讼，使环境公益的司法保护出现了两套（环境公益诉讼与生态环境损害赔偿诉讼）机制类似、功能重叠的司法规制程序，不仅形成了制度体系上的"叠床架屋"，也使行政机关通过司法权救济环境公益的制度设计混淆了行政权与司法权的合理分工和权力平衡[4]。

　　与"国益诉讼"派相对，"公益诉讼"派认为，生态环境损害赔偿诉讼在本质上属于民事公益诉讼的范畴。原因在于，生态环境损害赔偿诉讼与环境民事公益诉讼虽然在程序上有所区分，前者的适格原告是政府，后者的适格原告是法律认可的机关或组织，但是两类诉讼的诉讼对象——环境公益——实际上是等同的。虽然从形式上看，生

---

[1]　肖建国.利益交错中的环境公益诉讼原理［J］.中国人民大学学报，2016（2）：14-22.

[2]　陈海嵩.生态环境损害赔偿制度的反思与重构：宪法解释的视角［J］.东方法学，2018（6）：20-27.

[3]　何燕，李爱年.生态环境损害担责之民事责任认定［J］.河北法学，2019，37（1）：171-180.

[4]　陈海嵩.生态环境损害赔偿制度的反思与重构：宪法解释的视角［J］.东方法学，2018（6）：20-27.

态环境损害赔偿诉讼中的政府基于自然资源国家所有权提起维护"国益"的"私益诉讼"[1]，但是基于社会契约论中的"公意"建立的现代国家，其本身就是一种公共利益的管理手段，因此国家本身并不存在私益，而是作为公共利益的代表人通过私益手段管理和调控社会。因此，论者认为应当将形式上具有私益表征而实质上表现为公益的事项视为公益性质，由此才不至于出现所谓的"手段凌驾于目的"的现象。徐以祥就认为，"生态环境损害的索赔是一种特殊的环境民事公益诉讼"。但是也有论者指出，地方政府及其职能部门作为赔偿权利人的生态环境损害赔偿诉讼，本质上是以私法方式行使国家所有权权能的结果，其与环境公益诉讼制度在功能上存在交叉，而并非完全的包含与被包含关系[2]。

笔者赞同生态环境损害赔偿诉讼与环境民事公益诉讼呈交叉关系的观点，在此基础上，本书认为，生态环境损害赔偿诉讼难以进行民事公益抑或民事私益的二元归类。因为"民事"和"环境利益"之间存在着天然的张力，生态环境损害赔偿诉讼无论是界定成民事公益诉讼还是民事私益诉讼，都将出现环境利益保护与民事诉讼功能有限性的冲突。笔者将生态环境损害赔偿诉讼界定为环境代位执法诉讼，以此来证成其公法性质诉讼，即生态环境损害赔偿诉讼是一种借法院之手实现行政执法目的之诉讼，从而既区别于民事公益诉讼也区别于民事私益诉讼。也正是基于此，笔者并未将生态环境损害赔偿诉讼纳入环境公益司法保护，而是将其视为与环境公益诉讼平行的一种制度安排。

除上述环境公益司法保护模式之外，我国还有海洋环境公益诉讼这一特殊存在。考虑到海洋环境公益诉讼在诉讼原理（自然资源国家

[1] 徐以祥.我国环境公益诉讼的模式选择：兼评环境行政公益诉讼为主模式论［J］.西南民族大学学报（人文社会科学版），2017，38（10）：86-94.
[2] 吴俊.中国民事公益诉讼年度观察报告（2017）［J］.当代法学，2018（5）：136-146.

所有权）、起诉主体（行政机关）等方面与生态环境损害赔偿诉讼并无二致，因此本书将海洋环境公益诉讼视为种概念，将生态环境损害赔偿诉讼视为属概念，进而将对前者的讨论融于生态环境损害赔偿诉讼之中。

第三节　环境公益诉讼程序协调的基本框架

环境诉讼的类型繁多，根据设立时间和种类的不同，可以区分为：①传统的环境民事／行政私益诉讼与环境刑事公诉；②新兴的环境民事／行政公益诉讼；③特殊性质的生态环境损害赔偿诉讼（包括海洋环境公益诉讼）。本书根据保护法益性质的不同将其区分为保护私益的环境民事／行政私益诉讼，保护公益的环境民事／行政与刑事公益诉讼，以及保护特殊利益的生态环境损害赔偿诉讼（包括海洋环境公益诉讼）。由于环境侵害具有弥散性，因此环境侵害责任具有广泛的牵连性，这就导致实践中对环境利益的维护并不是单纯地以某一种诉讼模式为主导，而是呈现出关联诉讼程序并行的现象，由此引申出环境公益诉讼的程序协调问题。由于目前缺乏一种系统化的理论框架对环境公益诉讼的程序协调进行整全性构造，这造成程序协调过程中的凌乱、随意和不成章法。本书基于"利益说"对环境公益诉讼与关联诉讼的关系进行区分，将形式上指向公共利益的诉讼间的协调称为"环境公益诉讼的内部程序整合"，将环境公益诉讼与形式上指向私有利益或特殊利益的诉讼间的协调称为"环境公益诉讼的外部程序衔接"。进而通过环境公益诉讼内部程序整合与外部程序衔接的大框架将环境公益诉讼与关联诉讼的程序协调问题进行整合性构造与系统性研究。

一、内部程序与外部程序的识别

公法和私法的分立催生出环境公益诉讼与环境私益诉讼的分野。按照乌尔比安的划分，公法是关于罗马国家的法律，私法是关于个人利益的法律。国家本身是一个虚构的事物，在霍布斯看来，自然状态将是一种战争状态，因此国家的出现不仅不是对私益的奴役，反而构成对私益的保障[1]。卢梭进一步指出，当自然状态中不利于人类生存的阻力超过了个人为了自存所能运用的力量时，自然状态便会被社会状态所取代。在这里，人民签订"社会公约"形成国家，政府对人民的利益诉求予以考量并根据社会承受能力对至关重要的利益予以保障[2]。可见，虽然乌尔比安将公法界定为关于罗马国家的法律，但实质上其并非简单地指向国家这一虚拟事物，而是强调较之于私法的私益取向，公法是有关公共利益的法律。

公法与私法的僵硬划分越来越趋于瓦解，两类法律规范正逐渐走向融合，尤其是在出现社会法、环境法等公私交织的法律之后，严格的公私法划分逻辑因造成理解的不便和解释力的限缩而遭到摈弃。随着规制工具的革新，公法私法化和私法公法化的现象也日益增多。那么是否能说明公私法划分逻辑失去了存在的意义呢？笔者认为答案是否定的。原因在于，公法与私法是"先验的法律概念"[3]，虽然公法与私法之间出现交融，但是既有的研究并未从公私法划分标准本身对其给出令人信服的批判。据此，我们不应被"'公法私法化'或'私法公法化'的浪潮模糊了视线"[4]。

中国历史上有"全能国家"的传统，认为公共执法是行政机关的专有职能[5]，由此，保护公益的公法在我国得到了更多的青睐和关注，

---

[1] Jonathan Wolff. 政治哲学绪论［M］. 龚人，译. HongKong：Oxford University Press（China）Ltd，2002：10-20.

[2] 卢梭. 社会契约论［M］. 何兆武，译. 北京：商务印书馆，2003：18.

[3] G. 拉德布鲁赫. 法哲学［M］. 王朴，译. 北京：法律出版社，2005：127.

[4] 汪习根. 公法法治论：公、私法定位的反思［J］. 中国法学，2002（5）：49-58.

[5] 李波. 公共执法与私人执法的比较经济研究［M］. 北京：北京大学出版社，2008：序1.

相反，保护私益的私法则长期受到冷落甚至抑制。然而，公私法的分立并不是要推进公权优先，而是要彰显私权神圣。有论者考证，罗马法学家首创性地提出了公私法的划分，但是实际上在该理论提出之后，罗马法学家就将公法"弃之不顾"，转而专门、重点研究私法去了，并最终形成了包括自然法、万民法和市民法在内的完备私法体系[1]。可见，从发生学的角度来看，公私法的划分初衷即在于防止公权对私权的肆意干涉。

我国的环境公益司法保护体系已经初具雏形，对环境公益的侵害往往也暗含着对环境私益的侵害。倘若我们重公益而忽视私益，实际上并不能妥善解决具有复合型影响的环境问题。鉴于私权保障在社会主义中国的语境下更具现实意义，笔者认为环境公益诉讼在处理环境公益保护问题的同时，还应当兼顾私益的保护问题。根据乌尔比安基于"利益说"对公私法所作的划分，本书也将环境利益区分为环境公益与环境私益，前者的司法保护手段是环境公益诉讼，具体包括上文提及的环境行政公益诉讼、环境民事公益诉讼与环境刑事公诉；后者的司法保护手段是环境私益诉讼，主要包括环境行政私益诉讼、环境民事私益诉讼。除此之外，还有作为环境代位执法诉讼的生态环境损害赔偿诉讼。

二、内部程序整合与外部程序衔接的建构

诚如罗丽所言，我国立法者在建构环境公益诉讼这一新制度之际，"忽视了所建构的环境公益诉讼制度在内部间存在的冲突问题，以及环境公益诉讼制度与已有制度外部间的功能重叠问题"[2]。笔者借鉴罗丽关于环境公益诉讼内部制度与外部制度的区分，将内外部

---

[1] 郭明瑞，于宏伟.论公法与私法的划分及其对我国民法的启示［J］.环球法律评论，2006，28（4）：425-430.
[2] 罗丽.我国环境公益诉讼制度的建构问题与解决对策［J］.中国法学，2017（3）：244-266.

程序的关系处理统称为"程序协调"问题，其中，环境公益诉讼程序内部的关系协调被冠以"程序整合"之名，环境公益诉讼与关联诉讼的程序协调则被冠以"程序衔接"之名。根据《现代汉语词典》，"协调"作形容词是指"配合得适当"，"整合"是指"通过整顿、协调重新组合"，"衔接"则是指"事物相连接"[1]。本书的"程序协调"是一个总括性概念，指代环境公益相关诉讼的程序协调问题。而"程序整合"与"程序衔接"则是下位概念，前者是指环境公益诉讼内部的程序协调，后者则是指环境公益诉讼与其他诉讼的程序协调，下文将基于这一框架展开论述。

（一）环境公益诉讼内部程序整合的具体形态

由于环境公益侵害行为的特殊性，各项救济环境公益的诉讼模式在实践中往往是交织在一起的。例如在私主体违法排污侵害环境公益的案件中，私主体造成环境公益损害可能引发环境民事公益诉讼，严重到一定程度可能诱发环境刑事公诉，而且上述责任可以并存。同时，私主体的环境损害往往暗含着地方政府的懒政或怠责，因此私主体的环境公益侵害行为还可能诱发环境行政公益诉讼。由此衍生出环境公益诉讼的内部程序整合需求。具体而言，环境公益诉讼的内部程序整合主要包括以下类型。

1. 环境行政 / 民事公益诉讼的程序整合 [2]

在环境公益诉讼的肇始地美国，环境公益诉讼并不区分民事和行政，而呈现出一种混合性质的独立诉讼模式。在这种混合型的环境公益诉讼模式下，原告基于环境公益的保护需要，可以对侵犯环境公益的行为主体（既可以是私主体，也可以是公权力）向法院提起公民诉

---

[1] 中国社会科学院语言研究所词典编辑室. 现代汉语词典［M］.7 版. 北京：商务印书馆，2016：1449，1669，1420.

[2] 实践中已经出现此种诉讼形态，参见吴俊. 中国民事公益诉讼年度观察报告（2017）［J］. 当代法学，2018（5）：136–146.

讼[1]。无论原告、被告是谁，公益诉讼制度的中心目标均在于督促法定要求的实现与维护法制的尊严[2]。为此，有论者指出，应当"明确公益诉讼的性质是一种专门公益诉讼，不应对其进行环境民事公益和环境行政公益诉讼的二元界分"[3]。实际上，民事诉讼与行政诉讼并非完全二致，在很多情况下是相互交错的。《行政诉讼法》第一百零一条就规定"本法没有规定的，适用《中华人民共和国民事诉讼法》的相关规定"。所以在混合型环境公益诉讼模式论者的眼中，环境民事／行政公益诉讼的二元区分是路径依赖的产物，并不具有天然的合理性和正当性。基于我国民事诉讼与行政诉讼分立的传统，一些论者提出了折中的观点，即环境民事公益诉讼与环境行政公益诉讼合并审理、一揽子解决。在这一语境下，当同一侵害行为同时构成环境民事／行政公益诉讼的起诉条件时，法院可以统一受理和审理，但是考虑到两种诉讼模式在性质上的异质性，应当在程序上和判决中对民事和行政部分适当分离，尤其是在法庭审判中根据两诉不同的属性适用不同的诉讼规则和诉讼原理，但是总体上一并处理，这在实践中主要表现为环境行政附带民事公益诉讼。

2. 环境刑事／民事公益诉讼的程序整合[4]

较之于承担环境行政责任的主体具有的恒定性，环境刑事责任与环境民事责任呈现出主体不特定的特征，任何私主体的环境侵害行为都可能引发环境民事责任或刑事责任的承担，而且上述责任具有兼容性[5]，实践中诸多环境民事公益诉讼就是在环境刑事公诉之后

---

[1]　张忠民.论环境公益诉讼的审判对象［J］.法律科学（西北政法大学学报），2015（4）：115–122.
[2]　叶俊荣.环境政策与法律［M］.台北：元照出版公司，2010：258.
[3]　张海燕.论环境公益诉讼的原告范围及其诉权顺位［J］.理论学刊，2012（5）：108–111.
[4]　罗丽认为此种模式应当得到推崇，参见罗丽.我国环境公益诉讼制度的建构问题与解决对策［J］.中国法学，2017（3）：244–266.
[5]　笔者认为，虽然理论上刑事责任、民事责任与行政责任彼此之间具有兼容性，然而环境刑事责任与环境行政责任的替代性比较强，实践中的大量案例也表明，刑事责任的承担往往会形成对行政责任的阻却。相较而言，环境刑事责任与环境民事责任的互补性比较强，实践中兼容的可能性较大。

提起的"尾随诉讼"。我国建立有刑事附带民事诉讼制度，最高人民法院也"依葫芦画瓢"般地创设出环境刑事附带民事公益诉讼制度，并构成当前对环境刑事公诉与环境民事公益诉讼程序予以整合的典型做法[1]。《中国环境司法发展报告（2022）》的数据显示，2022 年环境公益诉讼中的 71.86% 是以刑事附带民事公益诉讼的方式提起的，可见环境刑事附带民事公益诉讼是环境公益诉讼内部程序整合的重要组成形式。

3. 环境刑事 / 行政公益诉讼程序整合的可能与限度

同一环境侵害行为是否会同时引发行政和刑事责任，并触发刑事附带行政诉讼呢？现实中并无环境刑事附带行政诉讼的司法实践，但是理论界明确提出了"环境刑事附带行政公益诉讼"这一诉讼模型[2]。笔者认为，环境刑事附带行政公益诉讼模式暂不具备推行的可行性，原因在于：一方面，基于对环境犯罪嫌疑人人权保障的考虑，刑事公诉注重效率，而行政诉讼注重公正，二者追求的目标并不一致；另一方面，相较于刑事责任与民事责任的紧密关联，刑事责任与行政责任的关联性并不突出，强行绑定并无实际意义。环境刑事公诉的效率取向可以从不同诉讼模式的审理期限看出端倪。虽然三大诉讼规则在一审审限上都有宽松化的趋向，尤其是行政诉讼的审限从"3+2"模式直接与民事诉讼的"6+3"模式接轨，可见审限的延长已经是一种符合社会发展规律的内在需求。即使行政诉讼与民事诉讼的审限已经并轨，刑事公诉的审限也有延长，但仍然保持着相当程度的克制，直到 2018 年修正《中华人民共和国刑事公诉法》，审限也仅限于"2（或 3）+2"模式。可见，刑事公诉具有紧迫性，刑事与民事案件的合并是因为同一侵害行为引发两种不同的损害结果。然而，刑事公诉

---

[1]　参见《最高人民法院关于审理环境公益诉讼案件的工作规范（试行）》第五十一条与《最高人民法院、最高人民检察院关于检察公益诉讼案件适用法律若干问题的解释》第二十条。
[2]　这一诉讼模式最早被郑少华、王慧提出，具体可参见郑少华，王慧.中国环境法治四十年：法律文本、法律实施与未来走向［J］.法学，2018（11）：17-29.

与行政诉讼的关联性并不强，而且与行政诉讼合并审理不仅不会提升刑事公诉的效率，反而可能造成超期羁押等问题。因此，在目前的语境下，刑事公诉与行政诉讼合并审理的可能性不大，环境刑事附带行政公益诉讼也并不会在近期成为主流的司法实践模式。

需要补充的是，对于环境侵害行为人的行政责任与刑事责任如何协调的问题，理论界和实务界并无成熟的操作指南和应对策略。理论上讲，存在两种策略：其一，刑事责任与行政责任并行，即对环境侵害人既由司法机关处以刑事处罚，又由行政机关处以行政处罚。行政责任与刑事责任并行的原因在于，刑事责任与行政责任的性质和功能有别，而且刑事责任的主刑与附加刑以人身罚和财产罚为主，而行政责任中的吊销营业执照等责任形式具有不被刑事责任所取代的功能，这就决定特定案件在适用刑罚的同时，需要行政责任予以补充。其二，刑事责任遮蔽行政责任[1]，即由司法机关处以刑罚后，行政机关不再对同一行为进行处罚。刑事责任遮蔽行政责任的主要原因在于"一事不再罚"原理。理论上讲，行政责任与刑事责任在惩罚、矫正、教育等方面的作用是趋同的，只是在程度上有所区分。在对行为人已经处以更加严厉的人身罚或财产罚之后，再对其处以行政拘留、行政罚款等责任就有违"一事不再罚"原理进而缺乏处罚的正当性与合理性，鉴于此，《中华人民共和国行政处罚法》（以下简称《行政处罚法》）第三十五条确立了行政与刑事责任中行政拘留与自由刑、行政罚款与刑事罚金的折抵规则。

（二）环境公益诉讼外部程序衔接的具体形态

环境公益诉讼是一项新兴制度，"新"主要体现在两方面：其一，

---

[1] 例如《中华人民共和国草原法》第六十六条规定，非法开垦草原，构成犯罪的，依法追究刑事责任；尚不够刑事处罚的，追究行政责任。可见，该条就预设刑事责任可以遮蔽行政责任，即处以刑事责任则不再追究更轻微的行政责任。但是也有论者对此种惩处模式进行了批评，参见刘艺.检察公益诉讼的司法实践与理论探索［J］.国家检察官学院学报，2017，25（2）：3-18.

规制路径的创新。较之于传统的通过行政手段保护环境公益的路径，环境公益诉讼实际上开创了一种通过司法手段保护环境公益的全新路径。其二，规制内容的创新。较之于传统的基于私权保护而展开的诉讼，环境公益诉讼实际上拓展了"法益"的保护范围，将传统的私权之外的环境利益纳入法律的保护范畴，由此使环境司法规制借助环境公益诉讼拓展了规制范围。然而，环境公益诉讼"借壳"于环境私益诉讼，并不会截断环境私益诉讼的功能区间，环境公/私益诉讼在制度设计、适用范围等方面均呈现出交叉、重叠的态势。吕忠梅就指出，由于环境具有广泛的牵连性，环境侵害既可能构成单纯的私益纠纷、公益纠纷，也可能构成"公益性私益纠纷"和"私益性公益纠纷"[1]。对于公私交织型纠纷，"一味将原始纠纷拆分为公益纠纷与私益纠纷，并分别通过公益诉讼程序和私益诉讼程序予以解决的做法，有待商榷"[2]。为此，笔者将基于公私益纠纷交织而形成的环境公益诉讼与私益诉讼的关系称为环境公益诉讼的外部关系。理论上讲，环境公益诉讼的外部程序衔接主要包括环境民事公/私益诉讼程序衔接、环境行政公/私益诉讼程序衔接以及环境民事公益诉讼与生态环境损害赔偿诉讼的程序衔接。

1. 环境民事公/私益诉讼的程序衔接

环境侵害在造成环境公益受损的同时，往往会附带造成环境私益损害，此时环境民事公益诉讼与环境民事私益诉讼就面临着被不同原告重复提起诉讼的问题，而法院则面临着对相同的侵害行为进行重复审理的问题。理论上讲，环境民事公/私益诉讼在举证证明环境侵害的过程中，具有趋同的证明责任，倘若分别审理，势必引起诉讼的不经济。相反，倘若在诉讼中将环境侵害的举证证明进行合并，仅在

[1] 吕忠梅.论环境侵权的二元性［N］.人民法院报，2014-10-29（8）.
[2] 黄忠顺.论公益诉讼与私益诉讼的融合：兼论中国特色团体诉讼制度的构建[J].法学家,2015(1):19-31.

损害范围和填补责任中予以区分，无疑可以减轻当事人和法院的举证或办案压力。因此理论界提出了环境民事公 / 私益诉讼合并审理的建议 [1]。笔者认为，环境民事公 / 私益诉讼合并审理是环境公益诉讼外部程序衔接的重要内容，也是未来环境公益诉讼审判的必然趋势。

2. 生态环境损害赔偿诉讼与环境民事公益诉讼的程序衔接

2015 年《生态环境损害赔偿制度改革试点方案》规定，对于生态环境损害，由作为索赔主体的行政机关借助诉讼的方式通过法院裁判予以解决。换言之，在生态环境损害救济这一议题上，我国摈弃了行政规制路径而选择了司法规制路径。由此带来的问题在于，生态环境损害赔偿诉讼无论是在制度设计上，还是在责任分配、诉求选择等方面，与环境民事公益诉讼均有重叠和交叉，协调二者的诉讼程序实有必要。因此，笔者将生态环境损害赔偿诉讼与环境民事公益诉讼的程序衔接纳入环境公益诉讼的外部程序衔接范畴。

3. 环境行政公 / 私益诉讼的程序衔接的可能与限度

既然存在环境民事公 / 私益诉讼的程序衔接，那么从理论上讲，环境行政公益诉讼也存在与私益诉讼的程序衔接问题。根据《行政诉讼法》的规定，行政私益诉讼的诉讼请求包括重新作出行政行为、判决限期履职、确认违法、责令采取补救措施等，而《最高人民法院、最高人民检察院关于检察公益诉讼案件适用法律若干问题的解释》（以下简称《检察公益诉讼解释》）第二十五条规定，行政公益诉讼的判决种类包括判决确认违法或无效、判决责令采取补救措施、判决重新作出行政行为等。从裁判内容来看，环境行政公 / 私益诉讼亦呈现出交叉。而且重新作出行政行为、判决限期履行、确认违法或无效等责任形式在公益和私益保护效果上具有趋同性，责令采取补救措施、责

---

[1] 参见黄忠顺.论公益诉讼与私益诉讼的融合：兼论中国特色团体诉讼制度的构建 [J].法学家，2015（1）：19-31；张旭东.环境民事公私益诉讼并行审理的困境与出路 [J].中国法学，2018（5）：278-302；吴如巧，雷嘉，郭成.论环境民事公益诉讼与私益诉讼的共通性：以最高人民法院相关司法解释为视角的分析 [J].重庆大学学报（社会科学版），2019，25（5）：167-178.

令承担赔偿责任等责任形式则具有独立的私益价值，并不会被公益判决所涵盖。因此，从理论上讲，环境公益诉讼的程序协调问题同样适用于环境行政公 / 私益诉讼。然而截至目前，探讨环境行政公 / 私益诉讼程序衔接的文章几乎没有，实践中也并无探索 [1]。笔者认为环境行政公 / 私益诉讼程序衔接有着现实需求，但是鉴于：其一，环境民事公 / 私益诉讼程序衔接可以为环境行政公 / 私益诉讼程序衔接提供经验借鉴，进而消减对后者进行单独研究的必要性；其二，较之于环境民事公 / 私益诉讼所构建的"法院—责任人"直接规制路径，环境行政公 / 私益诉讼形成的是"法院—政府—责任人"间接规制路径。问题在于，环境规制是政府的法定职责，怠于履职不仅会触发法律责任，而且会启动政治问责。所以，实践中环境行政公益诉求往往在诉前程序中就得以解决，也就缺乏与私益诉求在诉讼中同时解决的基础和前提。因此，笔者对于环境公 / 私益诉讼的程序衔接的分析，主要集中于民事领域。

第四节　小　结

截至目前，我国的环境诉讼体系已经初见雏形，其中根据保护对象和诉讼性质的不同，可以将环境诉讼区分为环境公益诉讼与非环境公益诉讼。前者包括环境刑事公诉、环境行政公益诉讼与环境民事公益诉讼。后者则包括环境行政私益诉讼、环境民事私益诉讼与生态环境损害赔偿诉讼。由此我国形成了六条环境司法保护路径。理论上讲，六条环境司法保护路径对应着不同的保护对象、保护程序和保护标准，因此彼此之间应当是互补和共存关系。然而，实践中同一环境侵害往

---

[1]　仅有的讨论可参见卢超的论述，其认为行政公益诉讼与行政私益诉讼在原告资格、证据规则等事项上存有差异，需要系统而精细的制度设计。参见卢超 . 从司法过程到组织激励：行政公益诉讼的中国试验［J］. 法商研究，2018（5）：25-35.

往同时造成公/私益损害的连锁反应，连锁反应根据波及范围的不同，可以区分为环境公益诉讼内部程序的波及、环境私益诉讼内部程序[1]的波及以及环境公/私益诉讼程序的波及，环境公益诉讼面临严峻的程序协调问题。目前实践中正在试点、学界正在探讨的程序协调可以根据性质的不同，概括为环境公益诉讼的内部程序整合问题与外部程序衔接问题。其中，内部程序整合是指环境刑事/民事/行政公益诉讼三种程序之间的彼此配合、协调问题，主要包括环境刑事/民事公益诉讼程序整合、环境行政/民事公益诉讼程序整合问题。环境公益诉讼的外部程序衔接对象包括环境民事公/私益诉讼程序衔接问题、环境行政公/私益诉讼程序衔接问题以及环境民事公益诉讼与生态环境损害赔偿诉讼的程序衔接问题。这些实践操作中已经出现或正在讨论的诉讼形态，哪些为既有法治秩序所容许，哪些已突破既有法治但有建构之必要，哪些是违背法治精神的产物，都有待进一步研讨和明确。关于诉讼形态其表面上的问题在于，以司法方式维护环境公益的限度何在；其内核性问题则在于，环境民事、行政与刑事三种责任的违法构成与可罚性标准的衔接问题[2]。为此，后文首先从理论基础着手，论证环境公益诉讼程序协调的必要性。然后以诉的合并为抓手，论证环境公益诉讼相关诉讼程序协调的可行性。最后区分内外部诉讼程序，探讨各环境公益诉讼程序整合与衔接的具体路径问题。虽然上述六种诉讼程序同时协调在理论上可行，但是程序协调的目的是实现诉讼经济和诉讼公正，倘若无止境地增加审判内容，就可能有损司法效率，危及诉讼公正。因此，本书仅对有限的内部程序和外部程序协调予以探讨，而对于更趋复杂的三种以上诉讼程序的协调暂不涉及。本书探讨的环境公益诉讼程序协调的基本框架如图 2.1 所示。

---

[1]　由于环境行政/民事私益诉讼的程序协调已经在理论界和实务界有所触及，而且其与环境公益诉讼并无直接关系，因此本书对此种模式不予讨论。
[2]　刘艺.检察公益诉讼的司法实践与理论探索［J］.国家检察官学院学报，2017，25（2）：3-18，170.

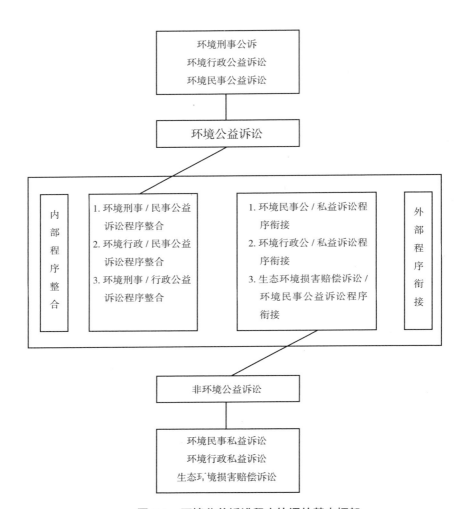

图 2.1　环境公益诉讼程序协调的基本框架

第三章　环境公益诉讼程序协调的理论澄清

　　本章旨在从理论上分析现行环境公益司法保护体系存在的正当性基础，以及论证环境公益诉讼程序协调的必要性和可行性。具体而言，环境公益诉讼尤其是环境行政公益诉讼与环境民事公益诉讼的诞生，使法院逐渐获得了与政府类似的环境规制职能，那么这种职能演化是否具有正当性？是否破坏了传统三权分置衍生出的权力分工与制度平衡？同时，当同一环境侵害行为既符合环境刑事/行政/民事公益诉讼的起诉条件，又满足环境行政/民事私益诉讼与生态环境损害赔偿诉讼的起诉条件时，为何会产生程序协调问题？倘若不构建程序协调机制，又会产生怎样的弊端？最后，环境公益诉讼程序协调的初衷又如何"从情景走向现实"？本章将重点解决上述问题。

第一节　何以可能：环境公益司法保护的理论证成

　　现有理论多从司法实用主义的角度去理解法院承担环境规制职能的正当性，认为受司法能动、生态文明建设等政治号召的"裹挟"，法院成为特定时期针对特定任务开展"运动式执法"的协助者。作为实用主义的产物，这种现象本身并无理论证成的必要性和可能性。然而笔者认为，上述将法院的规制者角色视为无须理论证成的实用主义产物之观念乃是一种思维上的怠惰，其忽视了现实背后的深刻逻辑。

因此有必要另寻他径，论证法院在环境公共事务中的作用之增长，究竟是一种"新常态"还是"新的反常态"。

一、法院在环境规制中的角色演进

孟德斯鸠认为，任何国家都有三种权力，分别是由议会行使的制定、修正或废止法律的立法权力；由行政机关行使的维护公共安全、防御侵略的行政权力；以及由法院行使的惩罚犯罪或裁决私人讼争的司法权力 [1]。当前学界对法院充当环境规制替代者的忧虑与质疑，就源于对法院乃私人讼争之裁决者的刻板印象。下文的分析旨在表明，时下对法院这一根深蒂固的印象并不能涵盖法院在环境治理历史上的真实样态，在环境问题的不同阶段，法院不断根据社会情势调整着自身定位，经历着角色变迁。

（一）作为私人讼争裁决者的法院

鉴于近现代意义上的环境问题肇始于 18 世纪 60 年代兴起的第一次工业革命，本书对环境规制中的法院角色考察亦以此为起点。此阶段的社会背景包括：①环境问题。较之于当下生态环境问题呈现出的规模浩大、种类繁多、治理困难等特性，第一次工业革命引发的生态环境问题呈现出以点源污染为主、品类单一、规模可控等特征 [2]。②环保意识。社会的环保意识正处于萌芽阶段，人类社会对生态环境质量的需求尚处于较低层次。③行政模式。18 世纪中期至 20 世纪 30 年代是西方各国在国家形态上遵循"夜警国家"的时代，在"小政府、大市场"的古典自由经济学思想统摄下，西方国家普遍将行政权限制在"有限行政"和"被动行政"之中 [3]。不那么紧迫的环

---

[1] 孟德斯鸠.论法的精神：上册［M］.张雁深，译.北京：商务印书馆，1961：155.

[2] 汪劲.环境法学［M］.3 版.北京：北京大学出版社，2014：7.

[3] 王明远.论我国环境公益诉讼的发展方向：基于行政权与司法权关系理论的分析［J］.中国法学，2016（1）：49—68.

境问题与不那么主动的行政风格两相叠加，一个自然而然的结果是，政府非常谨慎地将未突破社会容忍限度和环境容量的生态环境问题上升到政府的规制议程。

但是点源污染问题又确实造成了对污染源附近居民切实权利的侵害，于是在市场失灵和政府不作为的双重背景下，调和利益冲突的法院就被推到了环境治理的最前沿。在环境污染造成人身、财产损害之时，公众被赋予提起侵权之诉的私益诉权，如 1804 年《拿破仑法典》第六百七十四条、1811 年《奥地利帝国普通民法典》第三百六十四条以及 1896 年《德国民法典》第九百零六条，均将"不可量物侵入"作为民法上的相邻关系纠纷交由法院处理。无公私法划分传统的英美法系国家在同一时期也借助"私人妨害理论"，确立了针对污染侵权提起损害赔偿和侵害排除的默示诉因[1]。基于侵权诉讼中的停止侵害、排除妨碍等兼具公益属性的判决与执行，法院借助个案裁判实际上起到了环境问题局部治理的效果，由于鲜有国家就生态环境问题出台周延的行政法令或建立专门的监管部门，法院实际上承担了此阶段环境治理的主要任务，充当着环境规制主导者的角色。美国学者乔纳森·特利证实："在美国相当一段历史时期里，美国没有联邦层面的环境成文法。环境违法行为主要是在普通法律下以妨害之诉的方式进行私力诉讼来规范的。"[2] 然而一旦环境问题个案启动的司法成本大于收益，集体性的环境管制就会成为必然选择。

（二）作为环境规制制衡者的法院

从"夜警国家"过渡到"福利国家"，社会背景发生了深刻变化：①环境问题。为小范围、低强度和低频率的环境问题量身设计的侵权责任机制，在大范围、高强度和高频率的生态环境损害面前全线失守。

---

[1]　王明远.美国妨害法在环境侵权救济中的运用和发展［J］.政法论坛（中国政法大学学报），2003，21（5）：34—40.
[2]　乔纳森·特利.私人总检察官在环境法执行过程中的作用［C］// 汤欣.公共利益与私人诉讼.北京：北京大学出版社，2009：132.

局部的生态环境问题逐渐勾连、恶化成为全局性的生态环境灾难，大规模公害事件开始困扰西方工业发达国家，并在 20 世纪 60 年代达到高峰[1]。②环保意识。1962 年蕾切尔·卡森所著的《寂静的春天》激活了公民的环保意识并引发了现代环保运动，美国学者桑斯坦评价道，"在那个时代，将'远离风险的自由'看作政府提供适当保护的权利构成的观念，越来越成为一种常识"。[2]③行政模式。20 世纪 30 年代席卷全球的经济大萧条，使各国开始摈弃"夜警国家"模式所遵从的"消极行政"，取而代之的是"福利国家"模式所倡导的"积极行政"，良好的环境品质日益成为政府应当提供的一项重要的公共产品[3]。加上行政规制所具有的专业性、主动性、低成本和高效率，政府因应环境问题更具规模优势。于是人们重回"社会契约论"所构建的理论模型，主张由政府作为环境公共利益的当然代表者，并通过政府的行政执法来维护环境公共利益[4]。

在环境问题加剧、环保意识增强和行政模式转换的共同作用下，各国环境问题开始出现"治理上移"。如美国 1969 年出台《联邦环境政策法案》，并于 1970 年成立国家环境保护局；日本 1967 年出台《公害对策基本法》，并于 1971 年成立环境厅；德国 1974 年出台《联邦公害防治法》，并于同年成立联邦环保局。我国也于 1973 年出台第一部环境保护行政法规《关于保护和改善环境问题的若干规定（试行草案）》，并于 1974 年成立了国务院环境保护领导小组。面对种类繁多、不断翻新的生态环境问题，立法制约行政的"传送带模式"在环境规制中不敷使用，因为立法者不得不在立法时留下大量的授权条款和不确定性法律概念，以保障行政机关能够对瞬息万变的环境规制需求作出及时反应。在环境法律的宽泛授权下，各国政府通过设立

---

[1] 汪劲，田忙社.环境法学［M］.北京：中国环境科学出版社，2001：1.
[2] 汪劲，田忙社.环境法学［M］.北京：中国环境科学出版社，2001：13–14.
[3] 王明远.论我国环境公益诉讼的发展方向：基于行政权与司法权关系理论的分析［J］.中国法学，2016（1）：49–68.
[4] 宋亚辉.社会性规制的路径选择［M］.北京：法律出版社，2017：72.

专责机构、扩充监管人员、制定标准和技术、添设规制工具、强化监管责任等方式，成为环境治理中名副其实的主导者。一方面，法院出于对行政机关专业性的尊重，逐渐转变"以法院为中心的环境问题应对模式"[1]，从台前走向幕后，仅对环境行政规制的"漏网之鱼"进行私益维权性质的个案裁判。可见，虽然法院的私人讼争裁决者身份不曾改变，但是在公权力的介入下，法院在维护环境实体公益中的作用实际上是弱化了。但另一方面，强势的环境行政规制附带了行政裁量权过大进而侵蚀法治所保障的自由空间等弊端[2]，加之立法权对行政权的制约在"专家模式"下大打折扣，于是司法审查成为制衡行政裁量权过大的最终防线。此时基于维护环境秩序公益之需要，就形成了法院在环境规制中的另一个角色，即环境行政规制的制衡者角色，旨在通过对环境行政进行司法审查，保障环境行政权的合法、合理行使[3]。

（三）作为环境规制替代者的法院

20世纪80年代，随着社会发展的驱动力从"我饿"转向"我害怕"，人类社会进入"风险社会"[4]。此阶段的突出社会背景包括：①环境问题。一方面，核辐射、基因食品、气候变化、生物多样性等跨国界、不可逆的环境问题不断涌现；另一方面，发达国家在发展过程中对环境的破坏性影响仍未消除，发展中国家因引进发达国家淘汰的落后工业设备而带来环境污染和资源破坏的双重压力[5]。②环保意识。一方面，基于公众对现代环境事故灾难性后果的愈发恐惧，政府逐渐从末端治理走向风险预防，即使在没有科学证据证明损害后果确实会发生的情况下，政府也被要求采取行动，防患于未然；另一方面，在复合

[1]　张宝.环境规制的法律构造［M］.北京：北京大学出版社，2018：245.
[2]　张宝.环境规制的法律构造［M］.北京：北京大学出版社，2018：259.
[3]　王明远.论我国环境公益诉讼的发展方向：基于行政权与司法权关系理论的分析［J］.中国法学，2016（1）：49-68.
[4]　乌尔里希·贝克.风险社会［M］.何博闻，译.南京：译林出版社，2004：57.
[5]　汪劲.环境法学［M］.3版.北京：北京大学出版社，2014：9.

型环境风险面前，"多安全才够安全"的疑问在科学界亦无定论，"决策于未知"成为环境行政不得不面临的问题。基于政府已经难以充当"全能代理人"角色的事实，让直接受风险影响的利害关系人参与立法、行政或司法程序，就成为"风险行政"时代背景下的新生主题。③行政模式。一方面，基于"风险行政"的需要，政府在风险评估、风险预警、风险管理等环节获得更加全面且深入的赋权，但环境保护与私权保障之间存在着难以调和的内在张力，强势的环境行政对私权的冲击引发越来越多的争议和质疑，由此政府本身日益成为制衡的对象；另一方面，被寄予厚望的环境行政规制附带了僵化、烦琐、低效、昂贵、抑制创新、效果递减、无针对性等弊病，往往陷入规制过度和规制不足的双重窘境[1]。"生态环境整体恶化趋势仍未得到根本遏制"的现实是我国环境行政规制效果不彰的注脚。考虑到对环境行政规制的过度依赖，实际上弱化了公众对其自身生态环境进行保护的能力和神圣职责，而诉讼又是公众发挥自身效能最有力的工具，于是"重拾对法院的信任和依赖"似乎变成了唯一解，法院也就由此开启了向环境规制替代者的角色转型。

为了补足环境行政规制之不足并回应公众参与的时代需求，各国立法机关普遍对环境司法进行了改造：实体法层面的改造包括对过错或违法性要件的改造、无过错责任适用范围的扩大、因果关系要件的改造以及责任承担方式与责任数额的改造；程序法方面的改造包括起诉资格的扩张、举证责任的优化以及诉讼费用的分摊等事项[2]。从整体视角审视，法院借助侵权法实际上获得了与生态环境主管部门借助管制法获得的类似的环境规制职能：环境民事公益诉讼的确立使法院的规制事项从环境私益扩展到环境公益，环境诉讼禁令制度、预防性诉讼制度的推行使司法规制的效能从事后威慑转变为事前预防，恢复性

---

[1]　张宝 . 环境规制的法律构造［M］. 北京：北京大学出版社，2018：14.

[2]　宋亚辉 . 社会性规制的路径选择［M］. 北京：法律出版社，2017：97-104.

司法的实践则使法院的规制手段从"法条至上"转变为随机应变[1]，凡此种种，不一而足。维护环境公益、进行事前预防、灵活规制风险等事项长期是生态环境主管部门作用的场域，法院凭借对独立环境案件的受理、裁判和执行的实体法和程序法改造，日益成为与生态环境主管部门"分庭抗礼"的——虽然是饱受争议的——环境规制者。

（四）小结

梳理法院在环境保护议题中的角色嬗递，旨在表明长期将法院视为环境纠纷私人讼争裁决者的观点已经不敷使用。以私人讼争裁决者为底色，法院在"福利国家"和"风险社会"实际上获得了"环境规制制衡者"和"环境规制替代者"的新角色。法院的"私人讼争裁决者"角色与"环境规制制衡者"角色有"三权分置"理论加持，当务之急是论证法院的"环境规制替代者"角色是否具备理论上的正当性与实践上的可行性，从而决定是"抑制"还是"发扬"法院的"环境规制替代者"角色，其最终目的在于为法院在环境公益诉讼中的职权赋予与职能定位奠定理论基础并指明建构方向。

二、"代理彩票理论"下的法院职能新解

美国学者斯蒂芬森认为，降低公共风险是公权力难以回避的职责，其中，立法机关一方面面临着如何设计妥适的法律制度来规制公共风险的问题；另一方面，立法机关还必须决定是由行政机关还是司法机关来实施该制度。由于缺乏充分的信息，立法机关事先并不能准确预判谁是最理想的规制者，因此立法机关面临的选择就犹如"买彩票"。这一抉择过程即所谓的"政策彩票难题"[2] 或"代理权彩票难题"[3]。

---

[1]　王慧. 环境民事公益诉讼案件执行程序专门化之探讨［J］. 甘肃政法学院学报，2018（1）：116-126.

[2]　STEPHENSON M C. Legislative allocation of delegated power： uncertainty， risk， and the choice between agencies and courts［J］. Harvard Law Review，2006，119（4）：1035-1070.

[3]　VERMEULE A. The delegation lottery［J］. Harvard Law Review，2006，119（4）：105-111.

倘若立法机关将代理权授予行政机关，则意味着立法机关选择了行政规制路径；相反，将代理权授予司法机关，则意味着选择了司法规制路径[1]。

"代理彩票理论"的立论基础在于，法院能够释出与政府类似的规制效果。具体而言，行政规制的作用原理是政府以社会效益最大化为原则，事先构建社会必须遵守的行为规则，并对违反规则的行为进行惩处，从而规避或者缓解有损社会福利的行为发生。司法规制的原理是法院通过事后的责任赋予为同类风险行为进行"定价"，倘若"价格"符合社会效益最大化目标，那么理性经济人根据自身的成本—收益分析做出的策略行为，将最终有利于规避或减少行为人的同类风险。更为重要的是，法院裁判所形成的社会评价会对其他社会成员产生警示教育作用，加深其他主体对社会秩序的规则和要求的认知，从而减小行为人"无意识违法"的可能[2]。"代理彩票理论"认为，在产生社会激励这一节点上，自上而下的环境行政规制与自下而上的环境司法规制实际上相交了，无论风险行为人基于"命令–控制"中的公权力威慑而服法，还是基于"赋权＋救济"中的私法责任承担而理性"算计"，最终都将产生促使风险行为人从事符合社会效益最大化行为的效果[3]。考虑到环境司法的事后规制会对风险行为人产生事前影响，所以侵权责任就被理解为事后版的"命令–控制"工具。

区分行政机关和司法机关实施的社会性规制，在理论和实践中已经成为普遍现象。波斯纳大法官就指出，市场失灵是行政规制的必要而非充分条件，"这是公共控制的两种方法——私人实施权利的普通法制度和直接公共控制的行政制度——之间的选择，而且这种选择

---

[1] 宋亚辉. 社会性规制的路径选择 [M]. 北京：法律出版社，2017：6.

[2] 顾培东. 社会冲突与诉讼机制 [M]. 3版. 北京：法律出版社，2016：31.

[3] KOLSTAD C D，ULEN T S，JOHNSON G V. Ex post liability for harm vs. ex ante safety regulation：substitutes or complements？[J]. American Economic Review，1990，80（4）：888-901.

应在具体情况下依其优劣而定"[1]。在《中华人民共和国食品安全法》《中华人民共和国消费者权益保护法》《中华人民共和国产品质量法》《中华人民共和国广告法》等社会性规制领域，都存在着立法者一方面通过设立专门的行政机关来规制公共风险，另一方面又授予当事人以起诉资格从而通过司法裁判的方式来实现社会性规制的做法。由此看来，学界所谓的公法私法化、私法公法化、公私法相互工具化等现象，实为行政规制路径与司法规制路径因功能趋同而出现的交替演化现象[2]。

相较而言，环境领域的行政和司法协同规制显得更为普遍和深入。学者乔纳森·特利就指出："如果没有这两个系统[3]的相互协同作用，在环保领域对正在进行的违法行为进行亡羊补牢和对潜在违法的防微杜渐，（美国的环保成绩）能否达到现在的程度是很值得怀疑的。"[4]环境法学者杜辉也证实："将社会治理决策权从立法和行政机关转移到司法机关，借助司法权的中立性和权威性推动治理进程，加强司法对社会进程的干预，在晚近几十年已成为普遍趋势。"[5]而且实证研究表明，德国、美国、意大利、荷兰、挪威、波兰等国均将法院通过侵权法与行政机关通过管制法获得的环境规制成效等同看待，认为两种规制路径都能起到预防和治理环境损害的效果[6]。值得一提的是，我国在环境治理的议题上展现出了比其他国家更加强调司法本位的倾向。

此时也就不难理解为何美国侵权法学者格林感慨"侵权法是变相的公法"[7]，为何英国学者哈耶克驳斥"那种认为唯有公法服务于普

---

[1] 理查德·波斯纳.法律的经济分析（第七版）［M］.2版.蒋兆康，译.北京：法律出版社，2012：540.

[2] 宋亚辉.社会性规制的路径选择［M］.北京：法律出版社，2017：2.

[3] 指司法规制和行政规制——引者注.

[4] 乔纳森·特利.私人总检察官在环境法执行过程中的作用［C］// 汤欣.公共利益与私人诉讼.北京：北京大学出版社，2009：129.

[5] 杜辉.环境司法的公共治理面向：基于"环境司法中国模式"的建构［J］.法学评论，2015（4）：168-176.

[6] 威廉·范博姆，迈因霍尔德·卢卡斯，克丽斯塔·基斯林.侵权法与管制法［M］.徐静，译.北京：中国法制出版社，2012：103-387.

[7] GREEN L. Tort law public law in disguise［J］. Texas Law Review，1960（38）：1-13.

遍利益，私法只保护个人私利的观点，乃是对是非的完全颠倒"[1]，为何德国学者耶林呼吁"为权利而斗争是一种权利人对自己的义务"[2]，盖因私法责任中蕴含着治理社会的力量。在"代理彩票理论"的视域下，法院借助侵权法实际上获得了与政府借助管制法获得的路径有别但功能趋同的环境规制职能。社会规制权的分配应当是立法者在行政规制与司法规制路径间基于社会效益最大化原则作出的理性抉择。因此，与其说当前的环境司法改革使法院突破了其应有的职能范围，毋宁说立法者将环境治理的部分代理权赋予了法院，从而激活了法院本就具备的社会规制职能。

三、环境行政规制与环境司法规制比较分析

法院具备社会性规制职能并不代表环境规制应当由其主导，世界各国的理论和实践也证实，针对包括环境规制在内的社会公共事务，行政规制更具规模优势。那么，环境司法规制与环境行政规制的界限究竟在何处呢？要回答这一问题，就须首先厘清法院与政府在环境规制中各自的比较优势，从而为确定行政权与司法权之间的协调、配合与制衡机制奠定基础。

公益保护生长在一种单向度的历史观中，该历史观首先预设了在行政和司法之间的二元分隔。在"代理彩票理论"下，环境行政与环境司法是环境法治的两个并行不悖的子系统，按理应当以"职能区分"为基础实现二者功能的联动、协调和优势互补[3]。作为彼此的替代性手段，环境行政规制与环境司法规制的制度设计背后存在着同样的深层次价值判断和取舍——制度效率[4]。在追求制度效率的过程中，自

[1] 弗里德利希·冯·哈耶克.法律、立法与自由：第1卷［M］.邓正来，张守东，李静冰，译.北京：中国大百科全书出版社，2000：209.
[2] 鲁道夫·冯·耶林.为权利而斗争［M］.郑永流，译.北京：法律出版社，2007：12.
[3] 郭武.论环境行政与环境司法联动的中国模式［J］.法学评论，2017（2）：183-196.
[4] 由然.环保法庭为何无案可审？：法律经济学的分析和解释［J］.东岳论丛，2018，39（2）：176-184.

上而下的环境行政规制与自下而上的环境司法规制在为当事人设定最佳注意激励的运作方式上存有区别，这些区别进一步决定着不同情形下适用环境行政规制与环境司法规制的不同策略。

（一）环境行政与环境司法的规制工具比较

环境行政规制（或称政府环境执法）是针对环境公益保护最为重要的制度设计。然而，对于环境行政规制这一总括性概念的具体内涵，学界却少有触及。原因不难推测，无非是环境行政规制所涵盖的权力、权利、义务和责任过于庞杂，寥寥数语无法概括其精髓。然而本章既然要思考为何在环境行政规制之侧另行建构环境司法规制，就不得不对"何为环境行政规制"做更加细致的分析。否则，环境司法规制模式的建构就缺少一个以其为参照的"靶子"。梳理理论和实践中的环境行政规制模式实非易事，考虑到我国的环境法律已经由《宪法》、14部法律、24部行政法规、136部部门规章、1274部地方性法规和规章搭建出气势恢宏的"环境法律金字塔"[1]，本书拟采取一个"讨巧"的方式，即以当前已经颁布的、现行有效的环境法律为分析对象，描摹出我国环境行政规制模式的大概轮廓。通过法律文本推导环境行政规制模式的可行性在于：其一，法律是社会实践的概念化、规则化和制度化，由全国人民代表大会及其常务委员会出台的环境相关法律并非凭空产生，而是对实践中的环境行政进行的抽象、概括和升华；其二，法律是由国家强制力保障实施的制度规范，颁布的环境法律将进一步指导、统摄和规范环境行政实践；其三，根据《中华人民共和国立法法》第八十七、八十八条的规定，环境法律是仅次于宪法的规制环境保护事项的最高层级法律文件，环境行政法规、地方性法规与规章不得与环境法律相抵触，只能细化实施，因此将统计口径限定在

---

[1]　检索方法是：北大法宝—高级检索—中央法规司法解释以及地方性法规规章—法规类别（环境保护）—法规层级（法律、行政法规、部门规章、地方性法规、地方性规章）。参见何江.为什么环境法需要法典化：基于法律复杂化理论的证成［J］.法制与社会发展，2019，25（5）：54-72.

法律层面，理论上能够推导出实践中环境行政规制的大致轮廓。环境司法规制模式亦参考此方法进行推导。

1.环境行政规制工具的比较优势

虽然笔者将统计范围限缩至正式出台的、仍在适用的环境法律，但是在环境法律日益复杂化[1]的今天，通过此方法揭示的环境行政规制的面貌仍似普罗透斯的脸一般难以捉摸。类型化成为廓清迷雾的关键，本书借用台湾学者叶俊荣的观点，将环境行政规制工具划分为政府直接参与、命令控制、经济诱因和道德劝说四种制度工具[2]，并简要叙述各工具的渊源、内涵、实效并作简要评价。

（1）政府直接参与型环境规制工具

政府直接参与型环境规制是环境法律中的重要内容，其出现的原因在于，维护公共利益是行政的出发点，而"公共利益"是一个发展中的概念，会随着时代的发展而扩充或限缩。随着环境污染、生态破坏日益成为社会生活中民众关切的主要问题，环境公益由此成为政府应当关切、保护的核心公共利益。虽然在古典经济学派看来，政府这只"有形的手"应当保持克制、谦抑的秉性，代之以市场这只"无形的手"进行社会调控。但是在极富外部性的环境议题上，政府的环境规制仍然应当充当主导力量。因此，世界各国普遍采取政府直接参与的环境规制模式，具体包括：

其一，资源环境承载能力预警。"损害容易修复难"是重要的生态规律，因此事前预防往往比事后治理更为经济。而且，防止领土范围内的资源环境承载能力超出合理阈值属于环境公益的重要组成部分，难以由私人担此重任，因此该责任的承担自然而然地落在了政府肩上。为此，《环境保护法》第十七、十八条规定，国家建立健全环境监测制度，监测数据共享，并在对环境状况进行调查和评价的基础

---

[1] SCHUCK, PETER H. Legal Complexity: Some Causes, Consequences, and Cures.[J]. Duke Law Journal, 1992, 42（1）: 1-52.
[2] 叶俊荣.大量环境立法: 我国环境立法的模式、难题及因应方向[J].台大法学论丛, 1992, 22（1）: 105-147.

上，建立资源环境承载能力监测预警制度，预防重大环境损害的发生。这一规定在《中华人民共和国水污染防治法》（以下简称《水污染防治法》）第二十九条、《中华人民共和国大气污染防治法》（以下简称《大气污染防治法》）第九十三至九十六条亦有涉及。资源环境承载能力预警制度运行的基础是对生态环境的实时监测，因此环境监测制度就成为该制度下的子制度 [1]。

其二，环境质量目标责任制。污染物的排放制约是手段，环境质量的保护和改善才是目的。《环境保护法》第二十六条确立了环境保护目标责任和考核评价制度 [2]。环境保护目标责任制是一项宽泛的制度，具体涵盖诸多子制度。第一，河长制。《水污染防治法》第五条规定，乡级以上人民政府建立河长制，分级分段组织领导辖区内的水资源保护、水域岸线管理、水污染防治和水环境治理。河长制是依循环境质量目标责任制的要求，对水这一环境要素进行统筹管理的制度创新。第二，政府的环境治理义务。除常规的政府作为行政机关，私主体作为行政相对人的管制义务外，环境质量目标责任制还赋予了地方政府一定的环境治理义务。例如《环境保护法》第三十三条规定，县级、乡级人民政府应提高农村环境保护公共服务水平，推动农村环境综合整治；第四十九条进一步规定，县级人民政府负责组织农村生活废弃物的处置工作。第三，环境信息共享制度。环境信息共享制度是环境质量目标责任得以运行的重要制度载体。《环境保护法》第十七条、《中华人民共和国环境保护税法》（以下简称《环境保护税法》）第十五条、《中华人民共和国环境影响评价法》（以下简称《环境影响评价法》）第六条和第二十条、《中华人民共和国土壤污染防治法》（以下简称《土壤污染防治法》）第八条与第八十条、《水污

---

[1]　监测是环境相关法律的核心组成部分，例如《土壤污染防治法》第十五条规定，国家实行土壤环境监测制度。国务院生态环境主管部门会同相关部门组织监测网络，统一规划国家土壤环境监测站点。
[2]　此外，《土壤污染防治法》第五条、《大气污染防治法》第八十六条、《中华人民共和国防沙治沙法》（以下简称《防沙治沙法》）第四条、《中华人民共和国节约能源法》（以下简称《节约能源法》）第六条、《中华人民共和国循环经济促进法》（以下简称《循环经济促进法》）第八条、《水污染防治法》第八条均在其规制的领域确立了环境质量目标责任制。

染防治法》第二十五条、《大气污染防治法》第五十四条和第九十一条均规定有各级政府建立相关领域的信息共享机制的要求。

其三，限期达标规划制度。虽然环境法律设定有环境质量目标，但是基于历史惯性以及在污染或贫穷之间"两害相权"而被迫选择前者的压力下，区域出现环境质量不达标的情形亦是在所难免。为了在发展权与环境权之间寻求合理平衡，环境法律普遍针对地方政府设置限期达标规划制度，要求各级政府在未达到国家环境质量标准的情况下，制定限期达标规划并采取措施按期达标。《环境保护法》第二十八条、《水污染防治法》第十七条、《大气污染防治法》第十四至十七条均规定了地方政府制定限期达标规划并付诸实施的制度设计。

其四，"以身示范"型制度。在环境治理中，行政主体的行政活动过程本身也是一个产生巨大环境负外部性的过程，离开行政组织本身的绿色化、低碳化，生态文明社会将不可能建成[1]。为此，环境法律多直接规定政府自身的环境友好型职责。例如《环境保护法》第三十六条第二款规定，行政机关及"政府治下的非政府组织"应当优先采购和使用资源节约型、环境友好型产品、设备和设施。《节约能源法》第四十七条规定，公共机构应当厉行节俭，杜绝浪费，带头使用节能产品、设备，提高能源利用效率。《循环经济促进法》第二十五条也作了要求行政机关带头践行环境友好型、资源节约型社会的相关规定。

（2）命令控制型环境规制工具

命令控制型环境规制工具是环境行政中最为常态化的制度工具。一般而言，建基于自然资源之上的环境利益可以细分为两个层级：一个层级是以自然资源的经济价值为依托的资源利益，例如实践中作为生产资料的矿产、林木、水资源等；另一个层级是以自然资源的

---

[1] 谭冰霖.行政主体低碳化的法律规制：一个组织法的视角［J］.东岳论丛，2016，37（2）：156–164.

生态价值为核心的生态利益，例如森林提供的涵养水源、净化空气等生态服务价值[1]。对于资源利益，由于可以通过产权界定的方式予以精确化管理，因此资源利益能够通过私有化的方式进行市场调节。相反，生态利益具有流动性、虚无性与变动性等特征，难以量化和私有化，也就难以借助市场进行调控。基于生态利益使用和损耗强烈的外部性，缺乏规制的放任使用可能加剧环境问题的严重性。于是，基于生态利益对人类生存和发展的基础性作用，世界各国在环境问题日益严重的当下，愈发将生态利益作为一种法律应予保护的法益进行周全保护。即使是亚当·斯密的追随者，现在也承认，环境保护应当被视为正义、国防和公共建设之外政府的第四个合法职能[2]。从现行有效的环境法律中梳理，可以得出以下环境行政机关普遍采用的命令控制型制度工具。

其一，污染物排放标准制度[3]。根据通说，环境问题的原因行为可以分为环境污染和生态破坏，前者是指人类向自然界投入了超过其自净能力的异质物，如塑料、重金属等，后者是指人类从自然界获取了超过其资源环境承载能力的物质，如矿产、林木、水等。虽然环境污染和生态破坏均会对生态环境产生不利影响，但相较而言，环境污染的损害后果具有即时性的特征，因此也就自然而然地成为世界各国环境行政的主要任务。既然环境污染主要源自人类不适当的投入行为，对污染物的排放进行限制就成为一种理性的应对策略。反映到实践中，则是政府根据辖区的自然禀赋设置污染物排放标准，以期使每个污染源排放的污染物都被控制在合理的界域内。在排放标准制度之下还存在一些子制度，例如《大气污染防治法》第五十八条规定，生产、进口企业获知机动车、非道路移动机械排放大气污染物超过标准，属于

[1] 史玉成.生态利益衡平：原理、进路与展开［J］.政法论坛，2014（2）：28-37.
[2] E.库拉.环境经济学思想史［J］.谢扬举，译.上海：上海人民出版社，2007：18.
[3] 《环境保护法》第十六条、《水污染防治法》第十条、《大气污染防治法》第九条、《中华人民共和国海洋环境保护法》（以下简称《海洋环境保护法》）第十一条、《环境保护税法》第五条、《中华人民共和国环境噪声污染防治法》（以下简称《环境噪声污染防治法》）第十一条、《中华人民共和国清洁生产促进法》（以下简称《清洁生产促进法》）第二十七条均设置有其规制领域的排放标准制度。

设计、生产缺陷或不符合规定的环境保护耐久性要求的，应当召回；未召回的，由国务院市场监督管理部门会同国务院生态环境主管部门责令其召回。

　　其二，环境质量标准制度。设置污染物排放标准保护环境的初衷并未"从情景走向现实"，原因在于：首先，污染物排放标准本身是难以界定的，合乎标准亦不代表排放行为驶入了"安全港湾"[1]。环境问题具有高度的科技关联，"多安全才够安全"的问题在科学界亦无定论，而欠缺科学背景和完整信息的立法者不得不进行富有政治意味的排放标准选择，使标准的选取具有"决策于未知"的性格。其次，污染物排放标准难以激发企业达标排放后的减排动力。众所周知，污染物排放标准的确定是一种"科学论断基础上的政治判断"，时常以辖区企业生产水平的中位数为标准，然而对于"中位数"以下的企业而言，中位数的标准实际上是对其宣判了"死刑"，由此导致生产水平较高的企业逐渐获得垄断的优势地位；而对于"中位数"以上的企业而言，法定的标准比企业现有的排放水平要低，因此确定的标准会衍生出阻挠技术创新、激发逆向选择的负面效应。复次，环境领域"守法成本高、违法成本低"是不争的事实，超标排污所受的惩罚如此之少，以至于"理性"的企业会将环境行政处罚作为一种必然的支出纳入生产成本，从而通过缴纳罚款的方式获得事实上的超标排污权利。实践中就出现过"兰石化"等大型排污企业将罚款作为企业年度预算而主动向执法部门预交的情形[2]。最后，即使假定污染物排放标准合乎生态规律，企业亦不因"违法成本低"而超标排放，但是能否获得立法者所期望的环境质量改善目标仍然存疑。因为生态系统能承受的外来干扰的规模和强度存在一定的阈值，环境侵害超出这一阈值，就可能造成生态系统的整体损害或瓦解。因此，在"负载有额"的生态规律下，环境治理的核心并非单个义务人的排污行为，而是无数义务人所带来

---

[1] 宋华琳.论政府规制与侵权法的交错：以药品规制为例证［J］.比较法研究，2008（2）：32-45.
[2] 郭武.论环境行政与环境司法联动的中国模式［J］.法学评论，2017（2）：183-196.

的环境总行为，即将不同社会主体所共同施加的"总行为"置于资源环境承载能力范围之内 [1]。由此衍生出环境领域的总行为控制标准，即环境质量标准 [2]。

《环境保护法》第十五条规定，国务院环境保护主管部门制定国家环境质量标准，该规定是该法第六条"地方各级人民政府应当对本行政区域的环境质量负责"的实施性规定 [3]。环境质量标准制度在实践中有诸多子制度，最为典型的是总量控制制度、联防联控制度和突发环境应急制度。总量控制制度 [4] 可以分为排污总量控制制度和资源使用总量控制制度，是保障地区环境质量的重要手段，该制度基于生态整体主义的考虑，根据辖区资源环境承载能力设定排污和资源使用的最高限额，由此限制行政机关向私主体发放的排污或资源使用许可数量。《环境保护法》第四十四条就规定，国家实行重点污染物排放总量控制制度。倘若辖区的排放总量超过总量控制指标，就会引发一系列"政企同责"的后果 [5]。如果说排放标准等制度是针对排污企业设置的"底线"，那么生态红线制度 [6] 可以视为政府总量控制和环境质量目标管理需要恪守的"底线"。因为较之于规制行政相对人的传统环境基本制度，生态红线以规制行政机关为主要内容。《关于加强资源环境生态红线管控的指导意见》规定，地方组织部门在对地方官员进行政绩考核时，应当将资源环境生态红线的管控情况纳入考核体系，倘若地方官员在任期内出现生态功能、环境治理和资源利用的"越线"行为，则一方面影响其在"晋升锦标赛"中的竞争，另一方面基

---

[1]　徐祥民. 论我国环境法中的总行为控制制度 [J]. 法学，2015（12）：29-38.
[2]　关于环境治理中的"总行为控制"和"政企同责"的思考，可参见黄锡生，何江. 论我国环境治理中的"政企同责" [J]. 商业研究，2019（8）：143-152.
[3]　除此之外，《水污染防治法》第十二至十五条、《大气污染防治法》第八至十四条、《中华人民共和国固体废物污染环境防治法》（以下简称《固体废物污染环境防治法》）第十一条、《海洋环境保护法》第十条、《环境噪声污染防治法》第十至十二条也对相关领域的环境质量进行了细化规定。
[4]　规定总量控制的环境法律有《水污染防治法》第十、二十和二十一条，《大气污染防治法》第十八、二十一和二十二条，《海洋环境保护法》第三、十一条，《清洁生产促进法》第十九、二十七条，《土壤污染防治法》第二十三、二十六条，以及《循环经济促进法》第十三条。
[5]　黄锡生，何江. 论我国环境治理中的"政企同责" [J]. 商业研究，2019（8）：143-152.
[6]　生态红线制度是一项较新的制度，除《环境保护法》第二十九条进行概括性规定外，《水污染防治法》第二十九条、《海洋环境保护法》第三条也对生态（保护）红线制度有所涉及。

于其情节的轻重还可能被追究法律责任。可见，生态红线的管控思维是为地方政府的辖区设定一条必须遵循的生态红线，倘若因政府的缘故出现"越线"行为，则依法追究政府的"越线"责任。

联防联控是近年来为应对"雾霾围城"而生的一种因应制度，其逻辑在于，物质和能量自然流动是基本的生态规律，现代国家通过科层制建构的"区域政治"实际上有违这种生态规律。因此，以生态环境的客观存在为基础建构环境问题的统筹治理策略，才能契合生态规律的要求进而实现环境治理的目的。联防联控制度作为化解"区域政治"与物质和能量自然流动的生态规律之间张力的有效措施，主要体现在《大气污染防治法》第八十六条，该条规定，重点区域内的政府应当通过联席会议的方式，根据统一规划、统一标准、统一监测、统一防治的要求开展大气污染联合防治。此外，《环境保护法》第二十条、《水污染防治法》第二十八条亦规定有重点区域、流域环境污染和生态破坏的联合防治协调机制。

突发环境应急 [1] 是在环境质量遭受紧迫威胁的情况下，赋予政府的一种应急性治理策略。突发环境应急制度的规制逻辑是，其以区域的整体环境质量为规制单元，以辖区内的涉事企业、行政机关或无明显过错的单位和个人为规制对象，当出现环境质量的整体下滑并形成宪法上的超限紧急状态时，辖区政府有权对上述主体进行"打包式处理"，让不同主体基于其自身的资源、过错等因素承担不尽相同的环境应急责任。

其三，环境影响评价制度（以下简称"环评"） [2]。环评是当今世界各国普遍采用的，为预防或减轻拟从事的开发行为对环境可能造

---

[1] 赋予政府进行突发环境处置权力的环境法律有《环境保护法》第四十七条，《水污染防治法》第七十六条，《大气污染防治法》第九十四至九十七条，《固体废物污染环境防治法》第六十三条，《海洋环境保护法》第十七、七十三、七十四条、《土壤污染防治法》第四十四条。

[2] 《环境保护法》第十九、四十一、四十四、五十六条，《水污染防治法》第十九、二十条，《大气污染防治法》第十八、二十二、八十九条，《防沙治沙法》第二十一条，《放射性污染防治法》第二十九、四十一、四十四条，《固体废物污染环境防治法》第十三、十四条，《海洋环境保护法》第二十、四十四、七十九条，《清洁生产促进法》第十八条，《土壤污染防治法》第十八条，《循环经济促进法》第二十九条均对其规制领域的环境影响评价作出了规定，几乎涵盖本书所指的所有环境法律。

成的不良影响实施的一项预防性制度[1]。环评源于现代保险业为厘定保险费率而开展的风险评价，其制度逻辑在于，建设项目一旦建成或运营将对环境产生不可逆或者逆转成本异常高昂的影响，为此，在项目建设之初对其造成的环境影响进行科学评价，倘若影响的程度在资源环境承载能力阈值之内，则允许建设，反之，则在项目立案之初予以制止从而节省社会资源、保护生态环境[2]。考虑到与单个的建设项目相比，政府的发展规划对环境造成的影响往往持续时间更长、范围更广泛、后果更严重，纠正的成本也更高，于是在建设项目环评的基础上发展出规划（战略）环评制度[3]。较之于传统的环境基本制度，环评制度的地位可谓是"至高无上"，因为在所有的环境基本法律制度中，唯独针对环境影响评价制度出台过一部法律、两部行政法规，即《中华人民共和国环境影响评价法》，以及《建设项目环境保护管理条例》和《规划环境影响评价条例》。在环评制度内部还衍生出环评区域限批制度[4]。主流观点认为，环评区域限批存在着一种双阶构造，在一阶层面形成对区域整体发展权的限制或剥夺，构成一种自上而下的内部行政行为；在二阶层面形成对受限区域潜在申请环评许可的单位或个人的权利剥夺，构成内部行政行为的外化效力[5]。由于环评区域限批扼住了地方发展经济的"喉咙"，因此从其诞生就备受关注。除《环境保护法》第四十四条对该制度进行了总括性规定之外，《水污染防治法》第二十条、《大气污染防治法》第二十二条也引入了该项制度。在看到环评区域限批的卓越效果的同时，也应当看到该制度具有的非法治化因素，因为环评区域限批实际上构成对辖区整体发展

[1] 汪劲.环境影响评价程序之公众参与问题研究：兼论我国《环境影响评价法》相关规定的施行［J］.法学评论，2004（2）：107-118.
[2] 黄锡生，何江.环评与安评外延之辩及制度完善：基于天津港爆炸事故的环境法思考［J］.中国地质大学学报（社会科学版），2016，16（4）：1-9.
[3] 蔡守秋.论健全环境影响评价法律制度的几个问题［J］.环境污染与防治，2009，31（12）：12-17.
[4] 环评区域限批是我国一项特有的制度设计，指地方政府在未完成国家确定的环境质量目标的情况下，省级生态环境主管部门有权暂停审批该地区新增重点污染物排放总量的建设项目环评文件。
[5] 黄锡生，韩英夫.环评区域限批制度的双阶构造及其立法完善［J］.法律科学（西北政法大学学报），2016，34（6）：138-149.

权的限制或剥夺，是一项极为严厉的惩罚手段。为此，生态环境部出台了《建设项目环境影响评价区域限批管理办法（试行）》，试图使该制度在法治的轨道上运行，避免这种"大规模杀伤性武器"的滥用。

其四，现场检查制度。较之于一般的环境基本制度，现场检查制度并不具有产生法律效果的直接作用，在性质上属于行政程序的范畴，能否产生法律效果视检查结果而定。换言之，现场检查更像是引燃法律后果的"导火线"，没有现场检查，后续的环境执法就会成为无源之水、无本之木。纳入本书统计口径的 14 部环境法律中，有 12 部规定了现场检查制度[1]，由此足见该制度的重要性。原因在于，由于我国的官员激励和政府治理遵循横向晋升竞争和纵向行政发包的运行逻辑，各地方政府为了投合蒂伯特关于资本"用脚投票"的模型，在实践中掀起了一场环境法律供给的"逐底锦标赛"，即地方政府通过供给较之于其他具有相互竞争关系的地区更为宽松，或者阻却正常环境法律功能发挥的制度环境，来博取投资者的信任和资本的进入，进而通过"生态折现"的方式在同级的"晋升锦标赛"中脱颖而出。倘若环境检查发现不法行为而地方政府予以包庇，则势必存在更大的运行成本，部分地方政府的做法就是制止生态环境主管部门的检查行为，因此实践中存在地方政府阻碍辖区生态环境主管部门开展环境检查的现象[2]。从地方政府对现场检查的惧怕和抗拒态度，亦可证成现场检查制度的重要意义。

其五，查封、扣押制度。查封、扣押是 2014 年《环境保护法》修订时赋予生态环境主管部门的一项重要执法权力。为推动该制度实

---

[1]　《环境保护法》第二十四条，《水污染防治法》第三十、五十条，《大气污染防治法》第二十九、四十、五十二、五十四、五十六条，《放射性污染防治法》第十五、六十二条，《固体废物污染环境防治法》第十三、十四条，《海洋环境保护法》第五、十九条，《环境影响评价法》第二十八条，《环境噪声污染防治法》第二十一条，《节约能源法》第十二、三十五条，《清洁生产促进法》第十八条，《土壤污染防治法》第二十八、五十、五十九、七十七、七十九条，《循环经济促进法》第二十九条均对现场检查制度予以了规定。
[2]　为了打造免受生态环境主管部门随意"打搅"的投资环境，合肥市出台了《合肥市优化投资环境条例》，该条例在 2013 年修订版第二十九条中为生态环境主管部门执法检查设置了刻意增加的上报和备案程序，以及一年只许检查一次的限制。参见何江．为什么环境法需要法典化：基于法律复杂化理论的证成［J］．法制与社会发展，2019，25（5）：54-72．

施，我国生态环境部同年出台了《环境保护主管部门实施查封、扣押办法》。从性质来看，查封和扣押是对涉案物品的行政强制，前者针对的是需要就地封存的不动产或动产，后者针对的主要是动产。《土壤污染防治法》第七十八条、《大气污染防治法》第三十条也将查封、扣押权力赋予了监管部门。总体而言，查封、扣押权力受到立法机关的极大限缩，主要表现在适用领域狭窄。根据上述三部环境法律的查封、扣押规定，现阶段能够适用查封、扣押措施的仅限于违法排放污染物，造成或可能造成严重污染的情形。然而环境问题的原因行为除了投入性的污染行为，还有取出性的生态破坏行为，而对于后者，现有法律暂不支持进行查封和扣押。

其六，"三同时"制度。作为一项中国独创的环境基本制度，"三同时"在环境法律中的曝光率极高[1]。从制度缘起来看，该制度形成之初，由于技术掣肘，准确监测、评估企业的排污数量和污染程度极为困难。"三同时"制度基于其降低执法成本、统一执法力度等优势，在当时的技术背景下应运而生。随着污染物排放在线监测技术的发展以及生态环境损害评估技术的出现，前端的排污许可、总量控制，以及后端的排污权交易、生态环境损害赔偿成为主流。此时，长期引以为傲的"三同时"制度就因技术的发展，成为一种次优选择而被架空或虚置，而新的技术催生的环境保护制度则日益成文化、规范化和主流化。但是"三同时"制度仍然表现出较强的生命力，尤其是在"有限执法"的背景下，"三同时"制度的松散结构反而被认为有利于制度的推行。

其七，排污许可制度[2]。个案许可是一种较之于统一标准更为严

---

[1]　除《环境保护法》之外，《水污染防治法》第十九条，《放射性污染防治法》第二十一、三十、三十五条，《固体废物污染环境防治法》第四十条，《海洋环境保护法》第四十八条，《环境噪声污染防治法》第十四条，《循环经济促进法》第二十条也对"三同时"制度进行了规定。

[2]　《环境保护法》第四十五条，《土壤污染防治法》第二十一条，《水污染防治法》第二十一、二十三、二十四条，《大气污染防治法》第十九条，《放射性污染防治法》第十九、二十、二十八、二十九条，《固体废物污染环境防治法》第二十五、五十七条，《海洋环境保护法》第五十五、五十九条，《环境保护税法》第十五条，《环境噪声污染防治法》第四十三条均对排污许可进行了规定，可以预见的是，排污许可制度将在我国未来环境治理中发挥基础性作用。

苛的规制手段。我国正在推动排污许可改革，截至目前，国务院办公厅或环境保护部已经陆续发布《控制污染物排放许可证制实施方案》《排污许可证管理暂行规定》《排污许可管理办法（试行）》等法律文件，用以整合我国的环境法律制度，并构建以排污许可为主轴的固定污染源环境管理体制 [1]。排污许可区别于一般的行政许可，例如准入许可等一般许可具有一劳永逸的特征，一旦获得许可，行政机关就与被许可人的关系疏离。然而排污许可具有持续性特征，其每天的排污量，按月或者按年的排污总量需要实时监测并与生态环境主管部门联网共享信息。可见，排污许可对控制排放型污染具有极强的规制效果。排污许可制度改革的方向是发展综合性许可制度，即摈弃之前在不同行业、不同领域发放排污许可的做法，由生态环境主管部门核发综合性排污许可，并根据许可的种类、浓度、容量和排放线路对排污企业进行监管。

法律制度（对于负责实施的行政机关而言就是行政权力）被遵守或能够推行，往往是背后的惩罚措施在起作用。笔者根据环境法律梳理出以下制度推行的保障措施：其一，环境罚款；其二，没收违法所得；其三，行政拘留；其四，限产、停产、停业；其五，责令改正；其六，取消检验资格／禁止从业。

其一，环境罚款。2009 年，环境保护部办公厅发布《法律、行政法规和部门规章设定的环保部门行政处罚目录》，根据该目录，环境领域适用行政处罚的情形共 304 项，其中适用罚款的情形共 253 项，可见罚款是环保领域适用范围最广、频次最高的行政处罚种类。为了纠正我国环境罚款数额较低的问题，近年来的一个新生主题是"按日计罚"的法治化。国内最先引进这一制度的是 2007 年第一次修订的《重庆市环境保护条例》[2]。在 2014 年《环境保护法》将"按日计罚"写

---

[1] 排污许可为主轴的固定污染源环境管理体制旨在简化环评，弱化"三同时"，同时盘活总量控制和排污权交易等相关制度。参见何江.为什么环境法需要法典化：基于法律复杂化理论的证成［J］.法制与社会发展，2019，25（5）：54-72.

[2] 《重庆市环境保护条例》第一百零八条规定，违法排污拒不改正的，可以按日连续处罚。

入法律后，《大气污染防治法》第一百二十三条、《水污染防治法》第九十五条、《海洋环境保护法》第七十三条也引入了该制度[1]。此外，环境罚款数额的确定呈现出一些新的趋势，例如《大气污染防治法》第一百二十二条规定根据污染事故造成的直接损失的倍数计算罚款，《环境影响评价法》第三十一条规定未批先建，可以根据建设项目总投资额的一定比例罚款，由此使罚款责任可以与违法行为的后果挂钩，体现过罚相当的原则。

其二，没收违法所得。没收违法所得的制度设计源于"任何人不能从其违法行为中获取利益"的法理。环境罚款与没收违法所得同属金钱罚，虽然后者在环境行政规制中的适用范围远不及罚款，但是赋予环境行政以没收职权的法律却为数不少[2]。从目的来看，没收违法所得追求的是公平，而罚款追求的是效率。之所以罚款在实践中被普遍采用，而没收违法所得却被"冷落"，一个重要原因在于"违法所得"本身难以限定。此外，近年来没收违法所得领域衍生出一个新议题，即罚没财物处置的社会化问题。2014年欧洲议会与欧盟理事会发布《关于冻结和没收犯罪工具及犯罪收益的指令》，规定成员国应当采取措施推动罚没财物的"社会再利用"[3]。其内核在于，罚没财物是犯罪的副产品，罚没财物的处置则应当以填补犯罪损害、根治犯罪土壤为宗旨[4]。我国在没收违法所得前端的没收程序以及后端的罚没财物处置程序方面均有优化、完善的空间。

其三，行政拘留。人身制裁"是对人格的一种深刻的否定"[5]，

---

[1] 需要强调的是，"按日计罚"是根据"原处罚数额"进行按日连续处罚的，在"原处罚数额"设定不合理的情形下，按日计罚只能缓和却无法彻底改变违法成本低的尴尬局面。参见徐以祥，梁忠 . 论环境罚款数额的确定 [J] . 法学评论，2014（6）：152-160.
[2] 《土壤污染防治法》《大气污染防治法》《防沙治沙法》《放射性污染防治法》《固体废物污染环境防治法》《海洋环境保护法》《环境影响评价法》《节约能源法》《循环经济促进法》均存在没收违法所得的规定。
[3] Directive 2014/42/EU of the European Parliament and of the Council of 3 April 2014 on the freezing and confiscation of instrumentalities and proceeds of crime in the European Union, Article 10（3）.
[4] 黄锡生，何江 . 我国罚没财物处置：规则、问题与纠偏 [J] . 安徽大学学报（哲学社会科学版），2018（1）：108-115.
[5] 顾培东 . 社会冲突与诉讼机制 [M] . 3版 . 北京：法律出版社，2016：96.

在 2014 年之前，环境行政处罚中并无人身制裁的可能。随着环境问题的愈发严峻，且财产罚又无法激发环境损害行为人的矫正行为之时，在传统财产罚的基础上增设人身罚就成为一种理性选择。于是在 2014 年《环境保护法》的修订中，新增了第六十三条关于行政拘留的规定。在 2017 年修正的《水污染防治法》第九十四条以及 2018 年通过的《土壤污染防治法》第八十七条亦重申了关于拘留的行政处罚规定。

其四，限产、停产、停业。较之于传统的且往往存在上限的环境罚款，限产、停产和停业是更为严厉的环境行政规制手段。《环境保护法》第六十条规定，行为人超过污染物排放标准等违法排放污染物的，县级以上人民政府环境保护主管部门可以责令其限产、停产，情节严重的，报有批准权的人民政府批准，责令停业、关闭。此外，《土壤污染防治法》第八十六条，《水污染防治法》第八十二至八十四条，《大气污染防治法》第九十九、一百、一百零八、一百零九条，《放射性污染防治法》第五十三、五十五、五十七条，以及《海洋环境保护法》第七十三条也有限产、停产和停业的行政处罚举措。

其五，责令改正。责令改正是一个总括性的提法，环境法律中的具体表述包括责令停止建设、责令恢复原状、责令拆除或者关闭、责令限期改正等。笔者认为，虽然责令改正是一种保障环境行政目的实现的重要手段，但是其在性质上却不属于行政处罚[1]。责令改正与行政处罚最为本质的区别在于，行政处罚蕴含着对环境侵害行为人的惩罚，以产生财产或人身的不利后果为手段和目的。而责令改正却并不具有惩罚性质，而是希冀通过行政机关进一步的处罚为威慑，迫使行为人遵守相关法律法规，具有违法状态的修复功能，却不具有惩罚性质。具体而言，行政处罚是对违法行为的一种制裁和惩罚，而责令改

---

[1] 对于此问题，学界的观点并不统一。例如韩德培就将责令改正纳入特殊的环境行政处罚中，而高德清等就认为责令改正缺乏处罚的特性，不属于行政处罚。张梓太则进一步指出，责令改正属于强制性行政命令的范畴。参见韩德培.环境保护法教程 [M].北京：法律出版社，1998：301；高德清.检察公益诉讼若干程序问题研究 [J].法治研究，2019（03）：86-93；张梓太.环境法律责任研究 [M].北京：商务印书馆，2004：175-176.

正是对违法现状的一种等价性修复[1]。换言之，责令改正是一个前端行为，对该行为的抵触或不遵守才会诱发行政处罚的后果[2]。这也就解释了为何责令改正往往与罚款等行政处罚并用，因为在行政处罚的同时施加责令改正的要求，可以避免"以罚代管"的问题[3]。

责令改正比较特殊的两个子类型分别是责令赔偿损失和责令恢复原状。责令赔偿损失可以根据受害人性质的不同，分为责令赔偿私人损失以及责令赔偿国家损失，前者在性质上属于行政裁决。在环境法律中，由于我国遵循自然资源国家所有权原理，因此对生态环境的损害往往被解读为对自然资源国家所有权的侵害，因此责令赔偿的受益主体往往是国家。在这种情况下，责令赔偿国家损失就不应当理解为行政裁决，因为接受赔偿的国家是作为公法上的行政主体出现的，而不是作为私法上的民事主体出现的[4]。《环境保护法》第六十一条、《放射性污染防治法》第五十条、《固体废物污染环境防治法》第八十五条、《海洋环境保护法》第八十二条、《环境影响评价法》第三十一条对部分环境损害行为规定有恢复原状的处理权限。鉴于此，罗丽认为，我国现行环境保护法律已经构建起行政管理机关通过责令赔偿损失、责令恢复原状等[5]制度维护生态利益的法定手段[6]。巩固进一步指出，在环境行政规制已经具备可以实现环境公益的"责令停止""责令限期治理"等规制工具的情况下，没有必要大费周章地选择更加曲折的以民事责任为内核的环境司法规制路径[7]。

下文拟就环境领域适用情形较多的"责令恢复原状"来检视责令

---

[1] 胡建淼，吴恩玉.行政主体责令承担民事责任的法律属性［J］.中国法学，2009（1）：77-87.
[2] 笔者之所以将责令限产、停产、停业置于责令改正的行政处理之外，就是因为限产、停产和停业具有明显的惩罚性质，与责令改正中的等价性修复观念有区别。
[3] 《中华人民共和国行政处罚法》（以下简称《行政处罚法》）第二十八条就规定，"行政机关实施行政处罚时，应当责令当事人改正或者限期改正违法行为"。
[4] 胡建淼，吴恩玉.行政主体责令承担民事责任的法律属性［J］.中国法学，2009（1）：77-87.
[5] 根据《中华人民共和国行政强制法》第五十条的规定，当事人不履行行政机关作出的排除妨碍、恢复原状等行政决定，其后果已经或者将造成环境污染破坏自然资源的，行政机关可以代履行。该法第五十一条进一步规定，"代履行的费用按照成本合理确定，由当事人承担。但是，法律另有规定的除外。"可见，行政机关通过行政命令的方式亦可实现环境公益维护之目的。
[6] 罗丽.我国环境公益诉讼制度的建构问题与解决对策［J］.中国法学，2017（3）：244-266.
[7] 巩固.大同小异抑或貌合神离？：中美环境公益诉讼比较研究［J］.比较法研究，2017（2）：105-125.

改正制度在环境行政中的效用。从表 3.1 可以看出，我国环境法律中
的责令恢复原状的适用范围极其狭窄，《环境保护法》第六十一条、
《放射性污染防治法》第五十条、《海洋环境保护法》第八十二条、《环
境影响评价法》第三十一条均对建设项目未经环评先行建设规定有责
令恢复原状的行政责任。总体而言，虽然我国环境法律赋予了行政机
关以"责令恢复原状""责令赔偿损失"等救济环境公益的行政职权，
但是其适用范围狭窄，且不能阻断由法院主导的环境公益诉讼存在和
推行的必要性。

表 3.1　"责令恢复原状"在环境法律中的规定

适用情形	来源
建设项目未经环评擅自开工建设的	《环境保护法》第六十一条
建设项目未经环评擅自进行建设、运行、生产和使用等活动的	《放射性污染防治法》第五十条
造成固体废物污染环境的	《固体废物污染环境防治法》第八十五条
未经海洋环境影响评价擅自开工的	《海洋环境保护法》第八十二条
未经环评擅自开工建设的	《环境影响评价法》第三十一条

其六，取消检验资格 / 禁止从业。较之于直接规制环境损害责任
人的行政责任，取消检验资格 / 禁止从业的规制对象是间接损害环境
的中介组织或个人。环境行政规制领域的违法行为与损害后果等往
往难以通过直观观察得出结论，因此行政规制离不开第三方评价机
构的专业评估。为了促使上述机构及其工作人员客观、公正地出具
评估报告，《土壤污染防治法》第九十条、《大气污染防治法》第
一百一十二条等规定相关机构和责任人违法出具评估、检测报告的，
可以施加取消检验资格 / 禁止从业等行政责任。

（3）经济诱因型环境规制工具

在环境权理论视阈下，私主体和公权力成为既协同又对抗的参与

主体。详言之，私主体和公权力在危险和风险阶段，二者呈现出管理与被管理关系，其中私主体是环境权的消极义务主体，而政府是环境权的积极义务主体。但是在剩余风险阶段，二者的对立关系被协同关系所取代，政府与私主体共同承担改善和治理环境的义务[1]。有论者指出，政府除负有不从事环境违法行为、积极监管企业等职责外，还负有积极治理环境、确保环境治理不得恶化以及促进环境质量改善的义务[2]。用命令控制型工具能够最大限度地制止环境损益行为，但是对治理已损害环境、促进环境改善等环境增益行为却是力所不逮。由此衍生出经济诱因型的环境规制工具，即公权力通过初次权利分配来构建以自我规制为核心的环境治理体系，当体系形成后，公权力退居二线，仅在自我规制领域出现重大违法或市场失灵时，才通过行政强制予以矫正的第三代环境规制[3]。实践中，通过财政、税收、价格、保险[4]、政府采购等推进环境保护已经是常见手段。下文重点论述生态补偿制度、环境信息披露制度和排污权交易制度等典型的经济诱因型环境规制工具。

其一，生态补偿制度。生态补偿制度的核心要义是将自然资源之上的生态利益货币化，由此使生态利益的维护和增进具有经济诱因，促使更多的人参与环境改善。《环境保护法》第三十一条，《水污染防治法》第八条，《防沙治沙法》第三十一、三十五条，《海洋环境保护法》第二十四条对生态补偿进行了规定。此外，《国家环境保护总局关于开展生态补偿试点工作的指导意见》环发〔2007〕130号等规范性文件还助推了生态补偿制度的发展。

---

[1] 论者基于环境风险的不同层级，推导出政府与企业在危险与风险阶段的纵向协同与风险及剩余风险阶段的横向协同。参见黄锡生，何江.论我国环境治理中的"政企同责"[J].商业研究，2019（8）：143-152.

[2] 梁春艳.我国环境公益诉讼的模式选择[J].郑州大学学报（哲学社会科学版），2015（6）：46-50.

[3] 谭冰霖.论第三代环境规制[J].现代法学，2018（1）：118-131.

[4] 目前，我国仅《环境保护法》第五十二条非常简略地规定"国家鼓励投保环境污染责任保险"，《海洋环境保护法》第六十六条规定，建立船舶油污保险、油污损害赔偿基金制度。由于环境污染责任保险可以分摊环境损害风险，提高被害人救济的范围与程度，因此该项经济诱因型环境规制工具具有极大的发展空间。

其二，环境信息披露制度。环境信息披露制度被视为新时代具有革命性意义的环境规制制度，其通过向社会公开环境执法和守法信息，形成由社会监督政府和企业的规制氛围，进而激发公众"用脚投票"来推动环境公益的保护。环境信息披露是手段，吸引和激励公众参与才是目的。论者指出，较之于传统的命令控制型环境规制工具，"最弱干预程度的规制形式当属强制信息披露"[1]。实践中，环境信息披露主要表现为强制信息公开和社会诚信档案制度。前者是指政府强制要求特定单位对其产生环境影响的行为、设施或设备运行情况进行公开，接受社会监督。例如《环境保护法》第五十五、五十六条规定，单位对主要污染物名称、排放方式、排放浓度和总量等进行公开。在环评文件中，环境影响报告书属于强制公开的范畴。强制信息公开的义务主体不限于企业，例如《土壤污染防治法》第二十一条就要求设区的市级地方人民政府环境主管部门制定本行政区域土壤污染重点监管单位名录，向社会公开并适时更新。社会诚信档案制度是指将企事业单位的环境违法信息记入社会诚信档案并向社会公布的制度。基于诚信档案制度对市场的引导作用，形塑一种作用于企业长期收入流的声誉机制，出于对利益的考虑，鲜有企业愿意忽视收益而长期待在不良目录之中，进而促使企业自发地调整生产经营中的环境不友好行为[2]。《环境保护法》第五十四条、《土壤污染防治法》第八十条均对社会诚信档案建设和信息共享进行了规定。近年来社会诚信档案制度的一个新生主题是环境不良信用信息记录清除制度，即为了激励失信企业、环境服务机构或其从业人员积极整改，恢复生产，主管部门将记录的环境不良信用通过一定程序进行清除的制度[3]。

其三，排污权交易制度。学界一般将环境行政规制划分为三代：

[1] 宋华琳.论政府规制与侵权法的交错：以药品规制为例证[J].比较法研究，2008（2）：32-45.
[2] 金自宁.作为风险规制工具的信息交流：以环境行政中 TRI 为例[J].中外法学，2010（3）：380-393.
[3] 黄锡生，王美娜.环境不良信用信息清除制度探究[J].重庆大学学报（社会科学版），2018（4）：136-144.

第一代以"命令－控制"为核心，第二代环境规制以市场激励为核心，第三代以法律自我限制为核心。第二代环境规制的典型代表是排污权交易制度，其具有兼顾经济发展、激发环境自治和反哺财政等制度优势。排污权交易制度建立和运行的基础是辖区环境容量的准确测量。在环境容量确定之后，辖区企业有偿或无偿地根据一定分配规则获得排污权，获得的排污权往往以排污许可为载体。排污权的使用具有一定的期限，倘若企业因技术创新等手段实现了减排，就可以将剩余的排污权有偿转让给希望扩大再生产或者未进行技术升级的企业使用，由此使环境容量物权化。目前，我国仅《大气污染防治法》第二十一条第五款概括性规定"国家逐步推行重点大气污染物排污权交易"。

（4）道德劝说型环境规制工具

道德劝说型环境规制工具是不具有惩罚性的、具有道德宣示意味的规则设计。环境法律中不乏道德劝说型环境规制工具，虽然这种制度工具不具有强制执行力，但是法条宣扬的事项可以彰显立法的价值，一方面，"一部好的法典，就是最好的教科书"[1]。道德劝说型环境规制条款虽然缺乏强制力，但是基于法律作为社会共识的载体，其承载的规范价值能够影响广大民众。另一方面，道德劝说型环境规制工具对法条的解释、法律的适用，仍然具有一定的指导意义。环境法律中的典型道德劝说型环境规制条款包括：《环境保护法》第六条关于公民应当增强环保意识，采取低碳、节俭的生活方式，自觉履行环保义务的规定，《土壤污染防治法》第二十四条关于国家鼓励在建筑、通信、电力等领域采用新技术、新材料，防止土壤污染的规定，以及《大气污染防治法》第五十七条关于国家鼓励燃油机动车驾驶人在不影响道路通行且需停车三分钟以上的情况下熄灭发动机，减少大气污染物排放的规定。

在环境侵害事件发生后，行政机关实际上承担着应急救助和纠纷

---

[1]　苏永钦.寻找新民法［M］.北京：北京大学出版社，2012：77.

解决两种不同的管理职责。行政机关应当首先着手应急救助职责，遏制损害的蔓延。随着紧急状态的解除，环境侵害就将进入纠纷解决和责任追究阶段，此时工作重心就会向司法转向[1]。

2.环境司法规制工具的比较优势

主流观点认为，环境行政规制是环境治理最核心、最有效的手段，即使出现不能由行政机关通过直接强制的方式治理环境的情形，也可以通过行政机关发动司法执行程序来实现规制目的。因此原则上应当通过环境行政规制实现对环境侵害的救济，仅在涉及损害赔偿的情况下才允许通过民事诉讼程序获得强制执行的根据[2]。事实果真如此吗？要解答这一问题，就必须探究环境司法的规制工具。环境行政公益诉讼的目的并不是希望由司法机关规制私主体的环境行为，而是希望通过"监管环境监管者"促使环境行政规制规范运行。因此，环境行政公益诉讼的运行将最终回到环境行政规制之中，那么环境司法规制工具就主要是指环境民事公益诉讼中的诉讼工具。根据《最高人民法院关于审理环境民事公益诉讼案件适用法律若干问题的解释》（以下简称《环境民事公益诉讼解释》）第十八条的规定，环境民事公益诉讼中的规制工具包括停止侵害、排除妨碍、消除危险，恢复原状，赔偿损失，赔礼道歉等，下文将对上述规制工具展开具体评析。

（1）停止侵害、排除妨碍与消除危险

虽然停止侵害、排除妨碍与消除危险是三项独立的责任承担方式，但由于其内容和功能上的趋同性，学界一般将三者归纳为"排除危害"。就性质而言，排除危害是一种预防性的责任承担形式，其目的是通过法院强制行为人停止或消除侵害行为或侵害后果。停止侵害适用于正在发生的环境侵害行为，其目的是制止侵害，防止损害的进一步扩大，手段是勒令环境侵害行为人作为或不作为。排除妨碍是指当行为人的行为妨碍环境公益的正常实现时，法院要求行为人将这种妨碍予以排

---

[1] 竇海阳.环境损害事件的应对：侵权损害论的局限与环境损害论的建构［J］.法制与社会发展，2019（2）：136-154.
[2] 张卫平.民事诉讼法［M］.4版.北京：法律出版社，2016：341-342.

除。消除危险适用于已经发生环境侵害尚未造成侵权后果，但是给个体的环境权益造成了威胁的情形，潜在的受害人可以向法院请求行为人将这种威胁予以消除[1]。由于发展是必然的，而发展与风险相伴相生，因此排除危害这种带有预防性特征的责任承担形式并不能无限度地展开。根据德国的"危险、风险、剩余风险"三分理论，公权力有义务对危险进行排除，对风险进行预防，而民众对剩余风险具有容忍义务。因此法院基于利益衡平的考虑，并不能"一刀切"地适用排除危害的责任形式，对企业等主体适用赔偿损失等责任更加契合社会需求。

（2）恢复原状

恢复原状是一项颇为复杂的责任承担方式，中西方对恢复原状的理解与规定愈发趋于疏离。《德国民法典》第二百四十九条确立了作为损害赔偿原则的恢复原状，其核心要义是确立完全赔偿原则，在此基础上，《德国民法典》还确立了作为具体责任方式的恢复原状。而我国责任方式中的恢复原状剥离出修理、重作、更换等《德国民法典》所没有的概念表述，与赔偿损失的责任承担方式多有重叠[2]。论者指出"'恢复原状'可以以'损害赔偿'的形式来替代履行"[3]。《环境民事公益诉讼解释》第二十条规定，适格原告请求恢复原状的，法院可依法支持判决[4]。此时的生态环境修复费用应当理解为恢复原状的手段，而不应将金钱给付全部视为损害赔偿。

环境民事公益诉讼中的恢复原状以补救被破坏的环境公益，使其恢复到被侵害前的原有状态为主旨。恢复原状较之于损害赔偿的一个显著优势在于，其以生态修复的方式填补损害，无须评估受损之物的价值，从而可以绕开损害难以量化的救济障碍[5]。恢复原状在实践中可以采取三种做法：其一，判令被告将生态环境修复到损害发生之前

[1] 张辉.论环境民事公益诉讼的责任承担方式［J］.法学论坛，2014（6）：58-67.
[2] 李兴宇.论我国环境民事公益诉讼中的"赔偿损失"［J］.政治与法律，2016（10）：15-27.
[3] 张辉.论环境民事公益诉讼的责任承担方式［J］.法学论坛，2014（6）：58-67.
[4] 论者指出，由于司法解释不能创制法律责任承担形式，上述条款就应当理解为最高人民法院对原《民法通则》《侵权责任法》中恢复原状的特别解释。参见吕忠梅."生态环境损害赔偿"的法律辨析［J］.法学论坛，2017（3）：5-13.
[5] 谢玲.论生态损害的司法救济［D］.重庆：重庆大学，2017.

的状态和功能；其二，无法完全修复的，准许采用替代型修复方法，如实践中的异地补植、增殖放流等；其三，判令被告承担生态环境修复费用，包括制定和实施修复方案及监测、监管产生的费用。这实际上是借鉴了欧盟《关于预防和补救环境损害的环境责任指令》（以下简称《2004/35/CE 指令》）第七条的做法，即将修复措施分为主要修复、补充修复和补偿修复[1]。前两者可以说是行为责任，其要旨是自己履行，后者可以说是金钱责任，其要旨是代履行。实践中法院往往既判令被告修复原状的行为责任，又判令支付修复费用的金钱责任，在被告人不履行修复的行为义务时承担金钱给付义务。在通过金钱履行恢复原状的责任中，考虑到环境侵害本身的正当性品格、环境修复费用的巨额性以及侵害人本身的偿债能力等因素，"泰州 1.6 亿天价环境公益诉讼案"衍生出根据被告的生产经营、环境治理等情况判令分期给付的情形[2]，收获了良好的社会效益。最高人民法院在对该案的再审中，肯定了江苏省高级人民法院关于分期付款的制度创新，认为创设新型的责任承担方式实现了经济发展和环境保护的适当平衡，不仅没有干涉企业的自主经营权，反而发挥了环境民事公益诉讼的指引、评价功能，使污染企业通过技术创新和改造，承担应有的环境保护义务，同时也为企业的可持续发展奠定了基础[3]。此后，最高人民法院将分期给付恢复原状费用的做法通过《最高人民法院关于审理环境公益诉讼案件的工作规范（试行）》（以下简称《关于审理环境公益诉讼案件的工作规范（试行）》）第三十五条予以确立。

（3）赔偿损失

赔偿损失的范围在立法中的规定并不统一，例如《生态环境损害赔偿制度改革方案》规定了包括生态环境修复费用在内的生态环境损害赔偿范围[4]。前文已述，生态环境修复费用在性质上属于"恢复原

---

[1] 周珂，林潇潇.论环境民事公益诉讼案件程序与实体法律的衔接［J］.黑龙江社会科学，2016（2）：116–122.
[2] 参见（2014）苏环公民终字第 00001 号。
[3] 参见（2015）民申字第 1366 号。
[4] 生态环境损害赔偿范围包括清除污染费用、生态环境修复费用、生态环境修复期间服务功能的损失、生态环境功能永久性损害造成的损失以及生态环境损害赔偿调查、鉴定评估等合理费用。

状"的金钱折抵形式，不应纳入赔偿损失的范畴。除去生态环境修复费用，赔偿损失责任的另一个特点在于，与传统私益损害所希冀的完全赔偿相比，其存有张力。因为"损失多少赔多少"的私益诉求在环境公益诉讼中难以实现，环境公益诉讼中的赔偿损失更像是一种体现"损害担责"的象征性责任，发挥的是惩罚、教育、激励以及筹措环保资金等功能[1]，可以确保法律的安定性、逻辑形式上的周密性，并有效排斥了法官价值判断引入的可能。然而其背后是对自然科学精确性的艳羡和对量化责任安排的强烈抗拒[2]，而且"损失计算错误"也是影响完美赔偿这一规范目标实现的另一个重要因素[3]，实践中不同评估机构对同一环境损害得出不同赔偿结论已经是常见现象。倘若追求完全赔偿，由于环境公益诉讼稀缺，被选中的被告往往只是众多环境侵害行为人之一，加之环境损害程度难以量化或不同评估结论差异较大，因此对某一个体进行的完全赔偿势必牺牲实质正义，法的安定性的取得将以牺牲实质正义为代价，造成大面积的个案非正义。这就不难理解，为何实践中的环境民事公益诉讼普遍未将生态环境修复期间服务功能的损失、生态环境功能永久性损害造成的损失等纳入赔偿范围，这在形式上看是违反法律规定的，但在价值上是完全妥当的。

（4）赔礼道歉

环境公益的侵害是一种典型的社会公共利益受损，受影响的既包括直接的财产权、人身权，也包括普通公众对良好适宜环境的基本需求。赔礼道歉适用于环境公益诉讼的好处在于：其一，对于公众而言，可以弥补感情；其二，对于国家而言，可以构成对侵害行为人的信誉惩罚；其三，对于侵害行为人自身而言，可以实现自我补偿和道德恢复；

---

[1] 巩固.2015 年中国环境民事公益诉讼的实证分析［J］.法学，2016（9）：16–33.

[2] 叶金强.论侵权损害赔偿范围的确定［J］.中外法学，2012，24（1）：155–172.

[3] 有论者进一步指出，原告与被告对损害赔偿数额的证明存在过度投入问题，因此，损害赔偿计算的准确性无法对当事人产生有效激励.转引自然.环保法庭为何无案可审？：法律经济学的分析和解释［J］.东岳论丛，2018（2）：176–184.

其四，对于社会而言，可以实现道德整合、法律权威再建的功能[1]。实践中将赔礼道歉作为诉讼请求非常普遍，而且被告履行率颇高，这与履行赔礼道歉的成本较低密切关联。

（5）环境禁止令

"公民诉讼主要就是一种禁令诉讼"[2]。环境禁止令是实现环境公益诉讼预防性功能的重要举措，是指法院以禁止环境侵害者继续实施环境侵害行为或命令其采取必要措施为内容的民事裁定[3]。《关于审理环境公益诉讼案件的工作规范（试行）》第二十二至二十四条对环境公益诉讼中的行为保全（禁止令的中国化改造）作了详细规定[4]。实践中，即使是在最先采纳行为保全的知识产权领域，行为保全申请难的问题亦较普遍。因为行为保全措施的采取通常会对作为生产经营者的被告造成重大经济损失。然而较之于保护私益的知识产权诉讼，环境公益诉讼以保护公共利益为主旨，因此更加具备采取行为保全的正当性基础[5]。近年来环境禁止令的一个新生主题是是否需要在环境行政公益诉讼中引入禁止令制度。论者指出，由于行政诉讼程序烦琐、期限较长，为避免违法行政行为的进一步实施可能给环境公共利益造成更大甚至无法挽回的损失，应当将禁止令制度适用于环境行政公益诉讼中[6]。唐瑭就认为，环境公益诉讼应当"以行政机关为救济对象，以禁止令为救济手段"[7]。鉴于此，最高人民法院于2021年出台《最高人民法院关于生态环境侵权案件适用禁止令保全措施的

[1] 巩固.2015年中国环境民事公益诉讼的实证分析［J］.法学，2016（9）：16-33.
[2] 巩固.大同小异抑或貌合神离？：中美环境公益诉讼比较研究［J］.比较法研究，2017（2）：105-125.
[3] 邹士超.环境保护禁令制度研究［D］.重庆：西南政法大学，2013.
[4] 实际上在这之前环境禁止令制度就已经推行。2011年，云南省昆明市中级人民法院和昆明市公安局颁布的《关于在环境民事公益诉讼中适用环保禁止令的若干意见（试行）》和《关于公安机关协助人民法院执行环保禁止令的若干意见（试行）》。随后，在2012年修订的《民事诉讼法》第一百条中，将禁止令以行为保全的方式增加在原有的财产保全条文之上。该条规定，存在判决难以执行或者造成当事人其他损害的案件，可以责令当事人作出一定行为或者禁止其作出一定行为。该条还规定，即使没有当事人的申请，人民法院也可以根据实际情况自行决定采取保全措施。
[5] 黄忠顺.中国民事公益诉讼年度观察报告（2016）［J］.当代法学，2017，31（6）：126-137.
[6] 黄学贤.行政公益诉讼回顾与展望：基于"一决定三解释"及试点期间相关案例和《行政诉讼法》修正案的分析［J］.苏州大学学报（哲学社会科学版），2018（2）：41-53.
[7] 唐瑭.风险社会下环境公益诉讼的价值阐释及实现路径：基于预防性司法救济的视角［J］.上海交通大学学报（哲学社会科学版），2019（3）：29-37.

若干规定》，规定申请人以被申请人正在实施或者即将实施污染环境、破坏生态行为，不及时制止将使申请人合法权益或者生态环境受到难以弥补的损害为由向人民法院申请采取禁止令保全措施，人民法院应当受理。

3. 小结

在分别检视环境行政与环境司法的规制工具之后，我们不妨对二者进行一个总括性的比较。环境司法规制工具依照"止害—消损—赔偿"的民法逻辑设计出与之配套的阻却性责任承担方式、预防性责任承担方式和补救性责任承担方式。环境行政中最具实效性的是命令控制型环境规制工具，实际上，这些规制工具都能在环境司法规制工具中找到替代工具。

（1）责令停止侵害与环境保护禁令

环境行政机关可以通过责令停止建设、责令停止排污等行政手段制止环境侵害人的继续侵害行为。在环境司法规制中，司法机关同样可以通过环境保护禁止令、排除危害等责任承担方式实现类似的职能。换言之，无论是启动环境行政规制抑或环境司法规制，均可以通过阻却性责任实现制止环境侵害行为的进一步发展。

（2）责令赔偿损失与损害赔偿之诉

环境行政机关可以通过责令赔偿损失实现对环境侵害行为人的惩罚和损害填补[1]，行政机关或者私主体作为受害人提起损害赔偿之诉，同样可以实现惩罚和填补的功能。值得一提的是，我国补救性的环境行政责任有逐渐民事化的倾向[2]。例如《中华人民共和国森林法》在颁布之初便赋予林业主管部门以"责令赔偿损失"的行政职权，然而该法在 1998 年和 2009 年的两次修正中，取消了"责令赔偿损失"的行政职权，而改为"依法赔偿损失"。可见环境行政责任中的责令赔

---

[1]　例如《中华人民共和国自然保护区条例》第三十八条规定，造成自然保护区损失的，县级以上人民政府有关自然保护区行政主管部门责令赔偿损失。
[2]　李艳芳，李斌．论我国环境民事公益诉讼制度的构建与创新［J］．法学家，2006（5）：101-109．

偿损失虽然效能优异，但随着"限制公权、保障私权"理念的推进，由司法机关主导损害赔偿愈发成为一种趋势。

（3）行政罚款与赔偿损失

环境行政罚款是对侵害行为人的一种否定性评价，其直接目的是将环境负外部性影响内部化。在环境司法规制中，赔偿生态环境损害等金钱责任较之于传统的民事责任有较大的扩充，其在性质上已并非简单的民事补偿，而获得了"罚款"的惩罚性和威慑性特点。而且赔偿损失还具有行政罚款所不具备的违法状态消除功能，因为根据现有法律的规定，行政罚款必须收归国库，再由财政部门统一支配，而赔偿损失的款项理论上可以直接用于修复受损的环境。

（4）道德劝说与赔礼道歉

环境法律中的道德劝说并不具有强制执行力，仅是一种价值宣示。相较而言，环境公益诉讼中的赔礼道歉具有强制力，其效果与道德劝说类似，但是实效更加优异。

（5）行政磋商与司法调解

近年来试点的生态环境损害赔偿制度赋予行政机关以行政磋商的权能，由此使合作规制从情境走向现实。在行政磋商的加持下，环境行政实际上收获了与环境司法规制中的调解相类似的职能，二者均可基于平等协商处理环境公共事务。

当然，环境行政规制具有环境司法规制所不具备的环境规制工具，例如排污权交易、生态补偿等不可能通过司法机关主导，而且司法成本的高昂和既判力的有限，也使得环境司法规制在维护客观法秩序方面存在先天不足[1]。但是不可否认，在"止害—消损—赔偿"的环境治理链条上，环境司法规制机关均有规制工具与之对应。这在理论界基本达成了共识，例如巩固认为公益诉讼所欲实现的目标，是行政机关有权力和责任实施的，环境规制"绕道"司法既是行政规制的怠惰，

---

[1] 刘艺.构建行政公益诉讼的客观诉讼机制［J］.法学研究，2018，40（3）：39-50.

也构成对司法资源的浪费[1]。虽然巩固对环境公益诉讼形成了一套与传统行政机制平行的规制渠道表达了批评，但是也从侧面证明了环境行政规制与环境司法规制存在功能重叠。因此绝对地贬抑司法规制而强调行政规制并不符合既有的制度格局。

（二）环境行政与环境司法的规制模式比较

一般认为，"现代社会中政府是公共利益最佳的代表者、判断者、维护者和促进者……这是其他任何机构都无法比拟和取代的"[2]。然而前已述及，环境行政与环境司法在规制工具上"同多异少"，两种路径都围绕"止害—消损—赔偿"设置了相应的职权，按理说二者并无优劣之分。那么是什么因素导致环境行政规制成为环境治理的主流模式的呢？笔者认为，这同环境行政规制与环境司法规制的规制模式不同有关。前者遵循的是事先设定行为规则，再由行政机关执行规则，并对违反规则的行为进行惩处的自上而下的规制逻辑；而后者是在初次权利分配的基础上，由受到损益侵害的主体以施害主体为被告向法院寻求纠纷解决，由此间接地对环境公益产生助益，因此是一种事后的自下而上的规制逻辑。下文拟比较环境行政与环境司法在规制模式上各自的比较优势，进而确定二者适当的作用范围和规制领域。

1. 环境行政规制模式的比较优势

第一，环境行政规制具有批量处理环境风险的比较优势。较之于事后反复起诉才能达到环境治理成效的司法规制模式，事前的行政规制具有处理环境风险的规模优势。其一，政府在标准设立上具有比较优势。"小的机构可能缺乏动机或者资源来投资研究发现最佳的注意等级是什么……因此，通常允许政府本身做最佳技术的研究工作更加有效率。"[3]其二，政府在环境监测上具有比较优势。虽然理论上讲

---

[1] 巩固.大同小异抑或貌合神离？：中美环境公益诉讼比较研究［J］.比较法研究，2017（2）：105-125.
[2] 章志远.行政公益诉讼热的冷思考［J］.法学评论，2007，25（1）：17-24.
[3] 威廉·范博姆，迈因霍尔德·卢卡斯，克丽斯塔·基斯林.侵权法与管制法［M］.徐静，译.北京：中国法制出版社，2012：446-447.

环境风险事故中的当事人比生态环境主管部门拥有更多的环境信息，但是当环境风险对人身、财产的不良影响难以通过当事人的感官直接察觉时，当事人拥有信息优势的假设就会被扭转过来。此时，由生态环境主管部门统一监测并发现违法行为反而比当事人的单独监测更具效率和成本优势。其三，政府在环境法律执行中具有规模优势。司法规制往往以当事人的诉请为启动条件，一方面使司法规制具有事后性的特征，另一方面，也决定了司法只能在个案中推进环境治理而难以具有普遍效力。由此造成环境司法规制的被动性和碎片化问题，这可谓是司法规制的"结构性缺陷"。相比之下，环境行政规制可以通过抽象行政行为进行概括性救济，从而具有事前预防不可逆环境损害以及规制同类环境损害反复发生的规模优势。退一步讲，即使通过环境行政规制进行个案救济，其效率往往也远高于公益诉讼[1]。其四，环境行政规制在推广规制信息上具有规模优势。司法规制的威慑作用源于个案裁判的社会影响，对于超脱事外的第三人而言，这样的威慑信息往往有点神秘。相反，环境行政规制设立的标准、责任等信息比侵权责任具有更高的公众形象，也就更有利于标准以及违反标准的制裁等信息在风险制造者中流动[2]。概言之，环境公益诉讼所涉及的国家利益或公共利益的第一责任主体是政府，各级政府具有保护环境公益的技术和资源，倘若政府能够及早发现问题并积极采取相应措施，那么环境公益诉讼将不复存在。叶俊荣就指出，"比公害纠纷的处理更釜底抽薪的努力方向，应是积极促使上述执法程序健全运行。一旦此'上游工程'运行顺利，便可大大减轻下游公害纠纷处理的负担"[3]。

第二，环境行政规制在应对技术问题上的比较优势。在复合型污染阶段，环境问题有其自身的特殊性，这就造成环境侵害的加害人、受害人以及因果关系的认定愈发复杂。较之于企业或行政机关可能存

[1] 黄忠顺.中国民事公益诉讼年度观察报告（2016）[J].当代法学，2017，31（6）：126-137.
[2] 威廉·范博姆，迈因霍尔德·卢卡斯，克丽斯塔·基斯林.侵权法与管制法[M].徐静，译.北京：中国法制出版社，2012：428.
[3] 叶俊荣.环境政策与法律[M].台北：元照出版公司，2010：237.

在的"法盲"问题，针对个案裁判、侧重事后救济的法院极有可能因处理上述技术性问题而出现"科盲"现象。环境规制领域的风险评估、损害认定、因果关系判断等存在极强的科技关联。环境行政规制机关基于工作的需要，往往会在特定岗位安排相应的环境技术专家，或设立专门的环境技术鉴定或环境研究机构，以配合环境行政规制的实施[1]。而且由于长期与被规制领域或行业接触，环境行政规制机关能够更多地了解被规制行业。在环境问题的处理中，环境行政规制机关可以将凭借其专业优势得出的风险评估、损害认定和因果关系判断等结论适用于所有受害者，这就可以避免环境司法规制可能出现的因重复鉴定而增加社会运行成本的问题。

第三，环境行政规制在提升环境规制强度上具有比较优势。司法裁判发挥规范效应需要具备一定的前提，包括但不限于私人诉讼能够顺利启动，诉讼成本较之于收益相对低廉，法官能够根据规制政策的需要进行裁判且裁判结果能够得到完全执行[2]。然而环境司法规制的威慑效应可能因下列因素而落空：一是在抽象而非具体的环境危险中，极易出现"被告消失问题"、法院不予受理案件等导致侵权诉讼难以启动，相较而言，将不确定风险交由行政规制更为妥当。二是环境损害强烈的外部性与诉讼费、律师费、鉴定费等高额诉讼成本形成反差，使原告缺乏起诉激励。三是当预期的损害赔偿比加害者个人财富要大得多时，加害者往往仅会采取必要的注意来避免和他财富大小相同的事故，此时的侵权责任就难以为加害人提供削减风险的最佳诱因[3]。论者指出，"'资产不足'所导致的激励不足以及反向激励问题无法通过一般侵权赔偿责任得到解决，需要利用惩罚性赔偿或刑法补充赔偿的激励效果"[4]。四是较之于以事后规制为主的环境司法规制，环

[1] 宋亚辉.社会性规制的路径选择［M］.北京：法律出版社，2017：160.
[2] 宋亚辉.社会性规制的路径选择［M］.北京：法律出版社，2017：106-107.
[3] 威廉·范博姆，迈因霍尔德·卢卡斯，克ück斯塔·基斯林.侵权法与管制法［M］.徐静，译.北京：中国法制出版社，2012：443.
[4] 由然.环保法庭为何无案可审？：法律经济学的分析和解释［J］.东岳论丛，2018，39（2）：176-184.

境行政规制可以实现事前、事中、事后的全面规制，从而强化规制的广度和深度 [1]。五是司法规制有赖于诉讼的终裁性判决，而行政规制在未经合法程序改变之前具有公定力、确定力、拘束力和执行力 [2]。这就造成环境司法规制将难以对加害人产生可置信的威慑。相较而言，政府通过施加预防性举措、非金钱制裁、市场机制等手段，可以有效提升环境规制强度。

第四，环境行政规制在减小规制成本上的比较优势。具体表现在：其一，环境行政规制具有成本弱增性的特点，一旦环境行政规制的体制机制建立起来，凭借其星罗棋布的行政规制网络，可以实现政府规制环境问题的规模效应；其二，环境司法规制相较于一般的诉讼程序更复杂、专业和耗时，通过司法保护公益无法避免冗长、高成本的弊端，相反，行政规制比司法规制更加便捷，能够迅速地制止环境侵害行为，及时地保护环境公益。以反不正当竞争为例，论者基于《反不正当竞争法》实施 15 年来的运行情况进行梳理发现，面对垄断威胁时，市场主体更倾向于选择投诉进而启动环境行政规制，而非提起私人诉讼进而引发司法规制解决问题，可见行政规制对受害人更具吸引力 [3]。

2. 环境司法规制模式的比较优势

虽然环境行政规制具有较大的优势，但环境司法规制也并非一无是处。那么，环境司法规制有哪些优势是环境行政规制无法比拟的呢？

第一，环境司法规制在补强规制强度上具有比较优势。以环境行政规制为中心构建的环境治理体制存在诸多弊端：其一，规制事项与规制资源之间存在难以弥合的张力，行政机关始终面临执法资源不足的问题，由此便引申出一种去中心化的规制诉求；其二，规制权力并非在真空中行使，环境行政规制难免受到地方政府基于统筹协调考虑而降低规制强度的影响；其三，行政规制手段的威慑力不足。汪劲指

[1] 别涛.环境公益诉讼 [M].北京：法律出版社，2007：327.
[2] 况文婷，梅凤乔.论责令赔偿生态环境损害 [J].农村经济，2016（5）：30-34.
[3] 李友根.论公私合作的法律实施机制：以《反不正当竞争法》第 6 条为例 [J].上海财经大学学报（哲学社会科学版），2010，12（5）：34-41.

出，环境行政规制领域存在声誉罚不具实质拘束力、财产罚额度过低、行为罚适用极少、自由罚缺失等问题[1]。在第一种情况下，环境民事公益诉讼的推行就成为激发公众参与，进而实现环境多元治理的有效手段。在第二种情况下，环境行政公益诉讼表面上对生态环境监管部门形成了执法压力，但实际上是减轻了地方政府等对其施加的不当压力[2]，生态环境监管部门可以借环境行政公益诉讼的名义实施环境保护职责，而不必屈服于地方政府的弱化管制强度的要求[3]。在第三种情况下，环境民事公益诉讼中的损害赔偿等责任形式具有"超越执法"的独立价值，在法律未赋予行政机关以"责令赔偿生态环境损失"的职权背景下，民事责任的追究可以弥补行政责任威慑不足的缺陷[4]。

第二，环境司法规制在克服寻租偏好上的比较优势。环境行政规制中的规制人员与相对人基于单向的隶属关系塑造出以"命令—服从"为内核的"线性结构"。由于规制人员的规制行为将直接影响相对人的"成本—收益"结构，因此相对人有极大的动力去支付不高于规制实施成本的"租金"以寻求与规制人员达成"猫鼠合谋"[5]。同时，环境行政规制的"线性结构"使第三方监督变得困难或成本高昂，从而强化或放大了规制人员的寻租偏好。自利有着深刻的生物学根据，因此自利本身是难以进行道德评价的。"线性结构"下的行政执法程序不能有效指导理性人面对规则时的行动选择，盖因行政执法程序固有的利益对抗不足[6]。较之于环境行政规制的"线性结构"，环境司

[1] 参见汪劲.环保法治三十年：我们成功了吗——中国环保法治蓝皮书（1979~2010）[M].北京：北京大学出版社，2011：178-191.需要说明的是，汪劲的上述判断源于对修订之前的《环境保护法》的评价，随着按日计罚、自由罚等处罚举措的确立，环境行政规制乏力的问题得到了一定程度的缓解。
[2] 例如在"上海市崇明区人民检察院督促镇政府履职行政公益诉讼案"中，崇明区河长等主体多次与该区检察院沟通，希望积极发挥司法机关作用，形成合力共同推进黑臭水体治理。可见，环境行政公益诉讼并非一味地找政府麻烦，而是在特定情形下对政府执法形成助益。
[3] 邓可祝.合作型环境行政公益诉讼：我国环境行政公益诉讼发展的一种可能路径[J].行政法论丛，2016（00）：42-61.
[4] 巩固.检察公益"两诉"衔接机制探析：以"检察公益诉讼解释"的完善为切入[J].浙江工商大学学报，2018（5）：27-34.
[5] 张卫平就指出，"地方政府可能与市场不当追逐利益者形成某种意义上的勾连，使政府的监管职能形同虚设"。参见张卫平.民事公益诉讼原则的制度化及实施研究[J].清华法学，2013，7（4）：6-23.
[6] 张旭勇.公益保护、行政处罚与行政公益诉讼：杭州市药监局江干分局"撮合私了"案引发的思考[J].行政法学研究，2012（2）：109-115.

法规制中的原告、被告和法官形成了一个相互对抗、互相制约的三角形，由此形塑出环境司法规制的"三角结构"。在"三角结构"中，掌握公权力的法官仅处于居中裁判的地位，其任何举动都将被相互对抗的双方当事人所关注、监督和牵制[1]。司法的生命力在于其公正性，司法规制的"三角结构"能够最大限度地抑制人类的自私本性，从而形成保障实体正义和制度公正的规则设计。因此，较之于环境行政规制的"线性结构"，环境司法规制所构建的"三角结构"更有利于降低规制人员的机会主义倾向。然而需要警惕的是，我国的环境公益诉讼日益呈现出"国家化"的特征，原本处于"三角形"顶端的法院逐渐向公益诉讼的原告偏移，即法院的当事人化，导致法院与原告、被告之间的等腰三角结构发生异化，进而日益显示出非公正诉讼格局的问题[2]。

第三，环境司法规制在信息获取上的比较优势。环境行政规制机关承担着繁重的信息获取压力：第一，在事前规制的情况下，政府需要获取特定地区的环境容量、行业污染水平以及辖区公众对环境风险的可接受程度等信息，在完整、准确地获取上述信息的基础上才可能设计出符合成本收益分析的规制措施和规制强度。第二，当环境违法行为发生后，环境行政规制机关需要获取环境违法行为发生与否、危害范围、危害程度等信息才有可能启动环境行政规制程序。然而上述信息多属于被规制者掌握的"内部信息"，逃避规制的强大激励将激发被规制者的策略行为，从而极大地增加环境行政规制机关获取有效信息的难度。较之于主动限制或禁止风险的政府，司法规制的一个"结构性"特征是司法规制的被动性，即法院无须主动实施规制，而是借助当事人主动披露信息以实现对环境风险的治理。环境司法规制的被动性带来的信息优势在于：一方面，分散各处的

---

[1] 宋亚辉.社会性规制的路径选择 [M].北京：法律出版社，2017：162-163.
[2] 梁春艳.我国环境公益诉讼的模式选择 [J].郑州大学学报（哲学社会科学版），2015（6）：46-50.

权利人基于维护自身权益的强大激励，建构出一张"天网恢恢疏而不漏"的环境监测网络，从而极大地增加了环境相关信息的供给数量；另一方面，司法举证规则的存在使虚假信息难以通过相互对抗的对方当事人的质证，进而增强了法院所获取的环境信息的质量[1]。因此，较之于主动收集信息的政府，"坐等"当事人主动披露信息的法院更具信息收集上的比较优势。

第四，环境司法规制在激发公众参与上的比较优势。我国有全能国家的传统，在传统文化中，公共事务总是依附或依靠国家、政府，个人自由、社会自治被限制或压抑[2]。环境司法规制正在极力改变这一倾向。环境民事公益诉讼允许、提倡社会组织提起诉讼，这对培育公民社会、推动社会自治大有裨益。由此引申出的问题是，环境行政公益诉讼的原告资格是否需要向社会组织或公众开放。笔者认为，当前对社会组织等私主体充当环境行政公益诉讼原告的忌惮主要来自对控制执法力度的考虑，以及对公众提起环境行政公益诉讼可能导致滥诉等风险的担心。但笔者认为，在环境行政普遍存在执法不力等问题的情况下，滥诉与滥权"两害相权"，应当容忍滥诉的风险而追求权力规范行使的效果。

第五，环境司法规制在个案判断灵活性上具有比较优势。基于削减环境行政成本的考虑，世界各国普遍通过划定环境领域的"善良家父标准"来对涉环境行为进行"一刀切"处理。由此带来的规模优势自不待言，但其弊端亦不容小觑。其一，基于信息的不对称，出台的统一规制标准极易忽视自然禀赋差异和守法成本的异质性，造成规制不足或规制过度；其二，标准的生成有减少损害的激励，却无法实现达标排放后的进一步减排激励，因此极易造成企业在合规标准上"睡大觉"的反向激励情形；其三，探知被规制者是否达标的信息成本高昂，加之规制俘获的存在，可能造成基于标准的规

[1]　宋亚辉.社会性规制的路径选择［M］.北京：法律出版社，2017：157-158.
[2]　别涛.环境公益诉讼［M］.北京：法律出版社，2007：328.

制信息不充分或在规制俘获中落空的问题。在此情形下，"超越遵从"就成为环境规制改造的一项核心任务 [1]。相较而言，环境司法规制否认管制遵守抗辩，因为遵守管制标准体现的是一种形式法治，在形式法治之外离不开对以个案正义为内核的实质法治要求。况且"如果遵守管制标准或者许可证将自动引起责任免除的话，潜在的加害人将没有动机投入比管制要求他的更多注意"[2]，环境行政标准作为一种"政治选择的结果"，仅构成对行政相对人普遍适用的"社会最低规制标准"，而事后的侵权责任才是为每一个被规制者量身定做的"社会最优规制标准"，这也是《最高人民法院关于审理环境侵权责任纠纷案件适用法律若干问题的解释》第一条否认合规抗辩的原因所在。可见，较之于遵从形式法治从而或多或少地显示出"一刀切"问题的环境行政规制，环境司法规制不受公法标准的制约，在个案判断上更具灵活性优势。

最后，法院在职权配置清晰性上具有比较优势。我国环境规制领域存在较为严重的职权配置不清问题，多元规制机构之间时常出现规制事项交叉重叠、相互掣肘与推诿、重复监管或监管漏洞等问题。虽然 2018 年中共中央印发的《深化党和国家机构改革方案》基本形成了自然资源管理与生态环境保护分立的管理体制，然而"九龙治水"般的环境职权配置紊乱问题仍然存在。国家发展和改革委员会（尤其是其下属的国家能源局）、自然资源部（尤其是其下属的国家林业和草原局）、水利部、农业农村部与生态环境部的职责仍然存在交叉重叠的模糊地带。与环境行政权力的复杂结构相比，基层、中级、高级和最高人民法院有着与行政区划相吻合的清晰的管辖权配置。最高人民法院推动的环境民事、行政和刑事公诉"三审合一"，以及探索建立的与行政区划适当分离的环境资源案件管辖制度，更是在法院内部

[1] 谭冰霖.论第三代环境规制［J］.现代法学，2018（1）：118-131.
[2] 威廉·范博姆，迈因霍尔德·卢卡斯，克丽斯塔·基斯林.侵权法与管制法［M］.徐静，译.北京：中国法制出版社，2012：454.

和法院之间扫清了职权配置不清的隐患。

3. 小结

政府主导的环境规制在批量处理环境风险、应对技术性问题、提升环境规制强度、降低规制成本等方面具有比较优势。然而行政人员机会主义倾向极有可能造成上述比较优势全部落空，环境行政相对人对环境信息的隐匿、伪造或窜改也可能阻断环境行政规制的启动或实施，环境行政规制的"一刀切"处理可能造成社会运行成本的上升，环境行政规制职权配置的不清晰可能诱发行政部门之间争权诿责的负面情形。环境行政规制的上述缺陷正好是环境司法规制发挥作用的主要场域，环境司法规制中的"三角结构"可以有效制约行政人员的机会主义倾向，公民维护自身权益的强大激励能够有效提升法院获取环境信息的数量和质量，法官的个案裁量能够有效避免"一刀切"处理存在的规制不足或规制过度问题，环境司法规制的清晰职权配置则可以规避职能部门之间的重复监管或监管漏洞问题[1]。可见，人民法院基于其在环境规制中规避寻租行为、激活公众参与、避免"一刀切"等制度优势，借环境公益诉讼承担环境规制职能亦具有独立存在的意义。

四、小结：环境治理的第三条道路

笔者认为，自上而下的环境行政规制并非环境治理中的"万能药"，自下而上的环境司法规制也非环境治理中的"洪水猛兽"。环境行政规制与环境司法规制均不具有单独进行环境治理的绝对优势，二者优势互补的结构性特征使环境规制应当跳脱政府主导的成见和禁锢，政府与法院的合作规制作为环境规制的"第三条道路"应当成为一种"次优选择"。

从制度设计来看，环境行政规制与环境司法规制均存在缺陷。就

---

[1]　宋亚辉 . 社会性规制的路径选择［M］. 北京：法律出版社，2017：179-180.

环境行政规制而言，其不足之处在于，根据"传送带"理论推导出的行政机关严丝合缝地执行环境法律的判断是一种理论虚构[1]。实践中，基层环境行政机关一直受"督查检查频繁、权力福利上移而责任压力下移等现实问题困扰"[2]，由此带来的行政效益流失亦不容小觑。就环境司法规制而言，当前的环境司法规制存在"应景"或"作秀"之嫌，虽然环境司法规制在数据上高歌猛进，但实际上源于检察机关的高度重视、地方党委的保驾护航、政府机关的理解支持以及法院的通力配合，许多实质性的、重要的问题却被司法实践有意无意地予以忽视，有学者质疑，一旦公益诉讼的热潮退却，这般喜人的成绩能否延续[3]？此外，论者还对环境司法规制中存在的资金管理问题、判决执行问题等与传统司法定位的不适配进行了论述[4]。巩固就此指出，环境公益诉讼发出环保信号，回应社会期待，使政府与法院"认真对待环境问题"的政治功能大于实际治理[5]。

从规制功能上来看，环境行政规制与环境司法规制具有功能互补的特征。环境行政规制与环境司法规制皆以维护环境公共利益为根本目的，但是在具体的制度建构中，二者也承载着不尽相同的制度功能。具体而言，我国并未全面赋予政府以责令赔偿生态环境损害的行政权力，这就使政府所享有的"罚款""责令改正"等行政手段无法起到损害填补的功能。论者指出，基于惩戒功能定位的行政执法手段并不以"全面填补"为根本价值追求，因此行政执法与以损害填补为基本

[1] 论者指出，行政机关处于对压力反应过度的立法机关和反应滞后的法院之间，因此行政机关基于实践需要调整规制强度亦是社会之所需。参见胡苑.环境法律"传送带"模式的阻滞效应及其化解［J］.政治与法律，2019（5）：133–144，95；曹炜.环境监管中的"规范执行偏离效应"研究［J］.中国法学，2018（6）：258–279.
[2] 在刘艺看来，司法治理超越个案效力，并且与行政治理形成系统性功效，才有可能提升国家治理能力。参见刘艺.环境正义的司法治理路径探索：六枝特区人民检察院环境行政公益诉讼案评析［J］.中国法律评论，2019（2）：72–79.
[3] 覃慧.检察机关提起行政公益诉讼的实证考察［J］.行政法学研究，2019（3）：87–100.
[4] 论者就此指出，司法机关擅长根据法律作出公正决定，但是对于环境损害治理中最为关键的资金管理和执行环节，司法机关并不具备处理上的优势。参见林潇潇.论生态环境损害治理的法律制度选择［J］.当代法学，2019，33（3）：126–136.
[5] 巩固.2015年中国环境民事公益诉讼的实证分析［J］.法学，2016（9）：16–33.

要素的生态环境修复活动有所"背驰"[1]。此时，环境民事公益诉讼对受损生态环境的赔偿便可以起到损害填补和责任补充之作用。同时，行政机关本身也可能产生负面环境影响，期待行政机关自己主动去纠正违法行为并无现实可能性，此时，借助第三方的法院对行政机关的违法行为予以纠偏就成为理性选择。此外，司法过程的理性化和形式化使环境司法规制较之于环境行政规制，更能将最高权力层的治理理念更小偏差地复制到地方实践[2]。

概言之，环境行政规制与环境司法规制在总体上构成功能竞合，但是在一些特定情形和某些方面，两者具有差异性和不可替代性，从而需要两者二元并存以发挥各自的互补优势[3]，进而共同服务于环境公益保护大局[4]。

第二节　为何协调：环境公益诉讼程序协调的制度根源

我国的环境公益司法保护体系已具雏形，但环境公益司法保护体系是在一种单向度的语境下开展和完善的，因此在对其予以整体考虑时会发现，环境公益司法保护体系内部已经呈现出凌乱、重叠等复杂性机能障碍。由此引申出环境公益司法保护相关程序的协调议题。

一、制度供给：环境公益诉讼单一模式选择的弊端

程序协调是相对于目前实践中主流诉讼的单一模式选择而言的。将环境侵害引发的纠纷分割为公益与私益损害，然后在内部又根据

---

[1]　李兴宇.生态环境损害赔偿磋商的性质辨识与制度塑造［J］.中国地质大学学报（社会科学版），2019，19（4）：44-56.

[2]　鲁篱，凌潇.论法院的非司法化社会治理［J］.现代法学，2014（1）：30-43.

[3]　需要强调的是，虽然环境公益诉讼可以实现环境公益保护之目的，但是基于诉讼成本等考虑，公益诉讼并非保护环境公益的最佳工具。美国的环境公益诉讼案件呈逐年下降之趋势，亦可证明法院并非解决环境问题的最佳平台。参见郑少华，王慧.中国环境法治四十年：法律文本、法律实施与未来走向［J］.法学，2018（11）：17-29.

[4]　巩固.检察公益"两诉"衔接机制探析：以"检察公益诉讼解释"的完善为切入［J］.浙江工商大学学报，2018（5）：27-34.

刑事、行政和民事责任的不同分别追究，在本质上是一种司法中的机械主义，其不可避免地引发诉讼效率低下、浪费司法资源、增加当事人讼累、增加矛盾裁判风险等弊端。具体而言，单一模式选择的问题如下。

（一）单一模式选择有违诉讼经济原则

诉讼经济原则是三大诉讼程序的共通原则，具体是指国家以诉讼公正为底色，尽可能通过简化诉讼程序等手段节省诉讼开支[1]。诉讼经济原则考量的基本元素包括诉讼成本和诉讼收益，由于诉讼成本和诉讼收益牵涉广泛，且缺乏共同的可比单位，所以诉讼经济（效益）难以做到精确评价，从而有别于生产部门的经济效益原则[2]。立法中的诉讼经济原则主要体现在对人、财、物的低消耗以及公正的高追求方面。

三大诉讼法都在总论部分确立有诉讼经济原则。《民事诉讼法》第二条规定，民事诉讼的任务之一是"及时审理民事案件"；该法第八条进一步规定，人民法院审理民事案件"应当保障和便利当事人行使诉讼权利"。及时审理和便利当事人原则具有内涵上的共通性，前者是形式、手段，后者是实质、目的，两者共同构成了民事诉讼中的诉讼经济原则。《行政诉讼法》第一条开宗明义地指出，该法的目的是保证人民法院公正、及时审理行政案件。时间成本是诉讼成本的重要内容，顾培东就指出，经济意义上的"一切节约都归结为时间的节约"[3]。因此该条可以视为行政诉讼领域的诉讼经济原则。《刑事公诉法》第二条规定，刑事公诉的任务之一是"保证准确、及时地查明犯罪事实"，该法第七条进一步规定，人民法院、人民检察院和公安机关既相互配合，又互相制约，以保证"准确有效地执行法律"。由

---

[1] 顾培东．诉讼经济简论［J］．现代法学，1987（3）：39-41．
[2] 周立平．略论刑事公诉经济原则［J］．法学，1993（2）：11-13．
[3] 顾培东．社会冲突与诉讼机制［M］．3版．北京：法律出版社，2016：98．

于刑事公诉附带的强制和负面评价对犯罪嫌疑人的惩罚过于严厉，因此刑事公诉相对于民事和行政诉讼，对诉讼效率有着更高的追求。从具体制度来看，三大诉讼的诸多制度都体现了诉讼经济原则的要求。例如案件管辖原则上由基层法院管辖、两审终审、简易程序或速裁程序等制度由三大诉讼规则所共享，其共通的价值追求就是效率。有论者建议中国引入西方的陪审制，但是一方面这种制度会造成法院在事实认定上的权力流失，另一方面，陪审制的施行需要巨大的成本。因此我国至今未有动向引入该项诉讼制度，而且有论者考证，英美等国的陪审制度也趋于衰微 [1]。

单一模式选择与诉讼经济原则相悖，由此带来的成本不容小觑。"美国 1980 年律师费用竟占国民生产总产值的 1.4%"，这反映了美国法律服务和诉讼的极度膨胀 [2]。随着我国经济的发展和社会矛盾的增多，"诉讼爆炸"问题在我国亦逐步出现。现阶段，各法院案件积压严重，审判力量严重不足，各国都通过科学地配置司法资源和合理设计司法程序来消解"诉讼爆炸"问题 [3]。重复审理同一事实行为，不可避免地会导致诉讼不经济，造成司法资源的无谓耗费，并加重当事人的经济负担。通过附带诉讼解决关联诉讼的重复审理是目前的主流做法，整体而言，附带诉讼的优势在于，其可以省略传统的单一模式选择引发的重复立案、举证和辩论等环节，而且关联案件的合并审理能够避免歧异裁判，进而规避"同案不同判"引发的上诉、申诉等额外成本，提高司法效率 [4]。英国法谚"迟来的正义非正义"可以视为对单一模式选择可能造成的效率缺失的生动阐释。

然而对诉讼经济原则的推崇，不应忽视诉讼的公正底色。诉讼应当以公正为其核心和基本价值取向，也是一切法律和司法活动的生命

[1] 王涛. 陪审制兴衰考 [J]. 中国刑事法杂志，2016（1）：102-122.
[2] 顾培东. 诉讼经济简论 [J]. 现代法学，1987（3）：39-41.
[3] 李晓明，辛军. 诉讼效益：公正与效率的最佳平衡点 [J]. 中国刑事法杂志，2004（1）：3-12.
[4] 张光宏，毕洪海. 行政附带民事诉讼的理论与实践 [M]. 北京：中国政法大学出版社，2014：126.

和灵魂，而效率仅是公正的组成部分，但是也在一定程度上制约着公正的实现。论者指出，诉讼经济原则"必须建立在实现更深远的政治、经济、思想目标的基础上"[1]。换言之，失去公正，追求效率就失去了意义，而效率是"时代赋予诉讼的新的使命"，离开了效率，公正也可能被架空而成为无本之木[2]。在同一环境侵害事件中，可能同时引发公益类环境诉讼和私益类环境诉讼，虽然责任承担基于公私法的分立而有所区分，但是在责任认定方面各诉讼却具有关联性，因此公益类环境诉讼与私益类环境诉讼在案件证据、事实认定、诉讼请求、诉讼目的和法律适用等方面产生了牵扯、勾连，倘若采取单一模式选择，极易降低诉讼效率、浪费司法资源、加重当事人尤其是被告的讼累。张旭东就指出，对于当前中国呈现出的环境法律激增和环境危机频发的悖论，单一模式选择"虽罪不至全责，但也难咎其责"[3]。为了避免单一模式选择带来的弊端，当务之急是在诉讼公正原则的指导下，通过环境公益诉讼的内部程序整合与外部程序衔接，契合诉讼经济原则，实现环境司法效能的最大化。

（二）单一模式选择可能损害司法公正

诉讼经济虽然是诉讼的基本价值追求，然而诉讼经济以诉讼公正为底色，在经济性与公正性之间进行价值衡平，诉讼经济往往要让位于诉讼公正[4]。单一模式选择引发的同一事实多次平行审理，极易造成对基础事实行为的裁判歧义，由此引发对诉讼公正的质疑。因此诉讼法发展出禁止重复诉讼原则，以实现诉讼公正和诉讼经济的衡平。张卫平就指出，"从禁止重复诉讼规制的目的来看就是防止后诉与前

---

[1] 周立平．略论刑事诉讼经济原则［J］．法学，1993（2）：11–13.

[2] 李晓明，辛军．诉讼效益：公正与效率的最佳平衡点［J］．中国刑事法杂志，2004（1）：3–12.

[3] 张旭东．环境民事公私益诉讼并行审理的困境与出路［J］．中国法学，2018（5）：278–302.

[4] 有论者就此指出，立法权追求民主，行政权追求效率，司法权追求的终极价值是公正。参见王峰．行政诉讼、民事诉讼与刑事公诉之比较研究：从制度属性的视角［J］．行政论坛，2013，20（1）：69–74.

诉裁判矛盾"[1]。

禁止重复诉讼原则又被称为"一事不再理原则"或"一事不二理原则"，是指在时序上禁止对"一事"相继提起前诉和后诉。新修订的《最高人民法院关于适用〈中华人民共和国民事诉讼法〉的解释》（以下简称《民事诉讼法解释》）第二百四十七条规定，后诉与前诉的当事人相同、诉讼标的相同以及诉讼请求相同或相反的，构成重复起诉。禁止重复诉讼原则源于古罗马，其对禁止重复诉讼的理论解释是"诉权消耗论"，即认为一个诉讼请求只有一个诉权，前诉的提起已经构成诉权的消耗，因此后诉再无诉权。德国学者在此基础上发展出"既决案件抗辩理论"，以替代过于朴素的诉权消耗理论。禁止重复诉讼的理论支点有两个，即既判力理论与诉讼系属理论。既判力理论在解释前诉判决已经生效从而阻却后诉的提起事项上具有解释力，但是当前诉作出的判决没有确定，即尚未发生既判力效力之前，就不能妥善解释后诉法院为何禁止该诉讼行为。因此发端于"既决案件抗辩"的诉讼系属理论逐渐成为解释禁止重复诉讼的理论基础。诉讼系属是指"特定的诉讼上的请求处于法院审理的状态"，可以大致理解为"诉讼中"[2]。

禁止重复诉讼原则实质上构成了起诉的消极要件或障碍事由，因此其适用范围受到严格限制。《民事诉讼法解释》第二百四十七条规定，适用禁止重复诉讼原则需要满足三个要件，即同一诉讼主体、同一诉讼标的和同一或相反的诉讼请求。由于"同一诉讼主体"在判断上相对容易，因此本书主要探讨另外两个认定标准。其中，诉讼标的是判断两诉是否同一最为关键的标准。诉讼标的理论可以区分为旧诉讼标的理论和新诉讼标的理论。旧诉讼标的理论是指以实体法上的权利主张或法律关系为诉讼标的的识别标准，问题在于，在请求权竞合的情形下，当事人基于同一事实可能提出若干竞合的请求权，而根据旧诉

---

[1] 张卫平.重复诉讼规制研究：兼论"一事不再理"［J］.中国法学，2015（2）：43-65.
[2] 张卫平.重复诉讼规制研究：兼论"一事不再理"［J］.中国法学，2015（2）：43-65.

讼标的理论将产生若干独立的诉讼标的，由此造成重复诉讼。新诉讼标的理论在判断标准上放弃实体法标准，改为诉讼法标准，即认为原告请求的法律地位就是诉讼标的。许士宦就指出，"主张诉讼标的单复异同之判定，不应如后者所主张般依实体法权利予以区别，而应以诉讼上特定请求所必要之独立基准"[1]。

前诉与后诉的诉讼请求同一或互斥是指因诉讼请求相同而造成后诉缺乏必要性，或者诉讼请求互斥可能引发裁判结果矛盾，为防止裁判的矛盾、实现诉讼经济效率的价值，应当禁止后诉的提起[2]。

禁止重复诉讼原则反映了司法对纠纷解决的一次性要求，即同一行为引发诉讼时，应当避免后诉与前诉作出相互矛盾的裁判，其目的是防止动摇裁判的公允性和保障裁判的终局性[3]。笔者认为，禁止重复诉讼原则中蕴含的纠纷一次性解决思维，正是环境公益诉讼单一模式选择需要向程序协调转变的缘由。毋庸置疑，针对同一环境侵害行为造成的公私益损害进行单一模式选择，会违背诉讼经济原则，造成司法资源浪费，加重当事人讼累，且带来重复审理、裁判歧异等问题。由于在单一模式选择中，各诉讼有着不同的诉讼主体、诉讼标的和诉讼请求，因此并非严格意义上的重复诉讼。但是同一环境侵害引发的多个诉讼，使各诉讼间的基础法律事实同一。针对同一环境侵害事实，私人、社会组织、政府与检察机关提起的环境诉讼之间，各原告的诉讼能力是不均等的，私人、社会组织、政府和检察机关的诉讼能力呈递增趋势。由此造成的问题是，基于同一环境侵害事实，可能由于各原告不一样的诉讼能力，而导致全然不同的诉讼结果。对于各诉讼共通的事实认定部分，不同法院或不同审判庭之间出现不同的认定，会引发公众对司法审判的质疑，由此损害司法的公信力。因此，单一模式选择最大、最根本的弊端，并非对诉讼经济原则的违背，而是"重

[1] 许士宦 . 新民事诉讼法 [M]. 北京：北京大学出版社，2013：66.
[2] 张卫平 . 重复诉讼规制研究：兼论"一事不再理" [J]. 中国法学，2015（2）：43-65.
[3] 张卫平 . 重复诉讼规制研究：兼论"一事不再理" [J]. 中国法学，2015（2）：43-65.

复审理"可能带来的裁判歧异会动摇司法的公正性和公信力。

二、制度需求：环境司法专门化中的程序协调需求

（一）环境司法专门化的现实镜像

苏力指出，法律活动专门化是社会分工、社会演化的必然结果[1]。环境利益的司法保护也经历了从普适化到专业化的转变。环境诉讼应当是环境民事、行政和刑事公诉的统称[2]。由于环境侵害具有原因行为隐蔽、侵害结果弥散等特性，法院借用传统诉讼机制进行审理往往不得要领，因此在实践中引申出环境诉讼专门化的特殊需求。可见，环境司法专门化是指由专门环境审判组织依据专门的环境司法程序对环境案件进行审理的制度和过程[3]。

2015 年最高人民法院对环境司法专门化进行了官方诠释，认为环境司法专门化是指审判机构、审判机制、审判程序、审判理论和审判团队"五位一体"的专门化。从审判机构来看，2018 年最高人民法院环境资源审判庭的成立实现了环境民事案件与行政案件的归口审理。为数不少的高级人民法院亦在推动环境民事、行政案件的"二合一"，或民事、行政和刑事案件的"三合一"归口审理[4]。钭晓东对此指出，由于设立环境专门法院对既有制度轨道的偏离过于严重，所以通过法院系统内部庭室的调整实现专门化是符合理性和实际的做法[5]。

然而吊诡的是，一方面是环境纠纷与日俱增，环境司法专门化建

[1]　苏力.法律活动专门化的法律社会学思考［J］.中国社会科学，1994（6）：117-131.
[2]　蔡学恩.专门环境诉讼的内涵界定与机制构想［J］.法学评论，2015（3）：126-132.
[3]　于文轩.环境司法专门化视阈下环境法庭之检视与完善［J］.中国人口·资源与环境，2017（8）：62-68.
[4]　吕忠梅，刘长兴.环境司法专门化与专业化创新发展：2017—2018 年度观察［J］.中国应用法学，2019（2）：1-35.
[5]　黄秀蓉，钭晓东.论环境司法的"三审合一"模式［J］.法制与社会发展，2016，22（4）：103-117.

设如火如荼，但另一方面，通过"诉讼渠道解决的环境纠纷不足1%"[1]。与高位运行的环境纠纷和环境司法专门化建设相比，环境诉讼的低位徘徊使环境司法专门化似乎失去了意义，甚至出现越是专业、普及的环境司法专门化建设，就会面临越严重的环境法院"门可罗雀""等米下锅"窘境，也暗含着越少的环境司法权威和公信力[2]。有论者基于"量化法治"的角度分析认为，环境司法的主要功能应当是保障环境公益的实现，而部分地区的环境司法专门化建设有违现实需求，并导致环境法院等专门机构陷于"停摆"状态，造成司法资源的浪费[3]。

环境司法专门化面临的实践困境并非对环境司法专门化的正当性和必然性的否定，相反，论者认为实效不彰是对环境司法专门化提出了进一步深化的要求——要求配套的体制机制都应做有利于环境司法专门化的进一步改善[4]。经济学者基于实证分析也证实，环境司法专门化能够提升环境司法规制水平，"弥补污染治理中环境司法不力的'短板'"[5]。吕忠梅也指出，不能因为当前环境诉讼专门化实践遭遇挑战就讳疾忌医，而应当"坚持环境司法专门化发展方向不动摇"[6]。

（二）环境司法专门化的制度成因

解决问题的方法一般蕴含在问题产生的原因之中。欲构建专门的环境诉讼程序机制，就有必要明晰环境诉讼专门化的制度成因。笔者认为，环境诉讼专门化的生成源于既有实体法和程序法对权利救济的规定与环境侵害具有的特殊性之间的不兼容问题。

---

[1] 孟玉."诉讼渠道解决的环境纠纷不足1%"：会内会外谈如何让环境司法"硬起来"［EB/OL］.（2015-03-15）［2023-01-28］.中国人大网.
[2] 黄锡生.我国环境司法专门化的实践困境与现实出路［J］.人民法治，2018（4）：29-31.
[3] 朱景文，杨欣."量化法治"与环境司法专门化的发展［J］.山西大学学报（哲学社会科学版），2018，41（1）：95-102.
[4] 黄秀蓉，钭晓东.论环境司法的"三审合一"模式［J］.法制与社会发展，2016，22（4）：103-117.
[5] 范子英，赵仁杰.法治强化能够促进污染治理吗？：来自环保法庭设立的证据［J］.经济研究，2019（3）：21-37.
[6] 吕忠梅，刘长兴.环境司法专门化与专业化创新发展：2017—2018年度观察［J］.中国应用法学，2019（2）：1-35.

1. 既有实体规范对环境侵害的不兼容

权利神圣是法治兴起的缘由和归宿。从发生学的角度看，对私权的保障是诉讼程序出现的根源，民事诉讼法与民法因此呈现出形式与内容、手段与目的的关系，即后者规定实体权利，前者则通过规定程序权利实现对实体权利的救济。对于环境侵害这一新兴事物，也竭力通过融入既有的侵权损害责任体系来因应。论者指出，《环境保护法》第六十四条、《大气污染防治法》第一百二十五条、《水污染防治法》第九十六条等通过法条援引的立法技术将环境损害的责任追究"嫁接"至民事纠纷解决程序，可见侵权损害救济制度对解决环境案件起到了主导作用 [1]。然而，由于近现代形成的环境侵害的致害机理与损害后果已经脱离既有的实体权利体系及救济机制，传统的侵权损害责任论发挥的场域不断萎缩。加之环境侵害具有极强的建构性，对良好环境的渴求在部分地区甚至超过了对经济增长的渴望，于是在社会中产生了推动环境法律制度变迁的内在激励，并引发了对既有侵权损害论进行改造的诸多尝试。

既有实体法律对环境侵害救济的不兼容主要体现在以下方面：

其一，侵权损害"差额假说"的适用存在困难。《德国民法典》第二百四十九条对损害责任的界定——"负损害赔偿义务的人，应恢复至损害发生前的原状"——被认为受到了"差额假说"的直接影响。所谓"差额假说"，即派生的侵权损害论的适用前提是，损害发生前的利益与损害发生后的利益能够准确估测，且被损害的利益具有相当的稳定性。然而环境侵害的客体无时无刻不处于物质循环、能量流动、信息传递的运动中，实践中被侵害的环境通过自我净化和损害扩散，往往在提起侵权之诉时，生态环境已经得到恢复，环境侵害所生的不利益差额难以估算，旧的侵权责任机制也就难以发挥理想效果。

其二，实体权利的范围不周延。既有侵权责任论立基于对私主体

---

[1] 窦海阳. 环境损害事件的应对：侵权损害论的局限与环境损害论的建构［J］. 法制与社会发展，2019（2）：136-154.

的人身、财产权利的保护，只有在上述实体权利受到实质性侵害之时，才能引发侵权责任机制。然而环境侵害具有阶段性，即侵害首先作用于生态环境，只有超出生态环境承载能力的部分，才会进一步对人身、财产造成损害，进而引发侵权责任救济机制。换言之，侵权责任机制认定的健康受损、财产受损实际上已经是生态环境损害的最糟糕形式，倘若此时才启动损害救济，无疑会导致救济的迟延和社会成本的剧增。而且环境侵害的发生与致害机理有悖传统侵权法的私法属性，而构成对"群体"环境权的侵犯和对一定环境公益的侵犯，这就使环境侵害难以契合现行侵权法的私法性质[1]。黄锡生指出，正是基于在第二阶段启动私权损害救济方式存在的救济迟延，理论界和实务界才衍生出将人类对生态环境的利益"偷梁换柱"为人对环境权的利益，进而将生态环境纳入法益保护范围的提议[2]。暂且不论环境权理论的妥当性，但从其理论根源出发，可见既有侵权责任体系对实体权利的依赖确实已经造成生态环境损害索赔的障碍。

其三，完全赔偿原则的贯彻存在障碍。完全赔偿原则是大陆法系侵权损害论普遍奉行的原则。然而在环境侵害中，一方面，造成环境侵害的原因行为往往是一种增进社会福祉的行为，某种程度上甚至是社会进步的集中表现；另一方面，环境侵害不仅会引发"天价"的环境修复费用，而且诸多侵害人身、财产权引发的私益救济也是侵权人难以承受的。加之环境侵害原因行为的隐蔽性、持久性和缓释性，一部分责任人因责任追究可能产生的高成本而设法逃脱法律制裁，少部分被追究责任的被告可能承担并非自身独立完成的损害责任而使法律责任的承担失去公平性，此时追求完全赔偿将失去实际意义[3]。

2. 既有程序规范对环境侵害的不适配

环境诉讼案件延续了公私法划分的传统，区分为环境民事、环境

---

[1] 蔡学恩.专门环境诉讼的内涵界定与机制构想[J].法学评论，2015（3）：126-132.
[2] 黄锡生.环境权民法表达的理论重塑[J].重庆大学法律评论，2018（1）：117-135.
[3] 窦海阳.环境损害事件的应对：侵权损害论的局限与环境损害论的建构[J].法制与社会发展，2019（2）：136-154.

行政与环境刑事案件，分别适用民事、行政和刑事公诉程序。其中，民事诉讼是典型的"私诉"，刑事公诉是典型的"公诉"，行政诉讼则基于其既维护相对人权益，又实现行政的合法性审查而具备公私益兼容属性。环境侵害常常"一因多果"，即同一环境侵害行为，既可能造成特定私主体，也可能造成不特定多数人的环境权益的损害；既可能是行为人的独立违法行为造成，也可能是因为行政机关的不作为或乱作为而产生；还可能因行为和损害后果触犯刑法而衍生出刑事责任。虽然民事私益责任、民事公益责任、行政私益责任、行政公益责任与刑事责任彼此独立，但是在行为主体认定、责任构成等方面，各责任的追究机制之间具有诸多关联性和共通性，"其中的边界很难厘清"[1]。当前的环境诉讼专门化之所以不能起补强环境行政执法的作用，最重要的原因就在于未形成与环境侵害兼容的独立诉讼机制，而是生硬地套用既有的诉讼机制，从而引发诉讼效率低下和裁判歧异等弊端，进而实质性影响环境司法效能。

刘超将当前仅着力审判机构这一形式建设而不关注作为内核的诉讼机制建设的环境司法专门化称为"新瓶装旧酒"的尝试，认为这是现行环境司法专门化在实践中苦苦挣扎却收效甚微的根源。而制度的出路则在于"探析环境侵权行为的特殊性属性和环境侵权救济的内在机制诉求，突破传统三大诉讼分离的桎梏，设计出全新的专门环境诉讼机制"[2]。蔡学恩也指出，"环境纠纷有着与传统权利纠纷迥然有异的异质性，从诉讼机制角度解决环境纠纷对于诉讼机制和诉讼程序制度有全新的法律需求"。在这一判断基础上，蔡学恩进一步强调，环境司法专门化的关键并非设置专门的审判组织，而是构建专门的环境诉讼机制，前者是表象，后者才是实质。专门环境诉讼机制应当是

---

[1]　黄秀蓉，钭晓东.论环境司法的"三审合一"模式［J］.法制与社会发展，2016，22（4）：103-117.

[2]　刘超.环保法庭在突破环境侵权诉讼困局中的挣扎与困境［J］.武汉大学学报（哲学社会科学版），2012，65（4）：60-66.

"独立于、并列于传统三大诉讼机制的一种全新的诉讼类型与形态"[1]。换言之，环境诉讼专门化既包括审判组织等形式上的专门化，还包括诉讼机制在内的实质性的专门化，而且后者的重要性大于前者，仅当专门的环境诉讼机制得以建成，环境诉讼专门化才能达到预期效果。从域外经验来看，国外的环境诉讼也延续了一条以完善环境诉讼机制为内核的发展之路。例如 2004 年美国佛蒙特州制定《佛蒙特环境法院程序规则》以期推动该州的环境法院改革[2]。

概言之，倘若采取专门环境审判机构却沿用传统的诉讼机制，则会使环境司法专门化改革徒有其表，改革的出路在于对构成实质性内核的环境诉讼机制根据环境侵害的特点进行程序创新。具体而言，基于对"纠纷一次性解决"的渴求，环境司法专门化必须辅之以环境诉讼程序的专门化，而任务重点则是将具有关联性的环境诉讼进行合并审理，从而减轻当事人讼累、提升环境诉讼效率、减少裁判歧异，并最终提升环境司法效能。

（三）环境司法专门化的建构方向

由于单一模式选择附带的高成本，加之"耻讼""厌讼"之流俗，环境司法效能的发挥并未达到立法预期。环境司法专门化的改革方向应当是在尊重既有制度结构的前提下，创新环境公私益诉讼程序的协调机制，构建与现有诉讼体制排斥反应最低的"三审合一"制度，以增强司法追究环境侵害行为人责任的能力，并优化环境司法的协调能动机制。从整体来看，环境司法专门化在程序建构上应当涵盖以下内容。

其一，受案范围的协调。除了狭义的环境公益诉讼，环境民事 / 行政私益诉讼、具有公益属性的环境刑事公诉以及具有独特属性的生

---

[1] 蔡学恩. 专门环境诉讼的内涵界定与机制构想［J］. 法学评论，2015（3）：126-132.
[2] 黄秀蓉，钭晓东. 论环境司法的"三审合一"模式［J］. 法制与社会发展，2016，22（4）：103-117.

态环境损害赔偿诉讼都应当纳入受案范围。此外，对于可能对环境造成较大影响的土地类案件，条件成熟的，也应当纳入受案范围 [1]。由此需要着重讨论的是，环境私益诉讼与环境公益诉讼的程序衔接问题。环境司法专门化的目的是提升环境审判的准确性和高效率，而同一环境侵害行为引发的环境私益与公益诉讼在原因行为上具有同一性，因此二者的诉讼程序衔接可以节约司法资源，避免出现矛盾判决，同时也是提升诉讼当事人尤其是私益诉讼当事人诉讼能力的重要手段。可见，环境民事公私益诉讼的合并审理契合环境司法专门化关于提升效率和裁判准确性的要求。

其二，管辖问题的协调。在级别管辖上，环境刑事犯罪原则上由基层法院管辖，民事公益则由中级人民法院管辖，实践中刑事附带民事公益诉讼基本遵循"主诉"的规定，由基层法院管辖。但是在环境行政附带民事公益诉讼中，行政部分原则上由基层法院管辖，民事部分归中级人民法院管辖，而实践中的环境行政附带民事公益诉讼大多遵循"从诉"的规定，由中级人民法院管辖。因此实践中的程序整合面临诸多不同法律的牵扯。在地域管辖上，为方便查清事实，环境案件的管辖以环境侵害行为地以及被告住所地为原则，但是环境因子的跨区域性等对这一既有规定提出了挑战，因此在跨流域、跨自然保护区、跨行政区等特殊区域建立专门的环境法院管辖环境纠纷的可行性成为亟待明确的问题。

其三，取证模式的协调。基于诉讼参加人与保护法益的不同，诉讼法规定了不尽一致的取证模式。理论上讲，民事、行政与刑事取证模式的难度及效力呈递增趋势，由此引发的问题在于，当环境公益诉讼既牵涉公益又牵涉私益，既涉及民事、行政又涉及刑事责任的情况下，诉讼参加人应当采取何种取证模式。对此，论者指出，环境公益诉讼的适格原告天然地、不附带条件地可以利用民事取证模式。同时，

---

[1] 黄秀蓉，钭晓东.论环境司法的"三审合一"模式［J］.法制与社会发展，2016，22（4）：103-117.

当检察机关充当环境公益诉讼的原告时，基于宪法赋予其法律监督职能的规定，以及《中华人民共和国检察院组织法》第二十、二十一条的规定，其可以进行证据资料方面的调查核实。在环境刑事案件中，环境公益诉讼所需的证据（例如环境侵害事实、损害程度等）可以通过搭刑事侦查的"便车"来收集。在民事、行政、刑事取证模式的基础上，论者指出，还存在第四种调查取证模式，即公益取证模式。在这一取证模式下，检察机关基于保护公益的需要，调查取证时可以采取强制性举措，对于妨碍取证的可以实施司法制裁。汤维建指出，公益取证模式在性质上接近于刑事取证模式[1]。如何协调环境公益诉讼（包括行政、民事与刑事性质）与私益诉讼、生态环境损害赔偿诉讼在同时审理中的取证模式，就成为一项亟待解决的问题。

其四，审判程序的协调。环境司法专门化的核心是在诉讼法理以及基本诉讼制度的基础上设计环境诉讼专门的程序规范。论者指出，环境公益诉讼程序创新至少应当包含以下内容：第一，在诉权规范上，实行有限制的处分原则。第二，在因果关系证明规则上，一方面除了因果关系证明责任倒置，还应引进疫学因果关系理论；另一方面，因果关系证明责任倒置规则不应当普遍适用，对于举证责任能力强、因果关系认定相对简单的案件类型，应当适用传统的"谁主张、谁举证"规则。第三，在诉讼收费制度上，应当明确案件收取诉讼费的标准并规定降低或减免诉讼费的具体事由。第四，系统完善诉因扩展、审判权扩张、利益衡量运用、令状和民事罚款等制度[2]。此外，有论者指出，为了彰显司法的专门性，应当构建"四维分享模式"，即将鉴定人作为整个法庭的助手，将专家辅助人作为诉讼双方的助手，将司法技术人员（技术咨询专家）作为法官的助手，将专家陪审员作为与审判法官分享事实认定权力的裁决者，以实现诉讼的对抗、教育和共享功能[3]。

[1] 汤维建.公益诉讼的四大取证模式［EB/OL］.（2019–01–25）［2023–01–28］.泸西县人民检察院.
[2] 蔡学恩.专门环境诉讼的内涵界定与机制构想［J］.法学评论，2015（3）：126–132.
[3] 郑飞.论中国司法专门性问题解决的"四维模式"［J］.政法论坛，2019（3）：67–77.

三、如何调适：通过程序协调释放环境司法效能

（一）程序协调的基本内容

针对实践中各环境诉讼程序独立运行、互不连通的问题，刘艺指出，"三大诉讼制度关于公益保护问题不建立协调机制，既不利于案件办理，更不利于公益保护与人权保障"。为此，公益诉讼"需要在规范和实践层面与行政诉讼制度、民事诉讼制度、刑事公诉制度进行体系性融合，构建出完善的诉讼程序"[1]。在如何实现环境公益诉讼程序协调的议题上，汤维建的观点比较具有代表性。其认为，实现公益诉讼的内部程序整合与外部程序衔接可以分四个阶段：第一阶段，完善公益诉讼相关司法解释，解决实践中遇到的紧迫问题。第二阶段，积极推进立法，基于既有的环境、食品药品和英烈保护领域，适时扩大公益诉讼的案件范围。第三阶段，通过地方各级人民代表大会、人民政府制定法规、规章，将可言说、可解读和可发展的制度予以规范化、法定化。第四阶段，即探索出台专门的公益诉讼法律[2]。

程序协调论是相较于单一模式选择而言的，其核心要旨在于，尽可能奉行"纠纷一次性解决原则"，通过诉讼程序再造，将同一侵害行为引发的若干纠纷基于事实认定的同一性进行合并审理，实现1+1>2的协同效应；对于不宜进行合并审理的纠纷，也通过既判力理论赋予前诉规范后诉的效力，从而实现环境司法效率、司法公平和司法公正的提升。

（二）程序协调的意义所在

其一，构建程序协调机制可以提升司法效率。法律作为社会关系的调整器，一方面受制于社会经济的发展，另一方面又服务于社会经

---

[1]　刘艺.检察公益诉讼规范完善之整体框架［N］.检察日报（理论版），2019-05-20.
[2]　龚云飞.检察公益诉讼：立法完善与程序机制保障［N］.检察日报，2019-05-20（3）.

济的发展。司法作为法律的守门人，其高效运行不仅有利于提升社会财富和生产效率，而且有利于推动人的解放和社会的进步，还可以使当事人或犯罪嫌疑人及时摆脱讼累，为每个人享有基本权利和自由奠定基础[1]。在环境诉讼中，对司法效率的追求亦是核心要旨所在，因为环境问题的原因行为往往是有利于增进社会福祉的行为，因此对这种难以进行"全对"或"全错"评价的事物，更应当缩减诉讼成本，提升诉讼效率，避免社会福利的无谓净损失。具体而言，程序协调机制的构建在诉讼效率提升方面具有如下优势：第一，程序协调机制的构建能够有效缩短社会冲突的振荡周期，尽快恢复经济秩序和社会关系。第二，程序协调机制的构建能够减少当事人损失。具体包括：缩短诉讼周期，减少权利归属和内容不明确的时间，使经济生产尽快转入正常；减少诉讼费用，简化诉讼程序，进而减少当事人在诉讼中财力、劳力和精力的耗费。第三，程序协调机制的构建对冲突主体运用司法手段解决争议具有促进意义。从本质来看，群体性事件是公众逾越既有法制体系而径直通过私人抗争来表达利益诉求的一种方式。公众对群体性事件的依赖以及对运用司法手段解决争议的排斥，重要原因之一就在于，"怕案件拖延时间过长，耗费过多，费力太大，得'难'偿失"[2]。程序协调机制的构建一定程度上可以消除上述顾虑，使环境冲突在法治轨道上解决。司法实践中，诸多环境诉讼是在前诉结束后提起的"尾随诉讼"，倘若禁止关联诉讼的程序衔接与整合，"尾随诉讼"就势必带来重复审理问题。相反，允许部分环境诉讼搭上前诉的"便车"，可以使相关诉讼在同一审判程序中举证、质证和辩论，从而实现纠纷一次性解决的目的。

其二，构建程序协调机制可以促进司法公平。环境问题具有复杂性、潜在性、长期性和不可逆转性，这就造成环境诉讼较之于传统诉讼存在较为严重的证据偏在问题，即环境侵害人与受害人之间对证据

---

[1] 李晓明，辛军. 诉讼效益：公正与效率的最佳平衡点 [J]. 中国刑事法杂志，2004（1）：3-12.
[2] 顾培东. 诉讼经济简论 [J]. 现代法学，1987（3）：29，39-41.

的可接近性有实质性区别。在目前的环境诉讼中，检察机关、政府机关、公益组织、公民个人的举证和诉讼能力基本呈下降趋势，倘若推崇单一模式选择，极有可能让举证和诉讼能力欠佳的公益组织或公民个人在诉讼中处于不利位置而导致诉讼"流产"或败诉。此时，严格遵循形式公平，就是产生实质上的诉讼不公平。诚如舒国滢所言，司法在本质上是一种成本高昂的纠纷解决方式，其以发达的经济、雄厚的财力为支撑。一个贫穷的当事人在严格的司法程序面前，可能"面临'我有理，但我无钱证明我有理'的尴尬"[1]。倘若环境公益诉讼程序协调机制得以建立，则可以通过公私益诉讼合并审理、行政附带民事诉讼、刑事附带民事诉讼等程序机制便利诉讼当事人主张权利。

其三，构建程序协调机制可以增进司法公正。司法公正一般被认为是法的公平正义观念在司法活动中的体现，其核心要义是制度构建和程序安排能够使司法过程与司法结果获得正当性和权威性，进而发挥纠纷解决功能。其中，程序的权威性表现为它的终结性，即任何经过正当程序的决定都必须是终极的、不可置疑的[2]。然而在环境诉讼中，倘若采用单一诉讼模式，则针对同一环境侵害行为，基于各诉讼当事人对环境侵害事实举证能力的不同和诉讼能力的差异，极易导致不同的法院、审判庭或合议庭得出不一致的结论，并引发"同案不同判"的问题。倘若能够构建环境诉讼的程序协调机制，则可以实现对同一环境侵害事实引发的事实认定、法律评价的统筹协调，由此规避裁判歧异的发生，增强法院裁判的权威性。

（三）程序协调的逻辑基础

制度需求与制度供给的不匹配，衍生出环境诉讼专门化的制度设计。由于同一环境侵害行为产生的纠纷在诉讼标的、事实认定、证据

---

[1]　舒国滢.从司法的广场化到司法的剧场化：一个符号学的视角［J］.政法论坛，1999（3）：12-19.

[2]　姚莉.司法公正要素分析［J］.法学研究，2003（5）：3-23.

证明等方面具有较强的关联性，将相关环境诉讼统一到同类程序中进行纠纷的一次性解决，就成为环境公益诉讼程序协调的重要目标和实质性内容。在构建环境公益诉讼程序协调机制之前，有必要厘清制度构建的逻辑基础。

1. 构建程序协调机制的哲学基础

由于环境问题通常被认为是人类社会发展不可避免的副产品，所以应对环境危机的策略就不能简单地归结于某个人或某个组织。现代环境危机是一种整体性危机，因应之策也应当以保护整体的生态系统为出发点[1]。映射到环境司法议题中，则表现为环境司法对生态环境的整全性保护。有论者就指出，"在当前环境司法专门化的过程中，环境司法理论与实践之间形成矛盾的根源在于缺乏整体的系统性思维"[2]。在哲学层面，环境公益诉讼程序协调论的基础可以回溯至整体主义环境哲学。

整体主义环境哲学源于 20 世纪六七十年代出现的生态危机。整体主义环境哲学对现代工业文明何以导致空前严重的环境问题进行了反思，其核心思想在于，源于牛顿物理学的物理主义世界观将世界分为"主""客"二体，认为有理性的人是主体，而一切非人存在则都是客体，且作为客体的自然资源和生态环境仅具有从属性，服务于"主"。于是在此基础上，发展出以人为核心的"人类中心主义"。整体主义环境哲学站在了"人类中心主义"的对立面，其反对物理主义世界观，认为"人类中心主义"将流变的现象归结为不变的本质和形式是一种妄想[3]。相反，整体主义环境哲学认为，大自然是"一个活的整体"，主客体的区分倘若不能取消，也应淡化，应当将共同体

---

[1] 窦海阳.环境损害事件的应对：侵权损害论的局限与环境损害论的建构［J］.法制与社会发展，2019（2）：136-154.
[2] 占善刚，王译.环境司法专门化视域下环境诉讼特别程序设立之探讨［J］.南京工业大学学报（社会科学版），2019，18（2）：11-23.
[3] 卢风.整体主义环境哲学对现代性的挑战［J］.中国社会科学，2012（9）：43-62.

的善置于个体权利之上[1]。对此，有论者指出："生态法时代的共生法哲学要求我们尝试与万物共生于自然中。"[2]

在整体主义环境哲学的语境下，人类、生物、非生物以及各种要素组成的生态系统，都应当纳入法律关照的范围。其对法学的启发意义在于，法学理论应当重新审视利益构建的个体化、分割化，在认同生态系统整体性的基础上，实现对人类、其他生物以及非生物自然存在物的整全性保护[3]。党的二十大报告提出"中国式现代化是人与自然和谐共生的现代化"，这可被视为整体主义环境哲学在国家层面得到肯认的佐证。因此，以整体主义环境哲学思维构建包括自然人在内的生态系统整体保护司法程序，是新时代生态文明建设的核心要义。

2. 构建程序协调机制的实体基础

环境公益诉讼程序协调机制的构建应当有明确的实体法依据。窦海阳指出，侵权损害论的系统性障碍，导致其即使通过"生态化"改造亦无法妥善应对环境侵害事件。为此，应当基于侵权损害论的概念、原则和规则，建立更为专业的环境损害责任体系，旨在维护生态系统的完整性，而不去割裂环境要素、生物要素和人群的共生关系，从而契合前文所提的整体主义环境哲学[4]。占善刚、王译也从既有侵权责任机制不足的角度，提出环境司法专门化"应从环境诉讼引发多重责任的关联性入手"[5]。那么，侵权损害论与环境损害论究竟区别何在呢？

在"主客二分"的框架下，对作为主体的人的损害的救济依赖于民法救济体系，因此在讨论对作为客体的生态系统的救济中并不纳入人的因素。这也就造成在实践中出现以救济生态环境为宗旨的公益诉

[1] ALDO L. A Sand County Almanac: And Sketches Here and There [M]. New York: Oxford University Press，1987：224-225.
[2] 朱明哲.生态文明时代的共生法哲学 [J].环球法律评论，2019，41（2）：38-52.
[3] 窦海阳.环境损害事件的应对：侵权损害论的局限与环境损害论的建构 [J].法制与社会发展，2019，25（2）：136-154.
[4] 窦海阳.环境损害事件的应对：侵权损害论的局限与环境损害论的建构 [J].法制与社会发展，2019，25（2）：136-154.
[5] 占善刚，王译.环境司法专门化视域下环境诉讼特别程序设立之探讨 [J].南京工业大学学报（社会科学版），2019，18（2）：11-23.

讼以及以救济环境私权为宗旨的私益诉讼，二者共通的理论基础是侵权损害论。但人是"自然世界千辛万苦、炼化历劫的公产，它有着非常的使命要去履行"[1]，大规模的人类群体当然属于生态系统中极其重要的因素。环境侵害事件中，既会大规模损害人类群体的生命健康，也势必会对生态系统的完整性造成负面影响。倘若以截然分离的方式处理同一环境侵害行为引发的生态环境损害和人类群体损害，则有违整体主义环境哲学，而且会造成实践中的诸多重复规制或规制漏洞。

鉴于此，整体主义环境哲学衍生出的环境损害论认为，生态系统是一个有机协调的整体，其内部既包含环境要素和生物要素，还包括稍显"自大"的人类本身。环境损害论较之于侵权损害论最本质的区别在于，其将同一环境侵害行为引发的人类群体损害以及环境要素和生物要素损害进行统筹考虑、协调救济[2]。概言之，当环境侵害造成整体的生态系统受损时，应当在横切面实现对环境要素、生物要素和人类群体的均衡保护，在纵切面实现对民事、行政与刑事责任的妥善追击[3]。

第三节　如何协调：诉的合并在程序协调中的应用及其限度

一、诉的合并在环境公益诉讼程序协调中的应用基础

环境公益诉讼程序内部整合与外部衔接的方式主要表现为刑事附

---

[1]　江山.法律革命：从传统到超现代——兼谈环境资源法的法理问题[J].比较法研究，2000（1）：1-37.
[2]　窦海阳.环境损害事件的应对：侵权损害论的局限与环境损害论的建构［J］.法制与社会发展，2019，25（2）：136-154.
[3]　窦海阳就此指出："生态系统被破坏后当然需要回复至原来的完整状态，但这种回复在于恢复其稳定运行的状态，而不是回复原有的价值。生态系统的完整性不能以价值衡量，只有在无法修复的极端情况下，才可以责令责任人予以赔偿。但这种赔偿并非损害填补，而在于惩罚。同时，在这种极端情况下更需要综合运用刑法、行政法等惩戒手段。"参见窦海阳.环境损害事件的应对：侵权损害论的局限与环境损害论的建构［J］.法制与社会发展，2019，25（2）：136-154.

带民事公益诉讼、行政附带民事公益诉讼以及公私益合并审理等形式。笔者认为，附带审理与合并审理在本质上均属于"诉的合并"，因此"诉的合并"理论就成为环境公益诉讼内部程序整合与外部程序衔接的基础理论。

（一）诉的合并之规范内涵

诉的合并一般是指人民法院把几个独立的诉合并在一个案件中进行审理和裁判的制度[1]。诉的合并与诉、诉讼标的、诉讼请求等理论密切关联。具体而言，诉是一种基于法律的规定，以保护当事人正当权利和合法权益为目的，请求法院解决纠纷的制度。一般认为，诉讼当事人、诉讼标的、诉讼理由和诉讼请求共同构成诉[2]。由于诉讼标的是诉讼的支柱，且构成识别诉的合并的判断基准，加之上述概念中诉讼标的理论争议较大，故笔者拟从诉讼标的理论出发，探讨诉的合并之规范内涵。

诉讼标的理论经历了三个发展时期，论者分别将其概括为"1.0版""2.0版"和"3.0版"。"1.0版"诉讼标的说主要是指"旧实体法说"，即以诉讼原告在实体法上享有的请求权数量来衡量诉讼标的的多少。其问题在于，当出现诉讼请求竞合时，"旧实体法说"将基于其识别的多个诉讼标的的引申出同一事件附带多个诉讼，以致增加当事人讼累、影响审判确定性等重大缺陷[3]。

"2.0版"诉讼标的理论摈弃实体法的识别标准转而从诉讼法的角度识别诉讼标的，因此也被称为"新的诉讼标的理论"。具体而言，"2.0版"诉讼标的理论可以细分为"二分肢说"和"一分肢说"。前者是指诉讼标的的识别以原告提出的事实理由和诉之声明为标准，二者中的任意一种要素为复数，都构成复数诉讼标的。"二分肢说"的问题

---

[1]　张永泉.民事之诉合并研究［M］.北京：北京大学出版社，2009：9.

[2]　张永泉.民事之诉合并研究［M］.北京：北京大学出版社，2009：1-7.

[3]　江伟，韩英波.论诉讼标的［J］.法学家，1997（2）：3-14.

在于，当多个诉讼请求源于多个事实，而原告仅要求同一给付时，该学说无法妥善解释。"一分肢说"是指仅以诉之声明为诉讼标的的识别标准，其问题在于，由于追求纯粹的诉讼法上的诉讼标的概念，"一分肢说"不能妥善吸纳实体法上的识别标准，使得诉讼标的充满不确定性。随后发展出的"新实体法说"修正了"旧实体法说"的内容，虽然仍然以实体法上的请求权为识别标准，但是其认为若请求权竞合发生在单一的事实关系中，则仅构成请求权基础竞合；只有不同事实关系间发生的数个请求权竞合才能构成真正的请求权竞合。虽然"新实体法说"较之于"旧实体法说"有一定的进步，但是其区别标准并未在学理上达成统一，而且没有把诉讼标的理解为独立于实体请求权的诉讼法之概念，因此也就难以令人信服 [1]。

"3.0 版"诉讼标的说的代表人物是陈杭平，他认为先前的讨论多局限于一体化或体系性诉讼标的模式，且致力于"旧说"或"新说"的二元取舍，由于"1.0 版"和"2.0 版"的抉择都存在无法自圆其说的逻辑问题，因此需要转向一种相对的、指示性的诉讼标的理论研究范式。详言之，应当以相对化或指示性为认知框架，构建灵活可变、富有弹性的"相对的诉讼标的理论"，虽然这会在一定程度上破坏诉讼标的理论的简明与统一，但是却为理论摆脱形式主义束缚及发挥工具性机能提供了契机，此即所谓的"3.0 版"诉讼标的理论。陈杭平通过将诉讼标的的不同含义作为纵轴，将诉讼的不同领域和场景作为横轴，确定出各程序场景下诉讼标的的应有之义。具体而言，在确定审判对象时，应当采纳"1.0 版"或"2.0 版"诉讼标的理论；在诉的变更、合并或反诉中，应当遵循"1.0 版"诉讼标的理论；在发生诉讼系属时，应当以"3.0 版"诉讼标的为原则，以"1.0 版"诉讼标的为例外；在既判力遮断效中，当前后诉的诉讼请求相同或旨趣一致时，应当采用"1.0 版"诉讼标的理论，当后诉与前诉的诉请实质上相反时，

---

[1] 江伟，韩英波.论诉讼标的 [J].法学家，1997（2）：3-14.

应当采用"3.0 版"诉讼标的理论 [1]。"相对的诉讼标的理论"因解释力的增长而受到实务界追捧，许士宦就指出："台湾民诉法（指所谓的"台湾民事诉讼法"）第二百四十四条，已明确采用诉讼标的相对论。" [2] 实务界也对此表示赞同，武汉海事法院环境资源审判庭庭长吴良志指出，生态环境损害赔偿诉讼应当在诉的变更、合并、重复诉讼、既判力客观范围等重要程序节点进行诉讼标的的相对化分析 [3]。

诉讼标的具有对法官提示、限定审判对象之范围、对被告凸显攻击防御之目标，并预告既判力之客观范围的功效 [4]，因此诉讼标的构成诉的合并的基石。论者就此指出："诉讼标的的最为重要的实践功能就是对关联诉讼予以有效区分和顺畅衔接。" [5] 需要强调的是，诉的合并必然导致诉讼请求的合并，但却不等同于诉讼请求的合并 [6]。本书所指的诉的合并是一种更加广义的诉的合并，即区别于民事诉讼中诉讼标的的合并，而可以是一种不同性质诉讼的合并审理，例如后文指出的刑事附带民事诉讼、行政附带民事诉讼中的诉的合并。

（二）诉的合并之生成缘由

诉的合并理论之生成与实践具有深刻的社会基础，尽管诉的合并规则在技术上较为复杂，但是集约化纠纷解决理念仍然战胜了操作上的困难。梳理现有观点得出，诉的合并理论的形成原因主要包括以下三个方面：其一，诉的合并可以保障司法统一和司法权威。源于某一事物或一系列相关事务的诉讼请求的分别审理可能带来矛盾裁判的问

---

[1] 陈杭平 . 诉讼标的理论的新范式："相对化"与我国民事审判实务 [J]. 法学研究，2016（4）：170–189.

[2] 许士宦 . 新民事诉讼法 [M]. 北京：北京大学出版社，2013：71.

[3] 吴良志强调，生态环境损害赔偿诉讼标的应当在保护生态环境利益功能与保障程序利益功能的二元化条件下展开相对化分析。参见吴良志 . 论生态环境损害赔偿诉讼的诉讼标的及其识别 [J]. 中国地质大学学报（社会科学版），2019（4）：30–43.

[4] 许士宦 . 新民事诉讼法 [M]. 北京：北京大学出版社，2013：73.

[5] 吴良志 . 论生态环境损害赔偿诉讼的诉讼标的及其识别 [J]. 中国地质大学学报（社会科学版），2019（4）：30–43.

[6] 具体而言，基于不同诉讼标的所提出的数个诉的合并审理，是诉的合并，基于同一诉讼标的所提出的几项具体诉讼请求的合并审理，是诉讼请求合并。参见张永泉 . 民事之诉合并研究 [M]. 北京：北京大学出版社，2009：12–19.

题，诉的合并无疑能够实现一次性解决纠纷、防止裁判歧异等保障司法公信力的目的。其二，诉的合并有助于降低诉讼成本。倘若允许关联诉讼分别向法院提起和审判，会不可避免地引发诉讼迟延、重复辩论和裁判，由此营造出重复或累赘之感。相反，允许诉的合并能够最大限度地降低诉讼上劳力、时间和费用等支出，维护诉讼经济原则。其三，保障当事人的正当利益。根据诉讼标的确定事实根据和诉求对原告来说是一种负担，诉的合并可以避免因当事人不谙法律而造成实体权利或主张遭败诉判决，即只要"汝给我事实，我给汝权利"[1]。

从诉的合并之生成缘由，可以总结出诉的合并的相关特征：其一，诉的合并申请一般由当事人提出，也可以由法院基于案情判断主动采取，但是最终均由主审法官决定合并与否。法官之所以垄断诉的合并判断权，原因在于，诉的合并是单纯的司法行政处分行为，其行使牵涉诉讼进程的快慢，由法官最终决定能够在当事人主义和职权主义中达成平衡。其二，合并之诉属于可分之诉，即在特定情形下可分别审理。虽然诉的合并理论具有相当的涵盖力，但是当诉的合并会加重诉讼负担，使诉的合并所希冀的节约时间和费用、简化诉讼程序的目的不能实现且加剧诉的复杂性时，就应当进行诉的分离[2]。

（三）诉的合并之类型与要件

诉的合并可以分为三种[3]，即诉的主观（主体）合并[4]、诉的客观（客体）合并[5]与诉的混合合并[6]。下文主要就诉的主观合并与客观合并予以分析。关于诉的主观合并，其要求不同的当事人对同一诉讼标

---

[1] 相关观点可参见张晋红.民事诉讼合并管辖立法研究［J］.中国法学，2012（2）：146-155；张永泉.民事之诉合并研究［M］.北京：北京大学出版社，2009：9-10；许士宦.新民事诉讼法［M］.北京：北京大学出版社，2013：66.

[2] 李仕春.诉之合并制度的反思及其启示［J］.法商研究，2005（1）：83-89.

[3] 张永泉.民事之诉合并研究［M］.北京：北京大学出版社，2009：12.

[4] 诉的主观（主体）合并是指一方或双方为二人以上的当事人合并于同一诉讼程序中进行审理和裁判，例如必要共同诉讼。

[5] 诉的客观（客体）合并是指法院将当事人一方向对方提出的数个独立的诉讼请求予以合并审理，包括诉之单纯合并、诉之重叠合并（或称竞合合并）、诉之选择合并和诉之预备合并。

[6] 诉的混合合并是指法院将数个诉讼主体相互间存在牵连的数个独立的诉予以合并审理，如普通共同诉讼、对第三人参加之诉的合并。

的具有诉的利益。倘若诉讼标的仅是同一类，则应当分别立案和审理。诉的主观合并的情形繁多，例如英美法系国家的"交叉请求制度"，即共同诉讼人之间（主要是共同被告）又相互提出诉讼请求，法院一并审理和裁判的情形[1]。又如独立请求权第三人之诉，即第三人对原诉的诉讼标的具有独立的诉之利益，因此将原诉的原被告作为被告提起的诉讼[2]。关于诉的客观合并，是指同一诉讼的原告向被告提出两个以上独立的诉的制度[3]。诉的客观合并需要具备一定的要件：其一，诉的合并必须由诉讼当事人在同一诉讼程序中提出。其二，受诉法院对几个合并的诉之一有管辖权[4]。具体而言，诉的客观合并包括以下几种情形：第一，诉的单纯合并，即诉讼当事人在同一诉讼程序中主张多个诉讼标的，并要求法院对上述诉进行一并审理和判决。第二，诉的竞合合并，即诉讼当事人在实体法上享有多个指向同一诉讼目的的独立的请求权，上述请求权以单一的诉的声明要求法院作出判决。第三，预备的诉的合并，即原告为防止诉讼因故遭受败诉，同时提出两个以上不同的诉讼标的，当第一位阶的诉讼标的无理由时，请求法院对第二位阶的诉讼标的进行裁判，并以此类推[5]。第四，诉的选择合并，即原告在诉讼中主张多个不同内容的给付请求，当法院判令支持其中之一时就可以达到原告的起诉目的的情形。

关于诉的合并的构成要件，一般认为，需要满足以下四个方面：其一，需存在两个或两个以上的诉讼标的，这是诉之合并的基础和前提。其二，需数个诉讼标的适用同一审判程序。其三，受理案件的法院至少对诉讼标的之一拥有管辖权，则因合并而产生地域管辖，但其他法院有专属管辖权的除外。其四，诉讼标的之间并不必然存在关联

---

[1] 张永泉.民事之诉合并研究［M］.北京：北京大学出版社，2009：序言.
[2] 徐震邦.民事诉讼中哪些案件可以合并审理［J］.法学，1984（3）：28-29.
[3] 因此，诉的客观合并也被视为诉的标的合并.
[4] 参见张永泉.民事之诉合并研究［M］.北京：北京大学出版社，2009：16-23；李龙.民事诉讼诉的合并问题探讨［J］.现代法学，2005，27（2）：78-84.
[5] 除诉的客观预备合并之外，还存在诉的主观预备合并，即原告向主位被告和预备被告提出诉请，当向主位被告提出的诉请缺乏事实理由时，可以诉请预备被告承担责任.参见张永泉.民事之诉合并研究［M］.北京：北京大学出版社，2009：15.

性，多个国家对诉讼标的之间的关联性作了较为宽松的解释，甚至不以关联性为要件[1]。在最高人民法院出具的一份裁判意见中，其还增加了关于诉的合并的另一项规则，即"主体唯一、诉讼标的同一种类的诉的合并"不需要征得对方当事人的同意，其理由在于，从司法经济的角度看，诉的合并既能提高审判效率、避免矛盾判决，也不会对当事人的实体权利造成不利影响[2]。

（四）小结

由上述分析可知，理论界所述的诉的合并，主要是限缩于民事诉讼范围内的诉的合并。笔者认为，这仅构成狭义的诉的合并，在此基础之上，还存在已经写入相关诉讼法律的刑事附带民事诉讼、行政附带民事诉讼。附带诉讼实际上就是两种不同的诉的合并审理，且不限于民事诉讼的范围。因此，将诉的合并的相关理论运用于环境公益诉讼的内部程序整合与外部程序衔接，并不存在逻辑上的障碍。黄秀蓉、钭晓东就指出，环境司法审判中，可以采取附带诉讼的方式，运用诉的合并原理整体性解决环境纠纷，提高环境司法专门化实效[3]。

二、诉的合并在环境公益诉讼程序协调中的应用形态

笔者将环境公益诉讼程序协调议题区分为内部程序整合与外部程序衔接，前者往往采用附带审理的模式，后者则倾向于采用合并审理的模式。需要强调的是，内部程序整合中的"附带"一词在内涵上有别于"刑事附带民事诉讼"中的"附带"。传统的刑事附带民事诉讼中的"附带"有"附属"之意，原因在于：其一，民事赔偿归因于刑事犯罪；其二，民事诉讼在刑事公诉过程中提起。但是在环境刑事附

---

[1] 上述观点可参见张永泉.民事之诉合并研究［M］.北京：北京大学出版社，2009：13；李仕春.诉之合并制度的反思及其启示［J］.法商研究，2005（1）：83-89.
[2] 参见（2018）最高法民辖终325号.
[3] 黄秀蓉，钭晓东.论环境司法的"三审合一"模式［J］.法制与社会发展，2016，22（4）：103-117.

带民事公益诉讼或环境行政附带民事公益诉讼中，两种诉讼实际上并无"依附关系"，刑事责任与行政责任成立与否并不影响民事责任的承担，因此内部程序整合中的"附带"诉讼并非"附属"诉讼，而是具有"并列"意味的诉讼。论者甚至认为，环境公益诉讼内部程序整合中的"附带"诉讼有更侧重于后者（即被附带的诉讼）的意味[1]。

　　"合并审理"是环境公益诉讼外部程序衔接的重要手段，例如张旭东指出，"现代程序观的一个主题：将因'同一事件'引起的诸多诉讼请求、涉及的诸多当事人并入一个案件中集中审理"。在此基础上，其进一步指出，"诉的合并可有效实现环境民事公私益诉讼融合"。基于环境民事公／私益诉讼的诉讼标的仅是同一种类而非实质同一，因此在合并审理时两原告之间形成的共同诉讼在性质上属于普通共同诉讼。当政府和检察院、环保组织分别就同一环境侵害提起生态环境损害赔偿诉讼和环境民事公益诉讼之时，实践中对两类诉讼的衔接一般采"合并审理"的策略[2]。根据《环境民事公益诉讼解释》第十条的规定，在公告期间有适格原告申请参加诉讼的，将后诉并入先立案的诉讼，两者作为共同原告合并审理。虽然该条适用于前后两诉均属于民事公益诉讼的情形，但实践中往往据此融合环境民事公益诉讼与生态环境损害赔偿诉讼[3]。需要强调的是，《关于审理生态环境损害赔偿案件的若干规定（试行）》第十六、十七条有摒弃合并审理之意，转而通过确定审理顺位的方式将两类诉讼进行单独审理，并根据前诉的裁判内容确定后诉审理与否或审判对象，由此使环境民事公益诉讼与生态环境损害赔偿诉讼的程序衔接走向另一种截然不同的策略。

[1]　黄秀蓉，钭晓东 . 论环境司法的"三审合一"模式 [J] . 法制与社会发展，2016，22（4）：103-117.
[2]　在重庆市人民政府与重庆两江志愿服务发展中心诉重庆藏金阁物业管理有限公司、重庆首旭环保科技有限公司生态环境损害赔偿、环境民事公益诉讼案中，两原告分别提起生态环境损害赔偿诉讼与环境民事公益诉讼，因为两者基于同一事实向同一法院提起诉讼，因此法院将两案合并审理，案由仍为环境民事公益诉讼。案例可参见陈爱武，姚震宇 . 环境公益诉讼若干问题研究：以生态环境赔偿制度为对象的分析 [J] . 法律适用，2019（1）：22-31；汪劲 . 论生态环境损害赔偿诉讼与关联诉讼衔接规则的建立：以德司达公司案和生态环境损害赔偿相关判例为鉴 [J] . 环境保护，2018，46（5）：35-40.
[3]　例如江苏省环保联合会诉南京德司达公司环境民事公益诉讼案中，是先由环保组织提起环境民事公益诉讼，随后江苏省人民政府依据《生态环境损害赔偿制度改革试点方案》的规定提起生态环境损害赔偿诉讼，南京市中级人民法院最终将江苏省人民政府作为共同原告加入环境民事公益诉讼。

三、诉的合并在环境公益诉讼程序协调中的应用策略

（一）环境公益诉讼程序协调中的强制合并裁量权问题

诉的合并规则大多数是任意性的，即在诉讼中遵从当事人主义，并以原告的合并申请作为启动诉之合并的前提。然而自愿合并可能导致诉讼无效率、裁判歧异以及被告同时应付多个平行诉讼的问题。由此就在"原告有权以其认为适合的方式进行诉讼"与"诉讼的整体性解决"之间形成张力，对于是否应当牺牲原告自治而满足一次性解决争议的利益，理论界尚未形成共识[1]。

我国对诉的合并持肯定态度，例如《民事诉讼法》规定的同一原告对同一被告基于同一事实、理由提出的几个诉讼请求的合并、反诉与本诉的合并、第三人参加之诉的合并等。在此基础上赋予法院以诉的强制合并裁量权，是化解原告自治与诉讼的整体性解决之间的张力的可行手段。原因在于：其一，牺牲原告自治而赋予法院以强制合并裁量权，并不是对诉讼程序的不尊重或者对原告自治的践踏，无疑是认为在这些价值冲突中，司法效率、裁判的统一性更应获得优越地位。其二，诉的强制合并也有比较法上的证据。日本 1993 年出台的《环境基本法》将环境民事公益诉讼与环境民事私益诉讼的法律规则和理论进行统合，以谋求在同一诉讼中对环境公益与环境私益的均衡保护，由此实现对环境侵害纠纷的实质性交互整合。基于诉讼原因禁止分割原则，美国《联邦民事诉讼规则》在关于诉的合并规则的支撑下致力于避免零碎解决环境侵害引发的数个纠纷[2]。

（二）环境公益诉讼程序协调中的合并之诉管辖问题

管辖权问题是一个根本性问题，西方法谚指出，"超出管辖权

---

[1] 张旭东.环境民事公私益诉讼并行审理的困境与出路［J］.中国法学，2018（5）：278-302.
[2] 张旭东.环境民事公私益诉讼并行审理的困境与出路［J］.中国法学，2018（5）：278-302.

所作的判决不必遵守"，我国诉讼法也将管辖错误作为当事人申请再审的事由 [1]。法院管辖可以区分为级别管辖和地域管辖，当环境公益诉讼之诉的合并中有部分诉属于其他法院管辖时，能否以及如何实施诉的合并就成为一个亟待解决的共性问题。实践中出现过同一环境侵害行为引发的生态环境损害赔偿诉讼、民事诉讼和刑事公诉分别由不同地域法院、不同法院的审判庭或者不同级别法院分别受理的情况 [2]。加之我国"司法体制的地方化"（表现为司法上的地方保护主义）较为严重，管辖权争议就更加突出。我国的法定管辖主要是针对没有诉的合并的情况下的级别管辖和地域管辖。诉的合并不可避免地带来了法院管辖的更多问题，因为实践中合并之诉的管辖往往比立法预期的更为复杂，因此在法定管辖之外新设管辖的特殊规定，能够更为公平、合理和有效地解决管辖上的特殊难题，合并管辖由此而生。

合并管辖作为对法定管辖的突破，是指法院有权合并管辖与该案存在某种牵连关系的诉讼请求，因此又被称为"牵连管辖" [3]。合并管辖最直接的效用是可以为诉的合并提供管辖权上的支撑，其隐含了对法定管辖的突破 [4]：其一，对地域管辖的突破。在跨区划司法体制改革的背景下，合并管辖对地域管辖的突破将日益明显。合并管辖具有遮蔽当事人管辖权异议的法定效力，因此受诉法院基于诉的合并管辖权而取得对其他有牵连关系的诉的管辖权。其二，对级别管辖的突破。设置级别管辖的初衷是实现各级法院职能的合理定位以及工作量的平衡，而诉的合并具有更为重要的立法价值，例如纠纷一次性解决、避免矛盾裁判、提高诉讼效益等。可见，诉的合并较之于级别管辖具

[1]　张晋红.民事诉讼合并管辖立法研究［J］.中国法学，2012（2）：146-155.

[2]　汪劲认为，这种状况的出现浪费了大量人力、物力，并可能因诉讼性质的不同、证据认定标准的不一致，而造成审判认定事实不一致的问题。参见汪劲.论生态环境损害赔偿诉讼与关联诉讼衔接规则的建立：以德江达公司案和生态环境损害赔偿相关判例为鉴［J］.环境保护，2018，46（5）：35-40.

[3]　张晋红.民事诉讼合并管辖立法研究［J］.中国法学，2012（2）：146-155.

[4]　需要补充的是，如果合并的几个诉讼中，有属于法院专属管辖的，则受诉法院不能够合并审理。因为根据当前的法律规定，当事人的意志无权变更涉及社会利益或者国家利益的、法定的专属管辖，法院也不能基于诉讼经济的考虑而随意变更法定的专属管辖，因此合并管辖缺乏突破专属管辖的正当性和可行性。参见张永泉.民事之诉合并研究［M］.北京：北京大学出版社，2009：23.

有更重要的立法价值，当级别管辖与诉的合并发生冲突进而阻碍诉的合并时，应当突破级别管辖而适用合并管辖[1]。

（三）环境公益诉讼程序协调中的合并之诉既判力问题

既判力是指案件当事人对已经生效的裁判不得再起争执。根据既判力理论，环境私益诉讼生效裁判所认定的事实对后续公益诉讼应当产生确定力，但是考虑到后续公益诉讼当事人并未参与前诉，因此未实施诉讼的辩论权，使这种既判力应当受到限制。考虑到公益诉讼原告具备更强的调查取证和诉讼能力，而私益诉讼原告在这方面的能力明显偏弱，所以可能出现私益与公益诉讼对同一事实的认定不一致的情形。此时私益诉讼对公益诉讼的既判力应当保持一定的克制，当后续公益诉讼的原告提出相反证据且足以推翻前诉时，法院应当否定私益诉讼的既判力。环境民事私益诉讼的被告在私益诉讼中的自认行为应当对后续的公益诉讼产生约束力，这是"禁反言"原则和《民事诉讼法》第十三条关于诚信原则的题中之义[2]。从反向来看，倘若在先的私益诉讼原告因诉讼能力问题而败诉，后提起的公益诉讼却基于适格原告的诉讼能力更强等因素而胜诉，此时已经败诉的私益诉讼能否再搭公益诉讼胜诉裁判的"便车"？对于这一问题，论者指出，倘若私益诉讼原告将公益诉讼中的证据作为启动再审程序的新证据，则可能因为对是否构成新证据的审查而影响再审程序的启动。因此论者建议将基于同一事由的公益诉讼胜诉作为对审结的私益诉讼启动再审的理由之一，以此更好地保护私益诉讼原告的权利，并实现司法公平[3]。

刑事判决与民事判决具有不一样的既判力，刑事判决基于其严格

---

[1] 为避免群体诉讼的失控，张晋红补充到，对同种类诉讼标的之诉的合并只能以"属于同一法院管辖"为限。参见张晋红.民事诉讼合并管辖立法研究［J］.中国法学，2012（2）：146-155.

[2] 吴如巧，雷嘉，郭成.论环境民事公益诉讼与私益诉讼的共通性：以最高人民法院相关司法解释为视角的分析［J］.重庆大学学报（社会科学版），2019，25（5）：167-178.

[3] 朱纪彤.环境公益诉讼与私益诉讼衔接问题研究［J］.社会科学动态，2019（3）：90-95.

的诉讼程序和证明标准，其判决可以作为结论性证据。相反，附带的环境民事公益诉讼的判决不能作为结论性证据，但它可以作为证据存在，从而产生转移举证责任的效果。在司法实践中，附带民事公益诉讼起诉人仅对附带民事部分的判决或裁定不服的，可以仅就民事部分提出上诉，刑事部分生效后，其认定的事实可以作为认定民事事实的根据。相反，倘若公诉人对已经发生效力的刑事部分不服而对民事部分服判，则由于民事部分的事实认定不能对刑事部分产生实质性影响，刑事部分的改判却可能直接影响民事责任的承担，因此应当对刑事部分和民事部分进行一并审理。这一关于刑事附带环境民事公益中的既判力推定也得到了《最高人民法院关于适用〈中华人民共和国刑事公诉法〉的解释》（以下简称《刑事公诉法解释》）第四百零九条的佐证，该条规定，刑事部分的判决、裁定确有错误的，应当将附带民事部分一并再审。可见，环境刑事附带民事公益诉讼中存在既判力的单向扩张，即刑事部分的判决对民事部分具有实质性影响，相反，民事部分相对独立，其认定的事实对刑事判决仅具证据效力。

第四章　环境公益诉讼的内部程序整合

环境刑事／行政公益诉讼的程序整合在当前阶段缺乏可行性与必要性，因此，本书重点探讨环境刑事／民事公益诉讼与环境行政／民事公益诉讼的程序整合。张卫平就指出，"民刑及民行交叉诉讼关系处理规则的确立"[1] 是未来诉讼法修改的重要内容。

第一节　环境行政／民事公益诉讼的程序整合

环境行政／民事公益诉讼各有其存在的价值，然而二者在案由、目的、证据等方面存在大量重合，如何正确处理环境行政／民事公益诉讼关系，从而避免不同程序的功能冲突或重叠，形成制度组合的最佳合力，日益成为一项紧迫的理论和实践问题。

一、环境行政／民事公益诉讼的模式比较

主流观点认为，应当赋予适格原告以环境行政／民事公益诉讼的程序选择权，使其根据自身的诉讼能力、诉讼目的选择不同的诉讼程序 [2]。为了防止程序选择沦为根据自身利益考量而进行的主观臆断，

---

[1]　张卫平．中国民事诉讼法立法四十年［J］．法学，2018（7）：43–56.
[2]　参见柯阳友，曹艳红．论民事公益诉讼和行政公益诉讼的关系［J］．刑事司法论坛，2006（1）：419–426；徐以祥．我国环境公益诉讼的模式选择：兼评环境行政公益诉讼为主模式论［J］．西南民族大学学报（人文社会科学版），2017，38（10）：86–94.

应当为程序选择设置一定的标准。而设定标准最为关键的考量因素是对环境行政／民事公益诉讼规制模式的客观比较。鉴于此，下文将对环境行政／民事公益诉讼的制度安排和规制模式进行比较，以期为环境行政／民事公益诉讼的模式选择和程序协调提供理论支撑。

（一）受案范围比较

1. 环境行政公益诉讼的受案范围考察

"行政诉讼受案范围是民主政治的组成部分之一"[1]，因为环境行政公益诉讼的"建制目的在于督促执法而非执意与主管机关竞赛或令污染者难堪"[2]，加之司法资源是一种有限的国家资源，行政公益诉讼的受案范围既要为环境公益的维护者提供司法救济的途径和机会，又要防止不当诉讼对行政机关的日常工作产生过度干预。就现有法律规定而言，环境行政公益诉讼的受案范围是环境领域的行政主管部门违法行使职权或不作为，致使环境公益受到损害的情形。其中，结果要件是"致使环境公益受到损害"，这就有别于环境民事公益诉讼中"具有损害社会公共利益重大风险"的情形，说明环境行政公益诉讼受案范围的结果要件更为严格；主体要件是"负有监督管理职责的行政机关"[3]，行为要件是"违法行使职权"以及"不履行法定职责"。论者认为，就处理难度而言，检察机关处理"不履行法定职责"案件的难度要低于处理"违法行使职权"案件的难度[4]。关于"不履行法定职责"，实践中存在两种标准，第一种标准是"行政过程"标准，即将法定职责视为一个相互衔接的监管链条，链条中任何一环的不规范履行都可能构成"不履行法定职责"。例如实践中存在的基于

---

[1] 关保英.行政公益诉讼的范畴研究［J］.法律科学（西北政法大学学报），2009，27（4）：53–61.
[2] 叶俊荣.环境政策与法律［M］.台北：元照出版公司，2010：264.
[3] 姜明安对行政诉讼的主体要件进行了深入探讨，其认为，当前党政合署办公，根据现行法律，党委不能成为被告，但是根据行政法治原理，实质行使行政权的行为对相对人合法权益造成不利影响的，应当允许提起行政诉讼。另外，监察机关、行业协会等作出侵犯私主体合法权益行为时，不能仅以形式要件进行判断，而应当以是否行使了影响公民权益的行政权作为补充标准。参见姜明安.我国行政诉讼制度改进和完善的几点建议［EB/OL］.（2019–09–24）［2023–01–28］.中国房地产律师网.
[4] 覃慧.检察机关提起行政公益诉讼的实证考察［J］.行政法学研究，2019（3）：87–100.

行政机关仅处罚而未申请法院强制执行的情形而提起的环境行政公益诉讼。第二种标准是"后果主义"标准，即以行政相对人的环境违法行为是否停止或损害是否得到修复为标准判断行政机关是否履行法定职责，如果违法行为没有停止，或者公益损害尚未恢复，则负有监管职责的行政机关并未"充分履职"[1]。为了彰显司法对行政机关专业性的尊重，美国《清洁水法》《清洁空气法》等法律规定，行政机关未履行上述法律所规定的自由裁量职权，可以豁免公民诉讼。换言之，在美国环境行政公益诉讼中，行政行为被区分为羁束性行政行为和裁量性行政行为，行政机关仅在未规范履行羁束性行政行为时才可以对其提起公民诉讼。但是近年来司法机关不审查裁量性行政行为的规定已出现松动之趋势[2]。

由于生态环境问题的复杂性，实践中存在法律对行政机关职责规定不清晰或立法上没有明确规定该职责应由哪一行政机关承担的情形，对于此种情形下的环境公益损害是否提起环境行政公益诉讼，存在两种做法。一种是张雪樵提出的，即行政主体倘若缺乏履职的手段（即缺乏职权赋予），则不宜对行政主体进行督促（以及诉讼——引者注）[3]。另一种是刘艺提出的，其认为即使在法律没有明确授权的情况下，倘若检察机关认为行政机关积极作为可以挽回国家利益和社会公共利益的损失，而行政机关不作为的，仍然构成"不履行法定职责"。因为是否履职的判断依据不限于法律规定，"还要求行政机关依据法律原则和精神从实现行政任务角度积极履行职责、纠正其怠于执法行为"[4]。有论者根据审查强度的不同发现，检察机关在启动行政公益诉讼的诉前程序时，侧重于行政机关违法或不作为的形式性判断，而诉讼程序中，法院则聚焦于国家和社会公共利益受侵害是否得

[1] 卢超.从司法过程到组织激励：行政公益诉讼的中国试验［J］.法商研究，2018（5）：25-35.
[2] 李艳芳，吴凯杰.论检察机关在环境公益诉讼中的角色与定位：兼评最高人民检察院《检察机关提起公益诉讼改革试点方案》［J］.中国人民大学学报，2016（2）：2-13.
[3] 林平.张雪樵：为世界公益司法保护提供中国方案［EB/OL］.（2019-03-11）［2023-01-28］.澎湃网.
[4] 刘艺.构建行政公益诉讼的客观诉讼机制［J］.法学研究，2018，40（3）：39-50.

到抑制或损害是否得到恢复的实质性标准[1]。值得一提的是，较之于环境民事公益诉讼的受案范围，环境行政公益诉讼的受案范围还包括对规范性文件的审查[2]。由于行政任务的增多以及任务本身技术性的增强，权力机关难以通过立法规范行政机关的所有行为，于是"传送带"逐渐失控，代之以宽泛授权，行政机关基于自己出台的规章实施环境规制的现象增多。在此情况下，环境领域的"依法行政"逐渐异化为"依规章行政"。为了避免行政权的膨胀和行政机关滥用权力的风险，对行政机关出台的抽象性文件进行审查就成为补强"传送带"的稳妥做法。较之于传统的行政私益诉讼，行政公益诉讼与规范性文件的审查更具有契合性，其不仅可以巩固行政诉讼的民主根基，通过审查政府的规范性文件也可以挽救被扭曲的公义，捍卫人民主权原则，践行对民主的实践功能[3]。

2. 环境民事公益诉讼的受案范围考察

环境民事公益诉讼的功能定位是对环境行政规制的补强而非替代。根据当前的法律及司法解释的规定，环境民事公益诉讼的诉讼对象是"污染环境、破坏生态，损害社会公共利益的行为"。论者指出，"污染或破坏"常常是"发展"所必需，是"发展"的一部分，除非持绝对的"生态中心主义"观念或"不发展"立场，否则不能将"污染或破坏"行为视为当然地站在社会公益的反面，成为必须担责的原因行为。而且司法资源的有限和环境法益保护的无限需求之间存有张力，若要兼顾两个目标，就不可能无限制地扩充环境民事公益诉讼的受案范围。所以，论者认为应当根据科学评价、社会需求与环境禀赋等因素来衡量环境行为是否达到"损害社会公共利益"的程度[4]。

---

[1] 邢昕. 行政公益诉讼启动标准：基于74份裁判文书的省思［J］. 行政法学研究，2018（6）：136-144.
[2] 《行政诉讼法》第五十三条规定确立了规范性文件的司法审查制度。根据体系解释，该条既适用于行政私益诉讼，也适用于行政公益诉讼。
[3] 朱学磊. 论行政公益诉讼的宪法基础：以传统行政诉讼模式的合宪性危机为线索［J］. 现代法学，2016，38（6）：23-32.
[4] 巩固. 大同小异抑或貌合神离？：中美环境公益诉讼比较研究［J］. 比较法研究，2017（2）：105-125.

那么什么情况下才允许提起环境民事公益诉讼呢？一般认为，需要具备以下三个要件：其一，生态环境已经遭受或即将遭受某种损害；其二，损害可以合理地追溯至被诉行为；其三，法院的介入和判决对该损害具有可救济性[1]。在满足上述要求的基础上，一些国家还对公益诉讼的启动施加了其他要求。例如美国公民诉讼要求适格原告必须满足其合法利益受到不利影响的要求，因为按照美国的司法理论，与私益无关仅指向全体公民共同利益的事项，属于不具有"可司法性"的政治事务，应通过政治过程来处理；只有损害涉及个人权益的事项才能通过法院裁判予以解决[2]。但是基于环境公益损害的特殊性，要求起诉人是遭受"事实损害"的被害人的要求日益与公益诉讼的专业性之间发生悖逆，于是美国关于起诉资格的规定亦出现松动迹象，实务中不再要求原告证明其本人遭受个别化的损害，而承认"对环境污染后果的合理担心"也构成"事实上的损害"，由此形成不要求原告与诉讼标的存在直接利害关系的公民诉讼模式[3]。

3. 小结

一方面，环境民事公益诉讼可以对潜在的环境威胁行为提起诉讼，而环境行政公益诉讼必须针对已经发生的环境损害提起诉讼；另一方面，环境行政公益诉讼继承行政诉讼的特有功能，可以附带审查规范性文件，而环境民事公益诉讼依附的民事诉讼却不具有此权能[4]。因此，单从受案范围来看，二者各有优劣。

---

[1]　张忠民.论环境公益诉讼的审判对象［J］.法律科学（西北政法大学学报），2015（4）：115-122.

[2]　巩固.大同小异抑或貌合神离？：中美环境公益诉讼比较研究［J］.比较法研究，2017（2）：105-125.

[3]　黄忠顺.论公益诉讼与私益诉讼的融合：兼论中国特色团体诉讼制度的构建［J］.法学家，2015(1)：19-31.

[4]　《最高人民法院关于裁判文书引用法律、法规等规范性法律文件的规定》第六条规定："对于本规定第三条、第四条、第五条规定之外的规范性文件，根据审理案件的需要，经审查认定为合法有效的，可以作为裁判说理的依据。"该条的适用并不限于行政诉讼，因此可以视为最高人民法院变相赋予了民事诉讼审查规范性文件的职权。但问题在于，最高人民法院通过司法解释自我赋权是否有效，值得探讨。所以从法律的明确规定来看，当前能够合法地进行规范性文件司法审查的仅限于《行政诉讼法》第五十三条对行政诉讼的赋权。

（二）适格原告比较

根据现行法规定，环境行政公益诉讼的原告仅限检察机关，环境民事公益诉讼的适格原告则包括法律规定的机关和组织。将环保组织纳入公益诉讼适格原告范畴被认为是一种进步，因为其契合了国家治理的社会参与原理。然而《环境民事公益诉讼解释》第二至五条对可以提起诉讼的环保组织进行了严格限定，包括在"设区的市级人民政府民政部门"登记，社会组织章程确定的宗旨和主要业务范围是维护社会公共利益，以及提起诉讼前五年内未因从事业务活动受过行政、刑事处罚。论者指出，对于公益组织的苛刻要求与环境公益诉讼的公益属性实际上相背离，因为环保组织在相当程度上是被"征召"而为环境公益效力[1]，而《环境保护法》关于环保组织不得通过诉讼牟利等苛刻要求就有违"征召"之性质。

环境行政公益诉讼与环境民事公益诉讼均将个人排除在原告的范围之外，其理论依据在于国家代表权论，即个人或组织仅能代表私的利益，环境公益这种不可分利益仅能通过国家行使，环保组织的代表权本质上讲也仅能由国家委托，因此必须通过法律授权[2]。实践中，检察机关侧重于提起环境行政公益诉讼，环保组织则侧重于提起环境民事公益诉讼[3]，学者认为，这样的实践态势和任务分工"符合它们的比较优势"[4]。下文拟解析检察机关和环保组织各自在环境公益诉讼中的比较优势，进而为模式选择提供数据支撑。

1. 起诉激励方面

就检察机关而言，其作为具有法定职责的国家机关，按理应当依法行使公益诉讼起诉权，仅存在"诉与不诉"的判断权，而不存在"诉与不诉"的选择权。但是从现实来看，检察机关也面临着提起公益诉

---

[1] 叶俊荣.环境政策与法律［M］.台北：元照出版公司，2010：266。
[2] 张卫平.民事诉讼法［M］.4版.北京：法律出版社，2016：343.
[3] 实践中也存在环保组织提起环境行政公益诉讼的情形，参见（2017）云 3321 行初 1 号。
[4] 张忠民.检察机关试点环境公益诉讼的回溯与反思［J］.甘肃政法学院学报，2018（6）：28-42.

讼正反两方面的激励。从正激励来看，在检察机关的反贪污反渎职等业务被划归监察委的大背景下，其本身面临着机构撤并、人员转隶、功能转型等重大改革，在此背景下，传统检察职能将被重塑，而公益诉讼势必成为检察工作新的突破口[1]。同时，虽然公益诉讼耗时费力，但是检察机关提起环境行政公益诉讼是履行宪法赋予的检察监督权，其行为由国家财政提供经费保障，再加之制度初创期存在的制度推行奖励，检察机关可以在没有经济压力的情况下积极推进公益诉讼的施行[2]。从反激励来看，在反贪污反渎职业务调整至监察委之后，检察机关的行政公益诉讼失去了"潜在的背后力量"，使其在环境行政公益诉讼中仅剩下"协调的强制"，而丧失了"制度的强制"。倘若每一件行政公益诉讼都需要检察机关积极联络、协调相关政府及其职能部门，这样违背司法规律的做法在公益诉讼热度消减的将来是否能够延续则充满疑问。此外，笔者在调研中得知，当地方出现环境污染或生态破坏，地方检察机关并不具有与地方政府及其职能部门对抗的激励，而是更倾向于拿私主体"开刀"，即使是"剑指"公权力，也往往要得到地方党委或政府的鼎力支撑才能得以实现。

再看环境民事公益诉讼中的环保组织。为了契合环境审判的专业化需求，各地纷纷建立起专门的环境法庭开展环境审判，然而即使部分环保法庭多方奔走也仍然面临"等米下锅"的窘境，毕竟环境私益诉讼尚且匮乏，更遑论实现环境公益诉讼的爆发性增长。实践中环保组织提起环境民事公益诉讼也面临着正负两方面的激励。从正激励来看，随着物质财富的增长和生态环境的恶化，民众对良好生态环境的渴求部分地替代了对物质财富的渴求，此时，部分受环保思潮影响的公众的"经济人"属性开始让渡于"生态人"属性，追求生态正义的新人类图像逐渐形成[3]。民间的这股环境保护力量日益成为推动环境

---

[1] 卢超. 从司法过程到组织激励：行政公益诉讼的中国试验［J］.法商研究，2018（5）：25-35.
[2] 陈杭平，周晗隽.公益诉讼"国家化"的反思［J］.北方法学，13（78）：70-79.
[3] 詹建红.论环境公益诉讼形态的类型化演进［J］.河北法学，2006，24（8）：100-107.

民事公益诉讼的重要支撑。从负激励来看：其一，我国有"耻讼""厌讼"之传统，环境公益诉讼更是基于"集体行动困境"而面临"理性冷漠"的问题。其二，享有公益性诉讼实施权的环保组织并无通过诉讼盈利的可能，而启动和推进环境公益诉讼无疑是一项成本和风险都极大的支出。制度设计者希望借助环境公益诉讼附带的"价值正当性"来促使环保组织不计得失地保护环境公益，然而诉讼本身耗时耗力，不仅无法获得经济补偿，反而需要承担败诉风险，在此情形下环保组织怠于行使诉权也就成为理性之举，毕竟，"没有人应被强迫到法庭上为公益而战斗到底"[1]。

2. 技术性问题处理方面

较之于环保组织，检察机关在公益诉讼中具有处理技术性问题的比较优势：其一，在环境公益诉讼中，法律专业知识和司法实践经验往往比环境专业知识更为关键，理论上讲，检察机关具有的专业化诉讼侦查人才队伍足以弥补其环境专业能力方面的欠缺[2]。其二，检察机关具有法定调查权，有利于调查取证进而更充分地掌握行政机关的违法证据，解决公益诉讼取证难问题。基于检察机关的上述优势，甚至有极端观点认为，在检察机关、社会团体组织和公民个人同时起诉的情况下，应当"由对检察机关的起诉最先立案的人民法院管辖"[3]。

环境民事公益诉讼中的环保组织的技术性优势呈现出"比上不足，比下有余"的问题，较之于检察机关或生态环境主管部门，环保组织的技术性问题处理能力无疑是欠缺的；然而较之于普通的环境私益受害者，环保组织却因为长期从事环境公益事业而获得了相对更多的技术能力。实践中，倘若检察机关支持环保组织提起环境民事公益诉讼，环保组织往往就会沦为"看客"，被告为了私益而竭尽全力，而作为

---

[1] 张陈果.论公益诉讼中处分原则的限制与修正：兼论《新民诉法解释》第 289、290 条的适用［J］.中外法学，2016，28（4）：902-927.

[2] 李艳芳，吴凯杰.论检察机关在环境公益诉讼中的角色与定位：兼评最高人民检察院《检察机关提起公益诉讼改革试点方案》［J］.中国人民大学学报，2016（2）：2-13.

[3] 颜运秋，张金波.构建完整的生态环境保护公益诉讼制度：兼论新民事诉讼法第 55 条［J］.江西社会科学，2013，33（12）：145-151.

原告的环保组织往往只是充当启动环境公益诉讼程序的"导火索"。

3.信息获取

检察机关与环保组织在不同的环境信息获取上各具优势。就检察机关而言，由于其由人民代表大会产生并对人民代表大会负责，因此具有相对独立且权威的法律地位。较之于环保组织，检察机关在获取行政类环境信息上更具优势。除检察机关内部的行政违法线索移送机制外，部分地区还建立有行政机关与检察机关的环境信息通报机制[1]，以此规避不同机关信息封锁带来的信息不对称问题[2]。

虽然在行政类环境信息的获取方面检察机关更具优势，但是在环境民事公益诉讼所需的私主体违法信息的获取方面，环保组织并不逊色。实践证明，完全由行政机关监管辖区所有排污口几乎是不可能完成的任务，相反，将违法排污信息的收集任务交由分散各处、与污染源紧密相关的居民往往更具效率。理论界一直尝试推动在《民法典》中写入私权性环境权，其根本目的也在于通过激活分散各处的私主体的"私人执法"，实现宏观环境治理的目的[3]。暂且不论此种呼吁是否妥当或可行，但发挥私主体监控、制约环境违法行为的初衷是完全成立的。

4.增强社会自治方面

检察机关作为环境行政公益诉讼的唯一适格原告固然存在多种优势，但是环境行政机关以环境公益保护为要旨，制衡这种权力的仍然是作为公权力的检察机关，由此不可避免地造成环境行政公益诉讼出现陈杭平所言的"国家化"问题，"社会"则被国家所笼罩和裹挟。其弊端在于：一方面，环境行政规制已经动用过国家资源，倘若再将检察机关作为公益诉讼的唯一适格原告，就会造成公共利益的维护过于依赖国家资源，而忽视了公共资源在维护公共利益中的基础性作

[1] 例如广东、吉林分别出台了类似于《关于在办理环境公益诉讼案件工作中加强协作的实施办法》的规范性文件，以此规定检察机关与生态环境主管部门间的工作联动与信息通报制度。
[2] 卢超.从司法过程到组织激励：行政公益诉讼的中国试验［J］.法商研究，2018（5）：25-35.
[3] 黄锡生.环境权民法表达的理论重塑［J］.重庆大学法律评论，2018（1）：117-135.

用；另一方面，由于缺乏社会性环境权利的参与和监督，环境司法权与环境行政权的配合会使原本微弱的公众环境权无法与之对抗，使正在构建的多元环境法权力制约机制流于形式[1]。谢玲也指出，根据罗尔斯"最少受惠者的利益最大化"原则，应当给予处于分配正义的最不利者以最多的关注，而我国的环境司法实务却将应当平等给予不同主体的起诉资格仅赋予相对起诉能力更强的主体，有违正义原则[2]。

　　相较而言，环保组织参与的环境民事公益诉讼在增强社会自治方面具有如下优势：其一，环保组织启动环境民事公益诉讼可以作为参与式民主的具体形式，形成对代议制民主的补充，由此在传统的威权型环境治理模式之侧建构出民主合作型环境治理模式，其彰显的直接民主将有效解决"传送带理论"和"专家理论"所不能解决的合法性危机[3]。其二，诉讼爆炸与街头抗议两相权衡，前者更易疏导和规训。因此，与其花费大量的行政成本去抑制环境群体性事件，不如构建公众参与环境事务管理的制度性渠道，从而对环境领域的抗争压力予以疏解和引流。其三，环境本身凝聚了广泛的公共利益，环境公益诉讼因此成为一种公共性实践，而环保组织提起环境公益诉讼彰显了公共性精神，不仅有利于调动公众参与环境公共事务，而且能够增强政治民主化进程，推进市民社会的发育和成熟[4]。诚如方世荣所言，"一个由各种独立的、自主的社团组成的多元的社会，可以对权力构成一种社会的制衡"[5]。可见允许环保组织参与环境公益诉讼对权力制衡和社会稳定具有重要意义。然而，环保组织参与环境民事公益诉讼也存在弊端：一方面，受制于外部资源供给的匮乏和自身汲取能力的不足，环保组织在短期内难以成为环境公益诉讼的主导力量，即使启动

[1] 郭武.论环境行政与环境司法联动的中国模式［J］.法学评论，2017（2）：183-196.
[2] 谢玲.论生态损害的司法救济［D］.重庆：重庆大学，2017.
[3] 徐以祥.公众参与权利的二元性区分：以环境行政公众参与法律规范为分析对象［J］.中南大学学报（社会科学版），2018（2）：63-71.
[4] 高冠宇，江国华.公共性视野下的环境公益诉讼：一个理论框架的建构［J］.中国地质大学学报（社会科学版），2015（5）：10-15.
[5] 法苑精萃编辑委员会.中国行政法学精萃（2002卷）［M］.北京：机械工业出版社，2002：67-69.

了环境公益诉讼，环保组织也难以发挥实质性作用；另一方面，权力机关之所以对环保组织参与环境公益诉讼多加限制，直接原因在于社会力量的介入可能导致环境权力的行使超出必要的限度，在传统的由行政机关行使环境权力的环境管理模式中，权力机关可以通过预算、法律等控制执法强度，而社会力量的无序和"过罪化"倾向可能导致极端情绪主宰环境司法，由此造成规制过度。

5. 小结

由于制度供给不足，我国的环保组织缺乏实质性参与环境公益诉讼的激励与条件。长此以往，在公益诉讼热度退却之后，环境行政与民事公益诉讼的起诉主体向检察机关收拢将成为必然趋势。但是从前文的分析可以看出，环保组织在信息获取和市民社会的培育方面仍然具有检察机关无法比拟的优势。因此，检察机关应当保持公权力的"谦抑"，尽量通过指导、支持起诉等方式参与诉讼[1]，同时，取消环保组织的起诉限制，放宽公益组织吸收社会资金、财政资金的渠道，进而培养具备保护环境公益实质性能力的公益组织是可行的解决方略[2]。

（三）审判过程比较

1. 诉前程序比较

诉前程序的全称是"诉讼前置程序"，是指原告提起诉讼前应当履行的法定义务，其本质上对当事人诉权构成一种限制。《行政诉讼法》第二十五条第四款规定，检察机关在提起环境行政公益诉讼之前应当向行政机关发出检察建议，仅在行政机关不依法履职的情况下才可以

---

[1] 实践中司法系统的各项检查指标可能影响检察机关"支持起诉"，因为上级检察机关往往对下级检察机关开展的公益诉讼数量有一定的指标要求，在指标尚未达成，或追求超指标完成任务的情况下，下级检察机关往往倾向于自己提起公益诉讼，而非充当支持起诉这一缺乏工作显示度的角色。

[2] 陈杭平指出，还可以通过优化法律法规，减免环保组织的诉讼费、原告以压倒性优势胜诉时获得经济补偿等方式真正激发环保组织的活力。参见陈杭平，周晗隽.公益诉讼"国家化"的反思[J].北方法学，2019，13（78）：70-79.

推进环境行政公益诉讼[1]。可见，在环境行政公益诉讼中仅存在一种诉前程序，即通过强调检察机关公益诉讼实施权的谦抑性来践行行政优先原则。美国也秉承"穷尽救济原则"和"成熟原则"，要求公民诉讼的提起必须穷尽行政系统的救济手段。这样做的优势在于：其一，检察机关的检察建议因有行政公益诉讼作为后盾而获得了不容小觑的威慑效果，行政机关迫于压力而履职可以实现环境公益的尽早维护；其二，检察机关履行诉前程序可以过滤掉一批不具有诉讼价值的行政违法情形，进而有效地节约司法资源。

相较而言，环境民事公益诉讼中的诉前程序则颇为复杂。其存在三种形式的诉前程序：第一种，检察机关提起环境民事公益诉讼需督促辖区环保组织的诉前程序[2]。第二种，其他机关和有关组织提起环境民事公益诉讼，法院需公告案情的诉前程序[3]。第三种，法院受理环境民事公益诉讼后的函告程序[4]。

相较而言，第一种情形是严格意义上的诉前程序，第二种[5]和第三种情形是诉讼启动之后的公告程序，但是考虑到公告是推进诉讼的必经阶段，因此也可以将其视为广义的诉讼前置程序。环境民事公益诉讼的前两种公告程序是督促起诉程序，其目的是尊重社会机体的自治，由检察机关充当民事公益维护的补充性起诉主体；第三种公告程序是督促执法程序，其目的是尊重行政首次判断权，通过

---

[1] 《检察公益诉讼解释》第二十一条进一步规定，行政机关履职期限是收到检察建议书之日起两个月内，倘若出现环境公益损害继续扩大的情形，行政机关的履职期限是15日，超过上述期限，检察机关可以提起among行政公益诉讼。

[2] 根据《检察公益诉讼解释》第十三条的规定，检察机关拟提起环境公益诉讼的，应当向辖区的环保组织进行公告，30日无组织提起诉讼，检察机关才获得诉讼实施权。

[3] 根据《环境民事公益诉讼解释》第十条的规定，法院在受理其他机关和有关组织提起的环境公益诉讼5日内，应当公告案件受理请，有权提起诉讼的其他主体可以在30日内申请参加诉讼。

[4] 根据《环境民事公益诉讼解释》等司法解释和司法解释性文件的规定，法院在受理环境民事公益诉讼后，应当于10日内函告负有监管职责的行政部门。

[5] 罗丽曾质疑，倘若诉讼提起后法院仍然需要在5日内公告案件情况，并在30日内审查是否有其他机关或有关组织提起诉讼，加上检察院提起民事公益诉讼的30日诉前置公告程序，就会出现检察院提起的环境民事公益诉讼需要经过65日等待，不能保证环境公益及时、迅速地得到解决的问题。参见罗丽.我国环境公益诉讼制度的建构问题与解决对策［J］.中国法学，2017（3）：244–266.为了填补该漏洞，《检察公益诉讼解释》第十七条第二款规定，人民检察院已履行诉前公告程序的，人民法院立案后不再进行公告。由此化解了检察机关和法院的重复公告问题。

函告行政机关尊重行政机关对行政事务的优先判断及处理权力[1]。目前，对于督促起诉程序的意义已经达成共识，而督促执法程序却遭到诸多非难。理论上讲，督促执法程序可以分为前置型督促执法程序和后置型督促执法程序，前者是指在提起诉讼前通过申诉、控告或检举等方式将争议交由行政机关处理，只有在行政机关仍然怠于履行或履行不当的情形下，才可以提起环境民事公益诉讼；后者是指法院受理环境民事公益诉讼之后，将诉之争议告知负有监管职责的行政机关，促使其纠正违法或积极履职。前置型督促执法程序具有控制公益诉讼案件数量、减少行政机关与审判机关之间的紧张关系等优势，但是也可能存在因行政机关没有权力、没有动力等而造成环境公益保护迟延等问题。后置型督促执法程序可能导致公益诉讼案件起诉门槛低的问题，但是民事公益诉讼的提起可以构成对行政机关的紧迫压力，促使其依法履职[2]。张卫平对后置型督促执法程序持否定意见，认为"在现行的体制下通过统管机制，行政机关早在公益诉讼提起的同时就已经知晓诉讼的发生"[3]，因此 10 日内书面函告行政机关的做法并无实际意义。

2. 审判程序比较

自上而下的行政过程往往难以整齐划一地向下传导：要么出现"层层加码"导致的规制过度，要么出现"上有政策，下有对策"导致的规制不足，偏离权力中心期望值的环境行政难以避免。相较而言，法院系统长期致力于组织、裁判和执行的协调、统一和规整，加之法院系统特有的理性推理传统，以及呈对抗关系的当事人之间形成的基于文义解释理解法律的共识，使自上而下的法律、政策更容易不打折扣地在法院系统传导。其典型说法就是韦伯所比喻的司法机构的"自动售货机角色"。倘若制度设计本身是公正、合理的，那么这种司法传

---

[1] 吴俊.中国民事公益诉讼年度观察报告（2017）［J］.当代法学，2018，32（5）：136-146.
[2] 黄忠顺.中国民事公益诉讼年度观察报告（2016）［J］.当代法学，2017，31（6）：126-137.
[3] 张卫平.民事诉讼法［M］.4 版.北京：法律出版社，2016：346.

导就将产生极大的社会效益。由此涉及罗尔斯所论及的"纯粹的程序正义"问题，对于居中裁判的法院而言，其中立形象至少包含以下方面：其一，不对冲突形成先验的结论或倾向；其二，对冲突主体各方的请求一视同仁；其三，了解冲突过程形成的义愤，同情或其他情感不直接作用于冲突的解决[1]。然而在环境公益诉讼中，法院的居中裁判形象却并不彰显，在环境行政公益诉讼与环境民事公益诉讼中更是呈现出不同的面向。

理论上讲，环境行政公益诉讼的审判过程将更为公正，因为地方政府的"不出事逻辑"可以使环境行政公益诉讼所审理的冲突被推至下一环节，行政机关的败诉结果无非是依法行政。然而从实践来看，环境行政公益诉讼的审判过程受到诸多干扰，具体表现在：其一，司法过程嵌在整体性的行政体制之下，实践中的行政诉讼往往受到政治裹挟，反映到环境公益诉讼中，则表现为筛选出的个案通常经过多方预演或合意，导致司法裁判缺乏对抗性[2]。吉林省人民检察院专门制定了《公益诉讼试点工作推进不力问责办法》，对于检察机关推进公益诉讼不力的，上级检察机关有权对其问责。在"官官相护"的特殊情势下，居中裁判的法院和充当被告的行政机关作为"兄弟"单位，有义务和责任全力配合检察院提起的环境行政公益诉讼。其二，检察机关作为法律监督机关提起行政公益诉讼会产生严重的角色冲突，加之行政公益诉讼所存在的压力推进型特征，体制性约束下的法院丧失独立的裁判地位，由此引申出环境行政公益诉讼中司法裁判中立性不足的问题。映射到现实中，则表现为拥有诉讼当事人与法律监督者双重身份的检察机关在其提起的环境公益诉讼中几乎无一败诉，而这明显违背了诉讼的常态和基本规律。相较而言，环保组织提起的民事公益诉讼时有败诉，说明环境民事公益诉讼拥有较之于行政公益诉讼更强的对抗性。

---

[1] 顾培东.社会冲突与诉讼机制[M].3版.北京：法律出版社，2016：84.
[2] 卢超.从司法过程到组织激励：行政公益诉讼的中国试验[J].法商研究，2018（5）：25-35.

环境民事公益诉讼亦存在以"公益保护"为幌子的刻意制造的"司法不公"。我国环境民事公益诉讼基于公益保护的需要而形成职权主义审理模式，表现如下：其一，法院可以在原告提出的诉讼请求不当时，释明变更或增加诉讼请求；其二，法院可以依职权调查、收集原告所需的证据；其三，法院可以对公益诉讼起诉人的自认进行限制；其四，法院可以对两造的合意进行限制；其五，禁止被告在环境民事公益诉讼中提起反诉；其六，法院可以借助行政机关的专业行政资源进行案件的审理和裁判。我们并不能当然地得出这样的制度安排使法院僭越其中立地位，相反，这可以为法院根据社会情势介入社会事务、调整规制强度提供足够的权力空间。然而，其弊端亦不容小觑：其一，法院受到本级或上级党委、政府、人大，以及本系统上级机关等纵横交错的体制性约束和网状"捆绑"[1]，使公共政策极易左右法院的裁判结果。如此情景下的环境民事公益诉讼并不是在解决个案，而是承载着化解环境群体性事件、补强环境行政规制不足、贯彻生态文明建设号召等政治或社会功能。实践中，在公益维护的名义下，法院实质上扮演着"公益监护人"和"原告辅助者"的角色，使得环境民事公益审判更像是一场针对私主体的"联合围剿"，司法裁判引以为傲的"等腰三角形"诉讼结构由此坍塌和陷落。其二，正是基于两造在环境民事公益诉讼中的非对称结构，加之环境民事公益诉讼中诉讼行为与诉讼结果的疏离，对环保组织等私主体赋予私人执法权，实际上就使他们成为新兴的权力中心，由此诱发私主体的机会主义倾向，促使其通过诈诉等手段滥用公益诉讼行为以谋取私利。这种"收租"行为较之于传统的行政权力寻租更具隐蔽性，并由此带来私主体廉洁性规制阙如的结构性缺陷问题，并滋生出适格原告假公共利益之名，行谋取私益之实的反常现象。鉴于此，与其由适格原告以看不见的形式牟利，

---

[1]　马长山.新一轮司法改革的可能与限度［J］.政法论坛，2015，33（5）：3-25.

不如赋予环保组织在取得压倒性胜诉时合法取得经济利益的权利[1]，使谋利在阳光下运行。

3. 举证责任比较

举证责任的分配是从法律机理或事实逻辑出发作出的规则判断，"谁主张谁举证"是以法律机理为依据确立的一般原则，而"举证责任倒置"则体现了事实逻辑[2]。环境公益诉讼延续传统行政与民事诉讼中的举证责任传统，呈现出不同的举证责任分配逻辑，在环境公益司法保护的特殊语境下，又呈现出较之于传统举证责任不尽相同的举证规则。

在环境行政公益诉讼中，基于对依法行政的要求，《行政诉讼法》第三十四条确立了行政诉讼中的举证责任倒置规则，由行政机关提供行政行为合法的证据。然而这一举证责任倒置规则在环境行政公益诉讼中也受到了质疑，否定观点认为，传统的行政诉讼是一种"民告官"的诉讼，基于公民处于两造的弱势地位，以及政府"依法行政"的根本准则，要求作为被告的行政机关承担证明行为合法的证明责任具有理论正当性和实践可行性。而根据当前的法律授权，仅检察机关有权提起环境行政公益诉讼。众所周知，检察机关在各职能部门中以侦查、公诉见长，可以认为，检察机关在案件调查和证据收集方面具有不弱于行政机关的职权优势。正是在这样的语境下，论者提出在检察机关提起行政公益诉讼这种"官告官"的模式下，无须在举证责任分配时向原告倾斜进而适用举证责任倒置规则。笔者认为，诚然减轻原告的举证责任是举证责任倒置的核心功能取向，但是行政诉讼中实施举证责任倒置规则还存在另一个重要初衷，即通过举证责任倒置规则倒逼或者说激励行政机关"依法行政"。这一初衷并不会因行政诉讼发展

---

[1] 原告取得压倒性胜利时给予经济补偿的意义在于：激励环境公益遭受严重侵害时的诉讼行为（即正诉激励），同时抑制对那些违法情形不彰、公益侵害不明显或者假借诉讼追求不当目的的情形提起诉讼的冲动（即滥诉预防）。参见巩固.大同小异抑或貌合神离？：中美环境公益诉讼比较研究[J].比较法研究，2017（2）：105–125.

[2] 顾培东.社会冲突与诉讼机制［M］.3版.北京：法律出版社，2016：82.

成环境行政公益诉讼就有所偏离，相反，基于行政权在公益保护中的基石性作用，更应该强调在环境行政公益诉讼中适用举证责任倒置规则。但是这并不代表环境行政公益诉讼与传统的行政诉讼在举证责任分配上没有差别，环境行政公益诉讼中的举证责任至少存在以下区别：其一，根据《行政诉讼法》第三十八条的规定，原告需要在行政赔偿、补偿案件中对行政行为造成的损害承担举证责任。但是《检察公益诉讼解释》第二十二条规定，环境行政公益诉讼中的检察机关需要提供被诉行政行为致使环境公益受到侵害的证明材料。加之具有重大环境风险的行为不在行政公益诉讼的受案范围，因此检察机关承担着具体的、且较之于传统行政诉讼更重的举证责任。其二，环境行政公益诉讼虽然总体上遵循被告举证证明行政行为合法的责任，但鉴于检察机关具有相当程度的核实权力和证明权力，因此其往往会承担推进诉讼的证明责任[1]。

　　传统侵权法遵从德国古典刑法中的犯罪构成要件理论，将侵权责任的构成要件分为三类：其一，行为的该当性，具体包括行为、损害与因果关系；其二，主观要件——过错；其三，违法性要件，即不法性。部分侵权法理论认为，过错要件和违法性要件是重合的，因为违法往往就意味着过错要件的成立。之所以要在侵权责任中确立过错这一主观要件，不是寻求预防损害或者抑制人的行为，而是旨在维护人的行为自由，以及在自然人违反"理性"的情况下提供事后救济。因此侵权行为被视为个人滥用自由的"反理性行为"[2]。但是随着社会分工的日益多元和社会组织结构的日趋复杂，传统的侵权行为要件不敷使用。尤其是在环境侵权中，倘若仍然采用过错责任原则，那么受害人会承担剩余损害，由此激励受害人采取有效率的预防措施，但是却无法促使加害人采取预防举措。于是以汉德公式的边际分析为依据，对环境侵权的加害人与受害人进行衡量，会发现加害人预防损害事故

---

[1]　刘艺.检察公益诉讼的司法实践与理论探索 [J].国家检察官学院学报，2017，25（2）：3-18.
[2]　朱岩.风险社会与现代侵权责任法体系 [J].法学研究，2009（5）：18-36.

的成本小于预期事故乘以预期损失的总和，因此由加害人承担侵权责任更为妥当。于是，环境侵权领域开始了颠覆传统侵权责任构成要件的改革，主要包括对过错要件和违法性要件的摈弃以及因果关系的举证责任倒置。虽然环境民事公益诉讼沿用环境侵权诉讼中的举证责任规则，但是较之于环境行政公益诉讼，环境民事公益诉讼承担的举证责任仍然更重一些 [1]，除环境行政公益诉讼所要求证明的被告行为损害环境公益的初步证明材料 [2]，还要求证明侵权行为与侵权后果以及二者具有关联性的初步证据。

4. 和解结案比较

通过协商结案的方式有调解与和解两种，考虑到调解与和解的区别仅在于有无法院介入，而二者实质上均是建基于两造的合意而形成的结案方式，因此本书所指的"和解"包括法院居中协调的"和解"。《行政诉讼法》第六十条规定，除行使自由裁量权等案件可以调解外，行政诉讼原则上不适用调解。一方面，环境行政执法中，对于履行与否、履行强度而言，并不属于自由裁量的范畴，而是羁束性行政要求，因此行政公益诉讼中不适用调解；另一方面，基于诉前程序的设置，行政机关收到检察建议后，有两个月的时间进行处理，因此已经为行政机关提供了足够的纠错机会和回旋余地，而行政公益诉讼的起诉条件是"国家和社会公共利益仍处于受侵害状态"，因此在行政公益诉讼启动后不再有调解之必要。是故，《人民检察院提起公益诉讼试点工作实施办法》及《人民法院审理人民检察院提起公益诉讼案件试点工作实施办法》均规定，行政公益诉讼案件不适用调解。

相较于以行政行为合法性审查为主旨的环境行政公益诉讼，环境民事公益诉讼以侵权责任的有无和多少为审理核心。前者在依法治国

---

[1] 较之于环境行政公益诉讼只提供环境公益受到侵害、行政机关负有职责的证明责任，环境民事公益诉讼原告需提供的证据包括环境公益受损及其具体程度、侵权行为与损害后果的关联性、环境修复所需赔偿金额等等，由此实质性地影响了检察机关的环境公益诉讼模式选择。
[2] 对初步证明材料的严格要求，也可能构成对举证责任倒置功能的消解，使诉讼的结果取决于诉讼能力而非事实损害。

的刚性下可调解性较弱，后者虽然仍然以环境公益保护为主旨，但是作为侵权责任的追究程序，环境民事公益诉讼仍然具备了相当程度的可调解性。和解作为社会冲突振荡最小的解决方式，能够使对抗"不仅在形式上、行为上、而且在心理上、情感上得到消除"[1]。所以，《人民检察院提起公益诉讼试点工作实施办法》第二十三条规定，民事公益诉讼案件可以和解、调解。但是考虑到传统的调解尊重冲突主体的意志，往往是"首先考虑'情'，其次是'礼'，然后是'理'，最后才诉诸'法'"[2]。这就可能造成环境公益之司法维护处于不确定甚至"脱法"状态。因此，《环境民事公益诉讼解释》第二十五条要求，调解或和解协议应当公告不少于 30 日，仅在调解或和解协议的内容不损害社会公共利益的情况下法院才能出具调解书，否则法院应当依法裁判。虽然环境民事公益诉讼中的调解或和解需不致损害公益或招致公众的不满，但是较之于缺乏柔性的环境行政公益诉讼，环境民事公益诉讼仍然具有柔性执法的比较优势。

（四）判决执行比较

根据《检察公益诉讼解释》第二十五条的规定，人民法院可以作出的行政公益诉讼判决包括：其一，确认违法或确认无效；其二，判决撤销或部分撤销；其三，判令在一定期限内履行；其四，判决予以变更；其五，判决驳回诉讼请求。在这五项判决形式中，前四项是被告败诉的判决方式，第五项是原告败诉的情形。胜诉时的第四项判决形式即变更判决尤为特殊，因为基于尊重行政机关专业性的考虑，行政诉讼中的司法审查以合法性审查为原则。《行政诉讼法》第六条就明确规定，人民法院"对行政行为是否合法进行审查"。合法性审查的结论只有合法与不合法两种，因此由法院代替行政机关对行政争议内容进行调整仅构成一种例外。根据《行政诉讼法》第七十七条，

[1] 顾培东.社会冲突与诉讼机制［M］.3 版.北京：法律出版社，2016：36.
[2] 顾培东.社会冲突与诉讼机制［M］.3 版.北京：法律出版社，2016：41.

行政处罚明显不当的情况可以由人民法院代行政机关直接规制争议事项。除此之外，人民法院手中的规制工具就仅剩下确认行政行为无效的确认之诉、针对已作出行政行为的撤销之诉以及针对行政不作为的责令履职之诉。有论者基于实证研究发现，法国的行政公益诉讼以撤销之诉为主，而我国的行政公益诉讼以责令履职之诉为主，确认之诉次之，撤销之诉反而最少。可能的原因在于检察机关应对不作为型的行政违法行为更具信息获取、举证分配等诉讼优势[1]。

在确认之诉后责令采取补救措施、撤销之诉后判决重新作出行政行为以及责令履职之诉三种情形的一个共同点在于，人民法院实际上并未侵占行政权力的作用范围和空间，而是将行政问题交回给行政机关进行依法处理。可见，环境行政公益诉讼的规制工具可以概括为两类，一类是适用范围极其狭小的判决变更，另一类是对行政行为的合法性进行定性判断，再将争议问题交由行政机关处置。后一类规制工具实际上是将环境行政公益诉讼与环境行政规制的规制工具进行了勾连。此时，我们的讨论又回到了原点，即环境行政/民事公益诉讼的规制工具比较，由于此问题在前文已经详述，此处不再赘述。一个基本的结论是，在规制工具方面，环境行政公益诉讼与环境民事公益诉讼各有优劣。

较之于环境民事公益诉讼，环境行政公益诉讼的判决执行具有以下优势：其一，环境行政公益诉讼具有政策聚焦功能[2]。在生态文明建设、司法体制改革、依法治国等政治运动的合力影响下，地方政府往往集中资源开启议程设置，通过环境行政公益诉讼迫使职能部门在运动式治理中积极履行其"法定职责"，由此使环境行政公益诉讼在中国特有的组织激励结构下衍生出政策聚焦功能[3]。其二，环境行政

---

[1] 刘艺.构建行政公益诉讼的客观诉讼机制 [J].法学研究，2018，40（3）：39-50.
[2] 论者指出，基于"地方政府负总责"的压力传导机制，我国政府具有强大的"绩效合法性"压力，使得政府能够不时打破制度、常规和专业分际，强力动员国家所需要的社会资源形成国家运动。参见冯仕政.中国国家运动的形成与变异：基于政体的整体性解释 [J].开放时代，2011（1）：73-97.
[3] 卢超.从司法过程到组织激励：行政公益诉讼的中国试验 [J].法商研究，2018（5）：25-35.

公益诉讼具有规范执法功能。论者将检察行政公益诉讼型构出的"机关监督机关的司法监督模式"概括为"司法治理建设中的一次里程碑式进步"。[1] 因为较之于监察监督、督察约谈等科层制内部的监督，以及具有政治属性的人大监督[2]，检察行政公益诉讼符合分权制衡、依法治国的内在要求，由此承担起对人民主权的捍卫功能，因而具有更大的规范化、法治化发展空间[3]。论者就此指出，环境行政公益诉讼"固然是一场'诉讼'，但其要义远远超越了诉讼领域，而成为公共领域的一种公共生活方式"[4]。其三，环境行政公益诉讼较之于环境民事公益诉讼的特殊之处还在于，其具备政治问责功能。《检察公益诉讼解释》第二十四条规定，法院在特定情形下可以判决"确认行政行为违法"。法院确认原行政行为违法可以成为对行政机关及其工作人员的违法行政启动追责程序的依据[5]，还可以对其他行政机关形成"杀一儆百"的威慑效应，迫使相关行政机关尽可能依法履职或在诉前程序中纠正违法行为[6]。

　　然而环境行政公益诉讼在判决执行方面也存在以下两方面的问题。其一，环境行政公益诉讼遵循"法院—政府—责任人"的间接规制路径，也就是说，法院的环境行政公益诉讼判决往往不直接针对环境侵害责任人，而是通过督促政府执法，间接产生环境规制效果，

---

[1]　刘艺. 检察公益诉讼的司法实践与理论探索［J］. 国家检察官学院学报，2017，25（2）：3-18.

[2]　姜明安也指出，行政系统内部的层级监督和专门监督可以对解决执行行为违法、侵犯公共利益发挥作用，但是作用有限：其一，上下级之间的层级监督可能基于二者构成利益共同体的缘故而难以开展，实践中下级行政机关行事前往往请示过上级，部分违法行为甚至是奉上级指示，因此内部监督的效果有限。其二，专门监督的效果往往不如层级监督，因为专门监督机关不如上级机关具有权威性，而且专门监督的效果取决于同级政府的制约，此外，专门监督机关本身也存在违法之可能，且更难以监督。参见姜明安. 行政诉讼中的检察监督与行政诉讼［J］. 法学杂志，2006，27（2）：10-12.

[3]　有论者对环境行政公益诉讼的规范执法功能发表了否定看法，认为行政公益诉讼属于"业务监督"而非纪律监督，施加的是一种以整个部门为潜在对象的"道义性惩罚"，其对执法人员的刺激性和威慑力相当有限。参见巩固. 检察公益"两诉"衔接机制探析：以"检察公益诉讼解释"的完善为切入［J］. 浙江工商大学学报，2018（5）：27-34.

[4]　高冠宇，江国华. 公共性视野下的环境公益诉讼：一个理论框架的建构［J］. 中国地质大学学报（社会科学版），2015（5）：10-15.

[5]　实际上，环境民事公益诉讼虽然不直接以行政机关为被告，但基于行政机关保护公共利益的制度预设，环境民事公益诉讼也可能因此暴露出生态环境主管部门的执法不规范问题，因此无论是环境行政公益诉讼还是环境民事公益诉讼，实际上均具有一定的启动政治问责的功效。参见黄忠顺. 中国民事公益诉讼年度观察报告（2016）［J］. 当代法学，2017，31（6）：126-137.

[6]　黄忠顺. 论诉的利益理论在公益诉讼制度中的运用：兼评《关于检察公益诉讼案件适用法律若干问题的解释》第19、21、24条［J］. 浙江工商大学学报，2018（4）：19-29.

因而环境行政公益诉讼的效果最终依赖行政机关执行生效判决的效果。相反，环境民事公益诉讼的隐含逻辑是"法院—责任人"的直接规制模式，省去了作为"中间人"的政府，能够更有效率地实现环境规制目的。其二，在新一轮司法体制改革中，公益诉讼成为检察机关深化改革的重要抓手，在政绩考核的压力下，检察机关提起的环境行政公益诉讼往往"只能赢不能输"，由此倒逼检察机关在实践中选择好操作、低门槛、有把握的侵害环境公益的行政行为开刀，而很少啃败诉率高但更具社会效益的"硬骨头"[1]。其三，行政机关主导的环境规制需要综合考量辖区生态环境基准、经济发展水平、环境法律强制性规定等因素，然而司法机关主导的环境规制却容易出现类似传播学中的"看门人"效应，使环境行政公益诉讼的裁判往往侵蚀行政机关的自主裁量权，进而要求行政机关穷尽或者直接使用最严厉的监管工具，由此造成因信息不完整而导致裁判失当和规制过度的问题。

民事纠纷一般存在合意型纠纷解决与决定型纠纷解决两种途径。由于司法资源与环境公益保护需求之间存在着难以调和的张力，因此环境民事公益诉讼具有适用合意型纠纷解决途径的土壤。但是学者倡导在环境民事公益诉讼中优先适用判决结案，原因在于：其一，和解或调解通常建立在模糊案件事实的基础之上，由此弱化了公益诉讼的权威性，堵塞了后续追责的渠道。其二，判决结案可以为特定受害人援引公益诉讼判决以快速救济私权提供支持，由此形成民事公/私益诉讼的良性互动。其三，对社会冲突的消极评价可能造成名誉损失，使判决具有形成公共政策的功能，进而威慑其他潜在的违法者，也有利于提升作为原告的环保组织的社会认可[2]。

同时，环境民事公益诉讼的判决执行也存在诸多弊端：其一，判

---

[1] 梁春艳.我国环境公益诉讼的模式选择［J］.郑州大学学报（哲学社会科学版），2015（6）：46-50.

[2] 黄忠顺.中国民事公益诉讼年度观察报告（2016）［J］.当代法学，2017，31（6）：126-137.

决本身的公平性存疑。环境问题的普遍和司法资源的匮乏形成悖逆，一个自然而然的结果是，环境民事公益诉讼被告的挑选实际上成为极具政治色彩的责任赋予问题。生态环境修复的难度大、周期长、成本高，而普遍性的环境问题只由个别被选中的"倒霉蛋"担责，即使在个案中法院判决是正义的，但是将视野拓宽至整个经济社会群体就会发现存在区别对待的不公平问题[1]。其二，判决的执行监管问题。环境民事公益诉讼存在预防性、阻却性和补偿性的责任承担方式，其中，预防性、阻却性责任承担方式的实施需要专业技术、设备和专业判断能力，而法院却并不具备这方面的能力；补偿性的责任承担方式也面临修复资金的归属、管理和使用制度的阙如问题。其三，判决的执行难问题。实践中广泛存在检察机关以巨大成本起诉的案件虽然胜诉，但侵权责任人却无力承担赔偿费用的执行难问题。

（五）小结

较之于环境民事公益诉讼，环境行政公益诉讼的优势包括：其一，环境行政公益诉讼具有"督政"的功能，使其能够兼顾环境实体公益与环境秩序公益。其二，环境行政公益诉讼通过诉前程序可以达到"无需诉讼的秩序"，因此更加节约司法资源。其三，环境行政公益诉讼中实行举证责任倒置，减轻了原告提起诉讼的阻力或压力。其四，环境行政公益诉讼可以对规范性文件提出附带审查，而环境民事公益诉讼暂不具备该职能。其五，针对私主体的同类型案件，倘若由"法院—责任人"的环境民事公益诉讼充当解决的主要途径，势必耗时费力。相反，此时提出一个环境行政公益诉讼，要求政府通过自上而下的行政权力行使规制类案，将更具效率。

但是环境民事公益诉讼也不乏优势：其一，在受案范围上，环境民事公益诉讼的启动不以发生实质性的环境损害为要件，即对环境

---

[1] 巩固．大同小异抑或貌合神离？：中美环境公益诉讼比较研究［J］．比较法研究，2017（2）：105-125.

侵害风险亦可提起诉讼，从而拓展了司法规制的范围，使司法规制具备了风险预防功能。同时，由于我国立法机关并未全面赋予行政机关以"责令赔偿生态环境损害"的行政权力，因此环境民事公益诉讼所附带的"赔偿损失"职能可以形成一种对行政责任的强化和补充。其二，环保组织作为原告提起诉讼，有利于推动国家治理的社会参与，培育市民社会的成长。其三，合意型纠纷解决机制（和解、调解）的适用使环境民事公益诉讼更具灵活性。其四，较之于环境行政公益诉讼，往往在审判之前达成诉讼参与人之间的预演与合意，环境民事公益诉讼更具诉讼所天然追求的对抗性和公正性。其五，由于环境行政公益诉讼的内核是"法院—政府—责任人"的间接规制路径，因此"曲线救国"的特质使其在保护环境实体公益方面不及环境民事公益诉讼。然而环境民事公益诉讼亦存在弊端：较之于环境行政规制所具备的直接和高效，侵权责任机制的运行会耗费不菲的司法系统运行成本。概言之，传统上认为环境行政公益诉讼在各方面领先环境民事公益诉讼的观念仅是一种错觉，二者实际上在不同的场合、领域具备较之于对方的比较优势，这就使环境民事公益诉讼具有独立存在的价值和意义。

二、环境行政／民事公益诉讼的模式选择

环境行政／民事公益诉讼各有其优势，二者"二元并存"是一种理性选择。[1]李浩就指出，"检察机关代表公共利益提起诉讼，在制度设计上可以民事公诉与行政公诉并存"[2]。然而二元并存模式滋生出运用司法手段维护环境公益的程序竞合。因此，"如何协调和处理这两种公诉是一个值得研究的问题"[3]。

---

[1] 徐以祥.我国环境公益诉讼的模式选择：兼评环境行政公益诉讼为主模式论 [J].西南民族大学学报（人文社会科学版），2017，38（10）：86-94.
[2] 李浩.关于民事公诉的若干思考 [J].法学家，2006（4）：5-10.
[3] 李浩.关于民事公诉的若干思考 [J].法学家，2006（4）：5-10.

（一）环境公益诉讼模式选择的备选方案

1. 环境行政公益诉讼优先

环境行政公益诉讼是以行政机关为被告，以行政违法行为为审判对象，可以作出撤销被诉行政行为、责令被告履行法定职责、确认被告行政行为违法等判决的行政诉讼程序。由于环境行政公益诉讼中人民法院并不直接针对私主体的环境侵害行为，因此采取的是一种"法院—政府—责任人"的间接规制路径。

2. 环境民事公益诉讼优先

环境民事公益诉讼是以私主体为被告，以民事违法行为为审判对象，可以作出排除危害、赔偿损失、恢复原状等判决的民事诉讼程序。由于环境民事公益诉讼中人民法院实际上充当了"环境规制替代者"角色，因此其规制模式可以概括为"法院—责任人"的直接规制路径。

3. 环境行政附带民事公益诉讼

环境行政/民事公益诉讼的模式选择并不是只有非此即彼两种选择，一方面，环境行政/民事公益诉讼在特定情形和某些方面具有差异性和不可替代性，因而需要两诉发挥各自优势，取长补短；另一方面，环境行政/民事公益诉讼在根本目标上具有一致性，因而需要协调、配合机制以避免不必要的重复或冲突[1]。实践中人民法院积极开展司法革新，同时对行政公益诉讼与民事公益诉讼纠纷进行合并审理和附带解决，进而实现监督行政机关依法履职和追究私主体生态环境损害责任的双重功能，由此环境公益诉讼的模式选择就出现了第三种情形，即环境行政附带民事公益诉讼模式[2]。

---

[1] 巩固.检察公益"两诉"衔接机制探析：以"检察公益诉讼解释"的完善为切入[J].浙江工商大学学报，2018（5）：27-34.
[2] 有论者认为，对于环境行政/民事公益诉讼皆符合的交叉型问题，可以仅提起行政公益诉讼，原因在于，民事公益诉讼有 30 日的公告期，而且无诉前督促整改程序，因此环境行政公益诉讼更能及时、有效地恢复受损公益。但是学者一般对这一观点持否定态度，理论上讲，不能通过环境行政公益诉讼遮蔽环境民事公益诉讼之功能。参见张源."精准专深"完善公益诉讼顶层设计［N］.检察日报，2019-04-04（3）.

（二）环境公益诉讼模式选择的基本原则

环境行政／民事公益诉讼难以区分得泾渭分明，因为侵害环境公益案件的表现形态、行为方式具有一致性，无论是环境行政抑或司法规制，其具体手段、方式或效果也具有趋同性。因此厘清环境行政／民事公益诉讼的任务不能完全通过成文法加以解决。为此，应当根据法律精神和制度需求，创设新的规则和原则加以解决。由于法律原则"具有向上归纳和向下演绎的结构性功能"[1]，下文首先论述环境公益诉讼模式选择中的基本原则。

1. 行政优位原则

环境司法规制工具依照"止害—消损—赔偿"的民法逻辑来设计与之配套的阻却性、预防性和补救性责任承担方式。此时，环境司法规制与环境行政规制实际上在阻却违法行为、补救损害后果方面的作用是趋同的。即使如此，在环境行政／民事公益诉讼中进行选择时，仍需贯彻行政优位原则，即尊重环境行政机关处理环境事务的优先处理权，因此敦促行政机关依法行政的环境行政公益诉讼具有优先顺位。只有在依法行政无法达到环境公益保护目的之时，才有提起环境民事公益诉讼的空间和必要[2]。之所以将行政优位原则作为环境公益诉讼模式选择的首要原则，除环境行政规制具有技术性处理优势、规模效应优势等传统行政优势之外，最根本的原因在于，环境违法行为的发生，实际上同时侵害了环境秩序公益和环境实体公益，行政机关天然具有维护环境秩序公益之义务，倘若此时仅提起环境民事公益诉讼进而启动环境司法规制，则在环境公益维护中仅维护了环境实体公益而忽略了环境秩序公益，造成对环境公益的不周全保护。美国为了尽量将行政争议解决在行政系统内部，也确立了"穷尽行政救济原则"[3]。

---

[1] 王江.环境法"损害担责原则"的解读与反思：以法律原则的结构性功能为主线［J］.法学评论，2018（3）：163-170.

[2] 论者就此指出，"没有必要绕过行政机关而由检察机关以提起民事公益诉讼的形式来追究违法者的法律责任……对滥用民事权利的国家干预应首先体现在行政机关的监管这一公法手段上"。参见别涛.环境公益诉讼［M］.北京：法律出版社，2007：326-327.

[3] 王名扬.美国行政法：下册［M］.北京：中国法制出版社，1995：651.

行政优位原则之确立，概因对环境秩序公益与环境实体公益进行周全保护之所需。

但是过犹不及，行政优位原则并不能当然推导出环境行政公益诉讼应当作为环境民事公益诉讼提起的前置条件。原因在于，一方面，环境行政／民事公益诉讼虽然在整体上构成程序竞合，但是从微观上看二者各有侧重，侵害环境公益的行为主体不因行政监管阙如而获得豁免承担民事责任的资格[1]。另一方面，环境行政公益诉讼遵循的"法院—政府—责任人"规制路径具有间接规制的特点，裁判结果往往并不直接指向环境侵害主体，而是针对监管部门作出，监管部门再通过行政规制的方式对私主体实现规制。倘若强行要求环境行政公益诉讼前置，将不利于发挥环境民事公益诉讼在环境公益保护中的直接规制和及时优势。此时便引申出环境公益模式选择的第二个基本原则，即尽早保护原则。

2. 尽早保护原则

环境公益的司法保护具有三条路径，即刑事公诉、行政公益诉讼与民事公益诉讼。其中，刑事公诉是行为人的行为达到一定社会危害程度而由检察机关启动追究行为人刑事责任的诉讼。由于刑事责任严格遵循罪刑法定原则，因此对于是否启动刑事公诉，检察机关并无太大的裁量自由。行政公益诉讼以"法院—政府—责任人"的规制路径实现对环境公益的间接规制，民事公益诉讼则以"法院—责任人"的规制路径实现对环境公益的直接规制。虽然民事、行政与刑事责任在理论上是并行不悖的，但是在司法实践中，刑事责任与行政责任具有极强的替代性[2]，而刑事、行政责任均与民事责任具有互补性。因此当检察机关既可以通过行政公益诉讼又可以通过民事公益诉讼保护环境公益时，应当将公益最大化作为首要考量因素，充分考虑让受损的

[1] 黄忠顺.中国民事公益诉讼年度观察报告（2016）［J］.当代法学，2017，31（6）：126-137.
[2] 有论者就指出，"行政处罚被处罚人和刑事公诉被告人的区分实际上只是违法程度的不同"。参见朱辉.行政附带民事诉讼程序整合问题探讨［J］.甘肃政法学院学报，2014（6）：104-110.

环境公益尽早得到保护[1]。尽早保护原则源于诉讼效率原则，是诉讼效率原则在环境公益诉讼中的新发展。黄忠顺也指出，在环境民事/行政公益诉讼均成立的情况下，"应当确立引导被告尽可能早地实现全部诉讼请求以及时保护社会公共利益的诉的利益认定标准"[2]。

（三）环境公益诉讼模式选择的制度指引

环境行政/民事公益诉讼有着不同的被告和诉讼标的，在具有模式选择权的检察机关提起环境公益诉讼之时，人民法院应当承担积极的释明义务，说明单独的环境行政/民事公益诉讼，以及环境行政附带民事公益诉讼各自的差别、优劣和最优选择方案，以供原告抉择。

1. 环境行政公益诉讼优先的情形

其一，需要保护环境秩序公益时，应当优先提起环境行政公益诉讼。在行政机关不规范履行职权，造成私主体侵害环境公益时，应当优先选择环境行政公益诉讼。因为行政机关不规范履行职权本身就构成了对环境秩序公益的侵害，倘若只提起环境民事公益诉讼，则将使这种违法情形得以保存和延续。

其二，当环境私主体批量违法时，应当优先提起环境行政公益诉讼。环境民事公益诉讼只能制止单个违法企业或个人的违法行为，而提起环境行政公益诉讼可以促使行政机关积极作为，从而制止众多同类型的环境违法行为。例如原最高人民检察院检察长张军指出，某市检察院原计划给800多家医疗机构发出治理医疗垃圾的检察建议，后来决定给国家卫生健康委员会发一份检察建议，督促其充分履职、解决问题。由此案件数量从800多件（环境民事公益诉讼）减为1件（环境行政公益诉讼），取得了较好的环境治理效果[3]。可见，在需要批量处理环境私主体的类似侵害时，选择环境行政公益诉讼更为

---

[1] 郭宗才.民事公益诉讼与行政公益诉讼的比较研究［J］.中国检察官，2018（9）：3-6.
[2] 黄忠顺.论诉的利益理论在公益诉讼制度中的运用：兼评《关于检察公益诉讼案件适用法律若干问题的解释》第19、21、24条［J］.浙江工商大学学报，2018（4）：19-29.
[3] 最高人民检察院举行知名法学期刊主编座谈会 共商法学理论研究［EB/OL］.（2019-04-10）
［2023-01-28］.最高人民检察院网.

妥当[1]。

其三，当民事侵权行为有行政机关"背书"时，应当提起环境行政公益诉讼。实践中一些环境侵害行为的发生是基于行政机关的批准（如行政许可），此时，倘若提起环境民事公益诉讼，将无法彻底解决环境侵害行为。为了从源头制止私主体的环境侵害行为，通过环境行政公益诉讼撤销私主体环境侵害更前端的违法行政就是一种符合成本收益分析的理性选择[2]。

其四，当行政机关充当环境侵害人时，应当提起环境行政公益诉讼。行政机关并不全然是公益维护者，在一些特殊领域，行政机关本身就是环境公益侵害人。行政机关直接充当环境侵害人的情形主要体现在行政机关违法提供公共服务上。例如生活垃圾处理一直是城镇化的一个重要问题，《固体废物污染环境防治法》将乡镇的生活垃圾处理职责赋予乡镇人民政府。实践中个别地方政府在未经环评或其他合法手续的情况下，随意指定场所进行垃圾填埋，造成环境公益损害[3]。此时，对于行政机关自身实施行政服务而侵害环境公益，只能提起环境行政公益诉讼。

其五，当民事公益诉讼的执行成本明显过高时，应当优先提起行政公益诉讼。环境民事公益诉讼以审查侵害行为、损害后果及因果关系为核心，然而其中牵涉非常技术性的问题，例如污染物来源判定、损害结果评估、因果关系认定、生态环境修复等事项具有极强的专业性和技术性，而生态环境主管部门基于业务需要天然地具备处理上述问题的比较优势。相反，环境行政公益诉讼以审理环境行政行为或不作为是否合法为主要职能，较之于环境民事公益诉讼的技术专业性，环境行政公益诉讼具有法律专业性的特点，而后者是检察机关、人民

---

[1]　姜明安.检察机关提起公益诉讼应慎重选择诉讼类型［N］.检察日报，2017-02-22（3）.
[2]　李浩.关于民事公诉的若干思考［J］.法学家，2006（4）：5-10.
[3]　可参见"安徽省芜湖县人民检察院诉南陵县城市管理局行政公益诉讼案""安徽省阜南县人民检察院诉阜南县住房和城乡建设局行政公益诉讼案""云南省昆明市西山区人民检察院诉西山区城市管理综合行政执法局行政公益诉讼案""贵州省六盘水市六枝特区人民检察院诉贵州省镇宁布依族苗族自治县丁旗镇人民政府环境行政公益诉讼案"等案例。

法院等司法机关本就擅长的领域。因此，当环境行政能产生与民事公益诉讼类似的效果且民事公益诉讼的实施成本更高时，应当优先提起环境行政公益诉讼 [1]。

其六，当涉及抽象行政行为违法时，应当提起环境行政公益诉讼。根据债的相对性原理，环境民事公益诉讼仅能就事论事地针对个案进行处理，而缺乏对普遍性的环境侵害进行批量化处理的能力。相反，根据《行政诉讼法》第五十三条的规定，法院可以针对行政机关特定的抽象行政行为进行合法性审查，以此实现对类似问题的批量处理。因此在需要审查政府出台的规范性文件的合法性时，只能提起行政公益诉讼。

2. 环境民事公益诉讼优先的情形

其一，当行政机关穷尽其公共执法手段仍不足以保护环境公益时，应当提起环境民事公益诉讼。当出现私主体侵害环境公益的事实，行政机关穷尽公共执法手段仍无法予以救济时，就不涉及行政机关的违法失职行为，也就无法期待通过环境行政公益诉讼达到保护之目的，故缺乏诉之利益 [2]。此时，倘若环境公益仍未获得充分救济，就不能以"无辜的行政机关"为被告提起行政公益诉讼，而应当考虑提起环境民事公益诉讼来补强环境行政执法。

其二，对即将造成重大损害或正在造成重大损害的行为来说，有提起环境民事公益诉讼的空间。由于环境行政公益诉讼是一种比较曲折、迂回的诉讼救济手段，未免给人"远水解不了近渴"的感觉。而且环境领域存在"九龙治水"的结构性缺陷，对于同一监管事项的监管主体往往是"叠床架屋"但又语焉不详，当难以确定明确的被告时，则可以优先提起环境民事公益诉讼，并申请禁止令以避免重大损害的发生或蔓延 [3]。因此，当环境侵害行为有造成严重不可逆的重大损害之虞，而环境行政公益诉讼又过于零散、烦琐的情况下，及时采用环

[1] 宋京霖. 行政公益附带民事公益诉讼的理论基础 [J]. 中国检察官，2017（18）：7-9.
[2] 黄忠顺. 论诉的利益理论在公益诉讼制度中的运用：兼评《关于检察公益诉讼案件适用法律若干问题的解释》第 19、21、24 条 [J]. 浙江工商大学学报，2018（4）：19-29.
[3] 宋京霖. 行政公益附带民事公益诉讼的理论基础 [J]. 中国检察官，2017（18）：7-9.

境民事公益诉讼更具合理性。李浩就指出："对那些制止侵权具有紧迫感的案件应当采用民事公诉的方法。"[1]

其三，需要对生态环境损害索赔的，较宜提起环境民事公益诉讼。在环境行政规制的工具箱中，"责令赔偿生态环境损害"的职权并未广泛赋予环境规制的各个领域，因此在环境行政公益诉讼中，适格原告也很难请求行政机关通过责令私主体赔偿的方式履行职权。相反，较之于环境行政公益诉讼的止害、消损取向，环境民事公益诉讼更多地被赋予救济、索赔功能。因此当环境侵害无法通过行政规制手段得到补偿时，应当通过环境民事公益诉讼的方式实现对侵害的索赔。但是应当清醒地认识到，环境民事公益诉讼的提起有较之于环境行政公益诉讼更高的举证要求和诉讼成本[2]。

其四，当私主体的环境侵害行为正处于刑事公诉的侦查、审查起诉阶段，应当优先启动环境民事公益诉讼。行政机关对私主体的环境违法行为不具备完全索赔的职权赋予，加之刑事附带行政诉讼模式并无立法确认，为了实现环境侵害的民事赔偿，宜启动环境刑事附带民事公益诉讼对私主体进行刑事责任与民事责任的整全追究。

3. 环境行政附带民事公益诉讼优先的情形

环境民事侵权与环境行政违法既可以单独存在，也可以同时存在。当环境侵害行为既构成环境民事违法，又构成环境行政违法时，应当如何处理呢？汤维建认为，应当根据公益诉讼的主要矛盾的变动进行适时转化，即在民事公益诉讼中，倘若行政机关不予以配合，反而设置诉讼阻碍，致使环境公益诉讼的主要矛盾发生转移，就应当在适格原告的申请下转变诉讼程序的性质，通过环境行政公益诉讼程序替代环境民事公益诉讼程序来实现对行政机关违法的惩戒和矫正。相反，在环境行政公益诉讼中，倘若行政机关依法履职，而环境侵害所造成

---

[1] 李浩. 关于民事公诉的若干思考 [J]. 法学家，2006（4）：5-10.
[2] 徐以祥. 我国环境公益诉讼的模式选择：兼评环境行政公益诉讼为主模式论 [J]. 西南民族大学学报（人文社会科学版），2017，38（10）：86-94.

的赔偿和赔礼道歉等事项仍待解决，此时就可以将环境行政公益诉讼转化为环境民事公益诉讼，进而实现对环境侵害的补救[1]。民事／行政公益诉讼相互转化的观点具有一定的实践价值和创新意义，但是也可能导致环境公益的不周全保护问题。因为环境秩序公益和环境实体公益是两个平行的法益，均有进行保护的价值和意义。巩固就指出，环境民事／行政公益诉讼在内容和功能上大幅重叠，但是各自具有不可替代的独特部分，应当通过衔接机制在避免重复的情况下实现"互补"[2]。笔者认为，《行政诉讼法》第六十一条规定的行政附带民事诉讼模式，可以为解决环境行政违法与民事违法并存问题提供解决的思路，即通过提起环境行政附带民事公益诉讼的方式，实现对环境秩序公益与环境实体公益的周全保护。对于行政附带民事公益诉讼的独立意义，学界也基本达成了共识[3]。

概言之，选择何种模式来维护环境公益，应当由适格原告根据环境违法行为的性质、证据的占有情况以及原告的诉讼资源、能力和成本等因素作出综合考量，最终选择适合本案的公益诉讼模式。

三、环境行政／民事公益诉讼的整合问题

行政附带民事诉讼是行政与民事诉讼整合的重要路径，具体是指在行政诉讼中一并解决与具体行政行为密切相关的民事争议的诉讼活动[4]。行政附带民事诉讼模式通过2014年《行政诉讼法》的修正得以确立，由此引申出的一个问题是，当行政机关与私主体的环境违法行为共同造成环境公益侵害时，能否通过提起环境行政附带民事公益诉

[1] 汤维建.行政公益诉讼与民事公益诉讼可相互转化［N］.检察日报，2015-06-08（3）.
[2] 巩固.检察公益"两诉"衔接机制探析：以"检察公益诉讼解释"的完善为切入［J］.浙江工商大学学报，2018（5）：27-34.
[3] 参见朱沛东，潘建明.行政附带民事公益诉讼相关实务探析［J］.法治社会，2017（6）：103-109；宋京霖.行政公益附带民事公益诉讼的理论基础［J］.中国检察官，2017（18）：7-9.
[4] 孙洁冰.刑事公诉、行政诉讼附带民事诉讼制度研究［M］.重庆：重庆大学出版社，1990：164.

讼来督促依法行政并救济环境损害？简言之，即行政附带民事诉讼制度能否无缝衔接至环境公益诉讼领域，并由此创设出环境行政附带民事公益诉讼模式？由于行政附带民事诉讼案件本身就相对较少，在环境公益诉讼领域更是如此。这就导致办案人员对此类程序比较生疏，因此在实践中无法自觉产生指导行政附带民事公益诉讼的具体操作指引，附带民事公益诉讼实践也就缺乏统一的起诉、审理、裁判的标准或经验。由此，一个亟待理论界和实务界解决的问题，即在环境民事法律关系和环境行政法律关系交织并存的情况下，法院应当如何在遵从诉讼法理的前提下，客观、高效地处理环境行政 / 民事公益诉讼的关系被提了出来。

（一）案例检视

环境行政附带民事公益诉讼并非法律肯认的诉讼模式，因此实践中探索较少，笔者选取四起比较典型的行政附带民事公益诉讼案件分析其运行现状（表 4.1）。

表 4.1　行政附带民事公益诉讼案情简介

案　　情	诉　　请	判　　决	其　　他
吉林省白山市江源区卫生和计划生育局（以下简称"卫计局"）不依法履行监管职责，致使江源区中医院违法排放医疗废水，造成环境公益损害[1]	①判令医院立即停止违法排放医疗污水；②确认卫计局行政违法，并要求其立即履行法定监管职责	①确认江源区卫计局行政行为违法，并判令其履行监督管理职责；②判令江源区中医院立即停止违法排放医疗污水	①行政公益诉讼与民事公益诉讼分别立案，由同一审判组织一并审理、分别裁判；②中级人民法院管辖

---

[1]　刘瑞红.吉林省白山市人民检察院诉白山市江源区卫生和计划生育局、白山市江源区中医院环境行政附带民事公益诉讼案［EB/OL］.（2017－03－09）［2023－01－28］.中国法院网.

续表

案　情	诉　请	判　决	其　他
内蒙古马鞍古桦旅游公司在没有办理征占林地手续的情况下开发旅游项目，导致林地被破坏，固阳县林业局两次下达《责令停止违法行为通知书》，但未采取有效监管措施[1]	①判令固阳县林业局继续履行法定职责；②判令内蒙古马鞍古桦旅游公司对已破坏山体采取恢复措施	①判令固阳县林业局继续履行法定职责；②判令内蒙古马鞍古桦旅游公司对已破坏山体采取固定措施，并进行补植	①履行了行政公益诉讼诉前程序，民事公益诉讼诉前程序是否履行尚不清楚；②基层人民法院管辖
湖北拓林建筑安装工程公司在输气管道工程建设项目施工中，擅自砍伐林木。赛罕区林业局在收到检察建议书后，未作出林业行政处罚或处理行为[2]	①确认行政被告赛罕区林业局不履行林业监管法定职责违法；②要求民事被告湖北拓林建筑安装工程公司依法赔偿被毁林木	调解结案，湖北拓林建筑安装工程公司支付被毁林木赔偿款和生态环境修复费	①履行行政公益诉讼诉前程序与民事公益诉讼诉前程序；②中级人民法院管辖；③民事部分调解结案
齐某未办理采矿许可证，擅自采挖山皮石并向外出售。奈曼旗国土资源局在对齐某作出处罚后，齐某未履行法律义务，国土资源局未进一步追究责任[3]	①判令行政机关依法履职；②判令齐某缴纳草原植被修复费26万余元	①判令行政机关依法履职；②判令齐某缴纳草原植被修复费26万余元	基层人民法院管辖

---

［1］　罗昕.固阳县检察院：用公益诉讼守护绿水青山［N］.包头日报，2018-10-01.

［2］　最高人民检察院.最高检发布检察公益诉讼起诉典型案例：公益诉讼全面开展4年提起诉讼近2万件［EB/OL］.（2021-09-15）［2023-01-28］.最高人民检察院网.

［3］　魏悦.奈曼旗法院审理首例行政附带民事公益诉讼案［EB/OL］.（2018-12-29）［2023-01-28］.中国法院网.

　　（二）问题梳理

　　环境行政附带民事公益诉讼在试点过程中暴露出诸多问题，本书将其区分为理论问题和实践问题，前者主要是指环境行政附带民事公益诉讼的合法性、正当性问题，后者主要是指环境行政附带民事诉讼过程中的实务操作问题。

　　1. 合法性质疑

　　"行政附带赔偿诉讼在许多国家都存在，但这种附带却不具有必然性。"[1] 经过数十年的争论，《行政诉讼法》才在 2014 年修正时规定的涉及行政许可等六项行政行为中提出可以提起行政附带民事诉讼，可见立法机关对行政附带民事诉讼模式持审慎态度。严格遵循文义解释会发现，实践中被付诸实施的四起环境行政附带民事公益诉讼案件，除第一起江源区卫计局诉江源区中医院可以勉强解释为行政许可引发的行政附带民事诉讼案件外，其他三起均是行政机关怠于履行职责而引发的环境行政附带民事公益诉讼。换言之，如果严格适用《行政诉讼法》第六十一条，其他三起案件并不符合行政附带民事（公益）诉讼的受案范围规定。从学界讨论来看，行政附带民事公益诉讼的合法性质疑主要来自以下几个方面：

　　（1）行政附带民事公益诉讼模式缺乏法律依据

　　前文证成了法院的"环境规制替代者"角色，但是司法的环境规制功能并不是没有边际的。司法最讲究"法治"的领域，然而行政附带民事公益诉讼却在实践中呈现出一定的"非法化"特征。虽然 2000 年《最高人民法院关于执行〈中华人民共和国行政诉讼法〉若干问题的解释》第六十一条[2] 与《行政诉讼法》第六十一条[3] 均肯认行政附带民事诉讼模式。但是根据文义解释可以发现，"上述两条规定均是针

－－－－－－－－－－

[1]　张光宏，毕洪海. 行政附带民事诉讼的理论与实践［M］. 北京：中国政法大学出版社，2014：21.
[2]　该条规定，行政机关对"平等主体之间"的民事争议所作裁决违法，民事争议可以与行政争议一并审理。
[3]　该条规定，在涉及行政许可等事项的行政诉讼中，当事人申请在行政诉讼中一并解决民事争议的，法院可以一并审理。

对行政诉讼中的私益诉讼"[1]。换言之，检察机关提起行政附带民事公益诉讼暂无法律的明确授权，对于法律没有明确规定的内容，司法实践应当审慎探索。虽然《最高人民检察院关于做好全面开展公益诉讼有关准备工作的通知》规定，"根据案情需要，还可以依法提起行政附带民事公益诉讼、刑事附带民事公益诉讼，有效节约司法资源"。《关于审理环境公益诉讼案件的工作规范（试行）》第五十六条也规定，法院在审理行政公益诉讼案件中，可以一并审理民事公益诉讼。这似乎证明最高司法机关有意推动行政附带民事公益诉讼制度化。但是在"依法治国"的语境下，要求一切改革服膺法治，"重大改革于法有据"，倘若行政附带民事公益诉讼仅能依据司法机关出台的规范性文件作出，而其推理无法溯源自法律规范，这样的司法改革的合法性和公正性就殊为可虑。毕竟，根据宪法性法律《立法法》第九条的规定，司法制度属于法律保留事项，司法机关并无权力创设新的诉讼类型。

（2）引发行政与民事公益诉讼的法律事实不具同一性

行政附带民事诉讼不可或缺的构成要件是，附带诉讼中的两诉必须基于同一法律事实所引起，即行政与民事诉讼之间具有关联性。但是在典型的环境行政附带民事公益诉讼中，行政与民事诉讼的关联并不紧密。论者就此指出，"'主诉讼'所查明认定的法律事实与'从诉讼'所查明认定的法律事实既不同一也无必然联系。"[2] 由于环境侵权遵循无过错责任原则，理论上讲，环境行政公益诉讼这一"主诉讼"所认定的行政机关或行政相对人的行为违法与否，将无法为作为"从诉讼"的环境民事公益诉讼提供推进诉讼的价值，由此造成环境民事公益诉讼并非处于附属地位，而成为一种独立的诉讼形态。此时，附带民事诉讼的本意所蕴含的"顺带"解决民事争议的初衷，就因为环境民事公益诉讼相对的独立地位而在行政附带民事公益诉讼中落

---

[1] 黄学贤.行政公益诉讼回顾与展望：基于"一决定三解释"及试点期间相关案例和《行政诉讼法》修正案的分析［J］.苏州大学学报（哲学社会科学版），2018（2）：41-53.

[2] 何文燕，姜霞.行政诉讼附带民事诉讼质疑［J］.河南省政法管理干部学院学报，2002（2）：72-76.

空 [1]。对此，张光宏、毕洪海提出，只有当民事纠纷与行政纠纷存在性质上的内在关联，抛开一端另一端无法单独解决时，才适宜启用行政附带民事诉讼模式，否则就应当遵从"行政的归行政、民事的归民事"的解决思路 [2]。即使退一步讲，环境行政违法与环境民事违法共同引发责任承担时，对环境实体公益侵害的治理紧迫性与对环境秩序公益侵害的相对宽松性，也导致实践中在附带诉讼中以处理民事争议为主，处理行政争议为辅，那么提起的附带诉讼就应当是"民事附带行政公益诉讼"，而非相反。

（3）不能简单套用刑事附带民事公益诉讼的合法性

行政附带民事诉讼在很大程度上借鉴了刑事附带民事诉讼的理论基础和制度安排。但是行政附带民事诉讼本身就遭到学界的诸多非议，再加上环境公益的色彩，行政附带民事公益诉讼的合法性问题更加扑朔迷离。这就涉及行政附带民事诉讼与刑事附带民事诉讼的区别问题。刑事附带民事诉讼的一个特点在于两诉的原因同一、被告同一，即犯罪嫌疑人的行为既构成对秩序法益的侵害，又构成对私主体人身、财产法益的侵害，前者引发刑事公诉，后者引发民事赔偿之诉。而在行政附带民事诉讼中，行政诉讼的目的是防止公权力侵害私主体的合法权益，倘若按照刑事附带民事诉讼的建制逻辑，那么行政诉讼附带的民事诉讼的目的就应当是私主体的合法权益在遭受公权力侵犯时能够向公权力主张民事赔偿的保障程序。事实果真如此吗？据学者考察，一些国家的行政附带民事诉讼确实是解决行政赔偿的诉讼方式之一，无论是单独设立行政法院的大陆法系国家，还是统一由普通法院管辖的英美法系国家，以及社会主义国家，"行政附带民事诉讼制度都是解决行政机关的赔偿责任及相关民事争议的重要法律制度" [3]。

然而，这样的行政附带民事诉讼内涵与我国语境下的行政附带民

---

[1] 何文燕，姜霞.行政诉讼附带民事诉讼质疑 [J].河南省政法管理干部学院学报，2002（2）：72-76.
[2] 张光宏，毕洪海.行政附带民事诉讼的理论与实践 [M].北京：中国政法大学出版社，2014：37.
[3] 孙洁冰.刑事公诉、行政诉讼附带民事诉讼制度研究 [M].重庆：重庆大学出版社，1990：156.

事诉讼是全然不同的。其一，我国的行政赔偿连同刑事赔偿，共同构成国家赔偿，其诉讼程序是一套独立的行政性质的索赔程序，并不能通过行政附带民事诉讼的方式解决公权力对权益侵害的问题。此时就不存在"同一（行政）行为侵犯两种不同性质法律关系的可能性"[1]，既然不会产生两种不同性质的法律关系，也就不存在附带诉讼的基础。换言之，我国的附带民事诉讼剔除了行政赔偿的内容，而呈现出单纯的平等主体间的民事索赔程序的性质。在我国现行法律规定下，刑事附带民事诉讼的被告具有同一性，原告则存在作为公诉人的检察机关和作为被害人的受害者；而行政附带民事诉讼中的原告具有同一性，而被告分别是作为行政诉讼被告的行政机关和作为民事诉讼被告的私主体。

其二，刑事附带民事公益诉讼中，犯罪嫌疑人的行为具有瞬间触发刑事公诉和民事诉讼的效果。然而在试点的行政附带民事公益诉讼中，被告的环境污染或破坏行为实际上并不必然引发两种结果。因为环境侵害的发生具有某种不可控制性，所以事故的发生并不必然蕴含行政违法。倘若依法行政实现环境公益的修复，可能引发环境民事公益诉讼对"剩余损害"的救济，但是必然不会再引起环境行政公益诉讼。换言之，较之于刑事犯罪势必触发刑事附带民事诉讼，私主体的环境侵害行为并不具备单独触发行政附带民事公益诉讼的能力，只有行政机关本身违法行政或不作为，才会受到法律的否定评价。可见，刑事附带民事诉讼与行政附带民事诉讼具有本质区别，前者的合法性论证不能当然适用于后者，也不能将前者的相关规定直接套用到后者。

（4）行政附带民事公益诉讼缺乏存在的必要性

除去内在的正当性，外在的有用性也是衡量制度正当性的重要标准。行政附带民事公益诉讼模式产生的重要原因是对诉讼效率的追求，即希望通过附带审理解决裁判冲突、诉讼迟延等问题。然而一方面，

---

[1] 翟晓红，吕利秋.行政诉讼不应附带民事诉讼［J］.行政法学研究，1998（2）：76-80.

行政与民事诉讼的关联是存在的，但是所谓的交叉或者附带是"想象"的，所谓的累讼也是极为特别的。另一方面，行政公益诉讼较之于民事公益诉讼往往更为简单，倘若由行政公益诉讼附带民事公益诉讼，就不可避免地使"两诉"的叠加产生更为复杂的情形，由此出现"小马拉大车"的问题，不仅无助于民事纠纷的解决，反而可能造成行政诉讼久拖不决。论者就此指出，在司法追求的价值中，诉讼效率并非最主要、最关键的，其必须服从和服务于诉讼公正这一核心价值。因此在没有更具正当性的理由时，不宜轻易打破行政诉讼与民事诉讼的界分和程序独立[1]。

2. 实践操作问题

环境行政附带民事公益诉讼沿袭了行政附带民事诉讼的法理基础和制度内容[2]。然而在行政附带民事诉讼的实践操作仍然存在诸多问题的情况下，将客观诉讼嵌入其中造成的运行困难可想而知。下文拟就环境行政附带民事公益诉讼实践中展现出的程序问题展开探讨。

（1）起诉条件

环境行政附带民事公益诉讼的提起不仅要分别满足环境行政公益诉讼与环境民事公益诉讼的起诉要求，而且要满足"附带"诉讼的特殊要求。

①诉讼当事人。诉讼当事人有广义和狭义之分，狭义上的诉讼当事人主要是指诉讼的原告与被告，广义上的诉讼当事人还包括有独立请求权的第三人以及承担责任的无独立请求权第三人。在环境行政附带民事公益诉讼中，诉讼当事人将基于争议的叠加而更加复杂。下文拟从原被告和第三人的不同视角检视行政附带民事公益诉讼中诉讼当事人制度的瑕疵。

原告方面。根据现行法律规定，环境行政公益诉讼的原告仅为检察机关，环境民事公益诉讼的适格原告则还涵盖法律规定的机关或组

---

[1] 张光宏，毕洪海.行政附带民事诉讼的理论与实践［M］.北京：中国政法大学出版社，2014：4-40.
[2] 宋京霖.行政公益附带民事公益诉讼的理论基础［J］.中国检察官，2017（18）：7-9.

织。倘若要求环境行政附带民事公益诉讼的原告必须分别满足两诉的原告资格，那么环境行政附带民事公益诉讼的唯一适格原告就是检察机关。然而由此引发了诸多合理性问题。

其一，检察机关的双重角色影响公益诉讼审判。检察机关作为宪法赋权的法律监督机关，在环境公益诉讼中存在双重角色，即除保留法律监督者的角色外，还分获公益诉讼起诉人这一实质表现为原告的角色[1]。这种双重角色极易影响公益诉讼审判的公正底色，因为作为法律监督机关的检察机关与作为被监督者的法院并不处于平等地位，并且监督的精髓在于监督主体的客观性和公正性。然而在检察机关提起环境行政附带民事公益诉讼时，其自身必然存在追求胜诉结果的"自身利益"[2]。而且，利益适宜由利益拥有者自己主张，而检察机关与环境公益侵害缺乏"切肤之痛"，如何激励检察机关依法履职也是亟待思考的问题。因此，如何协调检察机关在行政附带民事公益诉讼中的双重角色成为一个亟待解决的问题。

其二，提起环境行政附带民事公益诉讼的检察机关级别确定问题。《检察公益诉讼解释》第五条规定民事与行政公益诉讼分别由市级和县级检察机关提起。那么当践行环境行政附带民事公益诉讼这一协调程序时，应当由市级还是基层检察机关向中级还是基层人民法院提起，就成为一个并无法律明确指引的问题。

其三，环保组织能否充当附带民事公益诉讼的原告问题。随着检察机关的职能调整和转型，检察机关的职务侦查权转移至监察机关，但是同时被补充以公益诉讼起诉权，使检察机关成为唯一能够同时提起环境行政/民事公益诉讼的适格主体。实践中，提起公益诉讼成为检察机关丧失职务侦查权之后保有甚至扩充权能的重要抓手，加之我国市民社会的发育不完全，检察机关成为环境公益诉讼最重要的提起

---

[1] 也有相反的观点认为，法律监督者角色和公益诉讼起诉人角色并不冲突，后者实际上是检察机关实现前者的手段，因此两种角色本质上均归属于法律监督者角色。参见梁鸿飞. 检察公益诉讼：法理检视与改革前瞻 [J]. 法制与社会发展，2019，25（5）：113-130.

[2] 洪浩、邓晓静. 公益诉讼制度实施的若干问题 [J]. 法学，2013（7）：116-122.

主体[1]。由此引发了学界所谓的公益诉讼"国家化"问题，即检察机关作为国家代表成为环境刑事公诉与环境行政/民事公益诉讼中主导性的提起主体，而压缩了环保组织通过诉讼方式保护环境公益的作用空间。实践中发生的四起环境行政附带民事公益诉讼均由检察机关提起，但是从《民事诉讼法》等法律和司法解释的规定和立法精神来看，检察机关应当在公益诉讼中保持谦抑，充当补充型原告的角色。那么环保组织能否成为环境行政附带民事公益诉讼中的共同原告呢？论者基于法教义学的思路指出，答案是否定的。其论据在于，倘若允许环保组织充当附带环境民事公益诉讼的适格原告，基于附带诉讼的整合性审理模式，实质上改变了法律关于环境公益诉讼适格原告的强制性规定，使环保组织实际上分担了环境行政公益诉讼的原告资格，而这一做法并无法律授权[2]。但是比照环境刑事附带民事诉讼，刑事公诉的原告是检察机关，民事赔偿之诉的原告是受害人，可见附带诉讼的原告是可以分离的。那么在环境行政附带民事公益诉讼中能否让检察机关和环保组织分别充当行政诉讼和民事诉讼的原告呢？

其四，自然人能否成为行政附带民事公益诉讼的适格原告。美国学者伯纳德·施瓦茨指出，"原告资格的栏杆大大降低"是近年来行政诉讼变革的重要内容[3]。而环境行政/民事公益诉讼均未将原告资格赋予自然人[4]。然而一方面，我国大量的公益组织均是"政府治下的非政府组织"，其难以独立地代表社会公共利益，而公民作为环境污染或生态破坏的直接受众，对环境问题的直观感受更为强烈，允许自然人提起附带民事公益诉讼既可以充分发挥自然人在环境信息获取等方面的优势，又可以减轻检察机关独自开展公益诉讼工作的压力；另一方面，环境公益诉讼不仅是一种诉讼形式，更是一种公民投身公

---

[1]　陈杭平，周晗隽.公益诉讼"国家化"的反思［J］.北方法学，2019，13（78）：70-79.

[2]　黄学贤.行政公益诉讼回顾与展望：基于"一决定三解释"及试点期间相关案例和《行政诉讼法》修正案的分析［J］.苏州大学学报（哲学社会科学版），2018（2）：41-53.

[3]　伯纳德·施瓦茨.行政法［M］.徐炳，译.北京：群众出版社，1986：419.

[4]　这一点从《民事诉讼法》第五十八条可以看出，"法律规定的机关和有关组织"可以提起诉讼，而没有"等"的补充，可以看出自然人在此阶段不能提起环境公益诉讼。

共生活的公共行动 [1]。允许自然人提起行政附带民事公益诉讼，可以建构出公民、社会组织、国家三个层面对环境公益的司法救济，由此体现"人民国家，人民管理"的基本原则，也最终能够推动环境公益被自下而上地代表和表达 [2]。那么环境行政附带民事公益诉讼的原告资格是否有必要向自然人拓展呢？

被告方面。被告的多元与复杂是行政附带民事诉讼法律关系复杂的一个外在表征 [3]。根据《行政诉讼法》的规定，生态环境和资源保护领域负有监督管理职责的行政机关是恒定的行政诉讼被告，而检察机关是行政公益诉讼的原告，此时的问题是，环境违法的私主体在行政附带民事公益诉讼中是何法律地位。由于环境违法的私主体与被诉行政行为存在法律上的利害关系，因此实施环境侵害行为的私主体在环境行政附带民事公益诉讼中"分饰"两种角色，即环境行政公益诉讼中的第三人与环境民事公益诉讼中的被告。研究表明，实践中对环境行政附带民事公益诉讼的被告的选取存在"选择性司法"的问题。具体而言，行政公益诉讼的被告集中在县级政府的工作部门，例如前述案例中的"江源区卫计局""固阳县林业局""赛罕区林业局"以及"奈曼旗国土资源局"，而民事公益诉讼的被告则集中于一些中小型私营企业或自然人。这一方面是因为"地方政府尤其是县级人民政府的相关工作部门承担着环保的大量事权" [4]，另一方面则是因为在行政附带民事公益诉讼提起之前，检察机关通常会与当地政府、法院等进行事前磋商和利弊权衡，选择以不会造成重大社会影响的中小型企业和政府职能部门为被告提起行政附带民事公益诉讼，这样一来，不仅可以提升试点地区的工作显示度和环境政绩，又不会偏离地方政

---

[1] 高冠宇，江国华．公共性视野下的环境公益诉讼：一个理论框架的建构［J］．中国地质大学学报（社会科学版），2015（5）：10-15.

[2] 赵许明．公益诉讼模式比较与选择［J］．比较法研究，2003（2）：68-74.

[3] 论者认为，行政附带民事诉讼之所以迟迟得不到法律的认可，一个重要原因就在于附带审理会加剧诉讼程序的复杂性。参见张光宏，毕洪海．行政附带民事诉讼的理论与实践［M］．北京：中国政法大学出版社，2014：66.

[4] 张忠民．检察机关试点环境公益诉讼的回溯与反思［J］．甘肃政法学院学报，2018（6）：28-42.

府对 GDP 的追求目标[1]。李艳芳就此指出："从目前的实践来看，检察机关'拣软柿子捏'的现象比较突出。"[2]选择性司法倾向的存在使环境公益司法保护实现制度化和法治化的目标相去甚远。

概言之，由于行政附带民事公益诉讼中的被告恒定为行政主体加私主体，所以行政附带民事公益诉讼的诉讼当事人大致可以分为以下几类：其一，当行政诉讼的原被告与民事诉讼的原被告皆不同时，其表现为四方当事人；其二，当行政诉讼与民事诉讼原告相同，而被告不同时，其表现为三方当事人。其中，原告范围有向检察机关收拢的趋势，使行政附带民事公益诉讼的"国家化"倾向加强，而被告集中在县级政府的职能部门与中小型企业或自然人，使行政附带民事公益诉讼存在较为严重的"选择性司法"问题。

②附带诉讼的受案范围。行政附带民事公益诉讼在法治的轨道上运行，就必须同时符合公益诉讼的受案范围以及行政附带民事诉讼的受案范围。环境问题同时满足环境行政／民事公益诉讼的受案范围[3]。再将目光移向行政附带民事诉讼的受案范围，《行政诉讼法》第六十一条规定，行政许可、行政登记、行政征收、行政征用和行政裁决中的行政诉讼可以附带解决与其具有关联性的民事诉讼。那么环境公益诉讼与行政附带民事诉讼的受案范围在多大程度上具有兼容性呢？

其一，行政许可引发的环境行政附带民事公益诉讼。行政许可是允许相对人从事特定活动的行政行为，虽然在理论上有解禁说和赋权说之分，但有一点是非常明确的，即行政许可的效力不仅及于直接相对人，也会对其他间接相对人的权利义务产生影响，这就使

---

[1]　梁春艳.我国环境公益诉讼的模式选择［J］.郑州大学学报（哲学社会科学版），2015（6）：46-50.

[2]　李艳芳，吴凯杰.论检察机关在环境公益诉讼中的角色与定位：兼评最高人民检察院《检察机关提起公益诉讼改革试点方案》［J］.中国人民大学学报，2016（2）：2-13.

[3]　但是环境公益侵害的范围极其宽泛，《关于深入开展公益诉讼试点工作有关问题的意见》就规定适格原告可以根据法律文件中的行政机关职责赋予，并参考地方政府出台的权力清单，对环境行政不法行为提起环境行政公益诉讼。

行政许可具备提起行政附带民事诉讼的行政行为"复效性"要件[1]。早在 2012 年，宁波市鄞州区人民法院《审理行政诉讼附带民事诉讼案件第一审程序若干规定》第五条第六款就规定，基于行政许可引发的民事争议可以提起行政附带民事诉讼。这一判断在 2014 年《行政诉讼法》修正时得到法律确认。江源区检察院诉江源区卫计局与中医院行政附带民事公益诉讼，就属于行政许可引发的行政附带民事公益诉讼[2]。

其二，行政登记引发的环境行政附带民事公益诉讼。行政登记是引发传统行政附带民事诉讼最主要的类型。如"王光兰、谢先觉与忠县人民政府房屋行政登记附带民事诉讼行政附带案"[3]，"吴宗俊与忠县人民政府及第三人吴宗清房屋行政登记附带民事诉讼行政附带案"[4]，"袁雅琴不服上海市房屋土地管理局核发房屋所有权证行政附带民事诉讼案"[5]。在该类型的行政附带民事诉讼中，原告一般是房屋的共有人，当其他共有人处分该财产且得到房屋管理登记部门的行政确认时，原告提起行政登记无效和民事合同无效的行政附带民事诉讼。笔者认为，行政登记亦能引发环境行政附带民事公益诉讼。《关于统筹推进自然资源资产产权制度改革的指导意见》提出"加快健全自然资源资产产权制度"，其中涉及土地所有权、承包权和经营权，矿产方面的探矿权、采矿权，海洋方面的海域使用权、滩涂养殖权、取水权等权能。在上述自然资源产权的确认、登记和使用过程中，基于自然资源的二元属性，难免出现与私权利的纠葛、连锁反应。因此随着自然资源产权制度的发展和完善，行政登记类的行政附带民事公益诉讼可能会逐年增加。

---

[1] 朱辉 . 行政附带民事诉讼程序整合问题探讨［J］. 甘肃政法学院学报，2014（6）：104-110.
[2] 该案中，其行政公益诉讼请求是确认江源区卫计局为江源区中医院颁发的《医疗机构执业许可证》及校验行为违法，即江源区检察院认为，卫计局对江源区中医院授予行政许可以及校验的行为属于行政许可违法，由此该诉满足《行政诉讼法》第六十一条关于行政附带民事诉讼的条件。
[3] 参见（2014）忠法行初字第 00010 号。
[4] 参见（2014）忠法行初字第 00022 号。
[5] 夏舒 . 袁雅琴不服上海市房屋土地管理局核发房屋所有权证行政附带民事诉讼案［C］// 上海市高级人民法院 . 上海法院典型案例丛编：行政·刑事案例 . 上海：上海人民出版社，2001.

其三，行政征收或征用引发的环境行政附带民事公益诉讼。行政征收和征用可以视为同一类对物权进行限制或剥夺的行政行为，二者仅在限制或剥夺物权的权能和强度上有所区分。实践中行政征收和征用类行政附带民事诉讼一般遵循下述逻辑：行政机关决定征收或征用原告的财产，但是行政机关未与原告达成拆迁赔偿协议，于是行政机关通过行政强制的方式实现行政征收或征用，原告不服行政征收行为进而提起行政附带民事诉讼。例如"黄学先与乐山市市中区房屋征收和补偿局土地行政强制附带赔偿案"[1]，"朱卫弟与江苏省南京市鼓楼区房屋征收管理办公室拆迁行政强制附带行政赔偿纠纷案"[2]。该类诉讼中，附带的赔偿之诉在性质上多属于国家赔偿中的"行政赔偿"，因此与环境公益诉讼中的民事赔偿存有较大区别。笔者认为实践中基于行政征收或征用而引发的环境行政附带民事公益诉讼可能较少，原因在于：其一，因征收或征用而产生的赔偿之诉在我国被界定为行政赔偿，所以因行政征收或征用出现的行政附带赔偿之诉在性质上同属行政诉讼，其中并无民事性质的赔偿之诉，因此不可能出现行政附带民事公益诉讼。论者就此指出，行政行为与民事权益的得失之间构成的间接的因果关系，可以通过民事赔偿之诉来解决；如果构成直接因果关系，则应当通过行政赔偿之诉来解决[3]。其二，征收或征用的前提是被征收或被征用人对争议财产具有所有权，实践中能够被征收与征用的财产往往是私人所有的财产，虽然征收或征用可能构成环境侵害，但是其也仅构成行政私益附带民事公益诉讼，而不太可能出现行政公益附带民事公益诉讼的情形。概言之，较之于其他几类经《行政诉讼法》认可的行政附带民事诉讼受案范围，行政征收或征用最难引发环境行政附带民事公益诉讼的类型。

其四，行政裁决引发的环境行政附带民事公益诉讼。在行政附

---

[1] 参见（2017）川1181行初89号。
[2] 参见（2016）苏8602行初548号。
[3] 杨万霞.行政附带民事诉讼：解决行政、民事争议交织案件的一种选择［J］.广西政法管理干部学院学报，2002（3）：113-115.

带民事诉讼是否需要入法的讨论之处，几乎没有争议的就是行政裁决引发的民事争议可以与行政诉讼合并审理 [1]。然而"事与愿违"，实践中真实发生的因行政裁决引发的行政附带民事诉讼少之又少。笔者认为，这种现象也可能发生在环境行政附带民事公益诉讼中，原因在于：一方面，行政裁决引发民行交织属于民行交织领域的最浅层次，因为其焦点仅在民事争议，因此法院对行政裁决引发的民行交织问题的合并处理本身与附带诉讼的契合度甚低 [2]。另一方面，维护公共利益是行政的出发点，发生环境公益侵害势必牵涉行政机关的依法行政，此时，行政机关断然不能充当客观中立的第三者，进而对环境公益侵害进行裁决，而应当根据法律授权对环境公益侵害行为进行制止或补救。实践中，在生态环境损害赔偿诉讼推行之后，行政机关本身甚至成为环境公益侵害的所有权人进而直接与侵害人磋商、诉讼，也难以出现能够代表环境公益的私主体与侵害人在行政机关主持下进行调解的情形。

③附带诉讼的特殊要求。附带诉讼的受案范围只能提供可以提起环境行政附带民事公益诉讼的案件类型参考，并非所有符合受案范围的案件都能提起环境行政附带民事公益诉讼。实践中，同一争讼中交织着行政和民事两种不同性质的法律关系，二者能否提起附带诉讼需满足一定的前提条件。首先，倘若行政案件不成立，则附带诉讼就成为无源之水、无本之木，因此行政附带民事公益诉讼的首要前提是行政公益诉讼本身能够成立。其次，行政争议与民事争议必须具有内在关联性。关联性是学者讨论的热点论题，根据关联性强度的区别，可以区分为狭义、中义和广义关联性三种观点。狭义的关联性以孙洁冰为代表，其认为"所谓与行政诉讼具有密切关联是指必须是基于同一

[1] 参见严本道.行政附带民事诉讼有关问题探讨［J］.法商研究，1999（5）：82–86；王保礼，刘德生.行政诉讼附带民事诉讼问题探讨［J］.法商研究，1996（6）：92–95；马怀德.行政诉讼原理［M］.北京：法律出版社，2003：41.
[2] 张光宏，毕洪海.行政附带民事诉讼的理论与实践［M］.北京：中国政法大学出版社，2014：61.

法律事实引起的行政纠纷与民事争议"[1]。中义的关联性以宋京霖为代表，其认为行政争议、民事争议均与行政行为的合法性具有密切的关联，表现为两种情形：一是行政相对人的行为竞合，既触犯行政法律规范，又造成民事违约或侵权；二是存在同一法律事实，行政机关作出的对民事事项的处理具有某种预决性[2]。广义的关联性以徐金波为代表，其认为两诉倘若在行为关联、结果关联和诉请关联三个方面存在一种关联，即可认定两诉"相关"。其中，行为关联即上文所述的行为竞合，结果关联是指不同的行为造成同一损害结果，诉请关联是指行政诉请与民事诉讼相互支撑、紧密相连[3]。究竟应当采用何种关联性认定标准，已经成为推行环境行政附带民事公益诉讼的重要问题。

诉讼请求方面。诉讼请求是原告基于诉之利益提出的具体权益主张。根据《检察公益诉讼解释》第二十五条的规定，行政公益诉请包括确认之诉、撤销之诉、履行之诉和变更之诉四类。确认之诉可以为行政行为的效力定性，从而为后续的问责奠定基础，同时发挥"杀鸡儆猴"的示范效应；撤销之诉可以维护法律实施的权威性和统一性；履行之诉可以规避行政机关选择性执法或怠于履行职责；变更之诉可以实现"罪责刑相适应"[4]。可见，上述环境行政公益诉讼的诉讼请求有着不同的价值和意义，起着不一样的环境规制功能。再将目光转向环境民事公益诉讼的诉讼请求。《环境民事公益诉讼解释》第十八条规定有阻却性责任承担方式、预防性责任承担方式和补救性责任承担方式。这样的诉讼请求基本涵盖"止害—消损—赔偿"的全过程，使法院系统得以建立体系周全、逻辑自洽的环境司法规制体系。

倘若单从环境行政公益诉讼的诉讼请求和环境民事公益诉讼的诉讼请求来看，二者皆可实现环境侵害"止害—消损—赔偿"的环境规

---

[1]　孙洁冰.刑事公诉、行政诉讼附带民事诉讼制度研究［M］.重庆：重庆大学出版社，1990：168.

[2]　宋京霖.行政公益附带民事公益诉讼的理论基础［J］.中国检察官，2017（18）：7-9.

[3]　徐金波.行政公益附带民事公益诉讼相关问题研究［J］.中国检察官，2017（9）：10-14.

[4]　刘艺.检察公益诉讼的司法实践与理论探索［J］.国家检察官学院学报，2017，25（2）：3-18.

制目的。但问题在于：在环境行政附带民事公益诉讼中，二者的并置就不可避免地带来诉讼请求重合的问题。仍以江源区检察院诉江源区卫计局以及江源区中医院的行政附带民事公益诉讼案为例，该案的诉讼请求如下：第一，确认江源区卫计局颁发的《医疗机构职业许可证》及校验行为违法；第二，判令江源区卫计局依法履职；第三，判令江源区中医院停止排污。在上述诉请中，第二项诉请与第三项诉请实际上效果同一，其目标都是促使中医院停止违法排污，二者的差异仅在于，第二项诉请是通过"法院—政府—责任人"的间接规制路径实现的，第三项诉请则是通过"法院—责任人"的直接规制路径实现的。面对上述诉请竞合的问题，论者指出，"两种诉讼能够各自实现不可替代的诉讼目的，恐怕是提起附带诉讼的前提条件"[1]。由此引申出的问题是，该如何对待环境行政附带民事公益诉讼中的诉求竞合问题，允许并存还是必须二者择一？

诉前程序方面。环境民事 / 行政公益诉讼的制度设计均显示出一定的被动性，前者是在"勇敢者缺位"的情况下，检察机关才可以提起环境民事公益诉讼，后者是在行政机关接到检察建议后仍然不依法履职的情况下才满足环境行政公益诉讼的起诉条件，这就迥异于条件满足就必须主动启动的刑事公诉[2]。虽然我国环境民事 / 行政公益诉讼均规定有诉前的前置程序，但是在环境行政附带民事公益诉讼中应当如何履行诉前程序，实践却给出了不一样的答案。在江源区检察院诉江源区卫计局和江源区中医院的环境行政附带民事公益诉讼，以及赛罕区检察院诉赛罕区林业局和湖北拓林建筑安装工程公司行政附带民事公益诉讼案中，检察机关既履行了环境行政公益诉讼的诉前程序，又履行了环境民事公益诉讼的诉前程序。而在固阳县检察院诉固阳县林业局和马鞍古桦旅游公司的环境行政附带民事公益诉讼案中，裁判

[1] 迟晓燕. 行政公益附带民事公益诉讼的诉讼请求及判决执行 [J]. 中国检察官，2017（18）：19-21.
[2] 张忠民. 检察机关试点环境公益诉讼的回溯与反思 [J]. 甘肃政法学院学报，2018（6）：28-42.

文书显示检察机关仅履行了行政诉讼的诉前程序而未履行民事诉讼的诉前程序。

针对这一现象，学界也形成了不同的观点。一种观点认为，行政公益诉讼的诉前程序与民事公益诉讼的诉前程序均有法律规定，行政附带民事公益诉讼是二者在程序上的整合，应当共同遵守各自的程序规则，因此应当实现诉前程序的"双履行"。徐金波就认为，"检察机关只有全部履行了行政公益诉讼和民事公益诉讼的前置程序后，才能提起行政公益附带民事公益诉讼"[1]。部分论者认识到在行政附带民事公益诉讼中实现诉前程序的"双履行"可能存在的效益缺失问题，并考虑到法律对诉前程序的强制性规定，因此在"双履行"的前提下提出应当改造现行"双履行"时间线以避免效益损失的提议 [2]。与"双履行"观点对立的论点是，行政附带民事公益诉讼仅履行行政的诉前程序。巩固是持此观点的代表学者，其认为，行政与民事公益诉讼诉前程序的功能不同，行政的诉前程序承载着督促执法、过滤案件的功能，而省去民事公益诉讼的诉前程序不会影响环境公益的救济，且能提升环境公益诉讼的效率，因此"人民检察院提起行政附带民事公益诉讼，应当履行行政公益诉讼的诉前程序"[3]。那么究竟应当根据法律规定选择"双履行"路径，还是改造既有的"双履行"规定，抑或是明确在环境行政附带民事公益诉讼中仅履行行政公益诉讼的诉前程序？

诉讼费方面。现代诉讼理论对诉讼费性质的理解一般表现为以下三种：其一，诉讼费属于准税收的范畴。持此观点的学者认为，诉讼费在一定程度上具有增加财政收入和调节社会行为的税收功能，因此具有准税收的属性。其二，诉讼费属于对司法机构诉讼行为的补偿。

---

[1] 徐金波.行政公益附带民事公益诉讼相关问题研究［J］.中国检察官，2017（9）：10–14.
[2] 孙洪坤，施丽芝.论环境行政附带民事公益诉讼的法律适用与制度构建：以首例环境行政附带民事公益诉讼案件为切入点［J］.山东法官培训学院学报，2018（1）：48–58.
[3] 巩固.检察公益"两诉"衔接机制探析：以"检察公益诉讼解释"的完善为切入［J］.浙江工商大学学报，2018（5）：27–34.

持此种观点的学者认为，法院解决纠纷亦需消耗一定的资源，诉讼费可以视为诉讼主体对这种耗费的补偿或部分补偿。其三，诉讼费属于手续规费的范畴。持此种观点的学者认为，诉讼如同其他行政活动一样，需要收取一定的规费，诉讼费的收取则可视为现代社会对"诉讼爆炸"的一种适应[1]。根据《行政诉讼法解释》第一百四十条的规定，除行政裁决引发的行政附带民事诉讼，附带民事诉讼单独立案。前已述及，行政裁决领域出现附带民事公益诉讼的概率最低，因此环境行政附带民事公益诉讼中既需要收取行政诉讼费，又需要收取民事诉讼费。然而诚如张卫平所言："公益诉讼的目的是维护社会公共利益，诉讼费用应该由国家埋单。"而且张卫平强调，免交诉讼费并不会带来诉讼爆炸，相反，在环境侵权日益普遍的形势下，活跃的公益诉讼对遏制环境侵权行为大有裨益[2]。鉴于此，《关于审理环境公益诉讼案件的工作规范（试行）》第四十六条，检察机关提起行政与民事公益诉讼免交诉讼费。根据《刑事公诉法解释》第一百九十九条规定，法院免收刑事附带民事公益诉讼的诉讼费，那么能否比照上述规定，在非检察机关提起的行政附带民事公益诉讼中免收民事公益诉讼的诉讼费呢？还是根据环境公益诉讼相关法律和司法解释的规定，缓交、免交非检察机关提起的附带环境民事公益诉讼的诉讼费？

（2）案件管辖

理论上讲，附带诉讼成立的前提是主诉和从诉由同一法院管辖，而行政诉讼与民事诉讼不同的管辖制度势必造成诉讼管辖上的混乱。

其一，级别管辖差异引发的问题。在工作下沉的管理模式之下，县级政府及其职能部门承担着绝大部分环保事权，为了方便案件真相的尽快查明，行政公益诉讼的级别管辖以基层法院管辖为原则。《最高人民法院关于完善四级法院审级职能定位改革试点的实施办法》进一步将部分以县级、地市政府相关的案件交由基层法院管辖。考虑到

---

[1] 顾培东．社会冲突与诉讼机制［M］．3 版．北京：法律出版社，2016：100．

[2] 张卫平．民事公益诉讼原则的制度化及实施研究［J］．清华法学，2013，7（4）：6-23．

环境民事公益诉讼涉及范围广、社会影响大，为了保障当事人的审级利益，环境民事公益诉讼以中级人民法院管辖为原则。《检察公益诉讼解释》对检察民事与行政公益诉讼的管辖也作了对应的规定。然而四起典型案例中，两起由县级人民法院管辖，两起由中级人民法院管辖。可见，环境行政附带民事公益诉讼的级别管辖问题并非不证自明。

其二，地域管辖不同引起的问题。行政案件一般由最初作出行政行为的行政机关所在地法院管辖，为了避免上级行政机关因不愿作被告而在行政复议中维持行政行为的倾向，新修订的《行政诉讼法》规定，经过复议的，原行政机关和复议机关均可成为被告。民事诉讼一般由侵权行为实施地、侵害结果发生地以及被告住所地法院管辖。可见，"两诉"的地域管辖存在区别，倘若行政与民事公益诉讼的地域管辖法院不统一，应当如何处理？此外，为了帮助地方法院摆脱来自地方政府的不当影响，并契合生态环境整体性的特点，最高人民法院在各地试点跨行政区域管辖，例如《行政诉讼法》第十八条规定，高级人民法院可以根据审判工作的实际情况，确定若干人民法院跨行政区域管辖行政案件。这一点在公益诉讼领域亦有所体现，例如《环境民事公益诉讼解释》第七条规定，高级人民法院可以根据本辖区生态环境现状确定部分中级人民法院受理第一审环境民事公益诉讼案件。那么，行政诉讼集中管辖的法院与民事诉讼集中管辖的法院不同时，该如何抉择？

其三，民事诉讼中存在专属管辖的问题。倘若环境民事公益诉讼属于专属管辖而环境行政公益诉讼属于常规法院管辖，二者能否"附带"审理？《民事诉讼法解释》第二条规定，海事案件由海事法院管辖。根据《海事诉讼特别程序法》第七条的规定亦可看出，无论是海洋公益案件还是海洋私益案件，均由海事法院专属管辖。《行政诉讼法解释》第三条则规定，专门人民法院不审理行政案件。可见，当民事诉讼属于专属管辖而行政诉讼属于常规管辖时，环境行政与民事公益诉讼能否"附带"以及如何"附带"审理，成为程序整合的前置性问题。

（3）案件审判

由于《行政诉讼法》第六十八条与《关于审理环境公益诉讼案件的工作规范（试行）》第九条分别确立了行政案件的合议审理以及民事公益诉讼的合议审理，而且行政公益诉讼不属于适用行政诉讼简易程序的情形，因此不论民事争议与行政争议的简繁难易，均应进行合议审理[1]，这可谓环境行政公益诉讼与环境民事公益诉讼达成的难得共识。然而在此之外，"两诉"还是面临着关于如何审判的诸多问题。

调查取证权的配置方面。证据越充分胜诉的可能性越大，因此调查取证权成为推进诉讼的重要权能。在私益诉讼中，调查取证权被严格限定在公权力范围内，《民事诉讼法》第六十七条就规定，民事证据原则上遵循"谁主张、谁举证"的原则，只有因客观原因不能自行收集的证据，方可申请法院收集。但是在公益诉讼中，这种由中立的法院调查取证的权力逐渐向原告倾斜。《检察公益诉讼解释》第六条规定，检察机关在公益诉讼中可以调查搜集证据资料[2]。绝对的权力隐含着相应的义务，调查取证权的赋予也应当相应提升享有权利方的证明程度。例如，刑事公诉中不仅遵循无罪推定原则，而且拥有调查取证权的公诉机关提供的证据应当达到"排除合理怀疑"的程度才能被作为定罪量刑的根据。然而环境侵权诉讼遵循"举证责任倒置"规则，"举证责任倒置"规则与调查取证权的赋予具有内在冲突和张力，在检察机关提起环境公益诉讼的情形下，其一方面具备调查取证权力，另一方面又在举证责任上遵循被告举证的要求。由此引发的问题在于，作为形式上的公益诉讼起诉人的检察机关是实质上的原告，对其配置调查取证权是否会破坏诉讼两造的均衡状态，由此动摇诉讼平等原则？

---

[1] 有论者就此指出，行政附带民事诉讼没有必要设立简易程序，因为行政、民事法律关系的交织，本身就是一种复杂性的体现。参见张光宏，毕洪海．行政附带民事诉讼的理论与实践［M］．北京：中国政法大学出版社，2014：72．

[2] 《人民检察院提起公益诉讼试点工作实施办法》第六条更是明确了调查取证的主要方式包括调阅、复制、询问、咨询、委托鉴定、评估、审计、勘验等方式。

举证责任方面。证明责任的分配在诉讼中具有决定性意义，故而有"举证责任之所在，败诉之所在"的法谚。行政诉讼实行举证责任倒置规则，即"谁否认，谁举证"，具体是指被告对作出的行政行为负有举证责任，而原告在掌握被诉行政行为违法的证据时具有推进诉讼的权利。因为民事案件一般遵循"谁主张、谁举证"的规则，所以在行政附带民事诉讼中，理论上就可能存在行政部分与民事部分举证责任不统一的问题。由于环境侵权的特殊性，环境民事诉讼根据《侵权责任法》第六十六条的规定遵循举证责任倒置规则，因此环境行政附带民事公益诉讼中的两类诉讼均遵循被告举证规则[1]。由此引发的问题包括：第一，行政诉讼中的被告举证与民事诉讼中的被告举证在性质上是否相同；第二，既然环境行政与民事公益诉讼均采取被告举证模式，那么赋予检察机关以调查取证权是否必要；第三，环境行政附带民事公益诉讼中的检察机关应当具体承担何种举证责任。

审查标准方面。行政诉讼实行全面审查原则，体现在《行政诉讼法》的以下方面：其一，《行政诉讼法》第五十三条规定，行政诉讼可以附带审查行政规范性文件的合法性。其二，《行政诉讼法》第八十七条规定，法院审理上诉案件，应当对原审判决、裁定和被诉行政行为进行全面审查。然而民事诉讼尊重当事人的处分原则，仅对上诉请求范围内的事项进行审查。《民事诉讼法》第一百七十五条就规定，二审法院"对上诉请求的有关事实和适用法律进行审查"。由此带来的问题是，当提起环境行政附带民事公益诉讼时，针对上述审查广度上的不统一，应当如何抉择？

根据审查强度的不同，司法审查一般被区分为合法性审查与合理性审查。相较而言，前者的审查强度较后者的审查强度更弱，《行政诉讼法》第六条规定法院对行政行为的合法性进行审查，暗含着对合

---

[1] 也有论者对环境公益诉讼中是否适用举证责任倒置提出了否定意见，认为环境民事公益诉讼不应再适用举证责任倒置规则，海洋环境公益诉讼与生态环境损害赔偿诉讼则应当限缩举证责任倒置情形。参见王秀卫.我国环境民事公益诉讼举证责任分配的反思与重构［J］.法学评论，2019，37（2）：169-176.

理性审查的有意忽视。民事诉讼要求对民事争议的处理既合法，又要公正、公平与合理[1]，因此可以视为选择了审查强度更高的合理性审查原则。由此引申出的问题在于：其一，刑事公诉中的排除合理怀疑标准，与行政诉讼中的合法性标准，以及民事诉讼中的优势证据标准，在附带诉讼中应当如何协调；其二，既然行政审判庭对行政行为的审查强度不一致，那么在附带诉讼中是否也存在一个对行政机关行为的尊重程度问题[2]？

　　调解与和解方面。基于对意思自治的尊重以及减少当事人的对抗心理，民事诉讼中允许甚至提倡调解或和解。这一传统能否在民事公益诉讼中进行继承遭到论者的质疑。张卫平指出，"由于公益诉讼的特殊性，其在公益诉讼中至少调解或和解不应得到政策支持"，原因包括：其一，原告只是获得了提起公益诉讼的资格，在诉讼中仅享有部分诉讼权利，不应对公益诉讼案件的实体问题享有处分权；其二，公益诉讼一般不涉及赔偿问题；其三，公益诉讼案件的加害与否以及损害的有无作为客观事项仅应由法院加以认定；其四，倘若认可和解或调解，很容易诱发原告与被告之间的利益交换，造成对公共利益的再次损害[3]。然而这一论点并未得到立法的采纳，权力机关采取了一种折中的手段将调解结案吸纳到环境民事公益诉讼之中。《关于审理环境公益诉讼案件的工作规范（试行）》第二十八条、第二十九条规定，环境民事公益诉讼中的调解不得损害社会公共利益，并设置有法院审查调解协议和强制公开等保障举措。行政诉讼则对调解持更加否定和谨慎的态度。《行政诉讼法》第六十条规定，法院审理行政案件不适用调解，但是行政赔偿、补偿以及行政机关行使自由裁量权的案件除外。这一保守态度也体现在行政公益诉讼中，《人民检察院提起公益诉讼试点工作实施办法》第四十八条规定，行政公益诉讼案件不适用

[1] 张光宏，毕洪海.行政附带民事诉讼的理论与实践［M］.北京：中国政法大学出版社，2014：75.
[2] 张光宏，毕洪海.行政附带民事诉讼的理论与实践［M］.北京：中国政法大学出版社，2014：17.
[3] 张卫平.民事诉讼法［M］.4版.北京：法律出版社，2016：384.

调解。基于两种诉讼类型对调解与和解的不同态度，引申出环境行政附带民事公益诉讼能否适用调解的问题。

诉讼时效与审限方面。其一，诉讼时效方面。根据我国法律规定，行政诉讼的时效分为两种：一种是经过复议的诉讼时效，这种案件的诉讼时效为收到复议决定书之后的 15 日；一种是直接向人民法院提起诉讼的时效，这种案件的诉讼时效为行政行为作出后的 6 个月 [1]。《民法典》第一百八十八条规定，普通诉讼时效为 3 年，法律另有规定的除外。论者指出，基于行政诉讼是主诉，民事诉讼是从诉的认识，"在诉讼时效冲突时，应以行政诉讼时效为准提起附带诉讼" [2]。然而一味地以行政诉讼为基准进行制度建构会造成诸多法理问题，例如有论者对行政附带民事诉讼以行政诉讼的诉讼时效为准的认识展开了批判：在行政裁决引发的行政附带民事诉讼中，民事争议的处理以行政争议的处理为前提，倘若因行政诉讼的诉讼时效短于民事诉讼时效而造成民事争议由行政机关最终解决，将有违司法最终解决原则 [3]。相较而言，刑事附带民事诉讼就不存在这样的问题，因为《刑法》第八十七条规定的刑事追诉时效最短是 5 年，最长是 20 年，不会出现因刑事追诉时效逾期而无法提起附带民事诉讼的问题。那么行政附带民事诉讼的诉讼时效应当如何设置才能妥善解决期限不一致的问题呢？其二，诉讼审限方面。《行政诉讼法》与《民事诉讼法》规定一审审限与二审审限相同。虽然两诉规定适用简易程序的时限分别为 45 日和 3 个月，但是由于行政附带民事公益诉讼不能适用简易程序，因此环境行政／民事公益诉讼在一审和二审的审限是完全相同的，不会出现因审限不同而拖延解决行政争议或民事争议的问题。

---

[1] 参见《行政诉讼法》第四十五条和第四十六条。
[2] 杨万霞 . 行政附带民事诉讼：解决行政、民事争议交织案件的一种选择 [J]. 广西政法管理干部学院学报，2002（3）：113-115.
[3] 何文燕，姜霞 . 行政诉讼附带民事诉讼质疑 [J]. 河南省政法管理干部学院学报，2002（2）：72-76.

（4）判决与执行

判决形式方面。根据《行政诉讼法解释》第一百四十条规定，除行政裁决案件引发的民事争议外，审理行政附带民事诉讼的，应当分别单独立案，由同一审判组织审理。实践中，刑事附带民事诉讼虽然要求提交单独的附带民事起诉状，但是原则上会由法院出具"刑事附带民事诉讼判决书"予以合并解决，除非是民事诉讼的审判会明显滞后从而影响刑事公诉的审判，此时刑事部分可以先行判决。然而在行政附带民事诉讼中，往往是行政诉讼判决与民事诉讼判决分离。两种模式孰优孰劣，环境行政附带民事公益诉讼又应当采取何种策略？

裁判的既判力方面。既判力是指法院不得就已经判决的实体争议事项再行审理和裁判，即使判决也不得与前诉判决主文的判断矛盾[1]。环境行政公益诉讼与环境民事公益诉讼中的既判力规定[2]适用于环境行政附带民事公益诉讼，可能产生如下问题：其一，根据法律及其司法解释的规定，公益诉讼的既判力范围既包括生效判决，也包括生效裁定。一般而言，裁定的事项是非实体争议的程序性事项，因此裁定通常不具有既判力。法律及其司法解释概括地将环境民事公益诉讼的裁定纳入具有既判力的裁判范围有失妥当[3]。其二，法律及其司法解释对生效裁判认定事实的"免证"效力适用于对抗当事人以外的第三人有失妥当。原因在于，一方面，比较法上普遍坚持裁判效力的相对性原理和诉讼程序的封闭性原理，生效裁判对抗当事人以外的第三人有违辩论原则和裁判效力相对性理念。另一方面，生效裁判认定事实的第三人抗辩效力，为前案当事人利用虚假诉讼损害案外人权益提供了制度温床，实践中不乏当事人援引前案裁判认定的事实损害

---

[1] 张卫平. 民事诉讼法［M］. 4版. 北京：法律出版社，2016：349.

[2] 《民事诉讼法解释》第九十三条规定，已为发生法律效力的裁判所确认的事实，当事人无须举证证明；第二百九十一条进一步规定，裁判发生效力后，其他原告提起环境公益诉讼的，不予受理，但法律和司法解释另有规定的除外。《环境民事公益诉讼解释》第二十五条规定，环境民事公益诉讼案件的裁判生效后，当前诉被裁定驳回，以及前案原告申请撤诉被裁定准许且受损公益未被恢复两种情形下，就同一污染或破坏行为另行起诉的，法院应予受理；第三十条进一步规定，已为环境民事公益诉讼生效裁判认定的事实，因同一污染或破坏行为提起的诉讼，原被告均无须举证证明。《行政诉讼法解释》第一百零六条规定，倘若后诉与前诉有相同的当事人、诉讼标的和诉讼请求，则构成重复起诉。

[3] 张卫平. 民事诉讼法［M］. 4版. 北京：法律出版社，2016：350.

案外人的司法实践 [1]。

判决的执行方面。环境污染和生态破坏的治理或修复难度大、成本高，倘若只是赢得胜诉判决而无法执行，则会使公益诉讼的前期投入付诸东流。解决环境行政附带民事公益诉讼中的执行问题尤为必要。其一，刑事公诉与民事诉讼的执行均由法院负责，因此实践中往往将法院负责的执行事项概括或比喻为"谋财害命"。在环境行政附带民事公益诉讼中，由于存在行政诉讼的成分，而且附带的民事诉讼往往以行政诉讼的成立为前提，那么当环境行政附带民事公益诉讼的判决既涉及法院又涉及被诉行政机关时，应当如何执行生效裁判？其二，环境行政附带民事公益诉讼具有复合性特征，由此使判决的执行面临抉择问题：倘若当事人仅对一审判决的行政诉讼部分提出上诉，而没有对民事部分提出上诉，能否先对民事部分先予执行？相反，倘若当事人仅对一审判决的民事部分提出上诉，而没有对行政部分提出上诉，能否先对行政部分先行执行 [2]？

（5）反诉、上诉与抗诉

检察机关在环境行政附带民事公益诉讼中既有原告身份，又有法律监督者身份，双重角色会不可避免地造成检察机关的角色混同，进而造成环境行政附带民事公益诉讼中的反诉、上诉和抗诉区别于传统诉讼。

行政诉讼中行政机关作为被告具有恒定性，因此行政诉讼不得反诉。《环境民事公益诉讼解释》也规定民事公益诉讼不得反诉。由此看来，环境行政附带民事公益诉讼亦不得反诉。环境行政/民事公益诉讼不得反诉的深层根源在于，其一，环境行政附带民事公益诉讼的原告只是代表公共利益主体行使诉权，与公益诉讼被告之间不存在基于诉讼标的和事实上的直接利害关系；其二，反诉制度的目的在于通

---

[1]　傅郁林.改革开放四十年中国民事诉讼法学的发展：从研究对象与研究方法相互塑造的角度观察[J].中外法学，2018，30（6）：1423–1448.

[2]　孙洁冰.刑事公诉、行政诉讼附带民事诉讼制度研究［M］.重庆：重庆大学出版社，1990：190–191.

过反诉与本诉的合并，减少当事人讼累，然而倘若允许环境行政附带民事公益诉讼中提起反诉，反而会使诉讼坠入无尽的复杂化，因此不符合反诉制度设置的目的 [1]。

当事人对环境行政附带民事公益诉讼判决不服提起上诉的，应当全案审查至无疑问。问题在于：其一，倘若当事人仅对行政或者民事争议判决不服，二审法院应当作何处理呢？其二，检察机关提起上诉的案件，应当由原检察机关参加二审程序，还是由原检察机关的上级检察机关参加二审程序？其三，行政诉讼的上诉审查实行全面审查原则，而民事诉讼的上诉审查受上诉请求范围的限制，那么环境行政附带民事公益诉讼的上诉应当采取何种审查原则呢 [2]？

检察机关对其提出的环境行政附带民事公益诉讼一审判决不服的，应当参照刑事公诉要求检察机关以抗诉的形式启动二审程序，还是遵循民事诉讼构造，要求检察机关以上诉的形式启动二审程序呢？针对这一问题，现行规定并不统一。《人民检察院提起公益诉讼试点工作实施办法》第二十五条与第五十条分别确立了检察机关不服一审环境民事／行政公益诉讼提起抗诉的权力，这一点在《人民法院审理人民检察院提起公益诉讼案件试点工作实施办法》第十条和第十九条中也得到了肯认。上述两个文件分别颁布于 2015 年和 2016 年，在性质上均属于司法解释性质的规范性文件。然而在 2017 年《关于审理环境公益诉讼案件的工作规范（试行）》第四十七条以及 2018 年《检察公益诉讼解释》第十条却规定，检察机关对一审环境行政公益诉讼或环境民事公益诉讼不服的，应当提起上诉。有论者指出，从实际效果来看，采用抗诉或上诉并不会造成实质上的区别 [3]，但是上诉权和抗诉权的同时赋予极易造成案件被无休止地要求继续审理。那么，检察机关对一审环境行政附带民事公益诉讼不服的，究竟应当提起上诉

[1] 张卫平 . 民事诉讼法 [M].4 版 . 北京：法律出版社，2016：346.
[2] 杨万霞 . 行政附带民事诉讼：解决行政、民事争议交织案件的一种选择 [J]. 广西政法管理干部学院学报，2002（3）：113-115.
[3] 李浩 . 论检察机关在民事公益诉讼中的地位 [J]. 法学，2017（11）：168-181.

还是抗诉？二者的选择又有何不同意义？

四、环境行政／民事公益诉讼程序整合的理论证成

环境行政附带民事公益诉讼制度的若干问题中，最为基本也是最为重要的问题，即环境行政附带民事公益诉讼的理论证成问题。

（一）合法性证成

环境行政附带民事公益诉讼首先是一种社会需要的产物。环境行政／民事公益诉讼分离模式的弊端在于：其一，有违诉讼经济原则。社会冲突在本质上表明社会整合机制的病态，而分离的诉讼模式无疑会消耗法院和当事人更多的时间、人力和财力，从而减缓通过诉讼解决社会冲突的效率。其二，有违判决的确定性原则。分离的诉讼模式不利于化解冲突、避免分歧，甚至可能造成矛盾判决，进而影响法院判决的确定性和社会可接受性，而附带诉讼有利于纠纷的彻底解决，从而保障相关当事人的合法权益。但是诚如学者所言，"一种法律制度的建立，不仅要具备必要性，同时，必须具有理论上的可行性和必然性。"[1] 那么，环境行政附带民事公益诉讼在理论上是否具有可行性和必然性呢？

1. 环境行政附带民事公益诉讼的域外考察

与两大法系的划分相对应，民行交叉案件的诉讼处理机制形成了以英美为代表的"一元制"诉讼处理机制，以及以法德为代表的"二元制诉讼处理机制"。前者由于不存在公法与私法的划分，在司法体制上采用民事行政一元体制，因此在民行交织型案件中的协调处理相对简单。例如 1977 年《英国司法审查规则》第二条就规定，当事人依司法审查途径申请任何救济，如果救济所基于的事实是相同、相关

---

[1] 孙洁冰. 刑事公诉、行政诉讼附带民事诉讼制度研究［M］. 重庆：重庆大学出版社，1990：157.

或相联系的，则可以提起合并诉讼[1]。法治理念及分权制衡思想使大陆法系国家形成了公私法划分传统，也就由此造成大陆法系国家在诉讼体制上拥有行政法院和普通法院两套司法系统，上述两套系统的工作人员和理论研究者狭隘的"本位观念"也助长了民行交织案件管辖和裁判上的冲突和矛盾[2]。

大陆法系中采用环境行政附带民事公益诉讼最典型的国家是印度。印度在追求经济快速发展的过程中，环境行政执法疲软，不可避免地造成了严重的环境污染和生态破坏，为了推动环境公益的司法保护，印度成为第一个引入环境民事公益诉讼制度的亚洲国家。印度的环境民事公益诉讼具有附随性，即通常不能针对污染者单独提起，只有对行政机关提起诉讼时，才允许将污染者作为附带环境民事公益诉讼被告而提起[3]。印度确立"附带"环境民事公益诉讼制度的目的在于"借助司法权督促政府部门勤勉履行环境监管职责的同时，最终落实环境损害责任主体。"[4]

美国不区分环境行政与民事公益诉讼[5]，而是将其共同容纳于"公民诉讼"之中。环境公民诉讼在本质上也具有环境行政附带民事公益诉讼的特征，具体表现在：其一，在被告方面，适格原告既可以针对行政权的违法行为或不作为起诉政府，也可以根据排污者违反排放标准、限制性规定、排污许可证以及行政命令所要求的义务和事项起诉企业。其二，在诉讼请求方面，原告可以提出排除妨碍的禁令、损害赔偿、民事罚金、撤销特定行政行为或采取行政措施的诉请。可见，美国的环境公民诉讼不作民事和行政的区分，而是将其视为一种独立统一的诉讼形式，使其在实质上体现出我国环境行政附带民事公益诉

---

[1] 张光宏，毕洪海.行政附带民事诉讼的理论与实践［M］.北京：中国政法大学出版社，2014：122.

[2] 张光宏，毕洪海.行政附带民事诉讼的理论与实践［M］.北京：中国政法大学出版社，2014：119.

[3] 张旭东.环境民事公益诉讼特别程序研究［M］.北京：法律出版社，2018：103-104.

[4] 张旭东.环境民事公益诉讼特别程序研究［M］.北京：法律出版社，2018：110.

[5] 《美国联邦民事诉讼规则》第四十二条就规定，如果含有法律上或事实上共同问题的诉讼诉诸法院，则法院可以对这些诉讼的部分或全部争点进行合并审理，以避免不必要的费用和延迟诉讼。参见张光宏，毕洪海.行政附带民事诉讼的理论与实践［M］.北京：中国政法大学出版社，2014：124.

讼的制度功能[1]。

2. 环境行政附带民事公益诉讼的理论证成

其一，环境公益的侵害可能是私主体和公权力行为叠加产生的后果。在环境刑事附带民事公益诉讼中，私主体的一个行为同时触犯刑事和民事法律规范，因此需要同时承担刑事责任和民事责任，由此环境刑事附带民事公益诉讼呈现出"一因多果"的特质。然而在典型的环境行政附带民事公益诉讼中，私主体的环境侵害行为辅之以环境行政机关的违法行政或不作为，造成环境公益的损害后果，使环境行政与民事责任同时存在于同一环境公益侵害中，环境行政附带民事公益诉讼由此呈现出"多因一果"的特质。正是因为环境侵害的原因行为既包括私主体的违法行为，又包括公权力的违法行政，使环境公益的侵害同时触犯环境秩序公益和环境实体公益，由此引申出两种不同的法律后果，需要适用两种不同的诉讼程序。此时，环境行政附带民事公益诉讼也就具备了存在的客观性。

其二，环境行政与民事公益诉讼具备"附带"诉讼的基本要求。"两诉"能否合并，取决于以下三个方面：①两个诉讼请求是否有密切的关联。前已述及，环境行政附带民事公益诉讼的关联性体现在责任构成的"多因一果"，可见其具备诉讼具有关联性的形式要件。②是否符合诉讼经济原则。倘若环境行政附带民事公益诉讼能够减轻当事人讼累，且缓解法院的负担，则符合诉讼经济原则。相反，倘若附带诉讼有增加诉讼的复杂性，延缓纠纷解决之可能，则不宜采取附带审理模式。③是否有利于法院判决的确定性、严肃性和一致性[2]。实践证实，环境行政附带民事公益诉讼可以一并解决行政争议与民事争议，不仅有利于纠纷的高效、公正解决，也有利于增强司法自身的权威性。因此环境行政附带民事公益诉讼具备诉的合并之基本要求。

---

[1]　徐以祥.我国环境公益诉讼的模式选择：兼评环境行政公益诉讼为主模式论［J］.西南民族大学学报（人文社会科学版），2017，38（10）：86－94.
[2]　孙洁冰.刑事公诉、行政诉讼附带民事诉讼制度研究［M］.重庆：重庆大学出版社，1990：157.

其三，构建环境行政附带民事公益诉讼模式是实现环境秩序公益与环境实体公益整全性保护的必然选择。一方面，环境行政与民事公益诉讼的制度功能具有互补性，前者可以督促行政机关反思、检讨和纠正违法行政行为，继而举一反三，改进主管领域的行政执法行为[1]；后者可以及时制止行政相对人的环境违法行为，并实现对环境公益损害的赔偿。因此单独提起前者或者后者都可能造成对环境公益的救济不足，通过"附带"方式提起则可以有效实现"两诉"的合力。另一方面，以"行政附带民事"的方式协调环境行政与民事公益诉讼之间的程序竞合，意味着环境公益侵害主要通过环境行政公益诉讼来解决，只有行政公益诉讼解决不了的部分才由"附带"的环境民事公益诉讼解决，由此确立了民事公益诉讼相对于行政执法的后位性和补充性[2]，并契合了"行政优先原则"和"整全性保护原则"[3]。

其四，环境行政附带民事公益诉讼制度的建立是完善我国检察监督制度的需要。检察监督是宪法赋予检察机关的一项职责，检察监督的内容则呈扩张之趋势[4]，环境公益诉讼的确立更是在监督广度和监督强度上增加了检察监督的内容。一方面，从监督广度来看，宪法条文规定的检察监督明显不局限于刑事方面，除刑事法律监督外，还应当包括民事和行政法律监督[5]，只有这样，检察机关作为法律监督机关才能名副其实。另一方面，从监督强度来看，在检察公益诉讼未确立之前，检察机关只能通过抗诉监督的方式对行政或民事审判活动实行法律监督，但是抗诉监督是事后监督，完善检察监督还需增加提起诉讼、参与诉讼这两种事前、事中监督方式[6]。因此检察机关

[1] 姜明安.检察机关提起公益诉讼应慎重选择诉讼类型［N］.检察日报，2017-02-22（3）.

[2] 论者就此指出，公益诉讼并非环境公益保护的首要机制，其目的是作为环境行政规制的监督机制与补充机制。参见张宝，潘鸣航.环境公益诉讼中"公益"的识别与认定：一种反向排除的视角［J］.中南大学学报（社会科学版），2018，24（2）：37-45.

[3] 巩固.检察公益"两诉"衔接机制探析：以"检察公益诉讼解释"的完善为切入［J］.浙江工商大学学报，2018（5）：27-34.

[4] 例如2012年修订的《民事诉讼法》第十四条将民事检察监督的范围从"民事审判"扩展到整个"民事诉讼"。

[5] 刘艺.检察公益诉讼的司法实践与理论探索［J］.国家检察官学院学报，2017，25（2）：3-18.

[6] 邵世星.论民事诉讼检察监督的立法完善［J］.国家检察官学院学报，1999（1）：70-71.

提起环境行政附带民事公益诉讼不仅在法律监督广度上实现了刑事、行政和民事监督的等同，也在监督强度上实现了事前、事中和事后监督的全覆盖。

3. 小结

环境行政附带民事公益诉讼具有理论上的正当性和实务操作上的可行性，但这并不意味着环境行政附带民事公益诉讼模式应当被泛化。论者指出，环境行政附带民事公益诉讼的适用范围和条件是有限的，应当"仅限于单一公益诉讼类型不能充分救济受损公益时"[1]。具体而言，其适用情形主要可以区分为两大类：其一，环境侵害能够通过环境行政实现行为抑制，但其造成的事实损害因行政机关缺乏"责令赔偿损失"的职权赋予而难以通过行政手段填补的情形。其二，环境侵害能够通过环境民事公益诉讼实现止损和救济的目的，但是环境行政机关存在违法行政或怠于履职，需要环境行政公益诉讼加以"惩戒"的情形。在上述两种情况下，环境行政与民事公益诉讼均有不可或缺的独特功能，适宜采用环境行政附带民事公益诉讼的方式进行责任追究。

（二）附带模式选择

根据行政争议与民事争议交叉的类型，可以将附带模式分为三类：其一，以行政争议为主而民事争议作为附属问题的"先行后民"模式；其二，以民事争议为主而行政争议作为附属问题的"先民后行"模式；其三，行政争议与民事争议并重的"行民并行"模式。下文将以此为基础，探讨三种模式各自的理论基础、适用情形等问题。

1. "先行后民"模式

当行政争议的解决成为民事争议解决的逻辑前提，绕开该行政问题就不能作出民事裁判，环境行政附带民事公益诉讼就应当采用"先

[1]　巩固.检察公益"两诉"衔接机制探析：以"检察公益诉讼解释"的完善为切入[J].浙江工商大学学报，2018（5）：27-34.

行后民"模式。"先行后民"的理论基础主要来自行政权的公定力理论，即行政行为一经作出，除非自始无效[1]，否则即应当推定合法有效[2]。行政权的公定力主要是基于法的安定性考虑，不可否认，行政行为应当受到作出的行政机关、行政相对人以及其他组织和个人的充分尊重，否则法秩序将难以为继。加之"民事诉讼不能径行否定行政行为的效力"[3]，因此环境行政附带民事公益诉讼应当待行政争议这一"先决问题"解决之后，再由审理行政案件的同一审判庭审理附带民事公益诉讼案件。

章剑生认为，行政行为可以区分为确认性、形成性和裁决性三种，其中，确认性行政行为是指行政机关对行政相对人之间的法律关系作出的意思表示，应当采取"先民后行"模式；形成性行政行为是指行政机关作出的具有产生、变更和消灭法律关系的意思表示，应当采取"先行后民"模式；裁决性行政行为是指行政机关对行政相对人之间的民事法律关系所作出的一种意思表示，应当采取"行民并行"模式[4]。笔者认为上述观点具有一定的启发意义，但是细究发现，其观点仍有改进的空间。具体而言，形成性行政行为无疑具有采用"先行后民"模式的必要性，但是形成性行政行为是否一定构成环境行政附带民事公益诉讼的"先决问题"，往往取决于环境民事公益诉讼的诉讼请求。以排污许可为例，排污许可的构成要件与侵权责任的构成要件在基本价值、构成内容等方面存在重大差异，造成因违反排污许可而是否承担侵权责任的两种截然不同的结果：其一，倘若受害人提出损害赔偿之诉，则在附带的环境民事诉讼中，法院可径行根据无过错责任原则对侵权责任的构成要件进行审查，而无须考虑排污行为是

---

[1] 当"除非自始无效"这一限定必须存在时，则构成"有限公定力理论"，即公定力并不是所有行政行为都能够具备，那些明显违背法律、基本价值共识的行政行为缺乏公共利益取向，应当自始无效而不具备公定力；相反，当"除非自始无效"这一限定不存在时，则构成"完全公定力理论"，即只要是行政机关基于法定程序产生的行政行为自始有效。参见叶必丰.行政行为的效力研究［M］.北京：中国人民大学出版社，2002：76.
[2] 张光宏，毕洪海.行政附带民事诉讼的理论与实践［M］.北京：中国政法大学出版社，2014：34.
[3] 张光宏，毕洪海.行政附带民事诉讼的理论与实践［M］.北京：中国政法大学出版社，2014：34.
[4] 章剑生.行政行为对法院的拘束效力：基于民事、行政诉讼的交叉视角［J］.行政法论丛，2011，14：391-415.

否符合许可内容；其二，倘若当事人提出停止侵害、排除妨碍等阻却性诉求，那么排污行为是否符合排污许可要求就成为法院处理民事争议的"先决问题"，此时法院就有必要对作为"主诉"的行政争议进行处理，待行政诉讼对排污许可的合法性等问题作出认定后再根据上述判断作出民事诉讼的裁判[1]。

2."先民后行"模式

"先行后民"模式在一定程度上借鉴了刑事附带民事诉讼中的"先刑后民"思路。然而正如人们逐渐意识到"先刑后民"存在的调解难、执行难等弊端，行政法学界也对"先行后民"的传统模式提出了挑战。何海波就指出，行政行为对民事审判的拘束力是相对的、多样的、情境性的[2]。行政行为对民事审判的拘束力趋于减弱在近年来的司法解释类规范性文件中有所显现。例如《最高人民法院关于审理道路交通事故损害赔偿案件适用法律若干问题的解释》第二十七条规定，法院有权审查交通管理部门制作的交通事故认定书并确认其相应的证明力，有相反证据推翻的，可以不予采信，而无须另行提起行政诉讼撤销该行政确认行为。

前已述及，论者认为确认性行政行为与裁决性行政行为应当分别适用"先民后行"模式和"行民并行"模式。但是笔者认为，确认性行政行为与裁决性行政行为都适宜采用"先民后行"模式。原因在于：确认性行政行为与裁决性行政行为在表面上看与行政行为有关，但是追根溯源，二者在本质上根源于民事争议，民事争议的解决就自然而然会化解行政争议[3]。换言之，最高人民法院并不认为行政附带民事诉讼均需首先通过行政诉讼来解决行政争议再解决民事争议，因为民

---

[1]　张光宏，毕洪海.行政附带民事诉讼的理论与实践［M］.北京：中国政法大学出版社，2014：46-49.

[2]　何海波.行政行为对民事审判的拘束力［J］.中国法学，2008（2）：94-112.

[3]　例如《最高人民法院关于审理房屋登记案件若干问题的规定》第八条规定，当事人认为作为房屋登记行为基础的民事法律关系无效或应被撤销，进而申请撤销确认性行政行为的，法院应当优先解决民事争议。因为行政确认和行政裁决虽然均牵涉行政行为，但是归根结底，当事人希望解决的是民事争议，因此民事争议的解决就成为行政附带民事诉讼的出发点与归宿。

事争议在行政确认、行政裁决中具有"先决问题"的特征，此时解决民事争议才是行政附带民事诉讼得以顺利进行的根本。

3. "行民并行"模式

环境行政与民事公益诉讼的诉讼请求可能出现功能互补的情形，例如损害赔偿请求权与确认违法请求权互不以彼此为先决条件。在此情形下，此案的诉讼并不以另案的审理结果为前提，此时就可以将两案同时进行审判，至于谁先谁后，完全可以根据实际情况进行灵活处理。在这种情况下，一般应当制作行政附带民事诉讼判决书，除非附带民事诉讼部分过于复杂，否则为了不使行政诉讼的审理过分迟延，可以随机调整成"先行后民"模式，形成实际上的两案分别审理，并分别制作判决书。

4. "先行后民""先民后行"与中止诉讼的竞合与适用

《民事诉讼法》第一百五十三条规定，本案必须以另一案的审理结果为依据，而另一案尚未审结的，本案中止诉讼。由于该条并未限定"另一案"的具体类型，从理论上讲，可以是行政、民事或刑事公诉的任何一类，而且在"中止诉讼"前未加"可以"等裁量性用语，因此当发生"先决问题"时，作为"后诉"的民事诉讼必须中止。而《行政诉讼法》第六十一条第二款规定，法院认为行政案件的审理需以民事诉讼的裁判为依据，可以裁定中止行政诉讼。此时就具备关于中止与否的裁量自由。上述规定在环境行政附带民事公益诉讼中可能造成适用难题，例如适格原告对行政机关核发的排污许可不服，且私主体的排污行为造成环境公益损害，为此适格原告提起环境行政附带民事公益诉讼，其中行政公益诉讼的请求是确认行政机关赋予排污许可的行为违法和撤销排污许可，民事公益诉讼的请求是停止侵害和赔偿损失。由于赔偿损失与排污许可合法与否并无法律上的关联性，因此赔偿损失与确认排污许可违法的请求可以并存。问题在于，民事公益诉讼中的停止侵害请求权以行政公益诉讼中的确认之诉和撤销之诉为前提，只有在行政公益诉讼审查排污许可的合法性之后作出否定判决的情况下，停止侵害的诉讼请求才能成立，即行政诉请成为"先决问题"，那么《民事诉讼法》规定的诉讼中止和行政附带民事诉讼中的"先行后民"模式就发生功能竞合[1]。笔者认为，这种功能竞合可以并存，在提起环境行政附带民事公益诉讼的情况下，当行政争议成为环境民事公益诉讼的"先决问题"时，则采用"先行后民"的审理模式，而无须裁定中止，以此来节约司法资源。

五、环境行政／民事公益诉讼的整合路径

基于对行政附带民事公益诉讼所具备的效率优势的青睐，吕忠梅指出："行民案件实质性合并审理还需大力推进。"[2] 行政附带民事诉讼的发展落后于刑事附带民事诉讼，且不能简单沿用刑事附带民事诉讼的相关理论和制度，可行路径是结合行政附带民事公益诉讼的特殊性，寻求一种与既有体制兼容的制度创新。

（一）起诉条件

1. 诉讼当事人的确定

其一，关于检察机关的双重角色影响环境公益诉讼审判的问题。检察机关提起环境行政附带民事公益诉讼有着追求胜诉的"自身利益"，加之检察机关与环境公益侵害之间缺乏"切肤之痛"，因此如何协调检察机关在环境公益诉讼中的双重角色就成为问题。笔者认为，检察机关在诉讼中追求胜诉并非坏事，正是对胜诉的追求促使其积极通过诉讼方式维护环境公益。至于检察机关的法律监督者身份，论者

---

[1] 也有论者提出不同的观点，例如黄学贤认为，当环保组织与检察机关分别提起环境民事公益诉讼与环境行政公益诉讼时，可以终止环境民事公益诉讼，通过环境行政附带民事诉讼的途径来解决。参见黄学贤. 行政公益诉讼回顾与展望：基于"一决定三解释"及试点期间相关案例和《行政诉讼法》修正案的分析 [J]. 苏州大学学报（社会科学版），2018，39（2）：41-53.

[2] 吕忠梅，刘长兴. 环境司法专门化与专业化创新发展：2017—2018年度观察 [J]. 中国应用法学，2019（2）：1-35.

指出，"检察机关暂时'忘却'法律监督机关的身份，反倒有可能取得较好的效果，真正实现法律监督的职能"[1]。具体而言，代表检察机关出庭的检察官不得当庭实施检察监督，而应当待休庭之后以检察机关的名义对庭审进行检察监督。因为出庭检察官主要承担和履行当事人职责，同时当庭进行检察监督容易造成主审法官的处理难题[2]。由此勾勒出检察机关在环境公益诉讼中的清晰图景，即检察机关在庭审中履行当事人的权利和义务，而在通过当事人权利义务仍然无法挽救环境公益且存在司法不公的情况下，可以以检察机关的名义履行检察监督职能[3]，由此可以实现检察机关双重角色的协调。

其二，关于提起环境行政附带民事公益诉讼的检察机关级别问题。根据相关法律及其司法解释的规定，第一审环境民事公益诉讼案件由市级人民检察院提起，第一审环境行政公益诉讼案件由基层人民检察院提起。那么在环境行政附带民事公益诉讼中应当由基层人民检察院还是市级人民检察院提起呢？笔者认为，由于上级人民检察院的受案范围具有"向下兼容"的权力和优势，相反，下级检察院受理应由上级检察院处理的案件则面临较大阻力，与其将环境民事公益诉讼交由下级法院审理，不如将环境行政公益诉讼交由市级人民检察院提起更加符合诉讼法理和程序改造的便宜原则。是故，环境行政附带民事公益诉讼由市级人民检察院向中级人民法院提起比较符合诉讼法理以及环境公益诉讼之建制目的。

其三，关于环保组织能否充当附带环境民事公益诉讼的原告问题。检察机关主导环境行政附带民事公益诉讼，使环境公益诉讼的"国家化"得到强化，而借助环境公益诉讼实现公民自治的目的却逐渐落空，

---

[1] 秦前红.检察机关参与行政公益诉讼理论与实践的若干问题探讨［J］.政治与法律，2016（11）：83-92.

[2] 李浩.论检察机关在民事公益诉讼中的地位［J］.法学，2017（11）：168-181.

[3] 有论者指出，此时检察机关的当事人角色和法律监督者角色实际上具有内在一致性，即检察机关在充当诉讼当事人时，其法律监督的重心已经从法院的裁判活动转向民事主体的守法活动和行政机关的执法活动。参见李艳芳，吴凯杰.论检察机关在环境公益诉讼中的角色与定位：兼评最高人民检察院《检察机关提起公益诉讼改革试点方案》［J］.中国人民大学学报，2016，30（2）：2-13.

此时是否需要释放环保组织之优势并允许其提起附带环境民事公益诉讼就成为一个价值选择问题。笔者认为，应当允许环保组织充当附带环境民事公益诉讼原告，原因在于：一方面，环保组织提起环境民事公益诉讼的权利得到《民事诉讼法》《环境保护法》等诸多法律的肯认，环境行政附带民事公益诉讼仅构成诉讼程序的创新，而未突破环境行政/民事公益诉讼的基本架构，因此环保组织仍然保有提起附带环境民事公益诉讼之权利。另一方面，在刑事附带民事诉讼中，检察机关充当秩序法益的公诉人，受害人则充当实体法益的公诉人，二者共同对被告提起刑事附带民事诉讼。环境行政附带民事公益诉讼可以借鉴刑事附带民事诉讼的"双原告"制度设计，以此来保障环保组织的环境公益诉权。

其四，关于自然人能否成为附带民事公益诉讼适格原告的问题。笔者认为，虽然自然人提起附带环境民事公益诉讼能够释放私主体维护环境公益之潜力，但是这一制度设想仍然需要慎重考虑，原因在于：其一，与西方具有悠久的市民社会传统迥异，我国民间由一个个离散的小生活体构成，不具有谋求抽象的、超越具体地缘血缘之"公共"利益的能力与兴趣[1]；其二，原告向自然人的拓展可能引发全民诉讼，由此造成权力机关难以控制公共执法的广度和强度[2]。

至于当前环境行政附带民事公益诉讼存在的较为严重的选择性司法问题，笔者认为，在该制度试点初期，这种精心选取被告的做法有利于节约司法资源、树立环境司法规制典型，虽然对被告的差别对待有违公平原理，但是倘若通过新设制度填补漏洞可能带来制度叠床架屋的问题。随着环境行政附带民事公益诉讼制度的发展完善，这种对被告的选择性司法会逐渐被环境司法规制的制度化所取代。

---

[1] 陈杭平，周晗隽.公益诉讼"国家化"的反思[J].北方法学，2019，13（78）：70-79.
[2] 也有论者指出，环境保护公益诉权向个人开放符合环保法依靠群众保护环境的原则，为此，应当将公益嵌套进个人利益中，推动个人提起公益诉讼的实践。参见张卫平.民事公益诉讼原则的制度化及实施研究[J].清华法学，2013，7（4）：6-23.

2. 附带诉讼的受案范围

行政裁决难以引发环境行政附带民事公益诉讼，行政许可、行政登记、行政征收或征用均可构成环境行政附带民事公益诉讼的原因行为。笔者认为，除上述原因行为外，环境行政附带民事公益诉讼的受案范围还需进一步拓展。

第一起行政附带民事公益诉讼中[1]，检察机关控告江源区卫计局在江源区中医院未取得环评审批的情况下审核通过《医疗机构执法许可证》违法，也理应承担一定的行政责任。但是不得不追问的是，《医疗机构管理条例实施细则》中《医疗机构执业许可证》以获得环评为前置程序，根据《环境保护法》第六十一条的规定，建设项目未经环评先行建设的行为已经触犯法律，而且该法也设置有责令停止建设、处以罚款、责令恢复原状的行政责任赋予。那么，该案中为何江源区检察院不告履职不力的生态环境主管部门，而去告更加后端的江源区卫计局呢？可能的原因是，在形式法治的语境下，要求一切司法改革都要于法有据，倘若起诉江源区卫计局，就可以契合《行政诉讼法》第六十一条关于行政许可产生的民事争议可以进行合并审理的法律规定，相反，倘若起诉生态环境主管部门，则会导致附带诉讼缺乏法律支撑。

这里衍生出另一个问题，即在该案中尚且可以在两个行政部门之间针对案情进行抉择，倘若在职能明确的情况下，检察机关又该何去何从？笔者认为，一般行政附带民事诉讼主要是对积极行政行为不服提起行政附带民事诉讼[2]；而环境行政附带民事公益诉讼不仅应当针

---

[1]　2012 年江源区中医院建设综合楼时未建设污水处理设施、未完成环境验收就被投入使用。2014 年江源区中医院进行改建时，未履行"三同时"义务，被江源区环保局作出罚款和责令改正、限期办理环保验收的行政处理。2015 年江源区中医院在未提供环评合格报告的情况下，江源区卫计局违背《医疗机构管理条例实施细则》第三十五条的强制性规定将江源区中医院《医疗机构执业许可证》校验为合格。参见最高法发布十起环境公益诉讼典型案例之十：吉林省白山市人民检察院诉白山市江源区卫生和计划生育局、白山市江源区中医院环境行政附带民事公益诉讼案。

[2]　朱沛东，潘建明. 行政附带民事公益诉讼相关实务探析［J］. 法治社会，2017（6）：103-109.

对积极行政行为违法提起诉讼，而且更多地应当允许对负有监管职责的行政机关的消极行政行为提起诉讼，并要求附带解决相关环境公益侵害的民事赔偿。此时就需要将行政处罚违法和行政不作为作为行政附带民事公益诉讼的原因行为。

之所以要将行政处罚纳入环境行政附带民事公益诉讼受案范围，是因为行政与民事责任具有兼容性，这种兼容性可以比较刑事与民事责任的关系，后者基于责任的兼容而衍生出实践中的刑事附带民事责任。理论上讲，完全可以基于行政与民事责任的兼容而创制环境行政附带民事公益诉讼。但是并非所有行政处罚案件都适宜采用行政附带民事诉讼的方式来解决，而应当限于侵权行为存在被害人的行政处罚案件。论者就指出，"治安管理、环境保护等行政处罚案件就非常适宜采用行政附带民事诉讼来彻底解决争议"[1]。因为行政诉讼可以对行政处罚的合法性和合理性进行全面审查，使行政争议的行政部分获得相对稳定的终局状态，也就进一步增加了民事诉讼的稳定系数[2]。奈曼旗检察院诉奈曼旗国土资源局和齐某的行政附带民事公益诉讼案，就属于行政处罚问题引发的行政争议和民事争议的竞合诉讼。这一做法实际上在实践中并不鲜见，宁波市鄞州区人民法院 2012 年发布的《审理行政诉讼附带民事诉讼案件第一审程序若干规定》第五条第二款就规定，当事人因民事侵权不服行政处罚的，可以一并提起行政附带民事诉讼。

将行政不作为纳入环境行政附带民事公益诉讼的受案范围也实属必要。因为实践中诸多环境侵害行为都设有监管部门，而监管部门怠于履行职责是环境受到侵害的重要诱因，倘若仅允许行政处罚作为环境行政附带民事公益诉讼的受案范围，则会产生一种反激励，即既然积极处罚会带来环境行政附带民事公益诉讼，那么消极不作为可能是

---

[1]　朱辉 . 行政附带民事诉讼程序整合问题探讨［J］. 甘肃政法学院学报，2014（6）：104-110.
[2]　陈晨 . 遵循类型化的思考：典型行政交叉案件诉讼模式构想［C］// 万鄂湘 . 审判权运行与行政法适用问题研究 . 北京：人民法院出版社，2011：969.

最佳选择。固阳县检察院诉固阳县林业局和马鞍古桦旅游公司的环境行政附带民事公益诉讼案，以及赛罕区检察院诉赛罕区林业局和湖北拓林公司行政附带民事公益诉讼两案例中，就属于行政机关行政不作为而引发的。为此，笔者建议将行政不作为纳入环境行政附带民事公益诉讼的受案范围，从而实现受案范围对环境行政的正激励作用。实践常见的情形中：①行政机关实质性履行了义务，而未在形式上回复检察机关的检察建议，不属于行政不作为；②行政机关已经履行了自己职权范围内所能做的一切，但公益侵害仍无法得到补救，不属于行政不作为；③检察建议中关于完善制度规范等没有落实不到位的，不属于行政不作为；④行政机关对行政相对人发出限期整改通知，但是未后续跟进，企业亦未整改到位的，属于行政不作为；⑤行政机关履行了一部分职责，但未全面履行，属于行政不作为；⑥在行政机关具有裁量权的领域不存在行政不作为 [1]。

司法实践中时常出现同一行政机关未依法履职导致同一类型的数个环境违法行为同时发生，且数个违法行为导致同一损害结果的情形。针对这种情况，笔者认为，从诉讼效率与社会实效出发，适格原告可以作为一个案件提起环境行政公益诉讼，以此避免适格原告针对多个环境私主体违法而必须一事一诉的问题。相对应，附带环境民事公益诉讼也是一个，即有着数个共同被告的附带环境民事公益诉讼 [2]。《行政诉讼法解释》第二十七条就规定，行政机关就同一事实对若干私主体分别作出行政行为引发行政诉讼的，法院可以合并审理。

上述情形是一个行政机关对其管辖的多个同类事项未依法行政引起的纠纷，与之相对应，还存在两个以上行政机关分别对同一管辖事项未依法行政引起的纠纷。最高人民检察院《关于深入开展公益诉讼

[1] 相关问题的提出可参见胡卫识，迟晓燕．从试点情况看行政公益诉讼诉前程序［J］．国家检察官学院学报，2017，25（2）：30-48.值得补充的是，针对最后一点，即在行政机关具有裁量权的领域，是否存在行政不作为进而有可提起行政公益诉讼的空间问题，就比较研究来看，美国的环境法律明确指出，公民诉讼的受案范围不具有裁量性的行政行为，因为基于对行政机关专业性的尊重，司法机关对行政裁量行为的审查保持着克制。
[2] 朱沛东，潘建明．行政附带民事公益诉讼相关实务探析［J］．法治社会，2017（6）：103-109.

试点工作有关问题的意见》规定，数个行政机关对同一侵害环境公益行为存在未依法履职的情形，检察机关可以分别发出检察建议。那么是否应当提起数个环境行政公益诉讼呢？笔者认为答案是否定的，因为一方面，《行政诉讼法解释》第七十三条规定，两个以上行政机关分别对同一环境侵害事实未依法履职引发行政诉讼的，法院可以合并审理。另一方面，民事诉讼实行"一事不再理"原则，因此不可以在数个未依法履行职责的行政机关导致同一环境公益受损时提出数个附带民事公益诉讼。此时选择提起一个行政附带民事公益诉讼将成为最优选择。

关于环境行政与民事公益诉讼具有内在关联性的要求，笔者认为，狭义的关联性理论认为"两诉"的关联需要是基于同一法律事实引起的行政争议与民事争议。其问题在于，"基于同一法律事实"这一要件过于模糊、宽泛，在司法实务中法官拥有巨大的裁量权，对通过关联性筛选适宜的环境行政附带民事公益诉讼并无实益。中义的关联性理论认为诉讼关联可以区分为两种情况，即行政相对人的行为竞合情形和行政行为较之于民事争议的处理具有先决性的情形。笔者认为，中义的关联性理论仅涵盖了两种环境行政附带民事公益诉讼的特殊情形，实际上并不周延。例如行政相对人虽然造成行为竞合，既触犯行政法律规范又触犯民事法律规范，但是行政机关的依法履职可以阻断环境行政公益诉讼，因此行为竞合不必然引发环境行政附带民事公益诉讼。相较而言，广义的关联性理论，即行为关联、结果关联和诉请关联三者任选其一就构成关联性的观点更具实操性。

为了保障环境行政附带民事公益诉讼的提起符合诉讼原理和既有司法制度，可以建立庭前审查制度，即法院审查发现单一的环境行政或民事公益诉讼不足以保护环境公益时，法院有义务向适格原告释明其可以依法提起环境行政附带民事公益诉讼[1]。之所以要建立庭前审查和释明制度，原因在于，适格原告的公益诉讼实施权基于公益的需要而受到一定的限制，法院在公益诉讼中并不能纯粹中立，而应当以充分保护环境公益作为行政准则，当单一的诉讼模式选择无法妥善保护环境公益时，法院就有义务通过"释明"的方式提醒原告变更诉讼策略[2]。制度建构中需要注意的是，虽然法院有"释明"的义务，但是发动诉讼的根本权力还是在起诉方，基于对起诉方的尊重，被"释明"的适格原告有权作出接受与否的选择[3]。

3. 诉讼请求竞合的处理

环境行政与民事公益诉讼的诉讼请求存在功能竞合的问题，即环境行政公益诉讼中的依法履职与环境民事公益诉讼中的停止侵害等主张在功能上是重叠、可替代的，任一类型的诉讼请求的支持或履行，另一个诉讼请求的目的就会自然实现，那么两个诉讼请求是否有必要共用呢？笔者认为，环境行政附带民事公益诉讼的生成原因是其能更好地定分止争、化解矛盾，"灵活""高效"是该制度的应有之义。从及时、快捷的角度来看，依法履职的行政诉请与停止侵害、恢复原状等的民事诉请可以共存[4]，由此营造出行政责任与民事责任"双管齐下"的效果，以此提升环境公益司法保护的效果[5]。基于对行政机关专业性的尊重，也鉴于司法规制的高成本，当法院同时支持发生竞合的环境行政附带民事公益诉请之时，应当优先适用行政责任推动环

---

[1] 许士宦就指出，原告必须明确主张其所据以起诉至实体法上权利为何，有违大陆法系国家奉守之法官知法原则，对于不谙法律知识之原告不免过苛。参见许士宦.新民事诉讼法［M］.北京：北京大学出版社，2013：78.

[2] 巩固.检察公益"两诉"衔接机制探析：以"检察公益诉讼解释"的完善为切入［J］.浙江工商大学学报，2018（5）：27–34.

[3] 朱辉.行政附带民事诉讼程序整合问题探讨［J］.甘肃政法学院学报，2014（6）：104–110.

[4] 需要补充的是，行政诉讼与民事诉讼在增加诉讼请求的事项上存在不一样的规定。《行政诉讼法解释》第七十条规定，原告提出新的行政诉讼请求应当在起诉状副本送达被告之前；而《民事诉讼法解释》第二百三十二条规定，原告增加民事诉讼请求应当在法庭辩论终结前。对于这一问题，论者指出，行政附带民事诉讼制度设计的初衷是让纠纷解决更为顺畅，而不是为当事人寻求救济以及法院审判设置障碍。因此在增加诉讼请求的事项上，不宜用严格的行政诉讼规则将其束缚，而是可以采用民事诉讼规则在法庭辩论终结前提出。参见张光宏，毕洪海.行政附带民事诉讼的理论与实践［M］.北京：中国政法大学出版社，2014：69.

[5] 朱沛东，潘建明.行政附带民事公益诉讼相关实务探析［J］.法治社会，2017（6）：103–109.

境行政机关依法行政，从而体现和保障"行政处理优先"的法理和原则。

笔者认为，在具体处理环境行政附带民事公益诉讼的诉讼请求时，可以参照诉的预备合并方式进行处理。也就是，适格原告可以根据诉的预备合并原理在环境行政附带民事公益诉讼中提出两项诉讼请求：一是以行政机关为被告，要求其依法履职；二是以私主体为被告，要求其承担侵权责任。法院则根据诉的预备合并原理首先对第一项诉讼请求进行审理，倘若第一项诉讼请求得到支持，则不再审理第二项诉讼请求。相反，当法院不支持第一项诉讼请求时，再启动对第二项诉讼请求的审理[1]。

4. 诉前程序的优化改造

根据现行法律规定，环境行政与民事公益诉讼均设置有诉前程序。然而实践中环境行政附带民事公益诉讼的诉前程序履行颇为混乱，在前文统计的案件中，同时履行环境行政与民事公益诉讼诉前程序的仅一件，占总数的 25%；仅履行行政公益诉讼诉前程序而省去民事公益诉讼诉前程序的有三件，占总数的 75%。对此，理论界产生了两种观点，一种是行政与民事公益诉讼诉前程序均需履行的"双履行"观点，其内部又区分为严格的双履行和改造现行"双履行"时间线两种不同的见解；另一种观点是仅履行环境行政公益诉讼的诉前程序。由此我们就存在三种选择，即严格遵守"双履行"规定、改造既有"双履行"规定以及仅履行环境行政公益诉讼的诉前程序三种方案，那么哪种方案符合环境行政附带民事公益诉讼之要旨呢？

我们不妨先检视关于仅履行行政公益诉讼诉前程序的缘由。持该观点的论者认为：其一，"两诉"的诉前程序功能不同。诉前程序在本质上属于对诉权的限制，但是诉前程序在不同的情形下却具有不一样的功能。环境行政公益诉讼的诉前程序旨在通过"检察建议"的方式督促行政机关依法行政，从而实现"无需诉讼的秩序"，体现的

---

[1] 关于诉的预备合并原理，可以参见张永泉.民事之诉合并研究［M］.北京：北京大学出版社，2009：序 5.

是司法审查最终原则和谦抑原则；而环境民事公益诉讼的诉前程序本质上是一种"公示催告"程序，其本身并不直接启动对受损公益的救济[1]，而只是寻求其他适格原告提起诉讼，体现的是检察公益诉讼的后位性和补充性。其二，我国的环保组织力量薄弱，有意愿和能力提起环境民事公益诉讼的寥寥无几。实践中履行的公示催告多数也无人问津，最终仍然由检察机关提起诉讼，因此环境民事公益诉讼的诉前程序不仅浪费公示资金，而且还浪费了公示期一个月的宝贵时间。其三，环境行政附带民事公益诉讼牵涉两种法律关系，二者不是并列关系而是主从关系，因此环境行政附带民事公益诉讼可以直接依据《行政诉讼法》第二十五条履行行政诉前程序，而不受《民事诉讼法》第五十八条关于起诉条件的限制[2]。

笔者认为，在环境行政附带民事公益诉讼中仅履行环境行政公益诉讼的观点并不妥当，原因在于：其一，"两诉"的诉前程序功能不同并不能推导出二者具有替代性。环境行政与民事公益诉讼的诉前程序实际上具有互补性，二者共存无疑可以起到尊重行政权、培育市民社会之优势。其二，环保组织薄弱并非剥夺其诉讼权利的理由。倘若以环保组织薄弱为由阻却其提起环境民事公益诉讼的权利，那么以环保组织为代表的市民社会永远不可能发育成熟。制度建构具有普适性和持久性，不能以现阶段或某一地的环保组织状况以偏概全地剥夺其他地区或长远而言具备诉讼能力和诉讼意愿的环保组织诉讼权能，制度设计应当留有余地[3]。其三，环境行政附带民事公益诉讼理论上可以存在两个适格原告，倘若依据《行政诉讼法》第二十五条而有意忽略《民事诉讼法》第五十八条关于诉前程序的规定，则有违法律之

---

[1] 有论者就此指出，当前置程序可能给环境公益造成不可逆损害之虞时，环境民事公益诉讼不需要启动前置程序。参见赵泽君，陈涛.从民事诉讼理念角度谈检察机关提起民事公益诉讼：兼评《民诉法修改决定》第55条之规定［J］.中国检察官，2013（7）：72-76.

[2] 巩固.检察公益"两诉"衔接机制探析：以"检察公益诉讼解释"的完善为切入［J］.浙江工商大学学报，2018（5）：27-34.

[3] 换言之，环保组织发育不全严格履行环境民事公益诉讼难诉前程序之因，而非阻却其参加诉讼的借口。

强制性规定。《关于审理环境公益诉讼案件的工作规范（试行）》第四十一条就规定，检察机关提起环境民事或行政公益诉讼，应当提交"检察机关已履行诉前程序的证明材料"。从条文表述来看，此处的证明材料明显应当与所提的公益诉讼相对应。

笔者亦不否认，倘若行政附带民事公益诉讼严格履行现行法律关于"两诉"诉前程序的规定，势必造成重大效率损失。鉴于仅履行行政诉前程序对法制的冲击，笔者认为改造"双履行"制度更具可行性。根据《检察公益诉讼解释》第十三条和第二十一条的规定，环境民事与行政公益诉讼的诉前程序期限分别为 30 日和两个月（若情况紧急，行政机关回复期限为 15 日）。笔者认为，环境行政附带民事公益诉讼的前提是行政诉讼的成立，但是这种诉讼模式本身是为节约资源、提高效率而生，其本身是手段而非目的。不应当待行政公益诉讼诉前程序的两个月履行完毕再履行民事公益诉讼的诉前程序。因此，在检察机关认为案件符合环境与民事公益诉讼起诉条件之时，应当先行衡量诉讼请求是否竞合，倘若诉请完全竞合，则应当先履行环境行政公益诉讼的诉前程序。倘若诉请互补，则同时履行"两诉"的诉前程序[1]。当 30 日公告程序届满，应当允许启动环境民事公益诉讼程序，而且诉讼请求可以涵盖环境行政公益诉讼的诉讼请求，以此契合前文所述的"双管齐下"的诉请设置之宗旨。当行政机关在诉前程序中依法履职，则将环境民事与行政公益诉讼请求竞合的部分修改为确认违法，而互补的诉讼请求继续审理。当行政机关并未在诉前程序中依法履职，则应当提起环境行政公益诉讼，并依申请或依职权将两诉进行合并审理，形成事实上的环境行政附带民事公益诉讼模式。

5. 诉讼费

在非检察机关提起的附带民事诉讼中能否参照刑事附带民事诉讼免交诉讼费？对此问题，论者指出，根据实践部门的经验，倘若附带

---

[1] 孙洪坤，施丽芝. 论环境行政附带民事公益诉讼的法律适用与制度构建：以首例环境行政附带民事公益诉讼案件为切入点［J］. 山东法官培训学院学报，2018（1）：48-58.

的环境民事公益诉讼不收取诉讼费用，部分当事人将基于诉讼成本的考虑选择提起环境行政附带民事公益诉讼以规避诉讼收费制度，由此造成类似案件涌向行政庭的问题[1]。笔者认为，非检察机关提起的附带环境民事公益诉讼仍然应当根据"谁起诉、谁预交"的原则缴纳诉讼费。《行政诉讼法解释》第一百四十四条对此也作了规定，认为行政案件、民事案件应当分别收取诉讼费用。但是考虑到环境公益保护的特殊需要，为了激发非检察机关提起环境公益诉讼，可以参考《诉讼费用缴纳办法》的规定适用诉讼费用的缓、减、免规定[2]。

（二）案件管辖

环境行政附带民事公益诉讼中存在的案件管辖问题主要包括三个方面：其一，两类诉讼级别管辖的差异导致合并审理的管辖抉择问题；其二，两类诉讼地域管辖的差异导致合并审理的管辖抉择问题；其三，专属管辖引发的管辖抉择问题。

针对级别管辖不一致的问题，不能断然根据管辖法院不一致而拒绝环境行政附带民事公益诉讼的适用。当管辖法院不一致时，究竟应当采取"就高"还是"就低"的原则，理论界观点并不统一。论者指出，"一般宜采取民事诉讼就行政诉讼的做法，即由对行政争议有管辖权的法院受理民事争议"[3]。由于环境行政公益诉讼的管辖法院较环境民事公益诉讼"低"，因此可以视为管辖的"就低"原则。在前文提及的四起环境行政附带民事公益诉讼中，就有两起采取"就低"的方式处理管辖冲突问题。但是这一问题可能剥夺当事人的审级利益。于是，有论者针锋相对地指出，"在管辖上，中级以上人民法院才具有行政附带民事公益诉讼的管辖权"[4]。从环境行政与民事

---

[1] 张光宏，毕洪海.行政附带民事诉讼的理论与实践［M］.北京：中国政法大学出版社，2014：72.

[2] 除诉讼费外，鉴定费也是环境公益诉讼的重要施行成本。为了避免鉴定费的问题阻碍环境公益诉讼的推行，司法部出台《关于进一步做好环境损害司法鉴定管理有关问题的通知》，规定部分司法鉴定机构在环境公益诉讼鉴定中采取鉴定费不预先收取、待法院判决后由败诉方承担的方式进行。

[3] 杨万霞.行政附带民事诉讼：解决行政、民事争议交织案件的一种选择［J］.广西政法管理干部学院学报，2002（3）：113-115.

[4] 朱沛东，潘建明.行政附带民事公益诉讼相关实务探析［J］.法治社会，2017（6）：103-109.

公益诉讼的审级规则来看，这一观点实际上是采取了"就高"的做法。笔者认为，应当采取"就高"原则，由上一级人民法院审理附带诉讼，原因在于，基于《环境民事公益诉讼解释》第六条第二款[1]与《民事诉讼法》第三十九条[2]的规定，将上级法院管辖的案件交给下级法院具有审慎的态度和复杂的报批手续，相反，将下级法院管辖的案件交由上级法院审理则相对容易。在环境行政附带民事公益诉讼中，处理级别管辖冲突时，"就高"所具备的合法性和所需成本均明显优于"就低"的情形[3]。

　　行政与民事诉讼在地域管辖上的冲突与级别管辖相比，是有过之而无不及。《最高人民法院关于行政案件管辖若干问题的规定》对行政诉讼的管辖问题进行了细致规定，但却未对行政附带民事诉讼的地域管辖冲突问题进行规定。笔者认为，可以把作为"从诉"的附带民事公益诉讼统一规定由作为"主诉"的行政公益诉讼管辖法院管辖，一方面，便于人民法院调查事实、核对证据，迅速查明案情；另一方面，行政行为具有公定力，民事法院不能撤销行政行为，因此由行政法院管辖行政附带民事公益诉讼更具实效。论者就此指出，"对于行政附带民事诉讼而言，在地域管辖上施行'民事就行政'的原则是比较妥当的一种选择"[4]。此外，确定了民事就行政的管辖原则之后，还需解答如何确定行政诉讼管辖地的问题。因为即使是同级行政机关，也存在法律强制规定的"谁发照谁处理"的原则。例如《中华人民共和国企业法人登记管理条例施行细则》第五十八条规定，责令停业整顿、扣缴或吊销执照等行政处罚，只能由原发照机关作出。《食品药品行

---

[1]　其规定，在报请高级人民法院批准后，中级人民法院可以裁定将本院管辖的环境民事公益诉讼交由基层法院审理。
[2]　其规定，上级法院有权审理下级法院管辖的民事案件。
[3]　也有论者提出了更为"釜底抽薪"的建议，即在法律层面降低环境民事公益诉讼的级别管辖法院，使其与环境行政公益诉讼原则上由基层人民法院管辖的规定等同，其原因在于，在公益诉讼草创期，案件较少，且一般案件重大、案情复杂、影响面广。这是现行法律规定由中级人民法院管辖一审环境民事公益诉讼的重要原因。然而随着环境公益诉讼的推进，案件数量大幅增加，且基于办案机关与案发地的空间距离、办案人员对案发环境的熟悉程度及诉讼成本等的考虑，将一审环境民事公益诉讼交由基层司法机关处理已经时机成熟。参见高德清．检察公益诉讼若干程序问题研究［J］．法治研究，2019（3）：86—93．
[4]　张光宏，毕洪海．行政附带民事诉讼的理论与实践［M］．北京：中国政法大学出版社，2014：66．

政处罚程序规定》第十六条亦规定，由原发证或批准的食品药品监督管理部门吊销行政许可或撤销批准文件。可见，在涉及对相对人予以停业整顿、吊销营业执照等"人身性"处罚的跨区域案件中，行政相对人住所地行政管理部门才有权实施[1]。在此情形下，行政公益诉讼的地域管辖法院也应当根据法律规定和案件情况进行具体抉择。具体而言，应当结合环境侵害的特殊性，建立以做出具体行政行为的被告住所地法院管辖为原则，以环境公益受损地法院管辖为补充，以指定管辖为例外的管辖规则。

针对专属管辖问题，笔者认为，在当事人提起的附带民事公益诉讼属于特定的法院管辖（一般为向海事法院提起的海洋生态环境损害赔偿之诉），而行政公益诉讼并非此特定法院管辖时，不宜提起环境行政附带民事公益诉讼。因为专属管辖的设置基于诉讼的专业性而选择专门法院进行审理，以此方便诉讼。倘若将附带民事诉讼交由作为主诉的普通法院审理，势必破坏专属管辖制度之价值[2]。论者就此指出："当事人的意志无权变更涉及社会公共利益或者国家利益的、法定的专属管辖，法院也不能基于诉讼经济的考虑随意变更法定的专属管辖。"[3]

（三）案件审判

1. 调查取证权的配置

质疑检察机关具有环境行政附带民事公益诉讼调查取证权的原因在于，作为公益诉讼起诉人的检察机关是实际意义上的原告，而赋予原告以调查取证权可能破坏诉讼两造的均衡状态，有违诉讼平等原则。顾培东就指出，"程序设计中不歧视被告，甚至在某种意义上给予被告更为充分的抗辩手段，这是体现诉讼过程中冲突主体平等的必然要

---

[1] 高德清.检察公益诉讼若干程序问题研究［J］.法治研究，2019（3）：86-93.
[2] 杨万霞.行政附带民事诉讼：解决行政、民事争议交织案件的一种选择［J］.广西政法管理干部学院学报，2002（3）：113-115.
[3] 李龙.民事诉讼诉的合并问题探讨［J］.现代法学，2005（2）：78-84.

求。"[1] 然而，一方面，环境行政附带民事公益诉讼与检察机关并无利害关系，倘若不向检察机关配给调查取证权，检察机关则难以查清事实真相；另一方面，检察机关作为公权力机关，其权力的行使受到体制性约束，相较而言更容易避免权力被滥用，由其享有调查取证权势必比环保组织等私主体拥有调查取证权更为稳妥。鉴于此，笔者认为检察机关享有一定的调查取证权仍然是符合成本收益的理性选择。

2. 举证责任的分配

根据《检察公益诉讼解释》第十四条，检察机关在民事公益诉讼中应当就被告行为已经损害社会公共利益提供初步证据。该解释第二十二条进一步规定，检察机关在行政公益诉讼中承担着被告违法行使职权或者不作为，致使环境公益受到侵害的证明责任。可见，检察机关负有对私主体或公权力造成环境公益损害的证明责任。从文义解释的角度看，民事公益诉讼中的"初步证明材料"较之于行政公益诉讼的"证明材料"明显要轻。笔者认为，虽然环境民事与行政公益诉讼在举证责任上均采举证责任倒置规则，但是在环境行政附带民事公益诉讼中不能随意组合、割裂，仍然应当细致地划分民事和行政问题进行举证、质证。刘艺进一步指出，环境公益诉讼不应简单地适用举证责任倒置规则，而应当明确检察机关在环境公益诉讼中承担诉讼的推进证明责任，行政机关则应当承担解释、说明责任[2]。

3. 审查标准的明确

根据现行诉讼法规定，在二审的审查广度问题上，行政诉讼基于"依法行政"的要求采取全面审查原则，而民事诉讼基于遵循"处分权主义"，采取根据上诉请求进行有限审查的原则[3]。笔者认为，在审查广度上，环境行政附带民事公益诉讼的二审宜不受原告上诉范围的限制而采取全面审查原则，以保障环境公益的妥善维护。在审查强

---

[1]　顾培东. 社会冲突与诉讼机制［M］. 3版. 北京：法律出版社，2016：77.
[2]　刘艺. 检察公益诉讼立法完善之整体框架［N］. 检察日报（理论版），2019-05-20.
[3]　许士宦就强调："审判对象为何，应期待原告行使程序处分权予以决定，如此始合乎处分权主义采用之旨趣、机能。"参见许士宦. 新民事诉讼法［M］. 北京：北京大学出版社，2013：74.

度上，环境行政附带民事公益诉讼宜区分为民事争议与行政争议，前者适用民事诉讼的"优势证据标准"，后者适用行政诉讼的"合法性标准"。

4. 调解、和解的适用

根据现行法规定，环境行政公益诉讼原则上不允许调解，而环境民事公益诉讼在确保公益不受损害的情况下可以调解。司法实践中，环境行政附带民事公益诉讼也大致可以根据诉讼性质的不同而采取不同的策略。例如，在呼和浩特市人民检察院诉赛罕区林业局以及湖北拓林公司环境行政附带民事公益诉讼中，民事部分就通过调解结案[1]。需要补充的是，调解是中国一项历史悠久的司法传统，被誉为"东方经验"，行政诉讼不能调解的强制性规定已经发生松动，《最高人民法院关于进一步发挥诉讼调解在构建社会主义和谐社会中积极作用的若干意见》指出，行政诉讼案件可以参照民事调解的原则和程序进行调解。2014年修正的《行政诉讼法》也放开了行政赔偿、补偿以及行政机关行使自由裁量权案件的调解。当下，调解适用于行政审判实践是一个"公开的秘密"[2]。笔者认为，调解本身是解决纠纷的一种方式，断然放弃此种手段并不科学，为了保障调解中对环境公益的保护，可以增加以公益维护为主旨的公示、审查程序，因此环境行政附带民事公益诉讼中应当允许适用调解程序。

5. 诉讼时效的协调

诉讼时效是一种抗辩权利[3]，在本质上是对当事人诉权的限制。《行政诉讼法》第四十五、四十六条分别规定，不服行政复议的诉讼时效为15日，不服行政行为的诉讼时效为6个月；而《民法典》第一百八十八条规定，普通诉讼时效为3年。本书认为，一方面，行政诉讼的成立是提起环境行政附带民事公益诉讼之前提；另一方面，行

---

[1] 参见（2017）内01行附民初142号。
[2] 黄学贤. 行政诉讼调解若干热点问题探讨［J］. 法学，2007（11）：43-49.
[3] 根据《最高人民法院关于审理民事案件适用诉讼时效制度若干问题的规定》第一条的规定，当事人对债权请求权可以提出时效抗辩。

政诉讼较民事诉讼的时效更短，因此二者在行政诉讼的时效期间达成重合。鉴于此，笔者认为应当以行政诉讼的时效规定统摄环境行政附带民事公益诉讼的诉讼时效。至于诉讼时效起算点，论者指出，检察机关提起的环境行政附带民事公益诉讼应当自受理案件之日起算诉讼时效，而不以公益诉讼科接受案件之日作为起算点[1]，因为检察公益诉讼的行使主体是检察院，具体的科室只具有检察机关的内部性质，不能直接对外产生效力。倘若检察机关向行政机关发出检察建议并规定回复期限的，则应当以回复期满作为起算点[2]。

（四）判决与执行

1. 裁判的既判力

以张卫平为主的论者认为，公益诉讼的既判力范围涵盖生效裁定的规定并不妥当，因为程序性事项的司法决定用裁定，而传统司法理论认为，具有既判力的一般为针对实体性问题的判决。然而笔者认为，司法实践中存在诉讼当事人利用程序性事项拖延诉讼的提起、审判和执行的现象，倘若不赋予裁定以既判力，那么环境行政附带民事公益诉讼中关于管辖问题、保全和先予执行问题等的认定将无法为其他具有相同基础的诉讼（尤其是环境私益损害诉讼）所适用，届时被告可以利用裁定无既判力的规定，重新申请管辖权异议等程序，以此来拖延诉讼的审理和裁判。为了规避上述现象，我国的环境司法实践创新规定裁定具有既判力无可厚非。至于环境行政附带民事公益诉讼生效裁判的"免证"效力能否对抗当事人以外的第三人，笔者持否定意见。原因在于，辩论原则是诉讼法的基本原则，倘若第三人受到其未参加、亦未行使辩论权的诉讼裁判的制约，将有违裁判效力相对性理论和辩论原则。

---

[1] 论者基于实证考察发现，目前检察系统内部相关业务部门的横向移送是检察环境公益诉讼线索获取的主要方式。参见覃慧.检察机关提起行政公益诉讼的实证考察［J］.行政法学研究，2019（3）：87-100.
[2] 高德清.检察公益诉讼若干程序问题研究［J］.法治研究，2019（3）：86-93.

2. 判决的执行

虽然环境行政附带民事公益诉讼的判决执行既有法院负责的部分，又有行政机关负责的部分，但是并不妨碍二者的并行，即根据判决种类由不同的机关负责执行。行政机关负责执行应当具备下列条件：其一，法院维持或者部分维持具体行政行为；其二，行政机关具有执行的法定授权；其三，当事人一方拒不履行判决所确定的义务；其四，执行应当依据判决的内容进行，不得随意增加当事人的义务[1]。同时，若当事人仅对环境行政附带民事公益诉讼的民事部分不服，行政部分能否在生效后先行执行？同时，若对行政部分不服，民事部分又能否先行执行？传统理论认为，考虑到行政诉讼作为主诉，变更判决会附带影响从诉，因此在当事人不服行政诉讼并提起上诉时应当暂缓执行民事部分[2]。但是根据《行政诉讼法解释》第一百四十二条的规定，当事人仅对行政或民事裁判上诉的，未上诉的裁判期满后发生法律效力，而发生法律效力的判决自然可以先行执行。之所以立法未遵从既有理论观点，笔者认为原因可能包括：其一，判决应当具有确定力、拘束力和实现力，这是诉讼产生的目的和缘由，倘若剥夺了判决的执行力，会动摇诉讼制度本身的正当性。其二，希望通过裁定民事部分暂缓生效的方式来保证裁判的统一性目标并不可欲，因为倘若民事部分判决有误，仍然需要通过审判监督程序进行纠正，此时拖延民事裁判的生效时间并无实质性意义。其三，支持全面审查的一个重要原因在于，"附带民事诉讼是以行政诉讼为前提的，行政部分的裁判正确与否直接影响到民事部分的裁判"[3]。然而前文已述，环境侵权实行无过错责任原则，侵权行为是否违法并不妨碍其民事责任的承担，环境行政公益诉讼的审判结果能在多大程度上影响环境民事公益诉讼的

---

[1] 孙洁冰. 刑事公诉、行政诉讼附带民事诉讼制度研究 [M]. 重庆：重庆大学出版社，1990：192.
[2] 参见江必新. 论行政诉讼附带民事诉讼 [J]. 现代法学，1988（2）：23-27；孙洁冰. 刑事公诉、行政诉讼附带民事诉讼制度研究 [M]. 重庆：重庆大学出版社，1990：190-191；张光宏，毕洪海. 行政附带民事诉讼的理论与实践 [M]. 北京：中国政法大学出版社，2014：85.
[3] 张开恩. 行政附带民事诉讼刍议 [J]. 河北法学，1998（2）：24-26.

认定也不无疑问。因此，判决的执行应当分别根据行政诉讼与民事诉讼的规定进行。

（五）上诉与抗诉

1. 上诉

若当事人仅对行政部分的裁判不服，法院应当对行政部分进行全面审查。若当事人仅对民事部分的裁判不服，则法院应当尊重当事人的处分自由，仅对民事部分进行审查[1]。但无论是对行政还是民事部分的上诉，均应由行政庭管辖。因为附带民事诉讼与行政诉讼具有内在的关联性，由行政庭审判更符合民事部分"附带"的目的[2]。在环境行政、民事与刑事案件"三审合一"时上述问题能够进一步被消解。

在二审中，原则上应当由一审检察机关充当公益诉讼上诉人，因为民事诉讼理论中有"当事人恒定原则"，况且当检察机关充当公益诉讼起诉人时，应当穷尽当事人手段仍无法救济环境公益时，才能启动法律监督者角色及特殊救济程序。这在关于检察机关不服一审环境民事公益诉讼究竟应当"抗诉"还是"上诉"的规定中亦可看出制度变迁走向。2015年《人民检察院提起公益诉讼试点工作实施办法》第二十五、五十条分别规定，检察机关不服一审环境民事/行政公益诉讼判决的，"应当向上一级人民法院抗诉"。而在2018年出台的时效性更强、效力等级更高的《检察公益诉讼解释》第十条规定，检察机关不服一审环境民事/行政公益诉讼判决的，"可以向上一级人民法院提起上诉"。可见制度变迁中蕴含的对检察机关"公益诉讼起诉人"身份的弘扬以及对"法律监督者"身份的抑制。因此在环境行政附带民事公益诉讼的上诉阶段，宜以原检察机关为公益诉讼起诉人。但是为避免下级检察机关出庭参加上级审判机关审判的窘

---

[1]　有论者就此指出，"如果当事人对附带诉讼中的两个判决分别提出上诉或只对其中一份判决提出上诉的，自然应分行政部分和民事部分分别适用两部诉讼法的规定"。参见杨万霞．行政附带民事诉讼：解决行政、民事争议交织案件的一种选择［J］．广西政法管理干部学院学报，2002，17（3）：113-115.

[2]　张光宏，毕洪海．行政附带民事诉讼的理论与实践［M］．北京：中国政法大学出版社，2014：85.

境，基于检察一体化原则，上级检察机关可以依据《民事诉讼法》第
十五条的规定派员出庭以支持下级检察机关的上诉[1]。

2. 抗诉

环境行政附带民事公益诉讼承载着拯救环境秩序公益与环境实
体公益的双重功能。当检察机关对"两诉"实行"双肩挑"的策略时，
其牵涉的不止一个法律关系，提起抗诉应当更为审慎。同时，检察
机关仅在穷尽常规救济手段（如复议、上诉）仍无法保护环境公益
的情况下，才可以启动抗诉这一特别救济程序，所以检察机关对一
审判决不服的，不宜直接提起抗诉，而应当先利用上诉程序进行常
规救济[2]。唯有法院的裁判符合启动审判监督程序的强制性规定时，
方可提起抗诉。

第二节　环境刑事／民事公益诉讼的程序整合

制度经济学认为，"制度安排'嵌在'制度结构中"，制度安
排的效率取决于其身处的制度结构形成的相互支持的规则群[3]。环境
民事公益诉讼亦不例外，当前为立法所认可、实践所推行、理论稍有
触及的，除环境行政／民事公益诉讼的程序整合议题外，典型的还有
环境刑事／民事公益诉讼的程序整合问题。《检察公益诉讼解释》第
二十条确立了"环境刑事附带民事公益诉讼"这一崭新的诉讼模式，
下文拟以附带诉讼的视角，探讨环境刑事／民事公益诉讼的程序整合
之路径选择。《中国环境司法发展报告（2021）》显示，环境刑事附
带民事公益诉讼案件占全部环境民事公益诉讼的比重为 89%，环境刑
事附带民事公益诉讼案件"一支独大"。可见，"司法市场"对刑民

---

[1] 黄忠顺.中国民事公益诉讼年度观察报告（2016）[J].当代法学，2017（6）：126-137.
[2] 黄忠顺.中国民事公益诉讼年度观察报告（2016）[J].当代法学，2017（6）：126-137.
[3] 林毅夫.关于制度变迁的经济学理论：诱致性变迁与强制性变迁／／[C]罗纳德·H.科斯等.财产权
利与制度变迁：产权学派与新制度学派译文集.刘守英，等译.上海：格致出版社，上海三联书店，上
海人民出版社，2014：269.

交叉、实体与程序交错的刑事附带民事（公益）诉讼模式有着迫切的理论指导渴求，然而学术界却并未以司法实践的真实需求为导向来铺设自己的研究进路[1]。相反，基于学科的分野，环境刑事附带民事（公益）诉讼问题沦为略显边缘化的研究课题，诚如陈瑞华所概括的，"有关的研究显得零散而不成体系，所取得的理论突破和创新也有些微不足道"[2]。笔者以环境刑事附带民事公益诉讼裁判文书为分析样本，剖析该种诉讼模式在我国运行的真实样态，并对环境刑事公诉与民事公益诉讼程序整合所涉及的一些理论与实务问题进行解答[3]。

一、环境刑事 / 民事公益诉讼程序整合的现实镜像

根据于改之的观点，刑民规范冲突应当理解为一种实现整体法秩序目的的手段层面的冲突[4]。环境刑事附带民事公益诉讼是一种处理刑民规范冲突的技术手段，在既有的制度结构下，可以理解为刑事附带民事诉讼向社会公共利益的延伸[5]。那么这一诉讼模式创新的实践现状如何？面临着怎样的法理和操作问题？又该如何使其规范化、法治化？下文拟针对上述问题展开探讨。

（一）环境刑事附带民事公益诉讼的现状考察

通过北大法宝、中国裁判文书网和威科先行法律信息库的检索，环境刑事附带民事公益诉讼众多，但是一方面由于司法裁判文书公开制度趋于宽松，越来越多的司法案例并未全文上网，因此能够检索的案例与官方通报的案例具有较大差距；另一方面，基于典型案例的研

---

[1] 于改之. 刑民交错案件的类型判断与程序创新 [J]. 政法论坛，2016，34（3）：142-153.
[2] 陈瑞华. 刑事附带民事诉讼的三种模式 [J]. 法学研究，2009，31（1）：92-109.
[3] 虽然本节主要针对作为刑事附带民事公益诉讼主战场的"环境保护"领域，但是相关原理和规则并非没有扩及一般的价值。
[4] 关于刑民法域冲突的排除问题，可参见于改之. 法域冲突的排除：立场、规则与适用 [J]. 中国法学，2018（4）：84-104.
[5] 姜保忠，姜新平. 检察机关提起刑事附带民事公益诉讼问题研究：基于 150 份法院裁判文书的分析 [J]. 河南财经政法大学学报，2019，34（2）：79-87.

究仍然具有以小见大之功效，因此笔者选取影响较大的 61 件刑事附带民事公益诉讼作为分析对象。值得一提的是，虽然环境领域的刑附民案件是当前刑事附带民事公益诉讼的主导形态，但食品药品领域亦可根据《检察公益诉讼解释》第二十条提起刑事附带民事公益诉讼。笔者另选取 11 件食品药品领域的刑事附带民事诉讼案件作对比研究。

虽然从理论上讲，刑事附带民事公益诉讼这一诉讼模式是借助 2018 年《检察公益诉讼解释》第二十条确立的，但是在上述裁判文书中，最早的是 2015 年"曹文龙等人刑事附带民事环境公益起诉案"，并被选入 2016 年的《人民检察院民事行政抗诉案例选》。可见，刑事附带民事公益诉讼是一项有别于"出台政策、地方试点、立法完善"的传统"自上而下"的制度演进模式，而是遵循了实践先行、立法保障和全面推进的"自下而上"的制度演进模式。就案件数量来看，从 2015 年的 1 件增长到 2021 年的 4399 件 [1]，其爆发式增长始于 2018 年，原因在于刑事附带民事公益诉讼这一诉讼模式通过了司法解释的确认，使得这一极富效率的诉讼模式获得了推广的制度基础。当然这也并不排除检察机关为了提高工作显示度而存在"轻易冒进"之嫌疑。例如，黑龙江省海林市发生的一起普通的非法占用农地案中，该市检察长亲自担任该案附带环境民事公益诉讼的起诉人，其"作秀"之嫌昭然若揭 [2]。又如，在被称为北京市首例刑事附带民事公益诉讼案中，石景山区检察院副检察长亲自担任公诉人，而所涉刑案，不过是几个自然人将"废机油"加工成"防水剂"造成土壤污染的普通刑事案件，涉案总金额仅两万元 [3]。从检察长、副检察长亲自担任"小案"公诉人或公益诉讼起诉人的现状来看，当前阶段的刑事附带民事公益诉讼延续了环境民事公益诉讼中的"大炮打蚊子"倾向，其形式意义与实

---

[1] 根据《中国环境司法发展报告（2021）》统计，2021 年环境公益诉讼结案量为 4943 件，其中刑事附带民事公益诉讼占比 89%。

[2] 参见（2018）黑 1083 刑初 47 号。

[3] 成于庆. 北京首例环境污染刑事附带民事公益诉讼案一审开庭［EB/OL］.（2018-07-09）［2023-01-28］. 最高人民检察院网.

质意义孰轻孰重，有待考证[1]。

　　《检察机关提起公益诉讼改革试点方案》和《人民检察院提起公益诉讼试点工作实施办法》第十三、十四条以及《关于审理环境公益诉讼案件的工作规范（试行）》第四十一条均规定检察机关提起环境民事公益诉讼应当遵循先公告，在无人起诉的情况下再由检察机关提起公益诉讼的强制性规定。然而在《检察公益诉讼解释》颁布之初，环境刑事附带民事公益诉讼中鲜有检察机关履行公告的诉前程序，在"马某某、钱某某等非法狩猎罪一审刑事附带民事公益诉讼"中，被告明确向法庭指出，"本案中公益诉讼起诉人未向社会公告 30 日，程序违法"[2]。那么，如果只是一件或两件诉讼中检察机关未根据早已确立的公告制度履行诉前程序，或许可以解释为工作失误或疏忽，但是若大量司法案例中的检察机关均未根据既有规定进行公告，而径直向法院提起附带环境民事公益诉讼，那么其中可能就存在着某些恒定的机理[3]。

　　在 61 件环境刑事附带民事公益诉讼案件中，作为"主诉"的刑事案由，主要集中在《刑法》分则编第六章第六节的罪名。具体而言，《刑法》第六章第六节破坏环境资源保护罪共九条，八个罪名，除去《刑法》第三百三十九条非法处置进口固体废物罪之外，环境刑事附带民事公益诉讼涵盖了其他所有罪名。其中，基于《刑法》第三百三十八条污染环境罪提起的刑事附带民事公益诉讼 10 件，占总数的 16%；基于《刑法》第三百四十条非法捕捞水产品罪提起的刑事附带民事公益诉讼 11 件，占总数的 18%；基于《刑法》第三百四十一条非法狩猎罪提起的刑事附带民事公益诉讼 6 件，

---

[1] 调研中得知，环境刑事附带民事公益诉讼之所以存在"大炮打蚊子"的问题，原因如下：其一，检察机关内部有公诉科和公益诉讼科的区分，后者专职公益诉讼，而前者专职刑事公诉。在计算业绩时，刑事附带民事公益诉讼是划归公诉科的，因此公益诉讼科对并非"亲儿子"的刑事附带民事公益诉讼较少投入人力、物力；其二，正是由于公诉科和公益诉讼科的区分，影响重大、案情复杂的公益诉讼案件，往往由行公益诉讼科单独提起，可以提起刑事附带民事诉讼的案件就主要是一些"小案"。
[2] 参见（2018）青 2822 刑初 51 号。
[3] 不排除部分检察机关履行了公告程序但是裁判文书未注明的情形。

占总数的 10%；基于《刑法》第三百四十二条非法占用农用地罪提起的刑事附带民事公益诉讼 18 件，占总数的 30%；基于《刑法》第三百四十三条非法采矿罪提起的刑事附带民事公益诉讼 5 件，占总数的 8%；基于《刑法》第三百四十四条非法采伐、毁坏国家重点保护植物罪提起的刑事附带民事公益诉讼 1 件，占总数的 2%；基于《刑法》第三百四十五条盗伐或滥伐林木罪提起的刑事附带民事公益诉讼 8 件，占总数的 13%。另外，还有 3 件案件的主诉并非严格意义上的环境刑事案件，分别是两起因失火而造成森林毁坏的案件[1]，以及 1 件因故意毁坏财物造成的环境资源损害案件[2]，非环境犯罪类案件引发的刑事附带民事公益诉讼占总数的 5%[3]。

从环境民事公益诉讼的诉讼请求来看，除《民法典》第一百七十九条规定的停止侵害、消除危险、恢复原状、赔礼道歉，还广泛吸纳了《环境民事公益诉讼解释》第十九条中的应急处置费用，第二十条中的生态环修复费用，以及第二十二条中的检验、鉴定费用。但吊诡的是，《环境民事公益诉讼解释》第二十一条规定的生态环境受到损害至恢复原状期间服务功能损失费用，并未出现在任何一起纳入笔者统计范畴的环境刑事附带民事公益诉讼的诉讼请求之中。从裁判文书中得到的可能解释是，生态环境具有损害容易修复难的问题，环境公益诉讼本身亦成本高昂，巨额的修复费用已经使滥伐林木、非法狩猎等被告无力承担，更罔论生态服务功能的期间损失费用。

从审判形式来看，不少环境刑事附带民事公益诉讼案例中，由于刑事责任轻微，法院首先确定独任审判的简易程序。然后在检察院提起刑事附带民事公益诉讼案件的情况下，法院又不得不根据《关于审理环境公益诉讼案件的工作规范（试行）》第九条的规定，将简易程

---

[1] 分别参见（2018）粤 1521 刑初 339 号；（2018）云 0302 刑初 542 号。

[2] 参见（2018）沪 0118 刑初 523 号。

[3] 可见，环境领域的刑事附带民事公益诉讼不应简称为"环境刑事附带民事公益诉讼"，因为实践中的案例并不全然是环境刑事案件与环境民事公益诉讼案件的融合，其准确的称谓应当是"刑事附带环境民事公益诉讼"。

序转化为普通程序 [1]。这也从侧面反映出，环境公益诉讼领域存在的"大炮打蚊子"倾向，在环境刑事附带民事公益诉讼中有一定程度的延伸。

2018 年《中华人民共和国刑事公诉法》（以下简称《刑事公诉法》）关于刑事附带民事诉讼的规定沿用了 2012 年修正的《刑事公诉法》的规定。2012 年的《刑事公诉法》较之于 1996 年修正的《刑事公诉法》关于刑事附带民事诉讼的规定的进步之处在于，其分别增加了财产保全和允许调解两个条文。财产保全是民事诉讼中的重要强制措施，然而在环境刑事附带民事公益诉讼的裁判文书中，财产保全未被采用，反而是未在《刑事公诉法》以及《刑事公诉法解释》出现的先予执行强制措施，被司法实践所采用 [2]。

在 61 件附带环境民事公益诉讼的案件中，由于证据原因裁定发回重审的 1 件。在判决的 60 个案件中，有 3 件在诉讼过程中，环境民事公益诉讼被告人与公益诉讼起诉人达成调解协议，协议的内容基本和公益诉讼起诉人的诉讼请求吻合，被告人也因在附带民事诉讼中的达成调解和积极履行而获得在刑事量刑上的宽宥。剩下的 57 个判决案件中，一个案件因为公益诉讼起诉人的诉讼请求计算错误，而没有被全额支持 [3]，另一个案件因为提出的诉讼请求没有法律支撑，而没有被支持 [4]。其余的 55 个判决中，以公益诉讼起诉人诉讼请求被全部满足而告终，胜率可谓 100%。吉林省人民检察院制定《公益诉讼

---

[1] 参见（2018）湘 0211 刑初 270 号。
[2] 参见吴某、陈某等十二人涉嫌非法捕捞水产品案刑事附带民事公益诉讼案。
[3] 参见（2018）甘 1202 刑初 59 号。
[4] 参见（2018）青 2822 刑初 51 号。在该案中，青海省兰县人民检察院因被告非法狩猎提起刑事附带民事公益诉讼，公益诉讼起诉人的诉讼请求是"赔偿因巡山、维护产生的管护费 5000 元"，法院认为该诉讼请求没有法律依据，而且"查找捕猎电网、捕兽夹、捕猎者"原本是森林管护职能部门的本职工作，已由正常行政经费所开支，因此法院驳回了该诉讼请求。但是，在法院的判决中，四名被告人"自愿缴纳生态修复赔偿费人民币 1250 元，上缴国库"，实际上是变相实现了上述 5000 元的诉请。笔者认为，这一处理方式欠妥，毕竟根据民法的处分原则，原告未提及的诉讼请求，法院不宜在判决中支持。更好的处理方式是遵循《最高人民法院关于审理环境公益诉讼案件的工作规范（试行）》（以下简称《关于审环境公益诉讼案件的工作规范（试行）》）第四十五条的规定，人民法院经审理认为检察机关提起的诉讼请求部分或者全部不成立的，可以向检察机关释明。检察机关在法庭辩论终结前申请变更诉讼请求或者撤诉的，应予准许；不申请变更或者撤回诉讼请求的，判决驳回部分或者全部诉讼请求。通过释明和变更诉讼请求达到支持修复费用的目的是更为稳妥的做法。

试点工作推进不力问责办法》，在此背景下，检察机关筛选出的个案往往经过多方的预演与合意，上述文件也就为检察公益诉讼"只能赢不能输"埋下了伏笔。进一步分析判决内容发现，法院基本完全遵照相关鉴定报告、专家意见的结论来确定被告的民事责任。换言之，较之于设置磋商程序的生态环境损害赔偿诉讼，环境民事公益诉讼反而成为一种缺乏弹性的制度设计。但是实践中为了规避巨额的生态环境修复费用超出被告承受能力从而引发执行难问题，法院往往将损害赔偿责任转化为被告修复责任，例如将"赔偿 36 127 606.29 元"的金钱罚转换为"修复 9 930.52 亩林地"的行为罚[1]，从而借助修复过程中的妥协和折中，提升附带环境民事公益诉讼制度的执行效率。

实践中稍显杂乱的还有附带环境民事公益诉讼被告人承担的环境修复费用的管理和使用问题。实践中至少存在两种管理模式，即政府财政资金管理、法院执行款账户管理。其中，政府财政资金管理又可以分为财政局非税收入管理[2]和具体的职能部门专款专用管理[3]两种情形。至于部分地方试点的基金或信托管理，在环境刑事附带民事公益诉讼中较少出现。

（二）环境刑事附带民事公益诉讼的问题梳理

从实践中的裁判文书中可以发现，环境刑事附带民事公益诉讼已经成为获得立法确认并广泛实施的一种诉讼模式。理论上讲，环境刑事公诉与环境民事公益诉讼作为性质有别的两种诉讼，应当在附带诉讼中紧密衔接、二者并重。然而当前施行的环境刑事附带民事公益诉讼却呈现出"民主刑辅""重民轻刑"和程序杂糅等诸多问题。根据问题性质的不同，笔者将其区分为理论问题和实务问题两大类。理论问题是指环境刑事附带民事公益诉讼所涉及的关于正当性、必要性等诘问，实务问题是关于环境刑事附带民事公益诉讼在司法裁判过程中

---

[1] 参见（2018）青 2801 刑初 5 号。
[2] 参见湖北省利川市人民检察院诉吴明安、赵世国、黄太宽刑事附带民事公益诉讼案。
[3] 参见（2018）云 0302 刑初 542 号。

如何操作的问题。

1. 环境刑事附带民事公益诉讼的理论问题

环境刑事附带民事公益诉讼最大的理论问题来自其设立的正当性问题。当前对该种模式提出明确质疑的是程龙发表在《北方法学》上的《刑事附带民事公益诉讼之否定》一文。概括而言，其主要基于以下观点：

（1）环境刑事附带民事公益诉讼存在过罪化问题

过罪化 [1] 是指国家刑罚权过度扩张，将本不需要进行犯罪处理的行为当作犯罪处理的现象 [2]。本书所指的过罪化是在一种民刑责任趋同的语境下生发的。传统理论认为，民事责任与刑事责任是截然不同的两种责任，二者共存具有理论上的正当性。但是这种认识在实践中却遭遇解释力不足的难题。例如单独的民事诉讼可以提出的精神损害赔偿请求，在刑事附带民事诉讼中却得不到支持 [3]。笔者认为，民事责任与刑事责任形式上独立而实质上不独立的重要原因在于民事责任与刑事责任均具有惩罚的性质。根据传统理论，民事责任具有补偿性和填补性，刑事责任才具有惩罚性。但是随着"私法公法化"的推进，现代民法已经含蓄地表达了其对公共利益的关切，"让平等主体间的民事规范，主要地或附带地承担辅助管制政策，在现代立法已经是常见的现象" [4]。例如，传统的侵权责任机制以损害填补为主要功能，但是到现代社会，其功能已经由传统的损害填补转向更具公法面向的预防、威慑、制裁和激励功能。可见，民事责任与刑事责任均具有一定程度的惩罚性。在这种情况下，公诉机关的控告权与被告人的辩护权本就难以均衡 [5]，再让被害人加入公诉一方控告犯罪人从而实施民

---

[1]　国内学者也称之为"过度刑法化"。参见王强军.社会治理过度刑法化的隐忧 [J].当代法学，2019，33（2）：3-12.

[2]　道格拉斯·胡萨克.过罪化及刑法的限制 [M].姜敏，译.北京：中国法制出版社，2015：374.

[3]　参见《刑事公诉法解释》第一百三十八条第二款。

[4]　苏永钦.寻找新民法 [M].北京：北京大学出版社，2012：36.

[5]　有论者进一步从罪刑法定的角度指出，刑法已经明确了刑罚的种类和量刑空间，嫌疑人在承担刑事责任之后，不应再承担带有惩罚性质的其他民事责任。参见陈卫东，柴煜峰.刑事附带民事诉讼制度的新发展 [J].华东政法大学学报，2012（5）：94-102.

事制裁，势必进一步造成诉讼结构的失衡 [1]。

再将目光移回到环境刑事附带民事公益诉讼中，首先需要明确的是，环境犯罪往往造成严重的生态环境损害，进而达到环境民事公益诉讼中侵害环境公益的认定标准。环境犯罪嫌疑人基于对人身、财产法益和环境法益的侵害，往往被法院判令承担自由刑或罚金刑等刑罚。虽然在通常情况下，犯罪嫌疑人对刑事责任的承担并不会阻却民事责任的追加，但传统的民事责任与刑事责任之所以能够并存，是基于两种责任所保障的受害主体不同——前者是以公共秩序为内核的国家利益，后者是以私人权益为内核的私人利益。而环境民事公益诉讼与环境刑事公诉所保护的主体均指向国家，此时二者的并置就存在重复惩罚之虞 [2]。而且损害容易修复难是基本的生态规律，倘若严格执行司法解释 [3] 判令被告将生态环境修复到损害发生前的状态和功能，多数被告即使倾家荡产也难以实现。诚然，加大环境违法成本是新时代生态文明体制改革的核心指向，但是不能在尊重生态规律的同时，忘却人类自身的规律。因为发展可谓是人类的宿命 [4]，除非愿意付出经济倒退的代价，否则环境责任的设置就应当符合发展规律和社会现实 [5]。况且，当前环境公益侵害事件多发，而公益诉讼极度稀缺，实践中的案件选取构成"选择性司法"的生动诠释。加之法院在环境民事公益诉讼中存在的职权主义倾向，极易导致犯罪嫌疑人（环境民事公益诉讼被告人）最后承担的刑事责任与民事责任超出合理范围。对多数违法者的违法行为视而不见，而对部分"倒霉蛋"科以天价赔偿，难谓公平 [6]。

实践中也确实存在环境民事公益诉讼与刑事公诉的责任叠加产生

---

[1] 肖建华. 刑事附带民事诉讼制度的内在冲突与协调 [J]. 法学研究，2001（6）：55-66.
[2] 巩固. 2015 年中国环境民事公益诉讼的实证分析 [J]. 法学，2016（9）：16-33.
[3] 参见《环境民事公益诉讼解释》第二十条.
[4] 胡苑就指出，环境问题本质上是人类生产发展的附随性问题，如果要求杜绝环境侵害，则主行为（生产发展行为）也需要被禁止。参见胡苑. 环境法律"传送带"模式的阻滞效应及其化解 [J]. 政治与法律，2019（5）：133-144，95.
[5] 论者将这种既减轻社会某一方面风险又加重社会某一方面风险的现象称为"互惠式风险"。参见何国强. 风险社会下侵权法的功能变迁与制度建构 [J]. 政治与法律，2019（7）：93-104.
[6] 巩固. 2015 年中国环境民事公益诉讼的实证分析 [J]. 法学，2016（9）：16-33.

的过罪化问题。典型案例如"云南省曲靖市麒麟区人民检察院诉吕某某刑事附带民事公益诉讼案"。在该案中，吕某某在自家耕地内燃烧杂刺的过程中不慎引发山火，经司法鉴定，其行为造成过火林地面积5395万亩。公诉机关认为其构成失火罪，建议对其在有期徒刑4~6年内量刑，同时基于其对林地的毁损，请求判令其承担44.08万元的林地生产条件和植被恢复费用。吕某某对刑事指控并无异议，但认为民事部分承担数额太大，无力承担。最终，法院判决吕某某有期徒刑4年，民事赔偿44.08万元[1]。被告最终能否承担民事赔偿责任，我们从判决书中不得而知。但是该案引发的思考是，在刑事公诉与环境民事公益诉讼并置的情形下，环境民事公益诉讼虽然在名义上是一种补偿责任，但是基于公益的抽象性、公益主体的模糊性等特点，环境民事公益诉讼的赔偿实际上带有"罚款"的性质[2]。加之实践中存在的多数环境刑事附带民事公益诉讼本身就是适用简易程序的"小案"[3]，例如非法捕捞、盗伐林木、非法捕捞水产品等（具体可参见表4.2）。案件中原告作为社会中的"弱势群体"，其行为对环境造成的影响较之于以企业为单位的环境侵害，违法性明显较低，可惩罚性也较弱。而在环境刑事附带民事公益诉讼的施行中，却多拿这些违法性较低的私主体"开刀"，有违司法的统一性要求，造成惩罚的过度和不均衡[4]。覃慧指出，检察机关避重就轻、"挑肥拣瘦"的择案倾向凸显了检察机关在环境公益诉讼试点期间的"行动智慧"，但是其能否真

---

[1]　参见（2018）云0302刑初542号。

[2]　程龙就此指出，"民事公益诉讼设置的目的在于，当一个侵害公共利益的不法行为未达到犯罪标准，因无人提起民事诉讼而导致放纵甚至变相激励该不法行为时，以民事公益诉讼的方式对该不法行为予以制裁"。根据其观点，民事公益诉讼的目的与任务被刑事公诉所吸收和涵盖，因此刑事附带民事公益诉讼势必存在功能和目的的竞合，进而导致救济重叠和对犯罪人科以重复制裁。参见程龙.刑事附带民事公益诉讼之否定［J］.北方法学，2018，12（6）：117—124。

[3]　针对检察机关在环境公益诉讼中存在的"选择性司法"倾向，论者认为应当区分检察机关提起环境公益诉讼的强行性诉讼范围和任意诉讼范围，规避检察机关在环境公益诉讼中"拣软柿子捏"的问题。参见李艳芳，吴凯杰.论检察机关在环境公益诉讼中的角色与定位：兼评最高人民检察院《检察机关提起公益诉讼改革试点方案》［J］.中国人民大学学报，2016，30（2）：2—13。

[4]　甘肃省人民检察院课题组指出，对于造成环境侵害且本不富裕的农民而言，巨额生态环境修复费用的承担极易产生"因案返贫"的社会问题。参见甘肃省人民检察院课题组.检察机关刑事附带民事公益诉讼制度研究［J］.中国检察官，2019（3）：69—72。

正回应民众对检察公益诉讼的期待是值得怀疑的[1]。刘艺则将刑事附带民事公益诉讼分成三种协同模式，即正向附带诉讼模式、名义附带模式以及反向附带模式，而对小案提起的刑事附带民事公益诉讼则属于反向附带模式的范畴[2]。

表 4.2　环境刑事附带民事公益诉讼部分案由

案件类型	案情关键词	案　号
非法捕捞水产品	捕捞的渔获物，雄鱼一条（9 kg），鲷鱼两条（0.25 kg）	（2018）湘 0211 刑初 270 号
	捕捞的渔获物 2.5 kg	（2018）川 0311 刑初 82 号
	经鉴定被告当日捕获的水产品价值人民币 522 元	（2018）皖 0803 刑初 81 号
非法狩猎	非法捕获的 19 只鸟，分别为乌鸫 1 只、珠颈斑鸠 9 只、灰头啄木鸟 9 只，均不属于国家保护野生动物	（2018）川 2021 刑初 335 号
	猎捕 23 只石鸡。案发后森林公安局将查获的 24 只（包括一只幼鸡）石鸡放归自然	（2018）青 2822 刑初 51 号
盗罚、滥伐林木	盗伐国有林区内正在生长的柏树 32 棵，经鉴定，合立木材积 3.7755 m³	（2018）甘 7505 刑初 19 号
	滥伐林木材积为 2.8558 m³，折合立木蓄积 18.3654 m³	（2018）赣 1130 刑初 230 号

环境刑事附带民事公益诉讼存在过罪化的问题，还表现在赔偿范围上。传统的刑事附带民事诉讼基于对犯罪分子自由、财产甚至是生命的惩处所呈现出的严厉性，在民事赔偿时往往予以宽容化处理。例如《刑事公诉法》第一百零一条规定，被害方仅能基于物质损失提起

---

[1] 覃慧.检察机关提起行政公益诉讼的实证考察［J］.行政法学研究，2019（3）：87-100.
[2] 刘艺.刑事附带民事公益诉讼的协同问题研究［J］.中国刑事法杂志，2019，5（5）：77-91.

附带民事诉讼。其对"物质损失"的强调是为了在刑事附带民事诉讼中剔除"精神损害赔偿"请求[1]。《最高人民法院关于刑事附带民事诉讼范围问题的规定》[2]第二条进一步限制了"物质损失"的范围，即"因犯罪行为已经遭受的实际损失和必然遭受的损失"。反映到实践中，则是对传统民事诉讼予以支持的物质损失中的"间接损失"也不予支持。对此，肖建华呼吁，"刑事公诉法应当规定附带民事诉讼的赔偿范围与民事实体法一致"[3]，陈瑞华也指出，"赔偿范围过于狭窄导致附带民事诉讼越来越与普通民事侵权诉讼脱节，因而背离了民事侵权法的一般归责原则"[4]。"值得庆贺"的是，环境刑事附带民事公益诉讼解决了附带诉讼中民事赔偿不充分的问题，实现了全额赔偿[5]。这种做法虽然一方面使刑事附带民事中的赔偿与传统的民事责任趋同；但另一方面，似乎也因违背了传统的刑事附带民事赔偿"减量化"的处理原则而存在过罪化问题。

（2）与检察机关提起刑事附带民事诉讼的功能重叠

《刑事公诉法》第一百零一条第二款赋予检察机关就"国家、集体财产利益产生损失"的情形提起附带民事诉讼的权利，这一检察机关提起的公益型刑事附带民事诉讼[6]与"刑事附带民事公益诉讼"存在程序竞合。陈兴良指出，民事责任与刑事责任的区分并不像理论那样来得泾渭分明，一般而言，"人身侵权"以及"侵犯人身权利的刑事犯罪行为"之间的界限是较为清晰的，不易发生混淆，但是"财产侵权"与"侵犯财产的犯罪"之间的界限却并不是那么明朗[7]。一般认为，我国的生态环境损害赔偿诉讼建基于自然资源的国

[1] 参见《最高人民法院关于适用〈中华人民共和国刑事公诉法〉的解释》第一百三十八条第二款。
[2] 该文件根据2015年《最高人民法院关于废止部分司法解释和司法解释性质文件（第十一批）的决定》而废止，但是其实质性内容在《最高人民法院关于适用〈中华人民共和国刑事公诉法〉的解释》中被延续。
[3] 肖建华.刑事附带民事诉讼制度的内在冲突与协调［J］.法学研究，2001（6）：55-66.
[4] 陈瑞华.刑事附带民事诉讼的三种模式［J］.法学研究，2009，31（1）：92-109.
[5] 从实证数据来看，环境刑事民事公益诉讼、环境刑事附带民事公益诉讼的诉求与单独提起的环境民事公益诉讼基本吻合，而且在司法实践中几乎被100%满足。
[6] 公益性刑事附带民事诉讼的提法，参见刘德华，陈菊花，张艳，等.公益性刑事附带民事诉讼很有必要［N］.检察日报，2013-03-25；夏黎阳，符尔加.公益性刑事附带民事诉讼制度研究［J］.人民检察，2013（16）：17-20.
[7] 陈兴良.刑民交叉案件的刑法适用［J］.法律科学（西北政法大学学报），2019（2）：1-9.

家所有权，在这一理论中，自然资源被视为一种国家所有的物品，对物品的侵害就构成对权利人（即国家）的侵害，从而使国家获得诉讼权利人的身份。由此看来，《刑事公诉法》第一百零一条第二款规定的"国家、集体财产利益产生损失"的内涵相当广泛。就目前的法律法规来看，《宪法》第九条和第十条大致勾勒出国家和集体所有财产的基本概况，《民法典》"物权编"则用多个条文详细规定了国家和集体所有的范围、权能等内容，《森林法》《水法》《野生动物保护法》等单行法进一步规定了国家或集体所有的相关资源的内容。对上述财产的侵犯符合《刑事公诉法》第一百零一条第二款中提起检察刑事附带民事诉讼的要求。而《检察公益诉讼解释》第二十条规定的刑事附带民事公益诉讼有相当一部分同时满足提起检察刑事附带民事诉讼的要求。换言之，检察机关提起的刑事附带民事诉讼与新兴的刑事附带民事公益诉讼制度出现功能重叠的问题。

61 件环境刑事附带民事公益诉讼中，几乎大半附带诉讼可以归入对国家或集体的财产利益损害的情形。例如在一起非法占用林地案中，林地使用权权利人属于山西林业职业技术学院实验林场，而权属为国家所有[1]。非法占用林地造成国有林损失的，完全符合检察院提起刑事附带民事诉讼的情形。然而在该案中，检察机关提起的却是刑事附带民事公益诉讼。前已述及，环境刑事附带民事公益诉讼制度正式确立于 2018 年出台的《检察公益诉讼解释》，在此之前发生的对国有财产造成损失的情形提起检察刑事附带民事诉讼实践，正如质疑者所提出的，同样实现了对环境公益的保护。例如《野生动物保护法》第三条规定，野生动物资源属于国家所有。2017 年何某非法杀害珍贵、濒危野生动物，被湖南省岳阳楼区人民检察院提起刑事公诉，林业局则提起附带民事诉讼。上述案例被最高人民法院选为 2017 年环境资源刑事、民事、行政典型案例。可见，基于我国社会主义的制度内核，实践中国家和集体"所有"的财产并不罕见。基于国家或集体财产而

---

[1] 参见（2018）晋 0107 刑初 125 号。

开展的检察刑事附带民事诉讼，在规制范围实际上与《检察公益诉讼解释》确立的刑事附带民事公益诉讼保护范围相当。罗丽就此指出，针对环境侵害，检察机关提起附带民事诉讼完全可以实现维护环境公益之目的，"无需舍弃这一职责，而另行构建新制度（例如环境刑事附带民事公益诉讼制度——引者注）实现这一职责"[1]。换言之，在制度变迁中立法者应当审视既有的制度容量，倘若既有的制度装置已经能够回应现实需求，将缺乏为了"时髦"甚至是"噱头"而创设新制度、新规范的正当性，以免导致制度冗余，造成司法混乱[2]。

（3）检察机关提起附带民事公益诉讼主体不适格的质疑

《刑事公诉法》第一百零一条第二款的司法解释[3]明确规定仅在"受损失的单位未提起附带民事诉讼"的情况下，检察机关可以提起刑事附带民事诉讼。据此，程龙认为，检察刑事附带民事诉讼的主体适格传导机制仅一个层级，即实体法上的直接利害关系人不提起民事诉讼，检察机关基于一般利害关系人标准代为提起附带民事诉讼。程龙将这一"代位"称之为"一重代位"。然而在环境民事公益诉讼中，真正的权利人是受到环境侵害影响的公民或组织，根据《民事诉讼法》第五十八条的规定，检察机关在环境民事公益诉讼中的主体适格传导机制是：受环境侵害影响的公民或组织不起诉——法律授权的机关或组织不起诉——检察机关代为提起环境民事公益诉讼。根据这一线性链条，程龙认为，法律授权的机关或组织是"一重代位"，而检察机关是代位的代位，因此环境民事公益诉讼的主体适格存在两层传导机制，其称之为"双重代位"。程龙得出结论，即《刑事公诉法》第一百零一条第二款的立法本意是承认"一重代位"，而最高人民法院、最高人民检察院根据此条出台的司法解释是"双重代位"，构成不当的司法解释，因此检察机关提起环境刑事附带民事公益诉讼存在民事

---

[1] 罗丽．我国环境公益诉讼制度的建构问题与解决对策［J］．中国法学，2017（3）：244-266.
[2] 程龙．刑事附带民事公益诉讼之否定［J］．北方法学，2018（6）：117-124.
[3] 参见《最高人民法院关于执行〈中华人民共和国刑事诉讼法〉若干问题的解释》第八十五条。

诉讼原告不适格的问题[1]。

基于上述观点，反对论者认为，环境刑事附带民事公益诉讼一方面会引发过罪化问题；另一方面则因其与检察刑事附带民事诉讼功能重叠，且检察机关充当公诉人和公益诉讼起诉人的制度设计有违法律的规定，环境刑事附带民事公益诉讼难以成为独立的诉讼类型，并且司法实践应当着重挖掘检察刑事附带民事诉讼来保护环境公益。

2. 环境刑事附带民事公益诉讼的实务问题

刑事附带民事诉讼本身保留着诸多弊病，实践中附带民事诉讼很少受到刑事法庭的认真对待，使得附带民事诉讼成为一种粗糙、简易的民事程序。在此基础上创设的刑事附带民事公益诉讼制度一方面保留了刑事附带民事诉讼的弊端，另一方面又因增加的公益内核而使刑事附带民事公益诉讼出现诸多新问题。

（1）公告程序与管辖规则

《检察机关提起公益诉讼改革试点方案》《人民检察院提起公益诉讼试点工作实施办法》《关于审理环境公益诉讼案件的工作规范（试行）》等文件要求，检察机关提起环境民事公益诉讼时应当履行诉前公告程序，并向法院提交已经履行诉前程序的证明材料。从立法精神和培育市民社会的宗旨来看，应当将诉前公告程序作为必经程序。原因在于：第一，检察机关作为国家公权力，应当在具有惩罚性质的环境民事公益诉讼中保持谦抑性，不应当通过自己的专业、职权和举证能力等优势，使民事诉讼的两造失衡；第二，我国的市民社会发展并不成熟，在此背景下，应当尽可能地鼓励社会组织参加公益诉讼，助推环境公益的社会自治；第三，倘若环境刑事附带民事公益诉讼能够豁免公告程序，则检察机关将更多地依赖此程序提起环境民事公益诉讼以规避公告程序，由此剥夺了社会组织等适格主体提起环境民事公益诉讼的权利，最终加剧了环境民事公益诉讼的"国家化"倾向[2]。

[1] 程龙. 刑事附带民事公益诉讼之否定［J］. 北方法学，2018（6）：117–124.
[2] 陈杭平，周晗隽. 公益诉讼"国家化"的反思［J］. 北方法学，2019，13（78）：70–79.

但是本节的实证研究部分已经提及，实践中刑事附带民事公益诉讼诉前程序履行并不规范，履行公告的诉前程序是例外，不履行反而是常态。从规范分析的角度来看，人民检察院的提起诉讼行为、人民法院的裁判行为，均面临触法之虞。为此《最高人民法院 最高人民检察院关于人民检察院提起刑事附带民事公益诉讼应否履行诉前公告程序问题的批复》（以下简称《刑事附带民事公益诉讼公告程序批复》）要求检察院提起刑事附带民事公益诉讼，应履行诉前公告程序。但是实践中如此大批量的违法，从功能分析的角度看是否有其正当性呢？

关于管辖，《环境民事公益诉讼解释》第六条规定，第一审环境民事公益诉讼原则上由污染环境、破坏生态行为、损害结果地或者被告住所地的中级以上人民法院管辖，倘若上级法院希望降低级别管辖规定，则应当履行上报、审批手续。这一规定在后续出台的环境公益诉讼中得到了延续[1]。《检察公益诉讼解释》第二十条确立了环境刑事附带民事公益诉讼这一崭新的诉讼模式，并要求两类诉讼"由人民法院同一审判组织审理"。我们不妨检视当前关于环境刑事公诉的管辖规定。根据《公安机关办理刑事案件程序规定》第二百八十九条的规定，县级公安机关负责侦查本辖区的刑事案件，侦查结束后原则上交由同级检察院提起公诉。可见，刑事案件原则上以基层检察院向基层法院提起为原则。那么环境刑事附带民事公益诉讼就可能引发管辖冲突问题，因为前者原则上由基层人民法院管辖，后者原则上由中级人民法院管辖，而附带诉讼要求"由人民法院同一审判组织审理"，所以环境刑事附带民事公益诉讼当如何处理级别管辖冲突问题呢？

（2）举证责任与证明标准

环境刑事附带民事公益诉讼中，"主诉"一般遵循无罪推定的原则，被告人有罪无罪、罪轻罪重，完全由公诉机关举证证明[2]。《刑

---

[1] 例如2016年《人民法院审理人民检察院提起公益诉讼案件试点工作实施办法》第五条规定，人民检察院提起的第一审民事公益诉讼案件由侵害行为发生地、损害结果地或者被告住所地的中级人民法院管辖。2018年《检察公益诉讼解释》第五条规定，市（分、州）人民检察院提起的第一审民事公益诉讼案件，由侵权行为地或者被告住所地中级人民法院管辖。基层人民检察院提起的第一审行政公益诉讼案件，由被诉行政机关所在地基层人民法院管辖。可以看出，环境民事公益诉讼有别于环境行政公益诉讼，原则上由中级人民法院管辖。

[2] 《刑事公诉法》第五十一条就规定，公诉案件中被告人有罪的举证责任由人民检察院承担。

事公诉法解释》第一百八十八条规定，附带民事诉讼当事人对自己提出的主张，有责任提供证据。环境侵害作为一种特殊的民事侵权，存在因果关系认定困难等特点，基于证据距离和举证能力强弱的考虑，《民法典》第一千二百三十条规定环境领域的举证责任倒置规则。然而这并不是说环境刑事附带民事公益诉讼中的检察机关不负有举证责任，检察机关应当对侵权行为、公益损害，以及行为与后果之间的关联性进行举证，完成初步证明后，如果被告人不能证明其行为与损害后果之间不存在因果关系，则应当承担败诉责任。

从样本案件中发现，绝大部分环境刑事附带民事公益诉讼案件中民事部分直接适用刑事证据，由此模糊了检察机关与被告之间的举证责任分工，由此造成证据举示和事实认定的混同[1]。理论上讲，环境刑事公诉中，公诉机关举证证明被告的行为引起了严重的环境污染或生态破坏，一般就足以认定环境侵权责任的满足。但问题在于，一方面，环境刑事附带民事公益诉讼中的"主诉"并非全然是环境刑事犯罪，因此检察机关并不必然举证被告的侵害行为与环境公益侵害事实之间的因果关系。另一方面，即使是在环境刑事犯罪作为"主诉"的情形下，环境刑事公诉的举证责任与环境民事公益诉讼的举证责任也应有所区分。具体而言，通过从规范刑法学的角度解读《刑法》第三百三十八条、《最高人民法院 最高人民检察院关于办理环境污染刑事案件适用法律若干问题的解释》第一条，可以发现污染环境罪已经从结果犯转变为行为犯，只要犯罪嫌疑人做出上述禁止行为，即可构成犯罪[2]。然而在侵害环境造成环境公益损害的民事责任追究

---

[1] 可能的原因在于，刑事法官出于刑事审判的专业思维，要求公诉机关在受损害的结果及其损害事实的因果关系的证明方面，提出同控告犯罪成立时也达到充分确实的证明标准。参见肖建华. 刑事附带民事诉讼制度的内在冲突与协调［J］. 法学研究，2001，23（6）：55—66.

[2] 具体而言，2011 年《刑法修正案（八）》将《刑法》第三百三十八条的"重大环境污染事故罪"修改为"污染环境罪"，将该罪的构成要件从"造成重大环境污染事故"修改为"严重污染环境"，并直接将"严重污染环境"作为严重污染环境罪的构成要件，从而在法益保护形式上取消了与财产法益、人身法益的依附关系，进而降低了入罪门槛，由此使污染环境罪从侧重规避结果转变为重点规制行为。《最高人民法院 最高人民检察院关于办理环境污染刑事案件适用法律若干问题的解释》第一条进一步对"严重污染环境"作出了解释，罗列了 18 种情形，例如在饮用水源一级保护区等排放有毒有害物质、非法排放倾倒处置危险废物三吨以上、排放铅等污染物超过国家或地方排放标准三倍以上等行为。可见环境刑事责任的承担不再以损害后果作为构成要件。

中，被告人引发环境公益侵害结果才能触发相关民事责任。因此，环境刑事公诉与环境民事公益诉讼的举证责任并不等同，二者不能混用。实践中检察机关对环境侵权行为和环境公益受损、行为与后果之间具有关联性的举证并不充分，绝大多数案件的民事部分直接适用刑事证据，造成附带民事判决缺乏证据支撑。

证明标准是指依法定程序用证据证明案件事实所需要达到的程度[1]。刑事责任的追究是动用国家公权力对自然人或法人的反社会行为予以制裁，因为制裁者与被制裁者的权力、地位不对等，所以刑事责任的证明标准和证据认定规则较之于民事诉讼更加严格[2]。鉴于此，《刑事公诉法》第五十五条规定，证据应当"确实、充分"[3]。较之于追求客观真实进而采取"排除合理怀疑"的证明标准的刑事公诉，民事诉讼以追求法律真实为目标，在证据采信方面更为宽松、灵活，遵循的是高度盖然性标准。刑事公诉与民事诉讼之所以出现证明标准的迥异，原因在于，民事诉讼的本质是"确认和赔偿之诉"，而刑事公诉是"制裁之诉"[4]。根据证据学中证据资源有限的基本原理，扩张证据用途，实现刑事公诉证据与民事诉讼证据的交互使用，对于实现两类诉讼的功能和目的均具有积极意义[5]。那么，是否需要一概赋予刑事证据以更强的证明效力，从而无缝衔接般地在附带的民事诉讼中适用呢？在61件样本案例中，大部分判决书将刑事证据直接适用于民事诉讼部分，判决书中多使用"诉讼请求于法有据，本院予以支持""被告人行为侵犯公共利益，应当承担侵权责任"等概括性说法，可见环境刑事附带民事公益诉讼中，附带民事诉讼的证明标准基本沿用了刑事公诉中的证明标准。之所以如此，是因为附带民事诉讼判决

[1] 宋世杰，彭海青.刑事诉讼的双重证明标准［J］.法学研究，2001，23（1）：76-84.
[2] 王福华，李琦.刑事附带民事诉讼制度与民事权利保护［J］.中国法学，2002（2）：131-139.
[3] 该条第二款给出了具体的认定标准，即：定罪量刑的事实都有证据证明；据以定案的证据经法定程序查证属实；结合全案证据，对所认定事实已排除合理怀疑。
[4] 卡斯东·斯特法尼、乔治·勒瓦索、贝尔纳·乔洛克.法国刑事公诉法精义［M］.罗结珍.中国政法大学出版社，1999：175.
[5] 龙宗智.刑民交叉案件中的事实认定与证据使用［J］.法学研究，2018，46（6）：3-20.

的基础是刑事公诉认定的案件事实，而同一案件中就同一事实的认定，不能存在两种不同的证明标准[1]。陈瑞华将这种刑事审判中实际存在的超越权限的现象称为刑事审判权的广泛性或超限性、扩张性[2]。

然而，刑事公诉与民事诉讼毕竟是性质有别的两类诉讼，一味遵循刑事公诉证据的证明力优先，可能导致以下悖论：其一，刑事公诉严格的证明程序和证明标准在事实认定方面具有优势，但是同样存在某一证据用以证明刑事责任达不到证明标准，而证明民事责任已经充分的情形[3]。因此，环境刑事附带民事公益诉讼中的证据采信和效力评定不能简单地以刑事为主，否则可能导致民事证明责任的过度强化。那么，能否在同一诉讼中用不同的两种标准去认定证据？倘若不采取统一的认定标准，又可能导致同一事实在刑事公诉和民事诉讼中截然不同的评价，届时又该如何处理？其二，《刑事公诉法》第五十五条规定，被告自认，而没有其他证据佐证的，不得施以刑罚。而民事诉讼中一方当事人作出的对己不利的自认却是一种免证事由，法院可以据此判决[4]。由此便引申出环境刑事附带民事公益诉讼中的自认的效力认定问题。

（3）调解问题

《刑事公诉法》第一百零三条、第二百一十二条分别规定，人民法院对附带民事诉讼案件与自诉案件可以进行调解。由于自诉案件表现为受害人与施害人双方的攻防，检察机关并不参与其中，因此上述规定表明，检察机关不参与刑事公诉以及附带民事诉讼的调解。可见，检察机关作为国家法律监督机关参与刑事公诉或附带民事诉讼，其维护的是国家利益和公共利益，因此不允许人民法院对检察机关参与的民事诉讼进行调解。然而这一立法价值逐渐出现转向。《刑事公诉法解释》第一百八十五条就规定，侦查、审查起诉阶段，公安机关和检

[1] 户恩波.附带民事公益诉讼不能适用刑事公诉证明标准［N］.检察日报，2018-05-02（3）.
[2] 陈瑞华.刑事附带民事诉讼的三种模式［J］.法学研究，2009，31（1）：92-109.
[3] 张卫平.民刑交叉诉讼关系处理的规则与法理［J］.法学研究，2018，40（3）：102-117.
[4] 王福华，李琦.刑事附带民事诉讼制度与民事权利保护［J］.中国法学，2002（2）：131-139.

察院可以进行调解。在环境刑事附带民事公益诉讼的 61 件样本案例中，有 3 件是在法院审理阶段，公益诉讼起诉人与被告达成调解协议，并由法院予以认可并公告而结束附带环境民事公益诉讼的审理。由此引发的问题包括：第一，公安、检察机关组织调解是否有违公检法三机关分工负责、互相配合、互相制约的原则？是否构成对人民法院审判权的分离[1]？第二，即使公安和检察机关的调解未动摇三机关的职权分工，但是环境侵害具有特殊性，私益被害人当然可以与被告人在侦查、审查起诉阶段进行调解，倘若是环境公益损害，公益代表人是检察机关或其他组织，侦查、审查起诉阶段又是否能够调解？

（4）既判力问题

龙宗智认为，既判力的产生具有一定的条件，即前后两诉是"同一诉讼主体、同一诉讼标的、同一诉讼原因"[2]。《环境民事公益诉讼解释》第三十条规定了环境民事公益诉讼的既判力。在单纯的环境民事公益诉讼中，上述规定并无大的疑问。但是在环境刑事附带民事公益诉讼中，刑事裁判与附带民事裁判的既判力问题就显得不那么简单、直白。实证研究表明，较之于单纯的环境民事公益诉讼，环境刑事附带民事公益诉讼判决书中主要是对刑事责任的认定，附带民事责任作为一种"附属"诉讼，就当前的裁判文书来看，往往只是简略地提及"诉讼请求于法有据，本院予以支持"，"被告人行为侵犯公共利益，应当承担侵权责任"。由此使附带诉讼部分的判决呈现出虚无化的特征和问题[3]。另一方面，刑事裁判的事实认定对民事诉讼具有证明效力，这无论在大陆法系还是英美法系国家均获认可，在我国亦不例外[4]。但问题在于，作为主诉的刑事公诉对案件事实、相关证据

---

[1]　陈卫东. 关于附带民事诉讼审判实践中若干问题探析［J］. 法律科学，1991（2）：80–83.
[2]　龙宗智. 刑民交叉案件的审判事实认定与证据使用［J］. 法学研究，2018，46（6）：3–20.
[3]　原因是多方面的，例如习惯上法院内部计算法官工作量时不会特别考虑附带民事诉讼多增加的工作量，因此刑事法官缺乏关注附带诉讼的激励。同时，由于专业分工的负面效应，法院系统从最高人民法院到基层人民法院均按照刑事、民事等不同部门法领域来设置专业法庭。刑庭法官是刑事案件的专家，他们对刑事案件的定性和量刑十分精准，却缺乏民事审判的经验。参见肖建华. 刑事附带民事诉讼制度的内在冲突与协调［J］. 法学研究，2001，33（6）：55–66.
[4]　龙宗智. 刑民交叉案件中的事实认定与证据使用［J］. 法学研究，2018，46（6）：3–20.

的效力认定的适用条件、效力范围及强度如何，现行的诉讼制度并未对其做详细的制度安排。

并非所有刑事裁判均具有权威的证明效力，龙宗智就认为，只有经举证、质证与辩论等普通程序认定的裁判事实才具有获得权威证明的效力。相较而言，刑事速裁程序一般不进行法庭调查和辩论，且实行法官独任审判，加之其带有浓厚的控辩协商的意味，因此速裁程序认定的事实因未能达到刑事程序所要求的证明底线而不具备权威证明效力。虽然环境刑事附带民事公益诉讼不适用速裁程序，但是龙宗智的观点足以证明，刑事裁判既判力也存在效力强弱和范围大小。同时，虽然民事裁判所依据的程序和证明标准弱于刑事公诉，但是并不表明民事裁判就失去效力扩张效应。一般而言，民事裁判的事实虽然不具有预决效力，但是具有可采纳、可引用的证据效力[1]。

二、环境刑事／民事公益诉讼程序整合的理论证成

（一）环境刑事附带民事公益诉讼模式的合法性证成

从实证研究发现环境刑事附带民事公益诉讼存在若干理论和实务问题，理论问题最为核心的，是环境刑事附带民事公益诉讼模式的正当性问题。下文拟首先论证环境刑事附带民事公益诉讼模式的正当性，再在此基础上推导出附带程序的具体完善路径。

1. 环境刑事附带民事公益诉讼模式否定观点之否定

（1）关于附带诉讼引发刑事责任与民事责任重叠的否定

认为环境刑事附带民事公益诉讼会造成"过罪化"的观点的核心可以概括为：刑事公诉与民事公益诉讼的功能趋同且重心同为制裁，

---

[1] 龙宗智. 刑民交叉案件中的事实认定与证据使用［J］. 法学研究，2018，46（6）：3-20.

因此二者在制度安排上属于替代关系[1]。笔者认为，这一看法并不妥当。传统上，社会危害性被认为是犯罪的本质属性[2]。映射到立法和司法中，则表现为刑法优先、重刑轻民、重刑主义等思维定式。然而这一理论违背了刑法属于二次违法规范形式的刑法原理，损害了前置法的权威性[3]。程龙认为刑事附带民事公益诉讼会造成刑事责任与民事责任功能重叠，实际上就是秉承这样一种刑罚观，其注重国家的安全、稳定与秩序，而忽视甚至无视犯罪对"被害人"的侵害及其救济的必要，由此造成被害人获得民事赔偿的利益被淹没在国家追究、惩治犯罪的利益之中[4]。这种理论在国家主义刑法观的背景下大行其道，造成公权张扬、私权压抑，但是其并不符合现代司法理念。随着公民权利意识觉醒，这种重刑轻民，甚至以刑罚代替赔偿的观念逐渐走向瓦解。于是随着刑罚理论的发展和更新，法益侵害性取而代之成为犯罪的本质属性，理论转变的根源就在于对犯罪的私人侵权特性的强调和重申。对此，王福华就指出，因为刑事责任与民事责任是两种不同的法律责任，"不能打了不罚，罚了不打"，刑事公诉与民事诉讼"彼此的关系应当是平行独立的"[5]。陈瑞华也对立法和实践中的"重刑轻民"问题予以了批判，认为民事法律对遭受精神损害的被害人供给了越来越完善、公平的赔偿体系，而刑事法律却规定犯罪造成的精神损害不予赔偿。而现实却是，刑事侵害的精神损害比民事侵害的精神损害严重得多，刑事侵害造成的精神损害不予赔偿的规定显然违背法律面前人人平等原则[6]。可见，国家主义刑罚观应当兼顾个人主义刑罚观，惩罚犯罪以及民事赔偿应当是犯罪引发的并行不悖的结果，二者应当共融而不是非此即彼。

---

[1]　例如论者指出，刑事责任与民事责任在责任的原因行为、责任承担根据、责任承担方式等方面截然不同，因此二者是不能相互转化、相互替代的两种法律责任。参见杨忠民.刑事责任与民事责任不可转换：对一项司法解释的质疑[J].法学研究，2002，24（4）：131–137.

[2]　否定观点认为，社会危害性不是犯罪的本质特征，而应当代之以刑事违法性作为犯罪的本质特征。参见王昭武.经济案件中民刑交错问题的解决逻辑[J].法学，2019（4）：3–18.

[3]　于改之.刑民交错案件的类型判断与程序创新[J].政法论坛，2016，34（3）：142–153.

[4]　陈瑞华.刑事附带民事诉讼的三种模式[J].法学研究，2009，31（1）：92–109.

[5]　王福华，李琦.刑事附带民事诉讼制度与民事权利保护[J].中国法学，2002（2）：131–139.

[6]　陈瑞华.刑事附带民事诉讼的三种模式[J].法学研究，2009，31（1）：92–109.

　　虽然刑事责任与民事责任均有其规范功能，但是笔者亦认为，二者的叠加适用有造成过罪化之虞。近年来的一个新生主题，是刑事责任与民事责任的相互转化。其理论根据在于：首先，刑事责任与民事责任并非泾渭分明，二者之间存在可妥协和调和的模糊地带，在"罪与非罪"的模糊地带允许刑事责任与民事责任的灵活转化，往往可以避免责任认定的僵硬和偏差。其次，刑罚的过度使用会带来"公共政策的意外后果"，不仅无助于秩序的恢复，反而可能滋生社会龃龉。相反，倘若允许刑事责任与民事责任的互相转化，将有助于避免实践中民事赔偿执行难等问题，由此实现秩序维护与私益恢复的调和[1]。最后，刑事责任与民事责任相互转化的根源并非刑事责任基于民事赔偿而抵销，而是因为民事赔偿使刑罚所追求的法益侵害和社会危害性得以降低。陈瑞华就指出，民事赔偿可以减轻被害人及其近亲属的身心创伤，也体现被告人愿意回归社会的意思表示。司法实践中被告人主动退还赃款赃物就被视为"酌定从轻情节"。而上述行为与民事赔偿除对象有所不同外，在性质上并无本质区别[2]。鉴于此，民事责任的承担可以转化为减轻刑事责任的理由，具体操作包括：其一，民事惩罚性赔偿与刑事责任的功能最为相似，因此惩罚性赔偿责任的承担可以构成减免刑事责任之缘由。其二，民事责任的承担原则上只能影响量刑，而不能影响定罪。原因在于，刑事责任着眼于社会秩序的维护，具有惩罚性和谴责性，而民事责任着眼于社会关系的恢复，具有补偿性和填补性。倘若允许民事赔偿可以影响定罪，势必出现犯罪分子通过承担民事责任逃避刑罚的问题，由此突破了刑事责任与民事责任之间的界限。相反，将刑事责任与民事责任的转换限定在量刑领域，可以在不触动刑法惩罚、威慑功能的前提下修复社会关系，无疑具有

---

[1]　李会彬. 传统刑事责任与民事责任关系的理论反思及其重新界定 [J]. 政治与法律，2019（7）：38-49.

[2]　陈瑞华. 刑事附带民事诉讼的三种模式 [J]. 法学研究，2009，31（1）：92-109.

巨大的社会价值[1]。

（2）关于附带民事公益诉讼与检察机关提起的附带民事诉讼重叠的否定

随着法律复杂化[2]趋势加重，法规竞合现象越来越普遍，规制重叠日益频繁。然而仔细分析会发现，实际上检察机关提起的环境刑事附带民事公益诉讼与检察机关提起的刑事附带民事诉讼的受案范围并非完全重叠。检察机关提起刑事附带民事诉讼的范围是"国家、集体财产利益产生损失"的情形，而环境民事公益诉讼的范围是污染环境"损害社会公共利益"的情形，二者在范围上呈现出交叉关系[3]。因为前者以国家与集体的财产利益为主，范围相对较小，而后者是总括性的社会公共利益。对环境造成的损失姑且可以通过自然资源国家所有权理论，将其解释为是对国家和集体财产的侵害，但是《检察公益诉讼解释》将食品药品安全领域损害社会公共利益的行为也纳入刑事附带民事公益诉讼的范畴，食品药品安全领域的侵害行为影响的是个人的身体权益，断然不能纳入传统刑事附带民事诉讼的"国家、集体财产利益"的范畴。由于国家财产与社会公共利益的内涵与外延并不一致，因此检察机关提起的刑事附带民事诉讼与环境刑事附带民事公益诉讼并非典型的制度竞合，后者仍然有着独立存在的实践价值。

（3）关于检察机关提起附带民事公益诉讼主体不适格的否定

虽然否定论者关于检察机关提起附带环境民事公益诉讼主体不适格的观点论据充分，但是并不足以否定检察机关作为适格原告的合法性与正当性。笔者认为，检察机关提起环境刑事附带民事公益诉讼之

---

[1] 李会彬强调，由于罪与非罪之间存在模糊地带，因此刑事责任向民事责任的转化除重罪范围内允许量（量刑轻重）的转化外，还允许在轻罪范围内进行质（罪与非罪）的转化。参见李会彬.传统刑事责任与民事责任关系的理论反思及其重新界定［J］.政治与法律，2019（7）：38-49.

[2] "法律复杂化理论（Legal Complexity Theory）"相关论述可参见 Schuck, Peter H. Legal Complexity: Some Causes, Consequences, and Cures［J］.Duke Law Journal.1992, 42（1）：1-52.

[3] 刘艺就指出，"检察机关提起民事公益诉讼和刑事附带民事诉讼在提起诉讼的范围上也存在着交叉重叠的部分"，鉴于"国家财产与国家利益的内涵与外延并不一致"，单独提起民事公益诉讼仍有必要。但是刘艺也认为环境民事公益诉讼与检察刑事附带民事诉讼之间的分立存有弊病，因此建议立法机关对《刑事诉讼法》第一百零一条做扩大解释，将检察民事公益诉讼的范围纳入刑事附带民事诉讼保护领域。参见刘艺.检察公益诉讼的司法实践与理论探索［J］.国家检察官学院学报，2017，25（2）：3-18.

所以不存在主体不适格的问题，根本原因在于，《检察公益诉讼解释》第二十条创设了一种基于刑事公诉与民事公益诉讼的诉讼主体一致、法律事实同一而衍生的新的诉讼类型。具体而言，该条创设的意义在于：其一，颠覆了环境公益诉讼相关法律及其司法解释对环境民事公益诉讼由中级人民法院管辖的规定。因为《检察公益诉讼解释》第二十条规定，检察机关提起环境刑事附带民事公益诉讼时，由人民法院同一审判组织审理。这就使作为"附带诉讼"的环境民事公益诉讼将服从于"刑事公诉"的管辖法院，而前已述及，"刑事公诉"原则上由基层法院管辖。因此该条就打破了既有环境公益诉讼的管辖规定，形成了一种例外。这一推论得到了司法解释制定者的证实，时任最高人民法院环资庭庭长的郑学林在接受采访时指出，"在刑事附带民事公益诉讼的情况下，当审理刑事案件的法院是基层法院时，则附带民事公益诉讼也应由该基层法院管辖。"[1]

其二，颠覆了检察机关代为提起环境民事公益诉讼的强制性规定。《检察公益诉讼解释》第二十条规定检察机关对环境侵害行为提起公诉时，可以附带提起环境民事公益诉讼。该条可以被视为构成《民事诉讼法》与相关司法解释对检察机关的代位角色的一种例外，即提起环境刑事附带民事公益诉讼之时，可以将检察机关视为唯一适格原告。实践中，不少刑事附带民事公益诉讼案件直接由检察机关提起附带民事公益诉讼，并未履行诉前程序，亦可看出，实践中默认检察机关是提起刑事附带环境民事环境公益诉讼的唯一主体。巩固在环境民事公益诉讼的制度改革建议中，也认为应当"由检察院在环境犯罪刑事公诉阶段同时提起附带民事诉讼"[2]。概言之，环境刑事附带民事公益诉讼是一种特殊、独立的诉讼类型，不能以传统的诉讼模式为标准来批判该模式的正当性与合法性。

---

[1] 徐日丹 . 依法保障公益诉讼起诉人的诉讼权利［N］. 检察日报，2018-03-03（3）.
[2] 巩固 .2015 年中国环境民事公益诉讼的实证分析［J］. 法学，2016（9）：16-33.

2. 环境刑事附带民事公益诉讼制度生成的内在缘由

反驳了刑事附带民事公益诉讼不成立的观点，也仅能证明不成立的观点欠缺说服力，却并不能由此推导出刑事附带民事公益诉讼模式的正当性。因此，欲证成环境刑事附带民事公益诉讼模式，仍然需要分析其衍生、发展的内在缘由。

就现行讨论而言，一般认为，刑事附带民事公益诉讼的正当性可以从以下几方面得到证成：其一，基于诉讼效率的考虑。经统计，在环境刑事附带民事公益诉讼得到法律肯认之前，多数提起的环境民事公益诉讼，在起诉前已经受到刑事处理。换言之，无论是否准许环境刑事附带民事公益诉讼的提起，实践中环境侵害都可能完整走完环境刑事公诉和环境民事公益诉讼两个流程。其隐含着两个方面的原因，一方面，刑事公诉在救济环境公益损害上并不圆满，需要另行提起环境公益诉讼加以弥补[1]；另一方面，适格原告缺乏发现符合条件的环境公益案件的能力，因此通过将目光聚焦于触犯环境刑法的犯罪主体，从而运用"尾随诉讼"的方式保护环境公益。"尾随诉讼"最大的缺点在于，针对同一环境违法行为，由不同法院或法庭进行审理不符合诉讼效率原则[2]。考虑到环境犯罪大多侵害环境公益，加之检察机关在环境刑事公诉中已经掌握环境犯罪的相关线索或证据。倘若允许检察机关提起环境刑事附带民事公益诉讼，无疑可以省去两种诉讼重复的取证、鉴定等环节，避免环境民事公益诉讼在环境刑事公诉之后重新审理所附带的不必要的拖延[3]。巩固就此指出："环境案件的开放性和复杂性对传统诉讼模式和审判机制提出了挑战，合并审理、一揽子解决是大势所趋。"[4]

---

[1] 论者基于实践中普遍存在环境刑事制裁之后出现环境民事公益诉讼的现象，得出上述结论。参见李艳芳，吴凯杰．论检察机关在环境公益诉讼中的角色与定位：兼评最高人民检察院《检察机关提起公益诉讼改革试点方案》[J]．中国人民大学学报，2016，30（2）：2-13．

[2] 巩固将这种"尾随诉讼"是"挟某事件之余威"，认为其仅有锦上添花之效，但是基于其在性质、目的等方面与刑事、行政惩罚的趋同，而使尾随诉讼失去了意义。参见巩固．2015年中国环境民事公益诉讼的实证分析[J]．法学，2016（9）：16-33．

[3] 李艳芳，吴凯杰．论检察机关在环境公益诉讼中的角色与定位：兼评最高人民检察院《检察机关提起公益诉讼改革试点方案》[J]．中国人民大学学报，2016（2）：2-13．

[4] 巩固．2015年中国环境民事公益诉讼的实证分析[J]．法学，2016（9）：16-33．

其二，基于司法统一性的要求。司法的统一性（也称为法秩序统一原理）[1]是司法公正的核心内容，其"既表现于司法权运行内部机制的协调自洽，更表现于外部尤其是裁判上的协调一致及无冲突"[2]。在司法统一性的视阈下，基于同一事实引发的环境刑事公诉与环境民事公益诉讼的分离审理，可能带来对同一事实的判定自相矛盾等引发社会稳定风险的问题。相反，创设刑事附带民事公益诉讼，可以将对环境公益的保护行为进行"打包"式处理，不仅有利于诉讼当事人参加诉讼、提升诉讼效率，也有助于契合我国对司法统一性的超高要求。我国《宪法》《中华人民共和国人民法院组织法》及各类诉讼法均强调法院依法独立行使审判权，而未确认法官独立审判，并设置审判委员会对本院法官审理的案件进行法律适用上的统一，可见我国对裁判出于法院而非法官个体的司法统一性要求[3]。

其三，基于提高检察工作显示度的考虑。在此轮"监察—检察"体制改革中，检察机关在职能分离的同时，有必要抓住"检察公益诉讼"来提高"出镜率"并增强"显示度"，进而证成其角色转换的正当性和必要性，而与其公诉职能密切关联的刑事附带民事公益诉讼就成为检察机关重新定位与发力的关键点[4]。论者指出，"监察—检察"体制改革中检察机关职能的"一增一减"[5]不应理解为追求权力分配和再分配的稳定性，而应从公共诉讼职能的配置方面来解读，即检察职能的"一增一减"重构了刑事、民事与行政公诉职能，并将检察公诉纳入统一的公共体系之中[6]。

笔者认为，上述因素仅构成刑事附带民事公益诉讼模式建构的外

[1] 陈兴良认为，司法的统一性是指各部门法在合法化事由上具有统一的根据，在一个部门法中合法的行为，不得在另一个部门法中被认定为违法，否则就会造成法秩序内部的逻辑混乱。参见陈兴良.刑民交叉案件的刑法适用［J］.法律科学（西北政法大学学报），2019（2）：1-9.
[2] 龙宗智.刑民交叉案件中的事实认定与证据使用［J］.法学研究，2018，46（6）：3-20.
[3] 龙宗智.刑民交叉案件中的事实认定与证据使用［J］.法学研究，2018，46（6）：3-20.
[4] 程龙.刑事附带民事公益诉讼之否定［J］.北方法学，2018（6）：117-124.
[5] "一增"指法律赋予检察机关以公益诉讼权，"一减"指立法机关将本属于检察机关的职务犯罪侦查权转移至监察机关。
[6] 张忠民.检察机关试点环境公益诉讼的回溯与反思［J］.甘肃政法学院学报，2018（6）：28-42.

因[1]，从内因来看，恢复性司法理论是嫁接刑事公诉与环境民事公益诉讼的关键。根据美国学者的定义，"恢复性司法是对犯罪行为作出的系统性反应，它着重于治疗罪行给被害人和社会所带来的或者引发的伤害。"[2] 基于刑法的谦抑性与刑罚的轻刑化要求，刑罚的适用不再仅仅聚焦于惩治犯罪，而是注重修复被犯罪行为所破坏的社会关系，从而预防犯罪的滋生或扩大，此乃恢复性司法的核心要义。同时，在环境公益侵害中，制止违法行为仅完成了一半（甚至只是一小半）[3]，由于环境损害具有影响深远、治理困难等特征，因此对环境公益的维护，通过刑事或行政手段制止违法仅能避免侵害行为对环境公益可能造成的将来损害，而对于已经造成的环境损害，需要通过修复性手段进行填补。在修复自然环境方面，环境民事公益诉讼的修复责任与刑罚的恢复性理念不谋而合，因此恢复性理念成为刑事公诉与环境民事公益诉讼的连接点，基于共同的恢复性要求，环境刑事附带民事公益诉讼一方面可以承载环境刑罚对环境恢复的艳羡，亦可满足环境修复民事责任对环境刑罚威慑力的期待。因此，环境刑事附带民事公益诉讼将刑事公诉的恢复性司法理念与环境资源审判的修复性理念进行有机融合，二者协力成为保护环境公益、修复环境犯罪所侵犯的社会关系共通的制度载体。鉴于此，环境刑事附带民事公益诉讼作为一项极具实效的诉讼制度，具有构建的形式上和实质上的理论基础，应当成为环境公益保护的重要诉讼模式。

---

[1] 除上述外因，环境刑事附带民事公益诉讼环境刑事附带民事公益诉讼模式还存在其他优点，例如，其一，环境刑事附带民事公益诉讼环境刑事附带民事公益诉讼可以免交诉讼费。其二，根据《最高人民法院关于刑事裁判涉财产部分执行的若干规定》第十三条规定，倘若基于同一行为造成的刑事责任和民事责任分别审理，而且实践中往往采取刑事审判优先的策略，则可能造成民事部分的不足额赔付。相反，倘若以环境刑事附带民事公益诉讼环境刑事附带民事公益诉讼的方式进行审理，则民事赔偿优先于刑事处罚，这样就免去了加害人因刑事处罚而无钱可赔的后顾之忧。其三，刑事程序对隐匿财产的发现和追缴力度更大，从而进一步增强了民事诉讼受偿范围。

[2] 丹尼尔·W.凡奈思.全球视野下的恢复性司法[J].南京大学学报（哲学·人文·科学·社会科学版），2005，42（4）：130-136.

[3] 而且就刑事制裁本身，论者还强调，在环境风险防控领域，国家公权发挥作用不足而非过度，刑事制裁整体适用缺位而非过严。参见侯艳芳.环境法益刑事保护的提前化研究[J].政治与法律,2019(3)：111-120.

（二）环境刑事附带民事公益诉讼的模式选择问题

环境刑事附带民事公益诉讼模式有其存在的理由，在具体实践中，环境刑事附带民事公益诉讼又应当采取何种模式呢？传统的刑事附带民事诉讼有三种模式，分别是"先刑后民"模式、"刑民分离"模式以及"先民后刑"模式。这样的区分在环境刑事附带民事公益诉讼中得到延续，下文将就每一种模式的概念、特征、理论基础及优缺点作出评析，从而为环境刑事附带民事公益诉讼的模式选择提供思路。

1. 既有模式评析

（1）"先刑后民"模式评析

"先刑后民"模式是指在环境刑事附带民事公益诉讼中，先开展刑事审判后开展民事审判的模式。这一模式生成的理论基础主要包括以下几个方面：其一，法益考量的社会优先。刑事公诉侧重于保护公共利益，民事诉讼侧重于保护私人利益，"两益相权取其重"，从而使刑事处理具有当然的优先性[1]。其二，法律责任的举重明轻。刑事责任关涉财产、自由甚至生命，对刑事责任的认定，能够附带地为同一或关联事实导致的民事责任认定提供事实和法律上的基础和条件。其三，事实认定的刑事优位。刑事公诉事实认定较之于民事诉讼采用更高标准，从而在揭示案件事实和真实性方面，刑事公诉优越于民事诉讼，刑事公诉对同一事实的揭示能够为民事诉讼的审理提供方向，由此构成"事实揭示优越论"[2]。

"先刑后民"是由司法解释和实践确认的刑事附带民事诉讼案件处理基本原则，其根源于国家本位、全能国家或全能政府的认知[3]，弊端在于：其一，在"先刑后民"的附带诉讼模式中，刑事法庭将被告人的定罪量刑视为审判的核心问题。在极为有限的民事审判程序中，

---

[1] 公权绝对优先的论断日益遭受挑战，现代司法日益关注对私权的保障和对公权的限制。参见王昭武. 经济案件中民刑交错问题的解决逻辑 [J]. 法学，2019（4）：3-18.
[2] 龙宗智. 刑民交叉案件中的事实认定与证据使用 [J]. 法学研究，2018，46（6）：3-20.
[3] 张卫平. 民刑交叉诉讼关系处理的规则与法理 [J]. 法学研究，2018，40（3）：102-117.

刑事法庭不会严格按照民事法律的规定履行变更当事人或者追加第三人等程序。而且一旦出现刑事公诉因故中止或终结，"附带"的民事诉讼就会失去存在的基础和前提，使被害人的民事赔偿更加难以实现。这种简单、粗糙的民事审理程序扼杀了民事侵权诉讼的独立性，难以维持最起码的程序公正，实质上是"重刑轻民"的国家主义刑法观再现。其二，附带民事判决的执行问题是"先刑后民"模式面临的关键问题。根据"先刑后民"理念，环境刑事附带民事公益诉讼往往是在确定被告人定罪和量刑问题之后再审理附带民事赔偿问题。而刑事案件的侦查、审查起诉和审判时间较长，实践中犯罪嫌疑人、被告人往往在判决作出前就已经转移财产以逃避民事赔偿。而且在被告人几乎肯定会受到定罪量刑的情况下，拒绝履行民事赔偿又不会在量刑方面受到惩罚，自然而然的结果是遭受刑事惩处的被告人怠于履行民事赔偿判决[1]，由此造成附带民事诉讼执行难问题[2]。其三，由于刑事案件的处理更为规范、严格，也就需要更多的处理时间，当民事诉讼通过"刑事附带"方式处理，就可能因为刑事案件的"久审不决"为民事诉讼当事人带来"迟延损失"（对义务承担方则构成"迟延利益"），造成民事当事人合法权益无法得到及时保护。

（2）"刑民分离"模式评析

"刑民分离"模式是指法院基于民事和刑事责任的不同分别适用不同的诉讼程序的模式。"刑民分离"模式的形成原因包括：其一，"刑民分离"模式意味着侵权诉讼拥有较之于刑事公诉相对独立的地位，进而为最大限度地保障被害人私权奠定了基础。其二，"刑民分离模式"使原告拥有选择附带诉讼与独立诉讼的程序选择权，而不必受制于法

---

[1]　陈瑞华指出，犯罪嫌疑人转移财产，加之"先刑后民"模式中民事赔偿无助于减轻量刑，导致被害人往往无法得到满意赔偿，由此引发的申诉、上访，使政府面临巨大的社会压力。参见陈瑞华.刑事附带民事诉讼的三种模式［J］.法学研究，2009，31（1）：92-109.
[2]　陈瑞华.刑事附带民事诉讼的三种模式［J］.法学研究，2009，31（1）：92-109.

院的强行安排[1]。其三，"刑民分离"模式可以使民事诉讼不受刑事公诉程序的束缚和限制，如在证明责任、证明标准等规则上遵从民事诉讼规则[2]。

"刑民分离"模式虽然看起来"很美"，但是这一改革思路至今没有得到立法部门的认可，也未在司法实践中被有效践行。陈瑞华指出，其原因可能在于："'刑民分离'的程序模式一旦实施，法官将在适用缓刑、假释、减刑等宽大处罚方面，失去一种有效约束犯罪人并督促其改过自新的激励机制。"[3] 简言之，被告人一旦没有民事诉讼中"赔偿折抵刑期"的激励，就容易诱发其不受节制的隐匿财产、逃避赔偿义务等行动，从而使法院失去一个促成法律效果、社会效果双赢的极为重要的砝码。而且，"刑民分离"的另一个问题在于，倘若民事判决先于刑事判决，那么民事诉讼认定的事实对刑事法庭是否具有约束力？如果有，那么刑事法庭发现民事判决明显有误难道也要容忍其存在而不加以纠正吗？倘若没有，那么刑事裁判与民事裁判认定事实不一致，岂不是造成同案不同判的问题？陈瑞华还进一步指出，倘若刑事法庭认定民事判决属于"冤假错案"，那么民事判决将通过审判监督程序予以撤销，已经执行的部分也将通过执行回转的方式恢复原状，而这无疑会造成民事法律关系处于不确定状态[4]。

（3）"先民后刑"模式评析

"先民后刑"模式是指法院在刑民交叉案件中先处理民事赔偿问题，再根据民事赔偿问题的处理情况进行刑事裁判的审判模式。"先民后刑"模式的理论基础在于：其一，外在有用性方面，"先民后刑"模式有效地激发了被告人的认罪悔过，一方面使被害人获得赔偿和抚

---

[1] 一般而言，在事实清楚、民事法律关系简单、被告人赔偿能力强的案件中，附带诉讼具有便捷性和更强的可适用性。相反，在被告人可能隐匿财产、逃避赔偿义务等情形中，附带诉讼模式可能造成法院处理的滞后，因此选择独立的民事诉讼程序更为妥当。
[2] 陈瑞华. 刑事附带民事诉讼的三种模式 [J]. 法学研究，2009，31（1）：92-109.
[3] 陈瑞华. 刑事附带民事诉讼的三种模式 [J]. 法学研究，2009，31（1）：92-109.
[4] 对"刑民分离"模式弊端的体系化描述可参见陈瑞华. 刑事附带民事诉讼的三种模式 [J]. 法学研究，2009，31（1）：92-109.

慰，进而修复了被损害的社会关系；另一方面使双方当事人更容易接受裁判结果，减少了当事人上诉、申诉、上访带来的社会震荡，提升了司法公信力。其二，内在正当性方面，被告人积极履行附带民事诉讼中的赔偿义务，是被告人认罪悔过、弥补犯罪过失的集中体现，而认罪悔过又构成法院"从轻量刑情节"，因此"先民后刑"模式具有内在的正当性[1]。吴如巧也认为，为了实现对环境受害人的倾斜性保护，防止诉讼拖延，在民刑交叉的环境诉讼中应当遵循"先民后刑"的原则[2]。

　　在本书统计的样本案例中，有半数以上的环境刑事附带民事公益诉讼适用了"先民后刑"的诉讼模式，当被告人在民事诉讼中积极履行生态修复责任，法院便将修复或赔偿情况作为认定刑事责任的重要考量因素，由此实现了刑事责任与民事责任的相互转化。因此，较之于弊端丛生的"先刑后民"模式与缺乏可操作性的"刑民分离"模式，"先民后刑"模式确实提高了被告人主动履行环境公益赔偿责任的积极性。值得一提的是，在传统的刑事附带民事诉讼中，刑事公诉是"主诉"，而民事诉讼是"附属"。然而在环境刑事附带民事公益诉讼中其呈现出一种新的特征，即刑事公诉是名义上的"主诉"形式上的"附属"，而民事公益诉讼成为名义上的"附属"实质上的"主诉"。具体而言，因为环境刑事附带民事公益诉讼的提起是一种彰显法院和检察院工作显示度的有效方式，因此实践中试点的环境刑事附带民事公益诉讼呈现出一种"拿软柿子捏"的倾向，对其适用的案件往往是刑事责任并不突出的案件，例如非法捕捞、滥伐林木、非法狩猎等。对于上述案件，刑事部分非常简单，提起公诉本身的必要性甚至都往往存疑，此时提起附带环境民事公益诉讼，会造成与传统的"重刑轻民"相反的一种状态，即刑事公诉是手段，而推动环境民事公益诉讼才是目的。在这

---

[1] 陈瑞华.刑事附带民事诉讼的三种模式［J］.法学研究，2009，31（1）：92-109.
[2] 吴如巧，姚柯纯.试论我国环境法庭"三审合一"审判模式［J］.江西理工大学学报，2017（4）：24-30.

些诉讼中，刑事责任的追究异常清晰，往往以环境民事公益诉讼的被告服判而在刑事公诉中赋予缓刑或其他减轻刑责的情形。此时就出现了一种刑民责任转化，即鼓励被告人主动积极修复环境，实现环境刑事附带民事公益诉讼的司法功能。但不可否认，此种模式并不稳固，一旦缺乏法检机关的配合与引导，能否取得既有成绩就十分可疑。

2. 应然模式选择

根据"先刑后民""刑民分离"与"先民后刑"的模式比较，笔者认为环境刑事附带民事公益诉讼应当以"先民后刑"模式为原则，同时辅之以"刑民分离模式"。

笔者虽然认同刑事责任与民事责任并存的必要性，但也对轻刑化观念抱以理解。从犯罪构成来看，较之于施害人与被害人"双输"的传统犯罪，环境犯罪具有非故意性和增进社会福祉的特征。因此对环境犯罪的惩罚确实需要有别于传统犯罪惩罚的制度安排。从犯罪矫正来看，传统的刑事责任中，剥夺政治权利、死刑、自由刑和罚金的直接承受主体表现为施害者，直接受益主体往往是国家，间接受益主体才是社会公众。相反，环境民事公益诉讼中的民事责任具有直接承受主体是施害者，直接受益主体是社会公众的特征，因此更适宜作为首选的矫正手段。考虑到超标排污等环境犯罪的施害人本身也并不追求环境公益的损害后果，因此惩罚的必要性较之于一般犯罪趋弱。在此情形下，环境犯罪的矫正就不应当重刑事惩罚，而应当更多地采取民事制裁。由此推导出环境刑事附带民事公益诉讼应当采取一种"先民后刑"的处理模式[1]，原因在于：一方面，"损失多少补多少"的观念有"过罪化"的问题，因此可以在"污染者负担"的原则下进行象征性补偿，即根据当事人的支付能力、违法情节、所得收益、守法表

---

[1] 值得一提的是，虽然理论上环境刑事附带民事公益诉讼环境刑事附带民事公益诉讼应当遵循"先民后刑"的审理模式，但具体操作上应当遵循"先刑后民"的审理模式，即首先根据"先刑后民"的思路，确定在没有民事赔偿情况下的刑事责任定罪和量刑，然后再考虑民事赔偿对定罪和量刑的影响，以此规避刑事责任与民事责任之间出现逆向转化。参见李会彬.传统刑事责任与民事责任关系的理论反思及其重新界定 [J].政治与法律，2019（7）：38-49.

现、赔偿金对被告的经济影响乃至行业整体情况等因素进行考量，并同时发挥惩罚、教育、激励及环保资金筹措的功能[1]。另一方面，基于环境犯罪附带的公益增进特征，应当以民事制裁部分取代刑事制裁，由此实现社会效益的最佳。

之所以要以"刑民分离"模式为补充，原因在于：其一，刑事公诉应当追求刑事公诉被告人的辩护权与公诉机关的控告权的均衡，进而在打击犯罪和被告人人权保障之间达致平衡。但是当允许被害人提起附带民事诉讼，则本就强势的公诉人加被害人的制度安排，势必造成刑事公诉结构的倾斜甚至失衡。其二，环境民事公益诉讼是一种特殊的民事诉讼，其遵循无过错责任、举证责任倒置等规则，肖建华认为，特殊领域的侵权行为、适用严格责任和无过错责任等领域以及适用举证责任倒置的情形，不应通过刑事附带民事诉讼解决，而应当采用独立的民事诉讼程序。因为在特殊情况下采取"刑民分离"的诉讼模式有利于对被损害的环境公益提供专业和周全与有效率的救济[2]。

所以，应当以程序适用的必要性和程序整合的效率性为原则，决定是通过单独的环境民事公益诉讼还是通过环境刑事附带民事公益诉讼保护环境公益。对于可能存在执行难问题的诉讼，可以采用"先民后刑"的附带诉讼模式，将被告人对环境修复义务的履行情况作为刑事量刑减免的根据。对于环境侵害民事赔偿较为复杂，而刑事责任明显较轻的案件，应当适用"刑民分离"模式，避免对被告人的长期羁押等损害人权的情形。为了在案件受理阶段决定采取"先民后刑"模式还是"刑民分离"模式，笔者建议通过改造当前的"庭前会议"制度构建附带环境民事公益诉讼的"预审制度"。预审也称庭前审查程序，我国建立的与预审制度相类似的是刑事公诉中的庭前会议制度。《刑事公诉法解释》第一百三十条规定，对于申请排除非法证据、证据材料较多、案情复杂、社会影响较大等情形的案件，可以召开庭前会议。

---

[1]　巩固.2015 年中国环境民事公益诉讼的实证分析［J］.法学，2016（9）：16–33.
[2]　肖建华.刑事附带民事诉讼制度的内在冲突与协调［J］.法学研究，2001（6）：55–66.

考虑到刑事法官在审理民事案件中的不足，应当在庭前对是提起附带民事诉讼，还是刑事公诉与环境民事公益诉讼分别审理进行衡量[1]。《关于审理环境公益诉讼案件的工作规范（试行）》第十五条规定，合议庭组成后应及时组织庭前合议，重点评议决定是否合并审理、中止审理。笔者认为，此条可以作为环境刑事附带民事公益诉讼模式选择的审前机制进行定位和架设，根据刑事法官的经验、专业设置、审判能力以及案件的复杂程度、刑事与民事责任的关联性等因素，决定采取审理的具体模式。

三、环境刑事／民事公益诉讼程序整合的制度完善

（一）公告程序与管辖规则重塑

虽然《最高人民法院 最高人民检察院关于人民检察院提起刑事附带民事公益诉讼应否履行诉前公告程序问题的批复》要求检察院提起刑事附带民事公益诉讼应当履行诉前公告程序。但是笔者对此有不同观点，《检察公益诉讼解释》第二十条实际上豁免了关于该解释第十三条所要求的检察机关提起民事公益诉讼的公告程序[2]，原因在于：

其一，从体系解释来看，《检察公益诉讼解释》第二十条创设了一种新的、特殊的、独立的诉讼类型。其构造逻辑在于，环境刑事公诉具有不可妥协、不可让渡的属性，当环境刑事公诉的办理中发现犯罪行为同时符合环境民事公益诉讼的构成要件，则允许检察机关通过提起环境刑事附带民事公益诉讼的方式节约司法资源、提高诉讼效率。

---

[1] 论者指出，庭前会议中还可以由法院主持对附带民事公益诉讼的调解，进而形成中国特色的刑事附带民事公益诉讼先行调解规则。参见张源.持续发力完善刑事附带民事公益诉讼规则［N］.检察日报，2019–06–02（3）.

[2] 理论界也存在不同的观点，例如刘加良认为，刑事附带民事公益诉讼中，"诉前公告程序必须履行"。参见刘加良.刑事附带民事公益诉讼的困局与出路［J］.政治与法律，2019（10）：84–94.

这一体系解释的结论得到了司法实践的肯认[1]。"马某某、钱某某等非法狩猎罪一审刑事附带民事公益诉讼"中，被告指出，"本案中公益诉讼起诉人未向社会公告 30 日，程序违法"。法院的判决书中则针锋相对地指出，经评议认为，《检察公益诉讼解释》第二十条增加的刑事附带民事公益诉讼是"特殊公益诉讼类型"，有别于传统的刑事附带民事诉讼，也有别于单独提起的环境民事公益诉讼。《检察公益诉讼解释》要求刑事公诉与环境民事公益诉讼一并提起，法院一并受理，但并未规定公告程序是必经程序，因此检察机关不需采用诉前公告程序来取得诉讼主体资格[2]。这与论者的推理基本吻合。经叶俊荣考证，在美国公民诉讼中，法院亦对适格原告通知行政机关 60 日处理的要件网开一面，因为法院认为该条的立法目的是给予行政机关时间以对违法行为采取行动，而非遏阻诉讼的提起[3]。

其二，从功能解释来看，虽然行政与民事公益诉讼均存在诉前程序，但是两类诉前程序的功能完全不同，环境刑事附带民事公益诉讼中省去检察院的公告程序具有正当性。行政公益诉讼的诉前程序的意义在于，通过具有行政公益诉讼为"底牌"的检察建议，刺激行政部门积极执法，从而达到无需诉讼充分救济公益的效果。张军检察长在2021 年《最高人民检察院工作报告》指出，"发出诉前检察建议 11.8万件……行政机关回复整改率99.4%，更多问题诉前即获解决"。可见，行政公益诉讼中的诉前程序通过彰显和应用"行政优先"原则，起到了"无需诉讼的秩序"[4]。然而民事公益诉讼的诉前程序却呈现出另一种功能。民事公益诉讼的诉前程序旨在让环保组织等其他适格原告提起诉讼以培育市民社会所需的自治能力，并节约检察机关的执法资

---

[1] 甘肃省人民检察院课题组亦提出，两高（最高人民法院和最高人民检察院的简称）应通过适当方式明确规定刑事附带民事工农公益诉讼无须履行诉前公告程序，以避免是否履行引发的争议。参见甘肃省人民检察院课题组.检察机关刑事附带民事公益诉讼制度研究［J］.中国检察官，2019（3）：69-72.
[2] 参见（2018）青 2822 刑初 51 号。
[3] 叶俊荣.环境政策与法律［M］.台北：元照出版公司，2010：264.
[4] "无需诉讼的秩序"参考了苏力所译的"无需法律的秩序"一书的书名。参见罗伯特·C.埃里克森.无需法律的秩序［M］.苏力，译.北京：中国政法大学出版社，2003.

源。然而从实践来看，我国环保组织力量薄弱，无意愿、无能力、无动力提起公益诉讼现象较为普遍。由此造成检察机关公示催告的案件多数无人问津，最终仍由检察机关起诉[1]。加之"附带诉讼"最根本的目的在于节约司法资源。倘若此时再要求检察机关进行公告，实际上就是在消解该制度本身的价值。可见，公告所欲实现的节约检察资源的初衷不仅无法实现，反而在诉前程序上浪费了时间、精力和资金等检察资源[2]。巩固指出，在检察机关已经对案件深入介入的情况下，再公示催告一个莫须有的、对案情并不熟悉的环保组织来充当原告，本身就是浪费资源而无实益[3]。因此《检察公益诉讼案件适用法律若干问题的解释》第二十条对环境刑事附带民事公益诉讼的诉前程序未加提及，实际上已经排除了其适用[4]。

其三，从社会实践来看，《刑事附带民事公益诉讼公告程序批复》出台前的环境刑事附带民事公益诉讼中，绝大部分案例并未履行诉前程序。社会实践的"活法"就是社会所需的法。根据法社会学的观点，法律应该是被"发现"的而不是被"立"出来的。法应当是客观存在的规律，立法者制定的法律必须以客观规律为基础，不能主观、任性和随意地创造，而只能认识、发现和整理。如此说来，人类的"立法"就是系统地表达已经存在的规律，"立"的不是法本身，而仅仅是提炼、加工后的法律知识[5]。马克思也指出，"不是在制造法律，不是在发

---

[1] 据论者统计，湖南省检察公益诉讼推行后，履行民事公益诉讼诉前程序后，仅5.74%的案件由社会组织提起，而社会组织不起诉的则占94.26%，表明当前的民事公益诉讼诉前公告程序运行得并不理想。参见龙婧婧.检察机关提起刑事附带民事公益诉讼的探索与发展[J].河南财经政法大学学报，2019，34（2）：88-94.
[2] 论者就此指出，倘若在刑事附带民事公益诉讼中严格履行诉前公告程序，则检察机关将面临30日的等待期。参见龙婧婧.检察机关提起刑事附带民事公益诉讼的探索与发展[J].河南财经政法大学学报，2019，34（2）：88-94.
[3] 巩固.检察公益"两诉"衔接机制探析：以"检察公益诉讼解释"的完善为切入[J].浙江工商大学学报，2018（5）：27-34.
[4] 这一观念也得到了理论界的认同。参见朱建勇，陈士莉，刘亮.生态环境损害赔偿与环境公益诉讼衔接机制研究[A]//国家检察官学院，中国人民大学法学院.深化依法治国实践背景下的检察权运行：第十四届国家高级检察官论坛论文集.国家检察官学院、中国人民大学法学院：国家检察官学院，2018：12.
[5] 田成有.法律应该是被"发现"的，而不是被"立"出来的[EB/OL].（2018-04-09）[2023-01-28].立法网.

明法律，而仅仅是表述法律"。笔者认为，倘若绝大部分检察环境刑事附带民事公益诉讼案件并未履行诉前公告程序，并不代表上述检察机关和法院违法，只是在体系解释和功能解释获得正当性的情况下客观存在的办案规律。换言之，在环境刑事附带民事公益诉讼中不履行诉前公告程序才是社会所需要的"法"。

关于管辖规则，笔者认为，《检察公益诉讼解释》第二十条第二款[1]打破了环境民事公益诉讼的审级规定，形成了一种"附带诉讼"追随"主诉"的级别管辖例外情形。原因在于：一方面，环境刑事附带民事公益诉讼作为具有相对独立法律性质的诉讼程序，其管辖规则的直接法条依据是《刑事公诉法》第二十至二十三条，而不受《环境民事公益诉讼解释》中关于环境民事公益诉讼由中级人民法院管辖的规定。虽然实践中两诉呈现出"民事附带刑事公诉"之内核，但形式上看两诉仍然以刑事公诉为主，环境民事公益诉讼为辅，在程序上应该以刑事审判程序为主，管辖法院更应如此处理[2]。另一方面，一审环境民事公益诉讼案件由中级人民法院审理的规定已经缺乏正当性。案件标的数额大小及其复杂程度往往是决定法院级别管辖的主要根据。环境民事公益诉讼制度设立之初，司法机关对其缺乏了解，加上较之于普通民事诉讼，公益诉讼程序更为复杂，审理和执行难度都更大。因此在制度草创期，最高人民法院规定由中级人民法院管辖一审民事公益诉讼案件。然而随着环境公益诉讼的推进，我国基层司法组织已经在实践中获得了案件处理的相关经验，加之自上而下的制度供给也已经逐渐完善。而且《最高人民法院关于完善四级法院审级职能定位改革试点的实施办法》彰显了上级法院管辖标准进一步提高之趋势。在此情况下，将环境民事公益诉讼交由基层法院管辖并无理解或推行难题。值得一提的是，倘若公益诉讼案件属于专门管辖，则理论

---

[1] 该条款规定：人民检察院提起的刑事附带民事公益诉讼案件由审理刑事案件的人民法院管辖。
[2] 对于管辖法院的确定，巩固相应认为，在行政附带环境民事公益诉讼中，也应当依据"主诉"行政诉讼确定诉讼程序。参见巩固.检察公益"两诉"衔接机制探析：以"检察公益诉讼解释"的完善为切入[J].浙江工商大学学报，2018（5）：27-34.

上不得提起环境刑事附带民事公益诉讼。

（二）举证责任与证明标准的精细化分配

一方面，环境刑事附带民事公益诉讼并不改变刑事公诉与民事诉讼关于举证责任分配的规定；另一方面，基于环境刑事附带民事公益诉讼是同一行为引发的两种诉讼，使两种诉讼中的证据具有较高的共享性特征。但是附带民事诉讼的举证围绕侵权构成要件展开，从而区别于刑事责任构成的"三阶层"或者"四要件"。具体而言，附带环境民事公益诉讼的举证责任包括侵权行为、公共利益损害后果、行为与后果的关联性三个方面。实践中往往用生效裁判文书、行政处罚文书、监测数据或检测报告等证明侵权行为，用鉴定意见、专家评估意见或检测报告等证明公共利益损害后果，用生效裁判文书、专家评估意见或鉴定报告等证明行为与后果的关联性。

值得一提的是，虽然附带环境民事公益诉讼中检察机关仅负有对被告行为与损害后果之间具有关联性进行举证的义务，但考虑到检察机关本身具有的调查核实权力和证明权力，因此检察机关在公益诉讼中承担推进说明的证明责任 [1] 是发挥检察机关保护公益的应有之义。为了防止检察机关在环境刑事附带民事公益诉讼中仅收集被告有罪证据而忽视无罪证据，应当要求检察机关客观、公正、全面地收集证据，进而为确定被告应当承担的民事责任奠定证据基础。

刑民证明标准分离是诉讼的一项基本原则。刑事公诉与附带民事诉讼是两种性质有别的诉讼，附带民事诉讼作为民事侵权之诉，其证据标准应当遵循民事实体法和程序法的规定，采取"高度盖然性标准"，刑事公诉应当遵循"排除合理怀疑标准" [2]。之所以采取刑民证明标准分离原则，原因在于，在环境资源案件中，由于被告人的施害行为

---

[1] 刘艺就指出，在行政公益诉讼中，虽然行政机关负有举证证明其行政行为合法的责任，但是检察机关承担推进说明的证明责任亦有其合理性和必要性。参见刘艺.检察公益诉讼的司法实践与理论探索[J].国家检察官学院学报，2017, 25（2）: 3-18; 刘艺.检察公益诉讼规范完善之整体框架[N].检察日报（理论版），2019-05-20.
[2] 户恩波.附带民事公益诉讼不能适用刑事公诉证明标准[N].检察日报，2018-05-02（3）.

具有周期长、隐蔽性强、因果关系难以识别等特征，因此在环境刑事附带民事公益诉讼的责任追究中，倘若统一遵循刑事责任认定标准，则可能出现侵权责任认定门槛过高，从而造成国家和社会公共利益损失难以修复等弊端。相反，倘若遵循民事诉讼中的高度盖然性标准，则完全有可能在刑事责任不成立的情况下，追究被告人的民事责任。[1] 概言之，刑事部分未采纳而又被纳入民事部分举示的证据，适用民事标准审查。

但是，刑民证明标准分离的原则并不排斥在特殊情形下优先适用刑事证据。《刑事公诉法》第五十五条规定，"确实、充分"的证据要求主要指向"据以定案的证据"，而非全部证据。有鉴于此，一概赋予所有刑事裁判中的事实认定结论以同等的法律效力并不科学，在刑事公诉中，与定罪相关的基础性事实的证明，应当达到"排除合理怀疑"的证明标准，对于此部分认定的证据或事实，也应当对附带民事诉讼具有证明力[2]。同时，公安、检察机关收集的侦查笔录较少受到当事人及证人诉讼立场的影响，具有客观性和真实性。而且倘若刑事公诉中侦查笔录得到作证人出庭质证，那么侦查笔录就不再属于未经法庭质证的传闻证据，理论上讲，侦查笔录可以作为诉讼证据乃至定案证据的资质。有论者基于实证研究发现，在最高人民法院公布的民事司法典型案例中，已经出现法院肯认民事诉讼采用刑事笔录的现象[3]。

鉴定结论在刑事附带民事公益诉讼中的效力应当依据具体情形而定。较之于民事鉴定，刑事鉴定的突出特点是刑事鉴定权的单方配置，即司法机关基于职权推进刑事鉴定，而缺乏诉讼当事人的参与和抗辩。刑事鉴定权的单方配置有利于提升刑事公诉的效率，但是鉴定的准确

[1]　江苏省高级人民法院《关于生态环境损害赔偿诉讼案件的审理指南（一）》对此也做了规定，该指南第二十六条规定，刑事公诉未予认定的证据，在生态环境损害赔偿诉讼中重新提交，法院认定能够反映案件真实情况且符合法律规定的，应当作为认定案件事实的证据。
[2]　纪格非.论刑民交叉案件的审理顺序［J］.法学家，2018（6）：147-160，196.
[3]　龙宗智.刑民交叉案件中的事实认定与证据使用［J］.法学研究，2018，46（6）：3-20.

性和全面性方面却并不必然超过民事鉴定的要求。因此在民事公益诉讼中，法院应当根据民事诉讼的证据规则对刑事鉴定意见进行审查。但是基于刑事鉴定与民事鉴定各自的优势，又应当有所区分。龙宗智就指出，在涉及指纹、声纹和笔记等刑事科学鉴定领域，在当事人未提出有力的反对意见时，法院应当确认刑事鉴定的证据效力。相反，在涉及知识产权、资产评估等传统刑民通用鉴定领域，应当根据辩论原则确定鉴定意见的证据效力 [1]。

（三）调解程序的建构

行政诉讼以行政行为的合法性为审理对象，在依法治国的语境下，并不存在让步空间。但是从制度变迁的角度看，我国 2014 年修正的《行政诉讼法》，已经确立行政公益诉讼中的有限调解规则 [2]。可见公法中适用调解已经成为一种趋势。《刑事公诉法》关于刑事速裁程序的规定，就在某种程度上承认了调解的可行性和正当性。环境民事公益诉讼虽然以公益为取向，由于其借助民事救济程序，所以也"沾染"了一些柔性处理纠纷的特质，进而允许调解的运用。可见，单纯的刑事公诉与环境民事公益诉讼均存在"可以调解"的制度安排。但是细究刑事附带民事诉讼中的调解制度，可以发现一些与单独的诉讼程序适用调解的细微差别。刑事公诉理论上包括侦查、公诉、审判和执行的全过程，根据现行法的规定，在传统的附带民事诉讼中，侦查和审查起诉阶段，可以由主导程序的公安和检察机关进行调解。然而在检察机关提起的刑事附带民事诉讼中，根据现行法规定，"检察院在提起公诉的时候，可以提起附带民事诉讼"。在体系解释下，以刑事附带民事诉讼为蓝本的环境刑事附带民事公益诉讼中，调解只能适用于法院受理公诉之后。

---

[1] 龙宗智 . 刑民交叉案件中的事实认定与证据使用［J］. 法学研究，2018，46（6）：3-20.
[2] 具体而言，1989 年颁布的《行政诉讼法》第五十条规定，人民法院审理行政案件，不适用调解。但是基于对实质正义的追求，行政诉讼不适用调解的规定出现了软化。2014 年修正的《行政诉讼法》第六十条在旧法第二十条的基础上增加了例外规定，即行政赔偿、补偿以及行政机关行使自由裁量权的案件可以调解。

《关于审理环境公益诉讼案件的工作规范(试行)》第十一条规定，法院应在立案之日五日内公告环境民事公益诉讼受理情况。公告内容包括调解协议、调解书和裁判内容。从该条规定来看，最高人民法院实际上允许在审判阶段之前的调解行为。考虑到实践中诸多环境侵害案件存在检察机关在侦查阶段提前介入的情形，因此理论上侦查和起诉阶段均可对附带环境民事公益诉讼进行调解。在附带环境民事公益诉讼达成调解的情况下，应当对调解协议的内容进行公告[1]，调解的内容应当通知负有监管职责的行政部门。公告期满无异议的，出具调解书；有异议且异议成立的，法院重新组织调解，无法达成调解协议的，依法裁判[2]。通过严格的程序规定，以期避免当事人通过调解方式损害社会公共利益之行为。

（四）既判力规则的规范化

刑事判决与民事判决具有不一样的既判力，刑事判决基于其严格的诉讼程序和证明标准，而且考虑到司法效率与维护司法权威的必要，刑事判决判决可以作为结论性证据。需要强调的是，应当对刑事判决认定的事实根据不同的层次进行区分，进而赋予不同层次以不同的免证效力。具体而言，刑事裁判文书在民事审判中具有禁反言效力、特殊的既判力和公文书证明力三种形态。因为刑诉与民诉的诉讼标的及当事人并不等同，因此刑事裁判不能全然依照既判力规则适用于民事诉讼。一般而言，只有被告是否实施犯罪以及犯罪的主观状态等"必要的""基础性"的争点事实，才对其后的民事诉讼产生拘束力。邢会丽补充道，虽然无罪判决同样属于对"争点事实"的裁判，但是鉴于我国的无罪判决原因行为众多，当原因行为是证据不足、指控罪名

---

[1] 调解协议的内容至少应当包括：赔偿金额；修复责任，具体包括修复方案、实施和监督主体、修复金额等内容；赔礼道歉的时间、地点；检验、鉴定和律师费用等情况。

[2] 论者就此指出，公安和检察机关不具有实体处理附带民事诉讼的权力，法院在开庭后应当重新审查调解协议的真实性、自愿性和合法性，对于真实合法的调解协议予以认定，针对无效的调解协议，应当在法庭辩论结束后当庭调解，不能达成协议的，与刑事部分一并判决。参见陈卫东，柴煜峰.刑事附带民事诉讼制度的新发展［J］.华东政法大学学报，2012（5）：94-102.

不成立而做的无罪判决，由于法院并未对是否构成犯罪做出"确定性"认定，因此不能因该类无罪判决而在后的民事公益诉讼中认定被告没有实施侵权行为。当原因行为是情节显著轻微、危害不大，不认定是犯罪而做的无罪判决时，由于其已经对是否犯罪进行了实质性审理，因此应当承认此时的无罪判决对其后的民事公益诉讼产生拘束力[1]。相反，附带民事公益诉讼的判决不能作为结论性证据，但它可以作为证据而存在，从而产生转移举证责任的后果。可见环境刑事附带民事公益诉讼中存在既判力的单向传递，即刑事部分的判决对民事部分具有直接的影响，二者呈现出一荣俱荣、一损俱损的态势，相反，民事部分相对独立，其认定的事实对刑事判决仅具证据效力。

---

[1] 邢会丽.刑民交叉案件中刑事判决的效力问题研究［J］.河北法学，2019（06）：190-200.

第五章 环境公益诉讼的外部程序衔接

　　本书所指的环境公益诉讼的外部程序衔接，是指作为客观诉讼的环境行政、民事和刑事公益诉讼，与作为主观诉讼的环境行政、民事私益诉讼和具有特殊性质的生态环境损害赔偿诉讼的程序协调问题[1]。从现行规定来看，目前司法解释对客观诉讼与主观诉讼及生态环境损害赔偿诉讼的合并审理持消极甚至否定态度[2]。这一问题处理逻辑在其他类型的公益诉讼中也有显现，例如《最高人民法院关于审理消费民事公益诉讼案件适用法律若干问题的解释》第九、第十、第十六条规定，消费民事私益诉讼不得与消费民事公益诉讼合并审理[3]。但是否定客观诉讼及主观诉讼与生态环境损害赔偿诉讼的合并审理的原因并非二者不具有可协调性或兼容性，而更多的是因为在环境公益诉讼草创初期，不宜赋予其过多的功能和期待，否则可能导致环境公益诉讼本身发展不良。张旭东就指出，"鉴于环境民事公益诉讼开展时间短、实践情形比较复杂，审判经验不够等"，最高人民法院才未在正式公布的司法解释中就环境民事公 / 私益诉讼合并审理作

---

[1] 前已述及，环境行政公 / 私益诉讼的程序衔接一方面缺乏可协调性，另一方面，环境民事公私益诉讼程序衔接可以为其提供参考，因此本书重点探讨环境民事公 / 私益诉讼的程序衔接问题。

[2] 例如《环境民事公益诉讼解释》第十条第三款规定，私主体以人身、财产受损申请参加环境民事公益诉讼的，告知其另行起诉。

[3] 论者就此指出，立法机关倾向于集中解决制约公益诉讼发展的瓶颈问题，而其他问题留待实践经验和理论研究不断积累后逐步完善。参见王睿.论消费者公益诉讼与私益诉讼的衔接［J］.知与行，2015（5）：36-39.

出明确规定 [1]。但是从某种程度上讲，环境公私益诉讼合并审理仍然具有极大的现实需求。笔者认为，虽然现行法律对环境公私益诉讼合并审理持否定态度，但是理论研究仍然有必要未雨绸缪，提前为环境公私益诉讼的合并审理奠定理论基础。

第一节　环境民事公 / 私益诉讼的程序衔接

根据诉讼法理，在既造成公益侵害，又涉及私益损害的环境侵害中 [2]，"公益诉讼和一般民事诉讼都是可以提起的"[3]。环境民事公 / 私益诉讼存在同一审理对象和案件事实，以及趋同的诉讼目的和诉讼请求，如何协调环境民事公 / 私益诉讼的关系，使两类诉讼密切协作、有机配合，业已成为环境公益诉讼程序完善的重要方面。当前关于环境民事公 / 私益诉讼的程序协调，存在衔接和融合两种观点。前者是指在坚持环境民事公 / 私益诉讼分立的前提下，构建衔接制度实现二者运行的协调；后者是指将环境民事公 / 私益诉讼进行整合，最终在一个诉讼中实现公益与私益的均衡保护。

一、双轨制环境诉讼模式的现实镜像与问题梳理

由于民法、环境法之间本就缺乏有效的沟通和对话，因此依托不同实体法提起的环境诉讼也基于公私分野原理，而采取环境民事公 / 私益诉讼对环境侵害予以分别救济，并且现行司法解释否定环境民事公 / 私益诉讼合并审理的可能性，由此引发"二元化环境诉讼模式"[4]，本书将其称为"双轨制环境诉讼模式"。

---

[1] 张旭东 . 环境民事公益诉讼特别程序研究［M］. 北京：法律出版社，2018：250.
[2] 一般认为，环境侵害对法益的影响表现为三种形态：其一，单独对环境公益产生影响；其二，单独对环境私益产生影响，其三，对环境公、私益产生双重影响。参见王岚 . 个体环境责任制度与环境责任社会化的互补：以土壤污染修复费筹措机制为视角［J］. 甘肃政法学院学报，2016（3）：27–37.
[3] 张卫平 . 民事诉讼法［M］. 4 版 . 北京：法律出版社，2016：341.
[4] 张旭东 . 环境民事公益诉讼特别程序研究［M］. 北京：法律出版社，2018：245.

（一）双轨制环境诉讼模式的成因及表现

双轨制环境诉讼模式不仅为环境私益救济提供了可行路径，而且保障了更广泛的公众环境权益，进而实现了环境司法协调保障公私环境权益的目的 [1]。然而双轨制环境诉讼模式忽视了环境案件事实的天然交融性，倘若分别审理，不仅会导致诉讼效率低下，而且可能造成共同争点裁判歧异等问题 [2]。因此，对环境民事公 / 私益诉讼进行协调和衔接就成为必然选择。

目前对环境民事公 / 私益诉讼进行程序协调的主要观点可以概括为"序位说"，即为了防止矛盾裁判，而规定环境民事公 / 私益诉讼的审理遵循一定的顺序。"序位说"理论的依据是《民事诉讼法》第一百三十六条关于"本案必须以另一案的审理结果为依据，而另一案尚未审结的"的规定。"序位说"根据审理顺序的不同，又可以分为私益诉讼优先说和公益诉讼优先说。私益诉讼优先说的根据在于：其一，环境民事私益诉讼是一种基础性诉讼，只有在环境民事私益诉讼救济不力时，才能启动环境民事公益诉讼。其二，私益诉讼涉及当事人的生存权问题，根据私益保护优于公益保护原则的要求，当私益和公益均发生损害时，应当优先保护私益。其三，环境民事公益诉讼牵涉人数多、影响范围大、审判耗时费力，倘若公益诉讼绝对优先，势必造成对私益救济的拖延 [3]。

公益诉讼优先说是当前的主流观点，其理由包括：第一，环境民事公益诉讼的适格原告较之于传统的环境民事私益诉讼的原告更具专业性和诉讼能力，能够更好地完成诉讼，因此公益诉讼应当先于私益诉讼审理；第二，环境民事公益诉讼所保护的是环境公益，法院基于保护环境公益的需要而判决停止侵害、排除妨碍、消除危险等可以同

---

[1] 秦天宝. 我国环境民事公益诉讼与私益诉讼的衔接 [J]. 人民司法, 2016 (19)：10-13.
[2] 张旭东. 环境民事公益诉讼特别程序研究 [M]. 北京：法律出版社, 2018：247.
[3] 奚晓明. 最高人民法院关于环境民事公益诉讼司法解释理解与适用 [M]. 北京：人民法院出版社, 2015：401.

时实现对环境私益的救济，此时就没有必要再提起环境民事私益诉讼；第三，环境侵害造成私益损害的事件中，受害人往往人数众多，而且存在环境案件复杂，诉讼成本高、周期长等问题。而公益诉讼生效判决确认的事实具有预决效力，基于同一环境侵害提起的环境民事私益诉讼不需要对争点事实再行举证，由此环境民事私益诉讼可以搭上公益诉讼的"便车"，这不仅减轻了当事人的负担，也提高了司法裁判的效率。虽然论者关于公益诉讼优先的讨论本质上是出于保护私权的考虑，但是倘若强制性规定公益诉讼优先，可能损害急于得到救济的私益诉讼当事人的时间利益。因此这种"搭便车"的制度设计应当是一种可选择的权利，即可以采取"赋予当事人申请中止审理私益诉讼的程序选择权"[1]，允许其在获取时间利益和"搭便车"之间做出选择，由此来避免公益诉讼绝对优先可能带来的救济迟滞[2]。

环境民事公益诉讼与环境民事私益诉讼的双轨制主要体现在以下方面：

其一，案件受理中的双轨制。一般而言，环境民事公益诉讼旨在预防可能的侵害，而环境民事私益诉讼旨在救济已经存在的损害，可见二者是性质有别、功能互补的两类诉讼。鉴于此，《环境民事公益诉讼解释》第二十九条规定，公益诉讼的受理不影响基于同一事实引发的私益诉讼的受理。

其二，案件审理中的双轨制。案件的合并审理是出于诉讼效率的考虑，例如反诉和本诉合并审理就是为了节约诉讼资源、减轻当事人讼累的可行方案。环境民事公益诉讼具有特殊性自不待言，但是环境民事私益诉讼也与传统的私益诉讼有所区别，属于特殊的环境侵权诉讼类型，应当适用契合环境侵权特点的诉讼程序。此时，倘若环境民事公／私益诉讼合并审理，势必带来诉讼的极端复杂化，不仅无助于环境民事私益诉讼的审理，反而可能导致二者均无法有效开展，从而

---

[1] 王展飞. 环境公益诉讼和私益诉讼的衔接 [N]. 人民法院报，2014-12-17.
[2] 于春婷. 环境公／私益诉讼机制协调问题研究 [D]. 长春：吉林大学，2018：21.

降低诉讼效率[1]。

其三，既判力中的双轨制。基于对辩论原则的尊重，环境民事公益诉讼采既判力单向扩张规则。即因为私益诉讼原告未参加先前的公益诉讼，未行使辩论权利，因此对法院的判决拥有提起异议的权利。而环境民事公益诉讼的被告与环境民事私益诉讼的被告是同一主体，其在环境民事公益诉讼阶段已经对相关证据进行了质证，并完整行使了辩论权利。因此《环境民事公益诉讼解释》第三十条第一款规定，环境民事私益诉讼原告对公益诉讼认定的事实有相反证据的，有权提出异议并举证加以反驳，而被告因已经行使了辩论权而不能对在先的生效裁判认定的事实提出异议。因此该条中的原被告双方看似被区别待遇，实则是平权的。该条第一款进一步规定，被告主张直接适用环境民事公益诉讼裁判中对其有利的认定，由于侵犯了环境民事私益诉讼原告的程序性权利而不被法院所认可，其仍应举证证明。

其四，执行赔偿判决的双轨制。环境民事私益诉讼所救济的是被侵权人的私权，部分甚至关涉被侵权人的生存权，而环境民事公益诉讼所救济的是集体性的环境权益。基于"私权神圣"的观念，当被告财产不足以履行全部生效判决时，应当优先赔偿私益请求，以体现法律的人文主义关怀。《环境民事公益诉讼解释》第三十一条就规定，被告财产不足以全部履行环境民事公/私益判决时，优先履行私益诉讼判决所确定的义务。

（二）双轨制环境诉讼模式存在的问题

双轨制环境诉讼模式在本质上是一种司法中的机械主义，其不可避免地导致诉讼效率低下、加重当事人讼累、共同争点裁判歧异等。论者指出，"一味将原始纠纷拆分为公益纠纷与私益纠纷，并分别通

---

[1]　因此，《环境民事公益诉讼解释》第十条规定，环境民事私益诉讼适格原告申请参加环境民事公益诉讼的，"告知其另行起诉"。

过公益诉讼程序和私益诉讼程序予以解决的做法，有待商榷。"[1] 具体而言，双轨制环境诉讼模式的弊端如下。

1. 双轨制环境诉讼模式可能造成裁判歧异

环境民事公益诉讼的诉讼请求可以分为防御性诉讼请求和补救性诉讼请求 [2]。就补救性诉讼请求而言，双轨制环境诉讼模式容易出现重复计算损害而出现双重赔偿的问题，或将某一损害同时被排除在环境民事公／私益诉讼保护范围之外而出现无法兼顾且有待保护的模糊利益地带，以及先诉的判决金额超过侵权人的资产净值，使后诉原告胜诉沦为"空头支票"问题 [3]。根据《民法典》第一百七十九条的规定，环境民事公／私益诉讼的防御性诉讼请求在性质、效果上是趋同的，而补救性诉讼请求则具有本质区别，由此造成环境民事公／私益诉讼在防御性诉讼请求方面的功能竞合。理论上讲，根据《环境民事公益诉讼解释》第二十九条 [4] 的规定，当环境民事公／私益诉讼中均可提起防御性诉讼请求。实际上，在环境民事公益诉讼建立之前，正是借由环境民事私益诉讼中的防御性诉讼请求具有的公益维护效果，实现私益诉讼对环境公益的保护 [5]。由此可能造成两种结果：一方面，根据现行法律规定，环境侵害受害人有权单独提起环境民事私益诉讼，然而根据诉讼法理，倘若环境民事公益诉讼关于防御性的诉讼请求已经得到满足，受害人实际上已经缺乏提起防御性诉讼请求的"诉之利益"，允许起诉可能造成重复审理。另一方面，由于环境民事私益诉讼的审理具有相对的独立性，不排除会基于诉讼能力及提供的证据不同，而出现环境民事公／私益诉讼判决迥异的情形，由此造成共同争

---

[1] 黄忠顺.论公益诉讼与私益诉讼的融合：兼论中国特色团体诉讼制度的构建[J].法学家，2015（1）：19-31.

[2] 根据《民法典》第一百七十九条的规定，前者包括停止侵害、排除妨碍、消除危险，后者包括恢复原状、继续履行、赔偿损失、赔礼道歉等。

[3] 张旭东.环境民事公私益诉讼并行审理的困境与出路[J].中国法学，2018（5）：278-302.

[4] 即公益诉讼的受理不影响基于同一环境侵害行为而引起的环境民事私益诉讼的受理。

[5] 用私益诉讼保护环境公益的典型案例可参见杨凯.从三起环境关联诉讼案例看环境公益诉讼之开端：在私益与公益诉讼之间徘徊的环境权益保护司法救济模式之选择[J].法律适用，2010（Z1）：98-102.

点裁判歧异的问题[1]。

2. 双轨制环境诉讼模式存在效率缺失问题

因同一环境侵害引起的环境民事公／私益诉讼在案件证据、事实认定、诉讼请求、诉讼目的、法律适用等具有极强的牵连性，倘若并行审理，极易降低诉讼效率、浪费司法资源、加重当事人讼累等。其根源在于双轨制环境诉讼模式过分强调"主客二分"，注重公私益诉讼各自的运行逻辑和轨迹，却忽视了环境纠纷的整体性特征，也没有遵循自然法则对环境民事诉讼程序进行合理设计[2]。而且私主体普遍存在通过诉讼获取超额利益的投机心理，倘若不允许环境公／私益诉讼的合并审理，私主体也会以"尾随诉讼"的方式发起诉讼。换言之，与其被动地接受"尾随诉讼"，不如主动将其纳入同一审判程序。概言之，在诉讼爆炸的时代背景下，司法资源本就稀缺，倘若对具有牵连性的案件仍然实行两案两判，无疑应对乏力，甚至有违新一轮司法改革之目的。资料显示，当下的中国呈现出环境法律激增和环境危机频发的悖论，论者指出，双轨制环境诉讼模式"虽罪不至全责，但也难咎其责"[3]。

3. 双轨制环境诉讼模式可能造成诉讼失衡

其一，两造地位的失衡。一方面，环境诉讼具有耗时长、举证难、成本高等特点，对环境侵害具有直接利害关系的受害人往往欠缺开展环境诉讼的各种资源，由此使环境民事私益诉讼的原告处于诉讼中的弱势地位。虽然《民事诉讼法》第十五条有支持起诉的规定，但是这种支持不具有法律上的约束力，在没有舆论加持的情况下，很难出现无私付出的支持起诉人。此时，倘若环境民事公／私益诉讼截然分立，那么环保组织等社会资源对环境私益救济仅能提供有限的支持，环境

---

[1]　理论上讲，基于证据能力、诉讼能力等的差异，私益诉讼既判力向公益诉讼的扩张需要更加谨慎。

[2]　张旭东 . 环境民事公私益诉讼并行审理的困境与出路［J］. 中国法学，2018（5）：278-302.

[3]　张旭东 . 环境民事公私益诉讼并行审理的困境与出路［J］. 中国法学，2018（5）：278-302.

民事私益诉讼仅能依靠自身有限的维权资源开展诉讼。另一方面，环境民事公／私益诉讼的截然区分仅停留在理论层面，实践中，公私益诉讼的诉讼请求在很大部分表现出重合的问题。防御性诉讼请求的重合可以择其一执行，而补救性诉讼请求的重合却均具有执行力。论者考证，海洋环境公益诉讼中的渔业资源直接损失、渔业资源恢复费等，与私益诉讼中的渔业资源减产直接损失与预期损失的诉请存在重叠[1]，由此造成被告的重复赔偿或加重赔偿，以及伴随着的诉讼两造地位新的失衡。

其二，既判力单向扩张引发的失衡。虽然《环境民事公益诉讼解释》第三十条确立了环境民事公益诉讼判决的既判力单向扩张规则，但一方面，司法解释只允许环境公益诉讼的生效裁判的既判力向同一侵害引发的环境私益诉讼扩张，而不允许私益诉讼的生效裁判向公益诉讼反向扩张[2]；另一方面，司法解释只允许对原告有利时的生效裁判的既判力扩张，而对被告有利的生效裁判的既判力却受到限制。由此带来的问题在于，对于私益诉讼提起在前而公益诉讼提起在后，或者两者同时进行的情形，私益诉讼原告仍然面临与被告力量对比悬殊、举证困难、诉讼成本高昂等问题。同时，由于生效裁判对原告有利时允许扩张而对被告有利时不允许扩张的规定有失偏颇，可能产生适格原告、法院"围剿"共同被告的问题。

其三，优先赔偿引发的失衡。虽然《环境民事公益诉讼解释》第三十一条规定私益诉讼赔偿优先于公益诉讼赔偿，然而其仅适用于"其他民事诉讼生效裁判所确定的义务"，换言之，尚未进入司法程序或已经进入司法程序但尚未审结的环境民事私益诉讼并不享

---

[1] 对此，论者认为应当根据"所有权主体享受权利，负担责任者弥补损失"的标准重新界定两类权利主体的索赔范围。参见张洪川，张昕.海洋环境污染中公益与私益的诉讼交叉[J].人民司法，2017（22）：98-101.
[2] 笔者认为，就目前而言，环境民事私益诉讼原告的诉讼能力不足，在极易败诉的情形下，允许私益诉讼既判力向公益诉讼扩张反而不妥。

有优先受偿权[1]。

二、环境民事公/私益诉讼程序衔接的理论基础

起源于环境民事私益诉讼的环境民事公益诉讼在适用民事诉讼基本原则和一般规则上具有共通之处，例如两者共同适用回避、两审终审等规则，都需经历起诉、审理、裁判和执行的各个环节，由此产生双轨制环境诉讼模式带来的诸多问题。为弥补和缓解双轨制环境诉讼模式对生活事实的割裂以及其所带来的司法困境，融合论作为一种备选方案被提出、讨论和验证。

（一）程序衔接何以可能？

1. 衔接之前提

（1）事实认定上的共通性

《民事诉讼法》第七条规定，法院审理民事案件，"以事实为根据，以法律为准绳"。事实认定对法院裁判具有决定性的作用，可见环境侵害事实对于环境诉讼审判的重要意义。自然资源具有二元属性，即在同一自然资源之上，既承载着可以通过权属制度进行分割的资源利益，又承载着具有共享性质且难以分割的生态利益。[2] 基于自然资源的二元属性，环境公益侵害遵循着一种特殊的时间逻辑，即环境侵害遵循着"侵害行为—环境要素（或介质）损害—人身财产或生态环境损害"的发生机理。学者在此基础上，将第一阶段归纳为侵害行为引发环境要素（或介质）损害的阶段，将第二阶段归纳为环境要素（或介质）损害引发人身财产或生态环境损害的阶段[3]。在第二阶段中，环境侵害的扩散性既可能损害不特定多数人的生态利益，也可能影响

---

[1]　于春婷.环境公/私益诉讼机制协调问题研究［D］.长春：吉林大学，2018：14.

[2]　关于环境利益、资源利益与生态利益的区分，参见史玉成.生态利益衡平：原理、进路与展开［J］.政法论坛，2014，32（2）：28-37.

[3]　张旭东.环境民事公私益诉讼并行审理的困境与出路［J］.中国法学，2018（5）：278-302.

一定范围内私主体切实的人身、财产利益。从环境侵害的时间逻辑可以看出，即使存在环境公 / 私益侵害的区分，但是侵害行为引发环境要素（或介质）损害的阶段却是环境民事公 / 私益诉讼均需证明的部分。

我们不妨将同一侵害行为同时侵犯环境公益和环境私益的现象类比至刑事附带民事诉讼中。在刑事附带民事诉讼中，犯罪嫌疑人的行为在触犯刑法的同时，也触犯民事权利保护的相关规定，由此造成责任的聚合。面对犯罪嫌疑人的同一侵害行为，倘若刑事公诉与民事诉讼并行，在造成整体性纠纷被肢解的同时，还容易诱发重复审理、共同争点裁判歧异等。正是基于上述因素，刑事附带民事诉讼得以成为同时维护秩序和私有权利的理性方案。

鉴于此，论者指出，基于环境侵害发生的二阶段机理，侵害行为引发环境要素（或介质）损害的第一阶段系环境民事公 / 私益诉讼请求的共通争点事项，环境要素（或介质）损害引发人身财产或生态环境损害的第二阶段系对个别争点的审理和判断，可见环境民事公 / 私益诉讼在环境侵害事实的认定上具有共通性。因此应当通过诉的合并，实现环境民事公 / 私益诉讼的融合，采用"前阶共同（基础）事实 + 后阶各损害事实"的二阶事实法律关系构造模型，打破公益诉讼与私益诉讼的二元分离，实现纠纷的一次性解决[1]。

（2）诉讼请求上的共通性

环境民事公 / 私益诉讼存在诉讼请求竞合的问题。根据性质的不同，环境民事公 / 私益诉讼的诉讼请求可以分为防御性诉讼请求和补救性诉讼请求，其中防御性诉讼请求无论是环境民事公益还是私益诉讼提出，其效果都是趋同的。根据诉讼法原理，环境民事公 / 私益诉讼的被告具有同一性，倘若环境民事公益或私益诉讼的防御性诉讼请求已经得到满足，那么后提起的诉讼请求就会因为缺乏诉的利益而面临"不予受理"的可能。然而根据《环境民事公益诉讼解释》第

---

[1] 张旭东 . 环境民事公私益诉讼并行审理的困境与出路［J］. 中国法学，2018（5）：278-302.

二十九条的规定，法院不能以环境民事公益诉讼已经受理为由而对私益诉请不予受理，此时就会造成同一诉讼请求被反复审理的问题[1]。除防御性请求外，补救性诉讼请求如赔偿损失等虽然在性质上看一个属于公益一个属于私益，但是这种分类实际上也并不妥当。实践中施行的惩罚性赔偿实际上就带有公益性质的惩罚和矫正功能。可见，随着公法私法化以及私法公法化的发展，补救性诉讼请求已经不能截然分离成公益性补救和私益性补救，而是越来越趋于融合，由此证明环境民事公／私益诉讼具有诉讼请求上的共通性。

（3）证据证明上的共通性

由于环境侵害的隐蔽性、损害后果的滞后性以及高昂的鉴定成本，环境诉讼的举证责任和证明标准较之于一般诉讼都作了优化。环境民事公／私益诉讼在诉讼证据和证明上均具有共通性。

其一，在证明对象上的共通性。民事诉讼中的"证据共通原则"是指法院对某一证据进行调查的结果，能够作为对立当事人之间以及共同诉讼人之间共通的证据资料予以利用[2]。环境侵害的第一阶段中，环境民事公／私益诉讼均需提供证据证明环境侵害事实的发生、侵害事实与损害后果之间的因果关系以及免责事由。在上述证明事项上，环境民事公／私益诉讼具有共通性。

其二，在证明责任分配上的共通性。论者指出，由于环境民事公益诉讼的提起主体与环境民事私益诉讼存有区别，并且不同主体间的举证能力差异较大，因而在环境民事公益诉讼中适用传统的"举证责任倒置"规则并不公平，应当规定国家机关作为适格原告时适用"谁主张谁举证"的责任分担原则。考虑到环保组织等举证能力弱、距离证据较远、收集证据手段匮乏等因素，应当规定环保组织作为适格原告时适用"举证责任倒置"的规则[3]。然而笔者认为这一提议并不妥当，

---

[1] 吴如巧，雷嘉，郭成．论环境民事公益诉讼与私益诉讼的共通性：以最高人民法院相关司法解释为视角的分析［J］．重庆大学学报（社会科学版），2019，25（5）：167-178.

[2] 占善刚．民事诉讼中的证据共通原则研究［J］．法学评论，2012（5）：36-42.

[3] 孙佑海．对修改后的《民事诉讼法》中公益诉讼制度的理解［J］．法学杂志，2012，33（12）：89-93.

因为根据不同的原告适用不同的举证责任规定，实际上就是将适格原告限缩在了举证责任较低的一方，因为举证责任较高的一方势必怠于提起诉讼，而是倾向于通过支持起诉等方式履行职责，所以就可能造成"双管齐下"的初衷沦为"单刀赴会"的现实。

其三，在证明标准上的共通性。《民事诉讼法解释》第一百零八条规定，民事诉讼中的证据需达到"高度可能性"的证明标准，以此区别于刑事公诉中的"排除合理怀疑"。环境民事公益诉讼作为借助民事诉讼程序保护环境公益的司法规制手段，其亦应遵循"高度可能性"的证明标准，由此使环境民事公益诉讼与环境民事私益诉讼在证明标准上具有共通性。

2. 衔接之优势

环境民事公／私益诉讼毕竟是性质有别的两类诉讼，二者的衔接面临着诸多来自诉讼法理论的挑战和质疑。但是亦不可否认，二者具有衔接之优势[1]。

其一，衔接论在避免裁判歧异方面具有比较优势。民事诉讼以"事实为根据"，然而诉讼中的事实更多地指向法律事实，而非客观事实。由于环境民事公／私益诉讼的原告在诉讼能力上的差异，针对同一环境侵害事实，两诉的原告完全可能基于不同的举证能力而面临截然不同的裁判，并由此引发"同案不同判"的问题。加之民事诉讼遵循"一事不再理"原则，即使前后发生的环境民事公／私益诉讼的裁判不一致甚至矛盾，也只能通过再审程序进行纠正，由此带来诉讼的极端复杂化和高成本。环境民事公／私益诉讼的融合可以基于证据的共通性来统一两诉对案件事实部分的认定，由此避免两诉中出现矛盾裁判。

其二，衔接论在提高诉讼效率方面具有比较优势。环境民事公／私益诉讼在事实认定上存在重叠，两案两审的诉讼模式无疑会增加司

---

[1] 顾培东就指出："在完善诉讼程序的进程中，与其信奉诉讼法理中的某种原则和逻辑，不如实际分析具体的诉讼程序到底在何种程度上能使冲突得到解决。"参见顾培东.社会冲突与诉讼机制[M].3版.北京：法律出版社，2016：51.

法成本。相反，通过环境民事公／私益诉讼的融合，两诉原告与同一被告一同参与举证、质证和辩论，能够一次性解决全部纠纷，从而提升诉讼效率，节约司法资源。司法实践中，诸多环境诉讼是在公权力追究侵害人的刑事或者行政责任之后提起的"尾随诉讼"。倘若禁止私益诉讼搭公益诉讼的"便车"来解决纠纷，"尾随诉讼"实际上也会浪费司法资源，不符合诉讼经济原则。而且较之于消费诉讼存在的原告分散问题，环境诉讼具有围绕污染或破坏源向周边扩散的影响轨迹，将环境受害人进行集中审理具有相当的可行性。

其三，衔接论在实现攻防平衡方面具有比较优势。其一，环境诉讼较之于传统诉讼具有特殊性的一个重要原因是证据偏在，由此造成环境侵权受害人的举证能力不足。环境民事公／私益诉讼的衔接可以在一定程度上缓解私益诉讼原告诉讼能力不足的问题，从而降低公民维权成本，也使环境公益能够得到更有效的救济。而且现行法律仅规定私益诉讼判决在先时，被告赔偿能力不足时优先赔偿私益诉讼，但对于公益诉讼判决在先而私益诉讼判决在后的将无法得到足额救济。环境民事公／私益诉讼的合并审理则可以规避上述问题。其二，环境民事公／私益诉讼在防御性诉讼请求上具有替代性，而在补救性诉讼请求上具有交叉性。倘若环境私益和环境公益诉讼分别提起补救性诉讼请求，往往会造成对被告的责任赋予超出其应责范围。环境民事公／私益诉讼的融合可以有效避免对被告带来的不公平问题，从而在反向上实现诉讼两造的均衡。其三，当前的司法解释[1]均规定，环境公益诉讼中生态环境修复费用难以认定的，法院有权结合被告人过错程度、防治污染设备运行成本等因素予以酌定。这一规定实质上构成了对《民事诉讼法》关于证据需达到高度可能性标准[2]的消解，使法院有权酌定环境损害赔偿。然而在环境民事私益诉讼中并不存在这样的

---

[1]　参见《最高人民法院关于审理海洋自然资源与生态环境损害赔偿纠纷案件若干问题的规定》第九条第二款与《环境民事公益诉讼解释》第二十三条。

[2]　参见《最高人民法院关于适用〈中华人民共和国民事诉讼法〉的解释》第一百零八条。

赋权，双轨制审理也就可能带来程序不对称的问题。相反，倘若推动环境民事公／私益诉讼的融合，就可以使两诉在程序权利上达到均衡。

3. 衔接之挑战

理论上讲，由于同一侵害造成的环境公／私益诉讼在诉讼标的上构成同一种类 [1]，按照诉的合并理论由同一审判庭进行审理并无理论上的障碍 [2]。例如在最高人民法院发布的典型案例"朱正茂、中华环保联合会与江阴港集装箱公司环境污染责任纠纷案" [3] 中，朱正茂与中华环保联合会作为共同原告起诉江阴港集装箱公司停止侵害、排除妨碍和消除危险。在该案中，朱正茂作为环境污染的实际受害人，其防御性诉讼请求具有私益的属性，虽然也带有公益的成分，这就迥异于中华环保联合会的防御性诉讼请求的纯公益属性，使该案可以被视为环境民事公私益合并审理的典型代表。然而公私益诉讼合并审理也面临诸多质疑，印度法院就认为"个人利益不能够在公益诉讼的'伪装'下实现" [4]。张卫平也指出，对于环境民事私益诉讼中遭遇的高额诉讼费用、举证难等问题，完全可以通过法律援助制度、诉讼费用减免制度、调整举证和证明规则以及使用或建构代表诉讼、团体诉讼加以解决，"无需搭公益诉讼的便车" [5]。可见，两诉融合将面临较大的转轨成本。具体而言，环境民事公／私益诉讼的合并审理将面临下列问题：

其一，两诉的管辖存在冲突。民事诉讼一般根据案件的性质、繁简、影响和标的等因素确定管辖级别，环境民事公益诉讼以中级人民法院管辖为原则，而环境民事私益诉讼则以基层人民法院管辖为原则，由此造成环境民事公／私益诉讼的融合面临着级别管辖不一致的问题。

---

[1] 《最高人民法院关于适用〈中华人民共和国民事诉讼法〉的解释》第二百二十一条就规定，基于同一事实引发的不同民事纠纷，法院可以合并审理。
[2] 吴如巧，雷嘉，郭成 . 论环境民事公益诉讼与私益诉讼的共通性：以最高人民法院相关司法解释为视角的分析 [J]. 重庆大学学报（社会科学版），2019，25（5）：167–178.
[3] 参见江苏省无锡市中级人民法院（2009）锡民初字第 0021 号民事调解书。
[4] 张旭东 . 环境民事公益诉讼特别程序研究 [M]. 北京：法律出版社，2018：106.
[5] 张卫平 . 民事诉讼法 [M].4 版 . 北京：法律出版社，2016：341.

由级别管辖引申出的另一个问题是，较之于案情更为复杂的环境民事公益诉讼，环境民事私益诉讼具有相对的简易性，理论上其审理期限较之于公益诉讼的审理期限要短，由此造成环境民事公 / 私益诉讼的融合带来私益诉讼当事人时间利益的牺牲。

其二，两诉原告间的举证责任分配问题。由于环境民事公 / 私益诉讼的融合存在一个被告和两个原告，基于《民事诉讼法》等现行法规定，原被告之间的举证责任分配相对清晰。反而是两个原告之间的举证责任分配成为两诉融合的重要问题。理论上讲，两诉原告间的责任分配应当以"协调双方举证责任才能发挥出双方各自的最大优势"为目的[1]。

其三，两诉的诉讼模式存有区别。在环境民事私益诉讼中，法官与诉讼两造呈现出的等腰三角结构使诉讼呈现出当事人主义的倾向。然而在环境民事公益诉讼中，基于维护环境公益的需要，法官可以"指导"原告提出"合适"的诉讼请求，可以主动帮助原告调查收集证据和进行鉴定，对原告的自认进行限制，对双方的合意进行审查等，使诉讼呈现出职权主义的倾向。倘若适用职权主义的环境民事公益诉讼与适用当事人主义的环境民事私益诉讼得以融合，势必面临法院如何定位自身角色以及采取何种诉讼模式的问题。有论者进一步指出，在刑事附带民事诉讼中，存在刑事责任吸收民事责任的情形[2]，环境民事公私益诉讼的融合亦可能存在私益遮蔽公益、公益代替私益的问题[3]。

（二）程序衔接之备选方案

诸多学者认识到了同法院或法庭对同一侵害造成的不同结果进行分割审理所附带的弊端，于是提出关于环境民事公 / 私益诉讼程序衔

[1] 于春婷.环境公 / 私益诉讼机制协调问题研究［D］.长春：吉林大学，2018：18.
[2] 例如精神损害赔偿在单独的民事侵权责任中得到法律支持，然而在刑事附带民事诉讼中，根据《最高人民法院关于适用〈中华人民共和国刑事诉讼法〉的解释》第一百七十五条规定，附带民事诉讼要求赔偿精神损失的，人民法院不予受理。
[3] 张旭东.环境民事公益诉讼特别程序研究［M］.北京：法律出版社，2018：249-250.

接的诸多策略。笔者将这些策略区分为"松散式衔接模式"与"紧密式衔接模式"两类，前者以诉的强制合并论与诉的混合并存论为主要内容，后者以程序赋权和实体赋权为主要内容。

1. 松散式衔接模式

"松散式衔接模式"中，推崇用诉的强制合并理论将环境民事公/私益诉讼请求共融于同一诉讼程序中，并在管辖、证据等方面进行特殊化处理。由于强制合并论涉嫌限制私益诉讼当事人的处分权而面临正当性不足的问题，且强制合并于同一诉讼程序内审理，有赖于一种独立环境民事公/私益诉讼衔接程序的存在，而根据《民事诉讼法》第五十五条的规定，我国诉的合并属于任意合并而非强制合并，因此强制合并论在我国的推行面临较大阻力。混合并存论是指将私益诉讼请求引发的诉讼与公益诉讼请求引发的诉讼集中在同一诉讼程序中审理，但是前者比照传统诉讼程序进行，后者比照公益诉讼程序进行。混合并存论由于本质上是公益诉讼与私益诉讼的简单叠加，且遵循自愿原则，因此其适用范围极其有限[1]。

从上述分析来看，"松散式衔接模式"之所以"松散"，是因为其在本质上仍然延续了二元区分的诉讼模式，由此构成了一种"双轨制环境诉讼模式"与"融合制环境诉讼模式"并存的状态。针对上述两种方案，论者指出，应当以诉讼请求关联为切入点，区分不同情形适用，并且以"双轨制环境诉讼模式"为原则，以"融合制环境诉讼模式"为例外。具体而言，可以将诉讼请求关联区分为三种情形：其一，公益诉请与私益诉请分离；其二，公益诉讼包含私益诉请；其三，公益诉请与私益诉请交叉。论者认为，前两种情形适用"双轨制环境诉讼模式"，第三种情形适用"融合制环境诉讼模式"[2]。从域外来看，美国基于"诉讼原因禁止分割"原则，要求同一事件引发的争议必须

---

[1] 黄忠顺.论公益诉讼与私益诉讼的融合：兼论中国特色团体诉讼制度的构建[J].法学家，2015(1)：19-31.

[2] 于春婷.环境公/私益诉讼机制协调问题研究[D].长春：吉林大学，2018：18.

放在一个案件中解决，而不鼓励零碎解决。《德国民事诉讼法典》第五十九、六十条也规定，基于同一原因事实或法律基础，可以将一方或双方为二人以上的当事人合并于同一诉讼程序进行审理和裁判。可见，以诉的合并方式审理同一事实行为引发的不同争议，不失为高效解决争议的可行途径[1]。"松散式衔接模式"的实践表征是环境民事公益附带私益诉讼、环境民事私益附带公益诉讼以及"第三人模式"。其中环境民事公益附带私益诉讼和环境民事私益附带公益诉讼与传统的附带诉讼关联性较大，理解上不存在难题，因此下文重点讨论"松散式衔接模式"中的"第三人模式"。

通过"第三人模式"衔接环境公／私益诉讼的原理在于，虽然公益诉讼的适格原告对私益诉讼的诉讼标的没有独立请求权，但案件的处理结果与其有法律上的利害关系，如私益诉讼裁判可能基于既判力而影响公益诉讼的审理，因此允许公益诉讼适格原告以第三人的身份参与私益诉讼的审理，以此来实现保障公私环境权益的利益位阶，提升公众环境私益保障能力和节约司法资源的目的[2]。《民事诉讼法》第五十九条第二款[3]为公益诉讼适格原告充当环境民事私益诉讼第三人奠定了法律基础。笔者认为，第三人模式最大的意义在于，较之于"紧密式衔接模式"存在的第三人"挤占"原告诉讼处分权的情形，第三人模式并不限制或剥夺直接利害关系人的实体权利，而仅是一种"支持起诉"的角色定位，因此不会有违自由主义私法理念中的"私权自治"及其在诉讼法上投射而成的"处分原则"。

2. 紧密式衔接模式

"松散式衔接模式"遵循"双轨制诉讼→基于诉的合并，进行合并审理→一元化专门诉讼程序"的渐进式演化路径，而"紧密式衔接

---

[1] 克里斯蒂安·冯·巴尔.大规模侵权损害赔偿责任法的改革［M］.贺栩栩，译.北京：中国法制出版社，2010：200-201.

[2] 秦天宝.我国环境民事公益诉讼与私益诉讼的衔接［J］.人民司法，2016（19）：10-13.

[3] 该条规定，对于当事人双方的诉讼标的，第三人虽然没有独立请求权，但案件处理结果与其存在利害关系的，可以参加诉讼。

模式"则采取"双轨制诉讼→一元化专门诉讼程序"的激进式演化路径[1]。具体而言，"紧密式衔接模式"主张通过实体或程序赋权的方式将诉讼实施权转移至非直接利害关系人。具体分为公益性诉讼实施权向私益性诉讼实施权转移的"私附公模式"以及私益性诉讼实施权向公益性诉讼实施权转移的"公附私模式"。

"私附公模式"的核心要义在于，通过法律明确赋予私益性诉讼实施权主体以公益性诉讼实施权。"私附公模式"在实践中主要表现为两种形态：其一，私益诉请与公益诉请重合。例如根据《中华人民共和国英雄烈士保护法》第二十五条规定，仅在英雄烈士近亲属不对英雄烈士的名誉、荣誉等侵害行为提起诉讼时，检察机关才能提起公益诉讼。可见，近亲属提起侵犯英雄烈士的私益诉讼不仅可以维护自身的精神利益，而且也在维护社会公共利益，此时私益诉请与公益诉请发生竞合，使英雄烈士近亲属提起的私益诉讼具有公益性诉讼实施权的实质性内容。其二，将公益诉请赋予私益诉讼当事人的情形。实践中较为典型的是赋予私益诉讼当事人以"惩罚性赔偿请求权"和"利润剥夺权"。直接利害关系人起诉请求惩罚性赔偿请求权或者利润剥夺权，在形式上看是维护私益，但是在赔偿的内容中，补偿性赔偿仅占一部分，剩余部分则显示出追求秩序价值、公平价值以及剥夺非法利润等公益性质的诉请，由此使惩罚性赔偿请求权和利润剥夺请求权在本质上具有私益与公益融合的特征[2]。笔者认为，较之于下文所提及的"公附私模式"，"私附公模式"极具实践意义。原因在于，"自利"是一个不带道德评价的中性词汇，制度设计尊重人类的自利本质无疑能够提升制度的可行性。把环境公益的保护交给利害关系人自身，永远要比寄望于"明镜高悬"、高高在上的法律监督机关或置身事外的环保组织来得高明[3]。而且就《中国环境司法发展报告（2021）》

[1] 张旭东.环境民事公私益诉讼并行审理的困境与出路 [J].中国法学，2018（5）：278-302.
[2] 黄忠顺.论公益诉讼与私益诉讼的融合：兼论中国特色团体诉讼制度的构建[J].法学家，2015(1)：19-31.
[3] 别涛.环境公益诉讼 [M].北京：法律出版社，2007：329.

的数据来看，2021 年全国法院受理环境资源一审案件数量 297492 件，其中公益诉讼案件 5267 件，占总数的 1.77%。可见，在我国的环境司法实践中，环境公益诉讼案件仅占环境资源类案件中极小的部分，"公附私模式"因缺乏"主诉"而面临施行困难，"私附公模式"则更具可行性。值得一提的是，由于美国的环境公民诉讼要求原告存在"事实上的损害"，因此公民诉讼在本质上属于"私附公模式"。

"公附私模式"的核心要义在于，因同一环境侵害行为引起的公益和私益损害，适格原告在提起环境公益诉讼的同时，可以受让环境私益受害者的损害赔偿请求权，以此来化解同一侵害下双轨制环境诉讼模式所存在的弊端[1]。《德国法律服务法条例》规定，消费公益诉讼的适格原告可以受让消费者所转让的求偿权，并在胜诉后将赔偿金费赔给相关消费者。法国《消费者法》也规定，因同一行为人的行为造成多名消费者损害时，适格原告得到至少两名消费者的授权，可以代表消费者向法院提起损害赔偿之诉。奥地利《消费者保护法》以及我国台湾地区的"消费者保护法"亦存在"公附私模式"的法律授权。鉴于我国现行立法否定私人可以提起公益诉讼，而且"公附私模式"可以减轻私益原告的举证负担等优势，论者指出，在当前的法律与司法解释所及的范围内，公私益诉讼的融合"应以私益性诉讼实施权向公益性诉讼实施权融合为主"[2]。

（三）程序衔接的基础理论

1. 松散式衔接模式的理论基础

松散式衔接模式的理论基础是诉的合并理论。诉的合并是指人民法院在同一诉讼程序中同时处理具有牵连性的若干诉讼请求。前文述及的"附带诉讼"是指一个或数个当事人提出两种不同性质且相互关

---

[1]　张旭东.环境民事公私益诉讼并行审理的困境与出路［J］.中国法学，2018（5）：278-302.
[2]　黄忠顺.论公益诉讼与私益诉讼的融合：兼论中国特色团体诉讼制度的构建［J］.法学家，2015(1)：19-31.

联的诉讼请求，人民法院将其并案处理的模式[1]。从"附带诉讼"的本质来看，其构成"诉的合并"的一种表现形态[2]和特殊形式[3]。问题在于，如何判断两诉是否存在"牵连性"呢？笔者认为，只有当同一事实引发主诉和从诉，且主诉对法律事实的查明能够同时为从诉解决法律事实认定问题，然后以此为基础分别解决同一法律事实引起的不同法律后果，才构成法律上的牵连性。以诉的合并理论为基础，发展出合并管辖（也称牵连管辖）这一具体程序制度。诉的合并作为一种理论，想要融入现实之中，就必须突破法定管辖的规定。合并管辖正是使原本没有管辖权的法院能够一并审理与该案具有某种牵连关系的诉讼请求。可见，合并管辖的目的"在于为诉的合并提供必要的管辖权上的程序保障"[4]。

诉的合并理论遵循一种整体主义思维范式，其重事实模型而非法律关系。诉的合并意义在于：其一，契合诉讼经济原则。诉的合并可以将有牵连的案件进行并案审理，从而减少重复的举证、质证和判决，进而节约当事人与法院的时间，增加纠纷解决的效率。从反面来看，学者基于对我国环境公益诉讼的实证考察发现，对"刑事旧案"的追溯是案件的重要来源。这一现象在国外被称为"尾随诉讼"，即前案的判决诱发其他适格原告提起关联诉讼。"尾随诉讼"极易造成诉讼成本的无限制扩张，与其在事后单独审理个案，不如在环境公益诉讼审判之初，就通过诉讼登记的方式将可能提起诉讼的当事人纳入诉讼范畴，从而一劳永逸地解决同一侵害行为造成的纠纷。其二，实现诉讼公正。具有牵连性的案件分案审理容易造成"同案不同判"，通过诉的合并进行并案审理能够实现司法裁判的统一性，进而保障诉讼公正，增强司法权威。有论者就此指出，"解决审判结果冲突的最佳方

---

[1] 张光宏，毕洪海.行政附带民事诉讼的理论与实践［M］.北京：中国政法大学出版社，2014：60.
[2] 也有论者指出，将"附带诉讼"理解为一种诉的直接合并，有违"附带诉讼"的基本特征——在主诉的过程中一并审理，因而显得不准确、不科学。参见孙洁冰.刑事公诉、行政诉讼附带民事诉讼制度研究［M］.重庆：重庆大学出版社，1990：164.
[3] 翟晓红，吕利秋.行政诉讼不应附带民事诉讼［J］.行政法学研究，1998（2）：76-80.
[4] 张光宏，毕洪海.行政附带民事诉讼的理论与实践［M］.北京：中国政法大学出版社，2014：65.

案莫过于将两种审判统一于一个审判程序之中。"[1]

2. 紧密式衔接模式的理论基础

紧密式衔接模式的核心要义是对非直接利害关系人赋予诉讼实施权，具体方式包括实体和程序赋权两种。前者是指在保留当事人实体请求权的基础上另行创设实体请求权；后者是指在当事人实体请求权行使不便的前提下调整或增加诉讼实施权归属主体。下文将重点从实体赋权中的另赋实体请求权、诉讼信托理论以及程序赋权中的诉讼担当理论论三个方面述紧密式衔接的理论基础[2]。

（1）另赋实体请求权理论

在传统的环境私益侵害中，直接利害关系人往往会衡量诉讼的成本和收益，倘若收益未能大于成本，甚至诉讼无利可图、得不偿失时，受侵害的个人就不会启动环境私益诉讼程序，环境侵害人所造成的环境负外部性就不能产生内部化的效果。另赋实体请求权的典型做法是授予直接利害关系人以"惩罚性赔偿请求权"或"利润剥夺请求权"，从而有效地规避起诉激励不足的问题。惩罚性赔偿和利润剥夺请求权的赋予，实际上起到了填补受害人损失、预防损害再次发生以及激励"私人执法"的公益性功能。笔者认为，虽然惩罚性赔偿和利润剥夺请求权能够在客观上实现私益诉讼和公益诉讼的融合，但是在我国的推行却需要格外慎重。原因在于，惩罚性赔偿与利润剥夺请求权具有公益成分既是其优势所在，又是其制度确立需要谨慎的缘由。因为制度并非运行在真空之中，环境民事公益诉讼在我国已经建立并趋于成熟，在环境民事公益诉讼的诉请中就已经存在着防御性诉讼请求和补救性诉讼请求，而这样的功能定位与惩罚性赔偿和利润剥夺请求权的功能实际上是重叠的。因此倘若贸然在环境领域建立惩罚性赔偿和利润剥夺请求权，极易造成环境公益保护的过度化，由此带来的利益失

---

[1]　王振宇.试论行政争议与民事争议的交织及其处理［J］.行政执法与行政审判，2005（03）.
[2]　黄忠顺.论公益诉讼与私益诉讼的融合：兼论中国特色团体诉讼制度的构建［J］.法学家，2015（1）:19-31.

衡以及隐含的体制性弊端将难以估量。

（2）诉讼信托理论

诉讼信托是指将实体权利作为客体而实施的信托行为，基于实体权利的转移，在其之上的诉讼实施权将一并转移。基于原因行为的不同，诉讼信托可以区分为法定诉讼信托与意定诉讼信托，前者是指法律明确规定所带来的诉讼信托关系，后者是指基于当事人合意而形成的诉讼信托关系。法定诉讼信托的优势在于避免授权手续的烦琐，弊端在于限制甚至剥夺了实体权利享有人的处分权能。从文义解释的角度解读《信托法》第十一条[1]会发现，我国排斥诉讼意定诉讼信托。理论上讲，环境公益诉讼信托只能是私益性诉讼实施权向公益性诉讼实施权转移，而不能相反，否则有违公共信托理论。因此，环境公益诉讼信托就体现为享有不作为请求权的公益性诉讼实施权主体受让直接利害关系人享有的损害赔偿请求权等私益性诉讼实施权，由此实现公益性的不作为之诉与私益性的赔偿之诉相融合的诉讼模式。可以设想，相当数量的直接利害关系人将实体权利进行信托，不仅能实现"合并同类项"的诉讼规模效应，而且能够通过不作为之诉和赔偿之诉的融合增强环境公益保护的预防功能和威慑效果[2]。欧盟《关于预防和补救环境损害的环境责任指令》第八条就确立了行政机关基于公共信托代表国家向环境侵害人索赔的制度设计。由此看来，我国推行的由省市级政府作为本行政区域内生态环境损害赔偿权利人的制度设计，是一种公法性质上的、私法操作上的请求权，在本质上属于建基于公共信托之上的制度设计。

就我国当下的法律架构而言，借由诉讼信托保护环境公益至少需要解决两个障碍：其一，诉讼信托的合法性问题。虽然我国《信托法》反对专以诉讼为目的的信托，但是该法第六十条却明确支持

---

[1]　即专以诉讼或者讨债为目的设立的信托无效。
[2]　黄忠顺.论公益诉讼与私益诉讼的融合:兼论中国特色团体诉讼制度的构建[J].法学家,2015(1):19-31.

环境公益信托。鉴于此，论者指出，《信托法》第六十一条关于国家鼓励发展公益信托的立法精神构成对该法第十一条的目的性限缩，因此允许环境受害人等社会弱势群体将其损害赔偿请求权转让给公益诉讼实施权主体并不违反《信托法》第十一条的规定[1]。其二，诉讼信托的报酬问题。《环境保护法》第五十八条规定环保组织不得通过诉讼牟利。该条的初衷是规避环境公益诉讼诱发的道德风险，但是法律禁止环保组织收取合法的报酬，而环境公益诉权的赋予在实质上成为环保组织盈利的工具。不能名正言顺地获取经济利益，只会诱发环保组织与环境侵害私主体达成合谋，进行暗地里的灰色交易。笔者认为，与其让环保组织与环境侵害私主体在私下进行交易，不如使这种盈利在"阳光下运行"，明确赋予环保组织从诉讼中获得适当报酬的权利，不仅可以克服原告提起环境公益诉讼激励不足的问题，亦可使寻租行为得到有效控制，还可方便环境侵害受害人获得应有赔偿，可谓是共赢之举。

（3）诉讼担当理论

诉讼担当是程序赋权的重要手段，较之于诉讼信托，诉讼担当最大的区别在于，公益性诉讼实施权的转移不以实体权利转移为前提，因此利害关系人不仅可以继续参与到诉讼程序，而且能够基于实体权利义务的保有而对诉讼实施权的行使施加必要的限制。基于原因行为的不同，诉讼担当可以区分为法定诉讼担当和意定诉讼担当。前者的优势在于，其省去了烦琐的委托授权程序，实现了诉讼实施权转移的刚性和高效，问题在于，强行赋予非利害关系人以诉讼实施权有违实体法中的私法自治原则以及程序法中的处分原则。后者的优势在于充分尊重了利害关系人的程序选择权，但其也衍生出授权手续烦琐、基于当事人"理性冷漠"而产生的大规模适用难题。鉴于法定诉讼担当与意定诉讼担当各自的特征，论者建议，对于小额、分散的环境侵害

---

[1]　黄忠顺.论公益诉讼与私益诉讼的融合：兼论中国特色团体诉讼制度的构建［J］.法学家，2015（1）：19-31.

事件，适用法定诉讼担当，而对大规模环境侵害事件，则适用意定诉讼担当[1]。

美国的环境公民诉讼制度是法定诉讼信托的典型事例，在德国、日本、法国，也基于受害人数众多、受损利益多元、待证事实复杂，以及利害关系人的财力、诉讼能力、组织能力不足等因素，而将诉讼实施权赋予具有较强专业性、技术性和诉讼能力的社会团体[2]。我国的司法实践中也曾出现过公益性诉讼实施权向私益性诉讼实施权转移的事例。贵阳市中级人民法院在公益诉讼正式入法之前发布的《关于大力推进环境公益诉讼、促进生态文明建设的实施意见》第四条规定，公民、法人或其他组织也可以提起停止侵害、排除妨碍、消除危险、恢复原状等为内容的环境民事公益诉讼。然而后续出台的《民事诉讼法》《环境保护法》实际上对这种公私益融合的路径予以了排斥，采取了更为保守的"双轨制环境诉讼模式"。

（4）小结

上述三种理论各有利弊，诉讼信托能够简化诉讼关系，但是因为需要转移实体权利而存在剥夺利害关系人处分权的嫌疑，因此在程序保障方面不及诉讼担当理论。同时，另赋实体请求权由于不触及利害关系人的固有诉讼实施权，因此在保障实体当事人处分自由方面较之于诉讼担当理论更胜一筹。而且在环境侵害的损害较小或利害关系人缺乏维权动力的情况下，立法论上的任意诉讼担当与解释论上的诉讼信托都因程序烦琐、参与人数有限而难以形成规模优势。倘若另赋实体请求权未得到法律认可，不得不采取诉讼担当模式，任意诉讼担当因契合当事人意思自治，而优于法定诉讼担当。因此论者指出，在环境民事公益诉讼与环境民事私益诉讼紧密式衔接的若干理论中，根据优先次序应当依次选择"另赋实体请求权——任意诉讼担当——法定

---

[1] 黄忠顺.论公益诉讼与私益诉讼的融合：兼论中国特色团体诉讼制度的构建[J].法学家,2015(1): 19-31.

[2] 张旭东.环境民事公私益诉讼并行审理的困境与出路[J].中国法学,2018(5)：278-302.

诉讼担当——诉讼信托"[1]。

三、环境民事公 / 私益诉讼程序衔接的制度构造

自然资源的二元属性使环境侵害的救济不能延续传统的区分"你的""我的"的立法思路，而需要一种整体性思维将环境侵害视为"我们的"损害。与此相对应，不能在"双轨制环境诉讼模式"中遍插制度藩篱，而应当通过松散式或紧密式衔接手段实现对公私益诉求的融合。原因在于：其一，环境民事公 / 私益诉讼的事实认定和举证质证具有一定的共通性，进而使合并审理存在现实基础；其二，"双轨制环境诉讼模式"存在裁判歧义的可能，而衔接式诉讼能够化解这样的问题；其三，环境私益受害者的经济能力、举证能力、诉讼能力较弱，附带于公益诉讼进行裁判能够实现诉讼公平。基于可行性的角度来看，紧密式衔接模式在我国目前的语境下面临着较大的转轨成本，松散式衔接模式则具有成本低廉而成效显著的特点，因此笔者重点从环境民事公 / 私益诉讼分立的既定事实出发，探讨二者的衔接路径。

（一）建立环境民事公 / 私益诉讼的强制合并制度

为防止同一环境侵害造成的诸多环境受害者基于经济原因舍弃维权而造成法律的基本价值得不到贯彻，救济权的集体行使成为全球发展趋势[2]。虽然有助于整体解决争议，但是救济权的集体行使不可避免地会牺牲原告自治，因此这种合并引发了巨大争议。多数学者认为，"法制度的建构无时无刻不在相互冲突、彼此抵牾的价值中进行判断和选择"[3]，牺牲原告自治而采强制合并，并非对诉讼程序的不尊重

---

[1] 黄忠顺.论公益诉讼与私益诉讼的融合：兼论中国特色团体诉讼制度的构建[J].法学家,2015(01)：19-31.

[2] 论者就此指出，将因同一事件引起的不同诉讼请求和涉及的不同当事人并入同一案件中进行审理，是现代程序观的重要主题。参见张旭东.环境民事公私益诉讼并行审理的困境与出路[J].中国法学,2018(5)：278-302;黄忠顺.论公益诉讼与私益诉讼的融合：兼论中国特色团体诉讼制度的构建[J].法学家,2015(1)：19-31.

[3] 张光宏，毕洪海.行政附带民事诉讼的理论与实践[M].北京：中国政法大学出版社,2014：56.

或者对原告自治的践踏，而是认为在这些价值冲突中，司法效率、裁判的统一性更应获得优越地位。毕竟原告间的自愿合并可能导致程序无效率、裁判歧异以及被告多次应诉的问题。

基于同一事件引发的诉的强制合并也具有比较法的支撑，而且强制合并正在成为一种普遍的趋势。日本 1993 年出台的《环境保护基本法》将环境民事公 / 私益诉讼的法律规则和理论进行统合，以期在同一诉讼中对环境公私益进行均衡保护。德国学者起草的《环境法典》第八章第一百二十七条也规定，同一环境侵害造成的人身、财产和环境损害，法院应尽可能在同一诉讼的同一判决书中进行判定。作为英美法系国家，美国在《美国联邦地区法院民事诉讼规则》中要求避免零碎解决环境侵害引发的数个纠纷[1]。

诉的强制合并会引发一个新的问题，即公益诉讼原告与私益诉讼原告共同参加诉讼是构成普通共同诉讼、必要共同诉讼还是一种新型的共同诉讼类型？笔者认为，环境民事公 / 私益诉讼合并审理时，二者诉讼标的仅是同一种类而非同一，因此形成的共同诉讼在性质上属于普通共同诉讼。这就有别于环境民事公益诉讼中的有资格提起公益诉讼的其他机关与有关组织充当共同原告时的情形，由于诉讼标的同一，且原告所有诉讼行为的实施都需得到一致同意才能发生相应的法律效果，因此环境民事公益诉讼中的共同原告构成一种特殊的共同诉讼类型，在适用时应当遵循必要共同诉讼的相关规定[2]。

（二）环境民事公 / 私益诉讼合并审理中的管辖与公告

强制合并需要配套的制度予以支撑，其中，管辖制度与公告制度的适度调整是实现环境民事公 / 私益诉讼合并审理的前提。具体而言，环境民事公 / 私益诉讼的合并审理存在以下两方面的难题：其一，受理法院如何知晓存在同一侵害行为引发的另一类诉讼？其二，环境民

---

[1]　张旭东. 环境民事公私益诉讼并行审理的困境与出路［J］. 中国法学，2018（5）：278-302.

[2]　张卫平. 民事诉讼法［M］. 4 版. 北京：法律出版社，2016：347.

事公／私益诉讼的管辖法院存在级别冲突时如何选择法院[1]？

　　笔者认为，针对第一个问题，可以通过目前的环境民事公益诉讼公告制度予以解决。具体而言，《关于审理环境公益诉讼案件的工作规范（试行）》第十一条、第十三条[2]规定，在环境民事公益诉讼公告期间有适格原告申请参加诉讼的，列为共同原告。笔者认为，仅需将既有的向相关公益诉讼适格原告进行公告的程序进行适度扩张，由受理环境公益诉讼的法院通知私益权利人进行权利登记，凡是在规定期限内进行了登记均视为提起了环境民事私益诉讼但诉讼处于中止状态，从而实现环境民事公／私益诉讼的实质性合并审理[3]。

　　针对第二个问题，就目前的相关规定来看，环境民事公益诉讼原则上由中级人民法院审理，而环境民事私益诉讼原则上由基层人民法院审理，环境民事公／私益诉讼合并审理确实面临着管辖层级冲突的问题。这一问题可以通过将本来由不同法院受理的环境民事公／私益诉讼交由同一法院审理的管辖权转移方式予以解决。在环境公益相关的附带诉讼中，管辖权转移并无"就高"或"就低"的规律。例如根据《检察公益诉讼解释》第二十条的规定，环境刑事附带民事公益诉讼采"就低"的管辖权转移策略，而环境行政附带民事公益诉讼尚无法律或司法解释予以规范，司法实践中既存在"就高"的情形也存在"就低"的情形[4]。笔者认为，环境民事公／私益诉讼合并审理应当采取"就高"的管辖权转移规则，原因在于：其一，根据《民事诉讼法》第三十九条的规定，上级法院有权管辖下级法院的民事案件，而上级法院希望将其管辖的案件交由下级法院审理的，则需要报请其上级法院批准。可见，"就高"是管辖权转移的原则，"就低"则是例外，有严格的程序审批要求。其二，虽然环境刑事附带民事公益诉讼的管辖权转移采取了"就低"的做法，但是这一做法有《检察公益诉讼解释》

---

[1]　于春婷．环境公／私益诉讼机制协调问题研究［D］．长春：吉林大学，2018：27.

[2]　《环境民事公益诉讼解释》第十条对此公告程序予以了确认和重申。

[3]　肖建国，黄忠顺．环境公益诉讼基本问题研究［J］．法律适用，2014（4）：8-14.

[4]　参见本书"4.1　环境行政／民事公益诉讼的程序整合"。

第二十条加持，在法律或司法解释无明文规定的情况下，环境民事公／私益诉讼的合并审理不宜采取"就低"的做法。

（三）环境民事公／私益诉讼合并审理中的诉讼请求

环境民事公／私益诉讼的诉讼请求理论上应当具有互补性，然而就目前而言，环境民事公／私益诉讼的诉讼请求却在很大程度上存有重叠。其一，防御性诉讼请求竞合。无论是环境民事公益诉讼抑或环境民事私益诉讼提起的防御性请求，其在客观功能上是趋同的，理论上应当在合并审理中仅提起一个防御性诉讼请求。其二，补救性诉讼请求存有交叉。一方面，有论者考证，在海洋环境损害中，海洋环境民事公益诉讼赔偿请求中包含的赔偿项目与海洋环境民事私益诉讼中的渔业资源直接损失、渔业资源恢复费用等存在重叠，倘若不能合理界定私益与公益的求偿范围，将出现侵害人重复赔偿、加重赔偿的情形[1]。另一方面，应当慎重探索建立生态环境损害惩罚性赔偿。论者指出，基于环境公益诉讼动力不足、惩戒功能有限的问题，尤其是在部分环境侵害未被提起补救之诉的情况下不法侵害者将继续保有非法利益，因此应当建立环境民事公益诉讼惩罚性赔偿制度[2]。笔者认为这一观点不妥，原因在于，对"完全赔偿"的追求表现出社会科学学者对自然科学精确性的艳羡，然而基于生态环境的价值模糊性，对其的量化很难做到公允。就目前而言，环境公益侵害频发，而实际追究的环境责任却很少。在这样的情况下，对于环境侵害人的"完全赔偿"较之于其他环境侵害主体都已经显示出极大的不公平，倘若再对其适用惩罚性赔偿，势必造成更大的、根本性的不公平问题，由此造成的对部分责任人的加倍惩罚难谓公允。在经济下滑和民营经济发展受阻的情况下，基于优化营商环境的需要，严厉甚至趋于变态的环境责任

[1] 张洪川，张昕.海洋环境污染中公益与私益的诉讼交叉［J］.人民司法，2017（22）：98-101.
[2] 周骁然.论环境民事公益诉讼中惩罚性赔偿制度的构建［J］.中南大学学报（社会科学版），2018，24（2）：52-62.

势必成为经济可持续发展的阻力。因此笔者认为我国的环境民事公／私益诉讼合并审理中暂不宜适用惩罚性赔偿，因为环境民事公益诉讼本身就已经带有惩罚性的特质。

（四）环境民事公／私益诉讼中的二阶审理

论者在探讨环境民事公／私益诉讼合并审理时，往往从讨论审理顺序着手。例如吴如巧认为目前的诉讼规范对环境民事公／私益诉讼的审理顺序规定不全面。考虑到公益诉讼对举证以及程序的缜密性上更为严格，且公益诉讼原告更具经验和专业能力，因此应当参照示范性诉讼原理，将环境民事公益诉讼视为环境私益诉讼的"示范性判决"，并通过既判力的单向扩张使私益诉讼能够搭上公益诉讼的"便车"，由此确定环境民事公益诉讼的优先审理[1]。然而这一审理思路实际上是延续"双轨制环境诉讼模式"而形成的补救性策略，在环境民事公／私益诉讼合并审理中，应当通过争点分割和中间裁判解决诉讼效率问题。

1. 争点分割

理论上讲，客观的历史性事实只有一个，法院对同一客观事实认定的法律事实也只能有一个。然而由于"双轨制环境诉讼模式"对同一侵害造成的共通争点事实进行分割审理，难免造成两方面的问题：其一，不同法院或法庭基于当事人举证能力、诉讼能力的差异而产生对事实认定的歧义[2]。其二，对共通性争议的重复审理，即使能够得出一致的结论，也会造成诉讼资源和社会成本的无谓损失。有鉴于此，论者建议仿效巴西、日本等国的二阶型诉讼构造改造我国的双轨制环

---

[1] 鉴于环境民事公益诉讼因立案难、取证难和审判耗时过长等对环境私益诉讼当事人造成的时间利益损失，持公益诉讼优先审判观点的论者提出应当赋予私益诉讼当事人重新恢复私益审判的请求权。参见于春婷. 环境公/私益诉讼机制协调问题研究［D］. 长春：吉林大学，2018：27；吴如巧，雷嘉，郭成. 论环境民事公益诉讼与私益诉讼的共通性：以最高人民法院相关司法解释为视角的分析［J］. 重庆大学学报（社会科学版），2019，25（5）：167–178.
[2] 张旭东. 环境民事公私益诉讼并行审理的困境与出路［J］. 中国法学，2018（5）：278–302.

境诉讼模式。具体而言，二阶型诉讼构造是指将同一侵害行为造成的公私益诉讼争点予以分割，区分为一阶的概括性给付判决或者共通义务确认判决，以及二阶的建基于一阶认定上的防御性或补救性判决。由于二阶审理可以直接援引一阶审判的事实认定，因此一阶审理程序因具有保护不特定第三人的功能而具有公益属性，二阶程序则具体基于不同的公私益诉讼请求而采取不同的诉讼策略，因此兼具公私益融合属性。

环境公私益诉讼合并审理与争点分割理论具有契合性。原因在于，环境侵害发生的二阶段机理，使环境民事公／私益诉讼合并审理引入争点分割具有高度的契合性，即将产生环境公私益侵害的共通性基础"环境要素（或介质）损害"作为一阶审理对象，再将环境要素（或介质）损害引发的末端受体（人身、财产或生态环境）损害作为二阶审理对象。其中，一阶审理对象是共通争点事项，二阶审理对象是个别争点事项[1]。引入争点分割的意义在于，公益诉请与私益诉请适用不同的诉讼原理成为可能。具体而言，对于一阶审理阶段的公益性特征，法院可以采取职权主义进行审理，二阶审理中则基于公益性诉讼请求与私益性诉讼请求的不同分别适用职权主义和当事人主义[2]，由此使共通争点一次处理，在节约社会成本的同时提高裁判的统一性。

2. 中间裁判

对于一阶审理的共通争点可以通过引入中间裁判予以确认。中间裁判是相对于终局裁判而言的，后者是指针对诉讼标的作出的导致诉讼在本审级内审理终结的裁判，前者则是指针对诉讼标的以外的事项作出的不能在本审级内终结诉讼审理的裁判[3]。我国《民事诉讼法》

---

[1] 张旭东.环境民事公私益诉讼并行审理的困境与出路［J］.中国法学，2018（5）：278-302.

[2] 黄忠顺.论公益诉讼与私益诉讼的融合：兼论中国特色团体诉讼制度的构建［J］.法学家，2015（1）：19-31.

[3] 傅郁林.先决问题与中间裁判［J］.中国法学，2008（6）：155-169.

第一百五十六条有先行判决的规定[1]。该条虽并非严格意义上的中间裁判规定，但是可以通过扩大解释为二阶审理模式提供支撑。在环境民事公/私益诉讼并行审理中采用二阶审理制度，对一阶认定的共通性事实通过中间裁判的方式予以确认，可以为二阶的损害事实认定和索赔提供前提和基础。刘艺也指出，公益诉讼应创新裁判方式，允许法院以组合的判决方式进行裁判，例如在确认判决作出后再作出履行判决等创新裁判形式[2]。

需要指出的是，中间裁判对终局裁判具有拘束力，采用中间裁判的法院应当以中间裁判主文中所认定的事实作为二阶审理的免证事实予以判决，由此保证中间裁判的预决效力。需要强调的是，中间裁判并不具有终局判决所附带的既判力，当事人不能对中间裁判进行上诉，而应当待终局裁判作出后对全案进行上诉，由此使上级法院审查中间裁判与终局裁判的合法性。不过，倘若二审法院仅撤销终局裁判而未撤销中间裁判，并将案件发回重审，则原审法院的中间裁判仍然对重审的终局裁判产生拘束力[3]。

（五）环境民事公/私益诉讼合并审理中的证据和证明

各国基于损害对象的差异往往采取不同的证明理论和证明标准[4]。环境民事公益诉讼因涉及公益诉讼原告、私益诉讼原告和共同被告，会造成证据和证明更为复杂的情形，建立一元化证明标准显然不符合客观事实，因此唯有区分不同情形并建构与之适配的举证责任和证明标准。

---

[1] 其规定"人民法院审理案件，其中一部分事实已经清楚，可以就该部分先行判决"。
[2] 但是刘艺也强调，组合型判决的适用情形应通过立法予以明确。参见龚云飞.检察公益诉讼：立法完善与程序机制保障［N］.检察日报，2019-05-20（3）.
[3] 张旭东.环境民事公私益诉讼并行审理的困境与出路［J］.中国法学，2018（5）：278-302.
[4] 例如，环境侵害造成人身损害的，一般采疫学因果关系理论，且证据达到"初步证明标准"即可；环境侵害造成财产损失的，一般采优势证据理论，证据则需达到"盖然性标准"。参见张旭东.环境民事公私益诉讼并行审理的困境与出路［J］.中国法学，2018（5）：278-302.

1. 举证责任分配

根据公私益诉讼二阶审理规则，在一阶共通争点的审理阶段，因为其浓厚的公益色彩，笔者认为出于保护弱势原告和更有利于推进诉讼的目的，应当由公益诉讼原告承担证明被告的侵权行为、侵权行为与损害后果之间的关联性。但是考虑到私益诉讼原告将承担公益诉讼原告举证不能的消极后果，因此应当允许私益诉讼原告提供独立或补充证据的权利。在二阶审理阶段，应当原则上由公私益诉讼原告分别举证。但是基于民事诉讼的"证据共通性原则"，公益诉讼起诉人所举证据经过当事人质证且被法院采行的，私益诉讼原告认为其对于二阶审理有所助益的，有权加以直接援引[1]。

2. 证明标准方面

环境民事公私益诉讼的证明标准究竟是统一适用高度盖然性标准，还是适用多元化证明标准，既有规范并未给出明确规定。有论者基于对《民事诉讼法解释》第一百零八条的体系性解释得出，对于环境侵害因果关系证明，承担证明责任的被告应当适用高度盖然性标准，而不承担法定证明责任的原告在举证证明因果关系时，可以适用低于高度盖然性的证明标准。

3. 实际损害的证明

考虑到环境公益损害举证的困难，《环境民事公益诉讼解释》第二十三条赋予法院在特殊情况下酌定损害额度的权力。然而环境民事私益诉讼缺乏此种赋权，由此带来环境民事公／私益诉讼在损害赔偿上的不确定问题[2]。笔者认为，由于环境侵害后果的弥散性、虚无性，应当仿效《环境民事公益诉讼解释》第二十三条的规定，赋予法院在环境私益损害难以确定或确定的费用过高时，通过结合被告的过错程度、环境损害范围等因素合理确定损害赔偿数额的酌定权力。

---

[1] 吴如巧，雷嘉，郭成.论环境民事公益诉讼与私益诉讼的共通性：以最高人民法院相关司法解释为视角的分析［J］.重庆大学学报（社会科学版），2019，25（5）：167-178.

[2] 张洪川，张昕.海洋环境污染中公益与私益的诉讼交叉［J］.人民司法，2017（22）：98-101.

第二节　环境民事公益诉讼与生态环境损害赔偿诉讼的程序衔接

较之于传统的自下而上生成的环境法律制度，生态环境损害赔偿制度是典型的自上而下创制出的环境法律制度，并作为生态文明体制改革"1+6"方案的重要组成部分，从而拥有较高的显示度和重要性。在环境法律制度结构中，一项环境法律制度往往并不是孤立存在的，而是与其他相关制度相互衔接、互相勾连。生态环境损害赔偿制度亦不例外。实践中，生态环境损害赔偿诉讼与环境民事公益诉讼（以下简称"两类诉讼"）的性质辨析、关系梳理和程序衔接等问题在制度草创初期就受到理论界[1]和实务界[2]的关注。笔者亦不否认二者各有其优势和独特性，但是从二者的救济对象来看，确实形成了双重主体、双重路径救济环境公益的请求权竞合情形[3]。因此，从优化和协同环境公益的司法救济程序角度而言，探讨二者的衔接机制实为必要[4]。

一、环境民事公益诉讼与生态环境损害赔偿诉讼的辩证关系

虽然我国是在 2012 年正式将环境民事公益诉讼[5]写入法律，但

---

[1]　生态环境损害赔偿诉讼与环境民事公益诉讼呈现出"大同小异"的特征，论者就指出，社会组织提起的环境民事公益诉讼与政府提起的"生态环境损害赔偿诉讼"之间，具有重叠的适用范围（生态环境损害）、相同的被告（生态环境损害责任人）、相同的诉讼目的（保护环境公共利益）、类似的责任承担方式（赔偿性责任或修复性责任）。参见陈海嵩.中国环境法治中的政党、国家与社会 [J].法学研究，2018，40（3）：3-20.

[2]　例如 2016 年《最高人民法院关于充分发挥审判职能作用为推进生态文明建设与绿色发展提供司法服务和保障的意见》、2017 年《生态环境损害赔偿制度改革方案》与 2019 年《最高人民法院关于审理生态环境损害赔偿案件的若干规定（试行）》（以下简称《审理生态环境损害案件的若干规定》），均就如何协调生态环境损害赔偿诉讼与环境民事公益诉讼作出规定。

[3]　牛颖秀.生态环境损害赔偿诉讼与环境民事公益诉讼辨析：以诉讼标的为切入的分析 [J].新疆大学学报（哲学·人文社会科学版），2019，47（1）：40-47.

[4]　论者就此指出，环境民事公益诉讼与生态环境损害赔偿诉讼的衔接不仅事关审理规则的完善，更事关环境诉讼机制的整体协调。参见吴良志.论生态环境损害赔偿诉讼的诉讼标的及其识别 [J].中国地质大学学报（社会科学版），2019（4）：30-43.

[5]　也有论者认为，2012 年《民事诉讼法》的修改并未确立环境民事公益诉讼。参见徐祥民.2012 修订的《民事诉讼法》没有实现环境公益诉讼"入法" [J].清华法学，2019，13（3）：158-170.

是制度本身在国内外的实践和理论探讨均已较为成熟。因此较之于
环境民事公益诉讼，生态环境损害赔偿诉讼是一项新生事物，探讨"两
类诉讼"的辩证关系之关键，在于明晰生态环境损害赔偿诉讼的法
律性质。

（一）关于生态环境损害赔偿诉讼的性质评析

一般认为，生态环境损害赔偿诉讼是一项"强制性制度变迁"的
产物，由于理论支撑不足，对该制度的性质认定不一，且伴随着制度
设计上的诸多缺漏[1]。概括而言，学界一般将生态环境损害赔偿诉讼
的法律性质划分为三类，分别是公益诉讼说、私益诉讼说和独立诉讼
说，笔者拟从既有观点出发探讨该种诉讼模式的法律属性。

1. 既有观点梳理

（1）公益诉讼说

公益诉讼说认为，生态环境损害赔偿诉讼所救济的根本利益——
环境利益隶属于环境民事公益诉讼所欲保护的环境法益范畴，因此环
境民事公益诉讼与生态环境损害赔偿诉讼在救济对象与制度设计上就
呈现出包含与被包含的关系。虽然理论上讲，作为生态环境损害赔偿
制度理论基础的自然资源国家所有权具有公和私的双重属性，但是一
般认为，私权性是手段，而公权性是内核，后者是保障前者的行使不
偏离公益的关键。在此背景下，之所以要在环境民事公益诉讼之外
另行建立生态环境损害赔偿诉讼，是因为后者能够赋予政府以诉讼
资格，从而形成检察机关、社会组织与政府同时享有诉权的环境公
益司法保护格局。鉴此，竺效提出，未来我国应建立"国家索赔优先、
社会组织索赔为补充、检察机关润滑其中"的环境公益司法保护体
系[2]。然而《生态环境损害赔偿制度改革方案》指出，在政府索赔的
框架下，"鼓励法定机关和社会组织开展生态环境损害赔偿诉讼"。

---

[1] 侯佳儒. 生态环境损害的赔偿、移转与预防：从私法到公法 ［J］. 法学论坛，2017（3）：22-27.
[2] 竺效. 生态损害公益索赔主体机制的构建 ［J］. 法学，2016（3）：3-12.

可见政府主导生态环境损害赔偿诉讼，社会组织与检察机关主导环境民事公益诉讼的成见正在遭受冲击。

　　公益诉讼说在实践中也得到了诸多案件的印证。例如当同一环境侵害事件引发政府和环保组织、检察院同时提起"两类诉讼"时，法院往往将后诉并入先立案的环境民事公益诉讼，然后将"两类诉讼"的原告作为环境民事公益诉讼的共同原告进行审理[1]。这样的案例不在少数，说明生态环境损害赔偿诉讼的公益诉讼说具有相当的实践基础[2]。概言之，实务界往往将生态环境损害赔偿诉讼视为环境民事公益诉讼的下位概念，进而通过制度包容的方式消解竞合程序并立存在的结构性缺陷[3]。

　　生态环境损害赔偿诉讼属于环境民事公益诉讼的性质定位得到了新出台的司法解释的认可。《审理生态环境损害案件的若干规定》第十一条强调，生态环境损害赔偿诉讼的诉讼请求包括修复生态环境、赔偿损失、停止侵害、排除妨碍、消除危险、赔礼道歉等民事责任。回顾《生态环境损害赔偿制度改革方案》的规定，其赔偿范围主要包括清除污染费用、修复费用、期间损失、永久性损失以及调查、鉴定评估等费用。而停止侵害、排除妨碍、消除危险、赔礼道歉等被视为《环境民事公益诉讼解释》第十八条的赋权。可见，新出台的生态环境损害赔偿诉讼司法解释实际上突破了《生态环境损害赔偿制度改革方案》的规定，而将环境民事公益诉讼中的部分权能与其进行了衔接。由此可以看出，最高人民法院持生态环境损害赔偿诉讼属于环境民事公益

---

[1]　例如在江苏省环保联合会诉南京德司达公司环境民事公益诉讼案中，是先由环保组织提起环境民事公益诉讼，随后江苏省人民政府提起生态环境损害赔偿诉讼，南京市中级人民法院最终将江苏省人民政府作为共同原告加入环境民事公益诉讼。这样就导致该案的性质仍然为环境民事公益诉讼而非生态环境损害赔偿诉讼。参见陈爱武，姚震宇.环境公益诉讼若干问题研究：以生态环境损害赔偿制度为对象的分析［J］.法律适用，2019（1）：22-31.
[2]　在重庆市人民政府与重庆两江志愿服务发展中心诉重庆藏金阁物业管理有限公司环境民事公益诉讼案中，两原告分别提起生态环境损害赔偿诉讼与环境民事公益诉讼，因为两者是基于同一事实向同一法院提起，因此法院将两案合并审理，案由仍为环境民事公益诉讼。参见汪劲.论生态环境损害诉讼与关联诉讼衔接规则的建立：以德司达公司案和生态环境损害赔偿相关判例为鉴［J］.环境保护，2018，46（5）：35-40.
[3]　也有论者指出，政府在生态环境损害赔偿磋商不成时具有程序选择权，其既可以转而提起环境民事公益诉讼，亦可提起生态环境损害赔偿诉讼。参见黄大芬，张辉.论生态环境损害赔偿磋商与环境民事公益诉讼调解、和解的衔接［J］.环境保护，2018（21）：46-50.

诉讼的观念。

支持此种观点的学者众多，除前文提及的竺效之外，李浩也指出，生态环境损害赔偿诉讼"本质仍然是民事公益诉讼"[1]。王岚也认为，生态环境损害赔偿诉讼在性质上"属于环境民事诉讼的范畴且为环境民事公益诉讼"[2]。实务部门也多认为，"生态环境损害赔偿诉讼是一种特殊类型的环境民事公益诉讼"[3]。

（2）私益诉讼说

私益诉讼说认为，生态环境损害赔偿诉讼与环境民事公益诉讼虽然均属于民事诉讼，但是在性质上迥然有别。前者是权利人基于自然资源国家所有权提起的损害赔偿之诉，其权利主张之诉具有私益诉讼的内核。德国法学理论判定行为的公私属性存在利益说和修正主体说两种学说，利益说认为某一行为是否属于公法行为主要以其目的是否实现了公益作为判断标准。由于现代行政任务的实现过程中，公益目的的实现手段多元，因此以行为是否具有公益目的来判断行为属性无法保障逻辑的严密性。于是德国司法实践中更多地采用修正主体说作为公法和私法的区分标准，即判断某一行为是属于公法行为抑或私法行为，主要考察该行为所适用的法律规范究竟属于公法还是私法[4]。从修正主体说的角度看生态环境损害赔偿诉讼，其行为目的虽然具有公益属性，但是由于其行为本身是私法性质的，因而具有私益属性。

较之于公益诉讼说，支持私益诉讼说的论者也不在少数。例如最高人民法院环境资源审判庭编著的《环境民事公益诉讼司法解释》适用文件指出，行政机关是国家利益的代表，其对生态环境损害具有"直

[1] 李浩.生态损害赔偿诉讼的本质及相关问题研究：以环境民事公益诉讼为视角的分析[J].行政法学研究，2019（4）：55-66.
[2] 王岚.论生态环境损害救济机制[J].社会科学，2018（6）：104-111.
[3] 朱建勇，陈士莉，刘亮.生态环境损害赔偿与环境公益诉讼衔接机制研究[A].黄河编.深化依法治国实践背景下的检察权运行：第十四届国家高级检察官论坛论文集，国家检察官学院出版社，2018：547.
[4] 刘莉，胡攀.生态环境损害赔偿磋商制度的双阶构造解释论[J].甘肃政法学院学报，2019（1）：37-46.

接利害关系"，因此其提起的生态环境损害赔偿诉讼属于民事私益诉讼 [1]。汪劲也明确指出，"由赔偿权利人向赔偿义务人提起的生态环境损害赔偿诉讼其本质属于民事私益诉讼" [2]。吴俊也认为，"生态环境损害赔偿制度并不是民事公益诉讼制度，而是私益权利救济程序，尽管这种'私益'是国有的" [3]。黄萍也认为，国家作为自然资源国家所有权主体，对生态环境损害有权依据私法请求侵害人承担民事责任 [4]。郭海蓝、陈德敏也认为，国家在所有权维度应当回归私法意义上的民事主体身份，其提起的生态环境损害赔偿之诉应当在性质上"属于《侵权责任法》第二条所列举的因所有权权益受侵害而要求损害赔偿的给付之诉" [5]。

（3）独立诉讼说

独立诉讼说认为，生态环境损害赔偿诉讼既区别于传统的私益诉讼，又有别于新兴的公益诉讼，是一种特殊类型的环境民事诉讼类型。独立诉讼说内部又可以区分为多个子学说，包括但不限于国益诉讼说和笼统的特殊诉讼类型说。

国益诉讼说认为，生态环境损害赔偿诉讼既非公益诉讼，又非私益诉讼，因为其既区别于维护社会公共利益的公益诉讼，也区别于维护纯粹私人利益的私益诉讼，其旨在维护国家利益，因此在性质上分析应该属于"国益诉讼" [6]。具体而言，"国益诉讼说"以自然资源国家所有权为请求权基础，而自然资源国家所有权旨在维护有别于公益和私益的国益，因此生态环境损害赔偿诉讼属于"国益诉讼"的范畴。

[1] 奚晓明.最高人民法院关于环境民事公益诉讼司法解释理解与适用［M］.北京：人民法院出版社，2015：27.
[2] 汪劲.论生态环境损害赔偿诉讼与关联诉讼衔接规则的建立：以德司达公司案和生态环境损害赔偿相关判例为鉴［J］.环境保护，2018，46（5）：35–40.
[3] 吴俊.中国民事公益诉讼年度观察报告（2017）［J］.当代法学，2018（4）：136–146.
[4] 黄萍.生态环境损害索赔主体适格性及其实现：以自然资源国家所有权为理论基础［J］.社会科学辑刊，2018（3）：123–130.
[5] 郭海蓝，陈德敏.省级政府提起生态环境损害赔偿诉讼的制度困境与规范路径［J］.中国人口·资源与环境，2018，28（3）：86–94.
[6] 参见吕忠梅.为生态损害赔偿制度提供法治化方案［N］.光明日报.2017–12–22（2）；常纪文.环境公益诉讼需解决八个问题［N］.经济参考报，2014–09–03（6）；肖建国.利益交错中的环境公益诉讼原理［J］.中国人民大学学报，2016（2）：14–22.

特殊诉讼类型说并未明确提出生态环境损害赔偿诉讼究竟属于何种性质的诉讼，只是主张其既不属于公益诉讼，亦不属于私益诉讼 [1]。例如宋丽容指出，政府以所有人身份提起的生态环境损害赔偿诉讼是一种"公私交错的特殊类型的诉讼" [2]。李昊更是指出，其性质，既非纯粹的公法问题，也非纯粹的私法问题，而是处于公法和私法的边界之上 [3]。时任最高人民法院环资庭王旭光副庭长也指出，生态环境损害赔偿诉讼是"一类新型诉讼，与普通私益诉讼和公益诉讼具有显著区别" [4]。类似论述多不胜数 [5]。

2. 既有观点评析

对于生态环境损害赔偿诉讼在本质上属于"公益""私益"还是"独立诉讼类型"，学理上并无定论。在提出笔者关于生态环境损害赔偿诉讼的法律性质之前，不妨先对既有观点进行评析。

（1）对公益诉讼说的反驳

公益诉讼说可谓是生态环境损害赔偿诉讼法律性质的主流学说，但仔细考察公益诉讼说，会发现如下问题。第一，公益诉讼说认为，生态环境损害赔偿诉讼是环境民事公益诉讼的下位概念，其目的是赋予政府以公益诉讼起诉权能 [6]。然而《民事诉讼法》等法律和司法解释已经确立"机关和有关组织""人民检察院"可以在符合法律规定的情况下提起环境民事公益诉讼，理论上讲，要拓宽公益诉讼原告范

[1] 例如吴良志法官指出，从国家资源所有权损害赔偿之诉来看，生态环境损害赔偿诉讼接近于主观诉讼，而从环境公共利益侵害救济之诉来看，生态环境损害赔偿诉讼更接近于客观诉讼。参见吴良志.论生态环境损害赔偿诉讼的诉讼标的及其识别［J］.中国地质大学学报（社会科学版），2019（4）：30-43.
[2] 宋丽容.生态环境损害赔偿与社会组织公益诉讼之衔接［J］.中国环境管理干部学院学报，2018，28（5）：6-9.
[3] 李昊.论生态损害的侵权责任构造：以损害拟制条款为进路［J］.南京大学学报（哲学·人文科学·社会科学），2019（01）：49-60，159.
[4] 王玮.最高法环资庭副庭长、第三巡回法庭副庭长王旭光回应：如何判断被诉行政机关是否依法履职［N］.中国环境报，2018-11-29（8）.
[5] 例如彭中遥指出，生态环境损害赔偿之诉是一种"新型的、特殊的环境民事诉讼类型"。程多威、王灿发指出，生态环境损害赔偿诉讼既不同于环境民事公益诉讼，亦不属于环境民事私益诉讼，而是"一种特殊的民事诉讼制度类型"。参见彭中遥.论生态环境损害赔偿诉讼与环境公益诉讼之衔接［J］.重庆大学学报（社会科学版）：169-180；程多威，王灿发.生态环境损害赔偿制度的体系定位与完善路径［J］.国家行政学院学报，2016（5）：81-85.
[6] 论者指出，是否赋予国家机关以公益诉权，本质上是国家作用的界限问题。参见张卫平.民事公益诉讼原则的制度化及实施研究［J］.清华法学，2013，7（4）：6-23.

围只需在上述法律中赋予政府以起诉权能即可，甚至可以通过解释《民事诉讼法》的"机关"来将政府的公益诉讼权能合法化，那为何还要大费周章地出台《生态环境损害赔偿制度改革方案》呢？而且从内容来看，两种诉讼也呈现出不同的面相。例如在救济对象上，生态环境损害赔偿诉讼仅能基于"无损害、无赔偿"的法理，对造成实际的生态环境损害的行为提起赔偿之诉；而环境民事公益诉讼则赋予适格原告对具有损害社会公共利益重大风险的行为提起诉讼的权利，从而使其具备了预防"风险行为"的权能。在救济方式上，较之于环境民事公益诉讼，生态环境损害赔偿诉讼无权提起赔礼道歉、停止侵害等责任类型。"两类诉讼"不同的诉讼主体、诉讼对象和救济方式使二者并未呈现出单纯的隶属关系，而是呈现出一种交叉关系。有论者就此指出，生态环境损害赔偿诉讼与环境民事公益诉讼的"诉讼标的和诉讼请求的范围不完全重合"。因此就引出"两类诉讼"的衔接问题[1]。

第二，我国同时建立有规制公权力和私主体的环境行政／民事公益诉讼。生态环境损害赔偿诉讼制度的建立就不可避免地滋生出这样一个问题，即一方面，检察机关和社会组织已经被赋予提起公益诉讼的权利，为何要多此一举赋予行政机关呢？另一方面，倘若行政机关未依法起诉，检察机关又是否可以提起环境行政公益诉讼以督促行政机关提起生态环境损害赔偿之诉呢？本可以通过一个环境民事公益诉讼解决的问题，转化成两个诉讼的意义何在呢？上述质疑似乎表明，生态环境损害赔偿诉讼虽然具有一定的公益属性，但是从制度设计初衷来看，其有别于传统的环境民事公益诉讼[2]。

（2）对私益诉讼说的反驳

私益诉讼说的支持者人数虽然略逊于公益诉讼说，但是包括最高

---

[1]　陈爱武，姚震宇.环境公益诉讼若干问题研究：以生态环境损害赔偿制度为对象的分析［J］.法律适用，2019（1）：22-31.

[2]　张榕在2019年"公益诉讼理论与实务高端论坛"中指出，生态环境损害赔偿诉讼连同知识产权诉讼等，基于诉讼主体或案件范围的限制，都不属于公益诉讼范畴。

人民法院在内的诸多实务或理论界人士仍然坚持认为私益诉讼说更具解释力。私益诉讼说存在的问题包括：第一，私益诉讼说的理论基础是自然资源的国家所有权。然而根据自然资源国家所有权公权说，此处的"所有"是保护自然资源以及建基于自然资源之上的生态环境的手段，而环境公益维护本身才是目的。倘若由此将生态环境损害赔偿诉讼视为私益诉讼，就会陷入"手段凌驾于目的之上"的逻辑困境。

第二，即使退一步，承认自然资源国家所有权具有私益属性，那么理论上讲，生态环境损害赔偿诉讼就只能是针对国有自然资源而提起。在国有自然资源之外，宪法还确立了集体所有的自然资源。对于属于集体所有的自然资源，国务院及其授权的政府并无权代表。然而实践中并非如此，例如在第一例生态环境损害赔偿诉讼中 [1]，生态环境损害发生地实际上就属于集体所有的土地 [2]。这表明实践中集体所有的自然资源及其附属的生态利益受损，也被纳入生态环境损害赔偿诉讼的索赔范围，可见用"国家所有权"和"私益"属性来解释生态环境损害赔偿诉讼并不周延 [3]。

（3）对独立诉讼说的反驳

独立诉讼说中比较有影响力的是国益诉讼说，笔者对此也持否定意见。生态环境损害赔偿诉讼从形式上看是维护的自然资源国家所有权，但是实质上却是维护的环境公共利益 [4]。由此引申出的问题是，环境公共利益是否隶属于国家利益？答案显然是否定的，因为自然资源之上的资源利益可以设定国家所有权，但是同样建基于自然资源之上的生态利益却属于"公众共用物"的范畴，其属于不特定多数人可

---

[1] 即贵州省清镇市小寨坝镇高家坝村大鹰田工业废渣污染案。

[2] 牛颖秀.生态环境损害赔偿诉讼与环境民事公益诉讼辨析：以诉讼标的为切入的分析 [J].新疆大学学报（哲学·人文社会科学版），2019，47（1）：40-47.

[3] 李浩也指出，对于像空气这样的自然资源，并不属于财产所有权的客体，因此严格遵循私益理念将使对空气这一环境要素造成的损害难以得到生态环境损害赔偿救济。参见李浩.生态损害赔偿诉讼的本质及相关问题研究：以环境民事公益诉讼为视角的分析 [J].行政法学研究，2019（4）：55-66。

[4] 诚如徐祥民所言，"自然资源国家所有既不是自然存在的现象，也不是宪法给国家设定的目的，而是用以实现国家目的的手段，它的价值主要是工具性的"。参见徐祥民.自然资源国家所有权之国家所有制说 [J].法学研究，2013（4）：35-47.

以非排他性使用的利益，本质上排斥所有权制度，因此"以维护环境公共利益为目的的生态环境损害赔偿诉讼并非国益诉讼。"[1]虽然本书认同生态环境损害赔偿诉讼的独立性质，但是鉴于当前的独立诉讼说含混不清，因此笔者拟在既有的独立诉讼说框架外另行探讨其特殊属性。

（二）生态环境损害赔偿诉讼与环境民事公益诉讼性质新解

理论界一般认为，环境诉讼包括民事、行政与刑事公诉，上述三类诉讼构成环境诉讼的闭合圆圈。《生态环境损害赔偿制度改革方案》规定，生态环境损害责任人承担的行政或刑事责任，不影响其承担生态环境损害赔偿责任。可以看出，生态环境损害赔偿责任在性质上属于行政与刑事责任之外的民事责任范畴。上文所述的公益诉讼说、私益诉讼说和独立诉讼说，归根结底也是从民事责任的角度阐述生态环境损害赔偿诉讼的[2]。再来看环境民事公益诉讼，该诉讼从"民事公益诉讼"的名称上就可以看出，理论和实务界认为其是民事性质的诉讼[3]。此即学者所谓的"我国环境公益诉讼制度的发展走向民法化"[4]。笔者认为，生态环境损害赔偿诉讼与环境民事公益诉讼的民事性质虽然得到学界占压倒性多数的支持，但是这一观点并不妥当，它是造成"两类诉讼"关系扭曲的根源所在。笔者认为，"两类诉讼"本质上属于"代位执法诉讼"的范畴，性质上属于行政执法程序，区别仅在于环境民事公益诉讼侧重于阻却性执法，生态环境损害赔偿诉讼侧重于填补式执法。

---

[1] 彭中遥.生态环境损害赔偿诉讼的性质认定与制度完善［J］.内蒙古社会科学，2019，40（1）：105–111.

[2] 吴良志法官就指出，在诉讼分野的理论预设下，"生态环境损害赔偿诉讼仍属于民事诉讼范畴当无异议"。参见吴良志.论生态环境损害赔偿诉讼的诉讼标的及其识别［J］.中国地质大学学报（社会科学版），2019（4）：30–43.

[3] 论者就此指出，侵权法的功能在风险社会的背景下面临重大变迁，在救济这一基础功能之外，还承担了风险控制、风险分配的附属功能。参见何国强.风险社会下侵权法的功能变迁与制度建构［J］.政治与法律，2019（7）：93–104.

[4] 唐瑭.风险社会下环境公益诉讼的价值阐释及实现路径：基于预防性司法救济的视角［J］.上海交通大学学报（哲学社会科学版），2019，27（3）：29–37.

1. 生态环境损害赔偿诉讼与环境民事公益诉讼的民事性质之反思

（1）民事性质诉讼的理论基础

一般认为，判断诉讼性质的关键在于准确界定诉讼所依托的理论基础[1]。从既有的讨论来看，倘若以"实体权利—程序权利"的构造来解读"两类诉讼"，较有说服力的解释是，生态环境损害赔偿诉讼的实体权利是自然资源国家所有权，环境民事公益诉讼的实体权利是公民共同享有的环境权[2]。根据利益学派的观点，权利的本质是利益。笔者认为，自然资源国家所有权与环境权也可以通过法利益学说予以整体性解读。史玉成就指出，整体性的环境利益应当区分为可以通过产权制度予以分割的资源利益和难以权利化的生态利益[3]。自然资源国家所有权指向的是环境利益中的资源利益，而环境权利指向的是环境利益中的生态利益。论者指出生态环境损害赔偿诉讼的实体权利是自然资源所有权，实际上对应环境利益中的资源利益，环境民事公益诉讼的实体权利是公民环境权，实际上对应环境利益中的生态利益[4]。因此从本质上讲，生态环境损害赔偿诉讼与环境民事公益诉讼都建基于环境利益，我们不妨用环境利益这一整体性观念来解读上述"两类诉讼"的理论基础。

资源利益是生态利益存在和发挥效用之前提，而生态利益又反作用于资源利益，二者衔接的结果就是人类赖以生存的环境利益，即生态系统。生态学理论认为，正是生态系统源源不断地为人类提供物质性的资源利益和非物质性的生态利益[5]。丹尼尔·H.科尔认为，为

---

[1] 彭中遥.生态环境损害赔偿诉讼的性质认定与制度完善［J］.内蒙古社会科学，2019，40（1）：105–111.

[2] 王小钢则认为，就生态环境损害赔偿诉讼而言，自然资源国家所有权是其程序权利来源，公共信托环境权益是其实体权利来源。然而笔者认为生态环境损害赔偿诉讼的程序性权利来源是任意诉讼担当，倘若未来该制度得以法治化，则程序性权利来源变为法定诉讼担当，而非王小钢所言的自然资源国家所有权是其程序权利基础。参见王小钢.生态环境损害赔偿诉讼的公共信托理论阐释：自然资源国家所有和公共信托环境权益的二维构造［J］.法学论坛，2018，33（6）：32–38.

[3] 史玉成.环境利益、环境权利与环境权力的分层建构：基于法益分析方法的思考［J］.法商研究，2013（5）：47–57.

[4] 牛颖秀.生态环境损害赔偿诉讼与环境民事公益诉讼辨析：以诉讼标的为切入的分析［J］.新疆大学学报（哲学·人文社会科学版），2019，47（1）：40–47.

[5] 前者如环境容量使用利益，后者如安全、健康、审美利益等。

避免"自有获取悲剧"，应当通过私人所有权和国家所有权的方式予以确权，从而建立自然资源使用秩序[1]。一般认为，公共信托理论是国家所有权的正当性基础，其认为，公众是环境利益的所有者和受益者，为避免公地悲剧的出现，公众将环境利益的所有权转移给政府，政府则以其名义上的所有权对环境利益进行管理和处置，同时肩负起为全体公民和后代人控制、管理和保护公共信托的环境利益的权利与义务[2]。根据麦克·布鲁姆的观点，公共信托理论既为政府规制行政相对人提供了正当性基础，也是名义上的所有权人，这种所有权需要服务于公众的环境利益，当政府不作为时，公众同样可以基于公共信托理论钳制政府[3]。

在通过公共信托理论建立笼统的自然资源所有权[4]之后，我们有必要分析自然资源所有权的运行逻辑。笔者认为，自然资源国家所有权以生态系统（即整体的环境利益）为客体，无论是环境民事公益诉讼抑或是生态环境损害赔偿诉讼，实际上均借助自然资源国家所有权内置了一个"公法性质上、私法操作上"的请求权，而这一请求权的存在是环境民事公益诉讼与生态环境损害赔偿诉讼得以有效运行的前提。换言之，自然资源国家所有权内置了一个公法上的双阶结构，一阶结构是公众通过公共信托理论赋予政府以公法上的所有权，并由此衍生出政府对自然资源的管理权，二阶结构是政府将自然资源国家所有权转化为民法意义上的所有权，进而实现了从公法性质向私法操作的转向。这一点可以从宪法、法律对国家所有权的规定得到验证。我国宪法确立了公法意义上的国家所有权，随后在《民法典》之"物权编"、《土地管理法》、《水法》等部门法将宪法意义上的国家所有

---

[1]　丹尼尔·H. 科尔. 污染与财产权：环境保护的所有权制度比较研究 [M]. 严厚福，王社坤，译. 北京：北京大学出版社，2009：12.

[2]　王小钢. 生态环境损害赔偿诉讼的公共信托理论阐释：自然资源国家所有和公共信托环境权益的二维构造 [J]. 法学论坛，2018，33（6）：32-38.

[3]　Blumm, Michael C. "Two Wrongs？, Correcting Professor Lazarus's Misunderstanding of the Public Trust Doctrine." Environmental Law 46（2016）.

[4]　笔者认为，我国法学界存在的自然资源所有权理论并非仅指向资源利益，而是既涵盖资源利益又涵盖建基于资源利益之上的生态利益，因此自然资源所有权实际上以生态系统为客体，包括了笼统的环境利益。

权转换成了民法意义上的国家所有权。在公共信托理论下，当政府的环境保护义务并未履行到位，理论上存在以下三种解决问题的方案：第一，公民作为委托人直接起诉受托人政府，要求其勤勉执法、履行环境保护义务；第二，公民作为自然资源的实际所有权人直接起诉环境侵害第三人，要求其承担侵权责任；第三，政府基于公共信托原理直接起诉侵犯信托权益的第三人，要求其承担法律责任。可以认为，第一种情形构成环境行政公益诉讼的理论基础，第二种情形构成环境民事公益诉讼的理论基础，第三种情形则构成生态环境损害赔偿诉讼的理论基础。可见，虽然理论界对环境民事公益诉讼与生态环境损害赔偿诉讼的原权利存在认识上的差异，但是既有讨论均是将二者认定为一种民事责任。下文的分析旨在表明，民事责任性质的推论存在难以自圆其说的漏洞，相反，代位执法说更能解释这一制度存在的缘由和化解当前制度面临的困境。

（2）民事性质诉讼的理论反思

生态环境损害赔偿诉讼与环境民事公益诉讼具有公益性质和公法本质。公益主要由公法所调整和保护，公法也具有应对大规模、系统性危险的天然优势。将自然资源国家所有权解释为公法与私法交织的理论势必引发对"两类诉讼"性质认定的困难。公众共用物和公共信托理论均蕴含着维护社会公共利益的含义，将其界定为"国益诉讼""私益诉讼"等民事性质的诉讼，明显有违其公法内核。因此，有必要跳出私权性自然资源国家所有权的理论框架，站在宪法的高度解释"两类诉讼"的性质[1]。概言之，对自然资源这样的公众共用物通过公共信托的方式设立"国家垄断"，其目的是保护环境公共利益，而手段是民事诉讼程序。由此得出的结论是，倘若将"两类诉讼"界定为民事性质诉讼，实际上就犯了"手段凌驾于目的"的归

---

[1] 论者对此指出："自然资源国家所有权更多是一种价值宣示，与其说是强调国家对自然资源占有、使用、收益、处分的权利，毋宁说是蕴含着保护公民基本权利、增进公共福祉的国家义务。"参见张宝. 生态环境损害政府索赔权与监管权的适用关系辨析［J］. 法学论坛，2017（3）：14-21.

因错误。张卫平也指出，国家只能作为公共利益的受信托人，行政机关索赔的受偿主体也并非国家，而应当用于环境利益的恢复或者分配给社会[1]。将"两类诉讼"划归为民事性质的诉讼会存在如下问题：

其一，民事性质诉讼理论的涵射力不足且缺乏法律支撑。倘若严格遵循"实体权利—程序权利"的构造逻辑，则"两类诉讼"将仅能基于实体权利才能触发诉讼机制。然而从自然资源国家所有权的文意解释来看，政府仅能在国家所有的自然资源之上提起"两类诉讼"。但是从实践来看，无论是基于集体所有自然资源损害所提起的生态环境损害赔偿诉讼，还是基于并非国有的大气损害提起的生态环境损害赔偿诉讼，均存在违法之虞。此外，如果严格遵循自然资源国家所有权，行使基于所有权之上的诉讼权能也不必然属于省市两级政府。因为根据 2018 年《关于国务院机构改革方案的决定》的规定，自然资源部统一行使全民所有自然资源资产所有者职责。可见由省、市级政府作为生态环境损害的赔偿权利人，有悖于国务院机构改革方案的初衷[2]。因此"实体权利—程序权利"的逻辑结构推导出的"两类诉讼"属民事性质诉讼将存在适用上的诸多缺漏。倘若退一步讲，我们承认"两类诉讼"是民事性质的诉讼，那么二者的运行将不可避免地需要诸多涉及扩张法院权力、创设责任形式等必须由法律创设的特殊规则，而目前《环境民事公益诉讼解释》与《生态环境损害赔偿制度改革方案》均不符合法律作为制度支撑的要求。而且民事性质诉讼之前提，是环境利益属于民事权益，资源利益与生态利益属于民事权利客体。而《中华人民共和国侵权责任法》第二条明确规定其适用前提是侵犯人身、财产权益的行为，而作为整体性概念的资源利益和生态利益并非传统民法上的财产，因此缺乏进行民事救济的基础[3]。

其二，民事性质诉讼理论已深刻触及传统权力分工。通过私法规

[1] 张卫平.民事诉讼法［M］.4 版.北京：法律出版社，2016：342.
[2] 陈海嵩.生态环境损害赔偿制度的反思与重构：宪法解释的视角［J］.东方法学，2018（6）：20—27.
[3] 巩固.环境民事公益诉讼性质定位省思［J］.法学研究，2019（3）：127—147.

范直接保护环境公益，将颠覆公私法分立的现代法治根基，由此造成政府、法院的功能错位与职权冲突。第一，诱发政府的双重身份问题。基于环境保护国家义务理论，衍生出政府的环境保护义务和职权，由此塑造出政府的管理人角色。然而在"实体权利—程序权利"的制度构造下，政府基于自然资源国家所有权而获得环境利益的所有者角色。双重权利（力）与双重身份的赋予不可避免地引发下列问题：一方面，所有者和监管者分离以及一件事情由一个部门负责是管理学的基本原则，也是社会发展的趋势 [1]。然而"实体权利—程序权利"的诉讼程序构造有违管理学基本原则，并造成行政管理权与国家所有权的相互缠绕、难分彼此 [2]。尤其是将"两类诉讼"界定为民事性质诉讼可能造成政府的隐身和失语，滋生出监管部门坐享其成、袖手旁观等官僚作风和制度顽疾。另一方面，自然资源国家所有权的私权化蕴含着重大隐患。政府的运行应当依赖于税收。倘若公法意义上的自然资源国家所有权演变为私法意义上的国家所有权，那么理论上讲国家将能够直接从自然资源中获得收入，无论这种收入是来自主动变现或被动变现。一旦国家不依赖于民众创造的财富来维持运转，反而依靠自然资源的变现来维持运转，那么国家和公民之间的互相依赖、互相制约的关系就会发生颠覆。当公民并非政府运行的财源，公民就成为"多余的人"，一方面使政府失去打造有利于营商、促进生产的制度环境的激励，另一方面滋生出政府防范、压制公民的强烈动机，避免公民不守本分、觊觎丰厚的自然资源收入。概言之，自然资源国家所有的私权化将扭曲政府的行为方式，使依赖税收的政府所必须提供有利于生产的制度环境的责任被异化甚至摈弃，取而代之的是政府的"公司化"取向与对民众的疏离 [3]。这既是"资源诅咒"的核心意涵，也是构建私益性质的自然资源国家所有权必将引发的问题。第二，使法院成为

---

[1] 王小钢.生态环境损害赔偿诉讼的公共信托理论阐释：自然资源国家所有和公共信托环境权益的二维构造［J］.法学论坛，2018，33（6）：32-38.
[2] 谢海定.国家所有的法律表达及其解释［J］.中国法学，2016（2）：86-104.
[3] 李子暘.伊斯兰问题，还是阿拉伯问题？［EB/OL］.（2016-07-29）［2023-01-28］.民商网.

深度介入诉讼过程的"准原告"。根据既有规定，从"两类诉讼"的案件受理、诉讼请求确定到证据收集和事实查明，再到判决执行、胜诉资金的使用、管理和支配，法院都发挥着实质性、能动性和主导性作用，使其日益成为"两类诉讼"的"决定者、发动者甚至行动者"[1]。由此造成司法权入侵立法和行政领地，与执法权的重叠和冲突已经危及传统权力分工，尤需谨慎。

可见，将"两类诉讼"归为民事性质诉讼的定性存在难以自圆其说的弊端，其忽略或无视"两类诉讼"的公益性质和公法本质，一方面附带了理论的涵摄力不足与缺乏法律支撑等问题，另一方面则会引发"资源诅咒"、危及权力分工等结构性缺陷。

2. 生态环境损害赔偿诉讼与环境民事公益诉讼本质是代位执法程序

根据代位执法程序的观念，生态环境损害赔偿诉讼与环境民事公益诉讼并非传统的诉讼程序，而在本质上是一种"行政职权的民事化"，即生态环境损害的政府索赔并不是基于自然资源国家所有权引申的私法赔偿，而是政府通过民事诉讼的"外衣"履行其环境保护义务的法定职责而已，因此生态环境损害赔偿诉讼的实质是"行政执法的延伸"[2]。根据代位执法程序[3]的定位，生态环境修复等损害填补型救济与停止侵害等阻却性救济方式虽然在原理上与民事诉讼类似，而且也涉及金钱支付，但上述责任以公共利益为指向，是在民事责任外衣下实施的公法责任，是现代环境监管手段之一。而且经由简单公式推算，且无具体受害对象能受偿的"损害赔偿"，实际上已经异化为一种"罚款"，因此"两类诉讼"本质上是一种"公共责任、法定责任、执法责任特性的公法责任"[4]。吕忠梅、窦海阳也指出，生态环境修

[1]　巩固.环境民事公益诉讼性质定位省思［J］.法学研究，2019（3）：127-147.
[2]　张宝.生态环境损害政府索赔权与监管权的适用关系辨析［J］.法学论坛，2017（3）：14-21.
[3]　巩固对此从文意解释的角度指出，"代位"是指基于原告资格的放宽和受案范围的拓展，使本无执法权的主体获得追究违法者责任的"权力"，使本不构成私权侵害的公共事务进入司法审查的范围。"执法"是指该类诉讼在责任和功能上并无实质创造，而只是使被告承担本应承担的公法责任。参见巩固.环境民事公益诉讼性质定位省思［J］.法学研究，2019（3）：127-147; 辛帅.我国环境执法诉讼制度的矫正［J］.学习与探索，2019（3）：86-94.
[4]　巩固.环境民事公益诉讼性质定位省思［J］.法学研究，2019（3）：127-147.

复责任是一种特殊责任类型，不能简单地将其等同于民事责任中的"恢复原状"[1]。由此看来，生态环境损害赔偿诉讼与海洋环境损害赔偿诉讼实际上均是环境公益严重受损时，为了填补环境行政执法的不足，而创设的一种公法性质的损害填补手段，因此由负有监管职责的部门提起损害填补之诉成为我国的常规做法。

之所以要在环境行政规制的基础上加入以法院为中心的行政执法程序，原因在于：其一，高权行政面临诸多局限。具体而言，高权行政在因应环境问题中，主要面临行政资源有限、执法动力不足以及执法手段匮乏三个方面。行政资源有限是指在规模浩大、不断翻新的环境问题面前，环境行政的资源配置总是在量上显示出绝对的不足，因此希望环境行政解决所有环境问题存在客观不能。执法动力不足是指基于规制俘获、投入较高等因素，造成行政机关在实践中基于关系的亲疏和"纳贡"的多少进行选择性执法，即执法主体主观不愿的情形，由此造成部分污染行为不受行政监管的现象。执法手段匮乏是指现行法律通过"传送带"为行政机关提供的执法手段不周全，由此造成穷尽执法手段仍然存在环境公益救济不足的问题。其二，司法手段存在诸多互补优势。就行政资源而言，司法手段赋予行政机关、检察机关和公益组织提起行政执法诉讼，由此使监督和行政主体都得以增加，形成一张"天网恢恢、疏而不漏"的监控网络。就执法动力而言，破解执法动力不足的关键在于打破"行政主体—行政相对人"的线性结构，引入第三方监督主体。在司法诉讼中，法院居中裁判，原告与被告成为相互对抗的两翼，由此形塑出司法规制特有的三角结构，有利于规避执法怠惰或寻租行为。就执法手段而言，较之于行政机关以阻却性工具为主的执法手段，司法规制激活了损害填补的责任机制，由此使行政规制与司法规制构成闭合圆圈，有利于最大限度地规制环境侵害行为。为此司法规制还针对环境问题的特殊性做了制度上的调整，

---

[1] 吕忠梅，窦海阳.修复生态环境责任的实证解析［J］.法学研究，2017，39（3）：125-142.

例如为因应风险社会存在的损害容易修复难等问题，通过采用无过错责任、严格责任来实现风险分配和损害填补的目的。

对于行政规制抑或司法规制路径，生态环境损害赔偿制度都是一种行政权的行使，只不过在行使方式上存有区别。因此可以认为，生态环境损害赔偿诉讼是一种将行政管理权通过诉讼的方式予以实现的手段。但是巩固将民事公益诉讼定位为代位执法诉讼，而生态环境损害赔偿诉讼定位为填补损害之诉。前者意味着诉讼的目的是阻却性的，法院仅以行为纠错为指向而不涉及损害填补，而后者意味着诉讼的目的是填补性的，旨在弥补环境行政规制手段所存在的不足，因此法院的判决实际上创设了一种新的公法责任。巩固进一步用美国的公民诉讼和自然资源损害赔偿诉讼作类比，认为前者是代位执法诉讼，而后者是损害填补诉讼[1]。二者的截然分离虽然有助于从理论上厘清二者的关系，但随之而来的诉讼成本增加等难题却是难以克服的。因为根据巩固的观点，提起代位执法诉讼并不能启动损害填补责任，此种情况下即使法院支持了代位执法请求，但对于损害填补部分仍然需要启动另一个诉讼，由此带来的诉讼成本问题不容小觑。

（三）小结：生态环境损害赔偿诉讼与环境民事公益诉讼的交叉关系

"两类诉讼"在性质上均属于"代位执法诉讼"。笔者并不赞同巩固关于"两类诉讼"性质有别，生态环境损害赔偿诉讼属于损害填补之诉，环境民事公益诉讼属于代位执法之诉的界分观点。因为"两类诉讼"性质的截然分立可能引发严重的环境公益诉讼程序协调难题和增加诉讼成本的弊端。虽然"两类诉讼"本质上均属于行政执法程序，但是在制度设计上具有交叉关系，例如两者在救济利益、制度原理、实施主体、责任构成、责任形式等方面既有差异，也有共性[2]，

---

[1]　巩固.环境民事公益诉讼性质定位省思［J］.法学研究，2019（3）：127-147.
[2]　巩固.环境民事公益诉讼性质定位省思［J］.法学研究，2019（3）：127-147.

由此形塑出"两类诉讼"既具有关联的诉讼请求，又具有相异的成分。吴俊就指出："生态环境损害赔偿制度与环境民事公益诉讼，在规范目的和制度功能上存在交叉。"[1]

二、环境民事公益诉讼与生态环境损害赔偿诉讼的衔接问题

根据《审理生态环境损害案件的若干规定》的要求，生态环境损害赔偿诉讼与环境民事公益诉讼的调适一般遵循下述逻辑：第一种情形，生态环境损害赔偿诉讼或环境民事公益诉讼的判决、调解已经生效的，倘若后诉的诉讼请求已被涵盖，则受理并驳回诉讼请求。倘若后诉的诉讼请求未被涵盖的，则受理并裁判。第二种情形，"两类诉讼"均未结案的，应当中止环境民事公益诉讼案件的审理，待生态环境损害赔偿诉讼案件审结后，再就环境民事公益诉讼未被涵盖的诉讼请求进行裁判。虽然司法解释在竭力避免两种诉讼程序的交叉、重叠，但是当前的制度设计仍然存在诸多问题。

（一）理论层面的问题

1. 浪费公共行政资源的问题

"两类诉讼"的关联性与两者的分离体制存有张力，引发了不容小觑的公共行政资源浪费问题。表现在：其一，对司法资源的浪费。"两类诉讼"的并存不可避免地带来高昂的司法运行成本。虽然《审理生态环境损害案件的若干规定》就"两类诉讼"的衔接进行了初步规定，但是司法解释中并未明确生态环境损害赔偿诉讼的优先顺位权；虽然从理论上讲可以中止在先起诉的环境民事公益诉讼待生态环境损害赔偿诉讼结案之后再行决定先诉如何处理，但是这种并行状态对司法资源的耗损是显而易见、不证自明的。其二，对行政资源的浪费。维护

---

[1] 吴俊.中国民事公益诉讼年度观察报告（2017）[J].当代法学，2018（5）：136-146.

公共利益是行政的出发点，当前借助"两类诉讼"救济环境公益的制度创新，也带来了对行政资源的浪费。具体而言，环境行政机关作为常设机构，其在处理环境公共事务上的技术、人员优势在诉讼程序中并不能充分发挥。且其针对环境侵害行为进行的应急处置、立案调查等工作仅服务于行政执法，而基于认定标准的不统一问题上述证据能否适用于此后的诉讼程序是存疑的。而且环境行政规制和环境司法规制的并存，反而使环境行政机关这一常设规制模式面临处理环境侵害事件的"失权"问题，司法机关对环境公共事务的处置实际上挤占了环境行政机关的作用空间，"架空"了环境行政权力。其三，延误生态环境损害的救济。由于"两类诉讼"的起诉主体有别，前者仅限于行政机关，而后者则包括检察机关和社会组织。理论上讲，"两类诉讼"的起诉主体呈互补关系。但是实践中"两类诉讼"的适格原告要么争先起诉浪费司法资源，要么互相等待延误救济时机[1]。而且就算环境司法的效能得以正常发挥，但是"环境治理的急迫性与司法的冗长性之间存在矛盾"[2]，由此给生态环境损害的救济带来不必要的成本[3]。

2. 造成过罪化问题

根据传统理论，行政责任、民事责任与刑事责任具有互补性，在"两类诉讼"被纳入民事责任范畴的背景下，为落实"应赔尽赔"的救济原则，对环境侵害人造成的"过罪化"问题尤其明显。在实践中，"两类诉讼"作为集合体，连同环境行政执法和环境刑事司法，共同构成对环境侵害人进行惩罚的手段。一方面，"不受法定约束的'环境公益损害'使几乎一切环境活动都可能引发公益诉讼"[4]，由此使司法规制范围被无限放大。另一方面，刑事、行政与民事责任并存，再加上生态环境损害赔偿责任的叠加，引发严重的"过罪化"问题，造成

[1] 牛颖秀. 生态环境损害赔偿诉讼与环境民事公益诉讼辨析：以诉讼标的为切入的分析 [J]. 新疆大学学报（哲学·人文社会科学版），2019，47（1）：40−47.
[2] 王岚. 论生态环境损害救济机制 [J]. 社会科学，2018（6）：104−111.
[3] 张卫平就曾指出，环境行政规制存在"政府失灵"，行政机关提起环境诉讼也存在"诉权失灵"的问题，"诉权失灵"构成"政府失灵"的一个表现。参见张卫平. 民事公益诉讼原则的制度化及实施研究 [J]. 清华法学，2013，7（4）：6−23.
[4] 巩固. 环境民事公益诉讼性质定位省思 [J]. 法学研究，2019（3）：127−147.

追责程度的无限加深。由此带来的问题包括两类：其一，虽然各不同性质责任的并行使用极大地震慑和督促了不法企业，但是刑事自由刑和财产刑、行政罚金、公益修复责任等给企业造成了不成比例的负担。其二，"尾随诉讼"等现象的出现，使环境责任的追究具有明显的"选择性"，即大部分环境违法企业不被惩罚，而少部分被惩罚的企业遭受到极端的法律责任，从而对已追责对象造成不成比例的负担。在这少部分被惩处的对象中，其效果还主要来自公益诉讼试点的政治压力和新闻媒体营造的舆论氛围，这种"选择性"最大的弊端就在于"无法形成常规威慑，缺乏真正的制度意义"[1]。

"过罪化"问题在理论界有所讨论，例如李晖、杨雷认为，虽然刑事公诉、行政执法与生态环境损害赔偿诉讼和环境民事公益诉讼从形式上看构成一事不再罚，但是指出"一事不再罚原则并非当然适用于法律责任竞合的情形"[2]。汪劲也指出，虽然行政罚款、刑事罚金与赔偿金在性质上有本质区别，在计算时也不会相互影响，但是从实际的执行效果来看，三种"罚金"实际上产生了作用趋同进而造成责任叠加的效果[3]。笔者认为，上述观点虽然看出了责任并行存在的问题，但是分析却并非妥当，原因在于对"两类诉讼"性质的错误认定。性质界定不明的情况下，部分学者只能得出"一事不再罚"不适用法律责任竞合的情形。实际上上文已经指出，环境民事公益赔偿责任与生态环境损害赔偿责任都具有公法性质，因此与传统的行政执法责任构成了"一事不再罚"。换言之，"两诉"与行政责任、刑事责任的并存看似是互补的，但基于"两诉"的公法属性，实际上构成了"公法责任"＋"公法责任"的责任重合问题。而且虽然理论上讲刑事、民事与行政责任可以并行，但是根据实际效果来看，刑事与民事责任

---

[1] 巩固.环境民事公益诉讼性质定位省思［J］.法学研究，2019（3）：127-147.

[2] 李晖，杨雷.生态环境损害赔偿制度研究：兼论其与环境公益诉讼的衔接［J］.西部法学评论，2018（3）：46-54.

[3] 汪劲.论生态环境损害赔偿诉讼与关联诉讼衔接规则的建立：以德司达公司案和生态环境损害赔偿相关判例为鉴［J］.环境保护，2018，46（5）：35-40.

的互补性强，而行政责任与刑事责任的替代性强。传统的公法责任（包括行政责任和刑事责任）之所以与民事责任并行，是因为二者的救济对象和功能不同，公法责任重在救济抽象公共利益，而民事责任重在救济个人，因此具有互补性。而在环境公益损害中，无论是形式上的民事追责还是公法责任，实际上救济的都是抽象的公共利益，因此各责任之间呈现出替代关系[1]。

　　"过罪化"问题主要体现在三个层面：其一，"两类诉讼"并行审理产生的过罪化。将"两类诉讼"均定义为行政执法程序性质的公法责任就会发现，二者的公法取向使二者呈替代关系而非互补关系。这也就解释了为何《审理生态环境损害案件的若干规定》第十七条要求，基于同一侵害行为提起"两类诉讼"，需要中止环境民事公益诉讼。盖因"两类诉讼"的性质同一，允许"两类诉讼"分别审理会造成重复处罚的问题。实践中"两类诉讼"虽然被要求不许与环境修复费等费用重叠，但是律师费、调查费、损害评估费却不属于"可遮蔽"的范畴，因此"两类诉讼"的并存不可避免地带来责任加重的问题。其二，实践中诸多环境民事公益诉讼或生态环境损害赔偿诉讼是在检察机关刑事公诉完毕之后提起的"尾随诉讼"，由此造成刑事责任与损害赔偿责任并行的情形。其三，行政责任与"两类诉讼"的损害赔偿责任叠加产生的"过罪化"。"两类诉讼"的提起，并不意味着对传统环境行政规制手段的摈弃，又因"两类诉讼"的公法性质，在协调责任配置时，不仅需要在"两类诉讼"内部建立协调机制，还应当综合考虑"两类诉讼"与环境行政规制的关系。倘若通过环境行政规制能够实现环境公益救济的，就不应当启动成本高昂的诉讼机制，诉讼机制应当主要用于行政规制所不能实现的环境公益救济领域。同时，倘若针对同一环境侵害行为，行政机关已经基于公法规制手段对其采取了

---

[1] 类似观点可参见巩固.2015 年中国环境民事公益诉讼的实证分析［J］.法学，2016（9）：16–33；巩固.环境民事公益诉讼性质定位省思［J］.法学研究，2019（3）：127–147.

高额罚款 [1]，再通过诉讼机制要求行为人承担高额的公法性质的损害赔偿费用就有失公允。根据一事不再罚的原理，应当避免执法的重复。

（二）操作层面的问题

生态环境损害赔偿诉讼与环境民事公益诉讼在实践中的关系处理略显凌乱，最高人民法院的司法解释也未对"两类诉讼"的衔接提供操作指南，导致在诉讼请求、磋商程序和管辖等方面带来衔接困境。

1. 请求权竞合问题

请求权竞合是指同一自然事件引发多个符合法律构成的请求权，而各请求权的目的实际上同一 [2]。地方政府提起的生态环境损害赔偿诉讼与检察机关或社会组织提起的环境民事公益诉讼具有同质性，两者都旨在"实现维护公共信托环境权益的实体性政策目标" [3]。尤其是《生态环境损害赔偿制度改革方案》，其仅将责任范围限定在金钱赔偿之内，而《审理生态环境损害案件的若干规定》第十一条却在金钱赔偿之外，增加了停止侵害等阻却性请求权和赔礼道歉等修复性请求权，而上述新型责任类型长期属于环境民事公益诉讼的请求权范围，因此司法解释的出台实际上使"两类诉讼"越来越趋于同一，二者的请求权竞合问题也就愈发严重。请求权竞合引发的问题在于，在环境民事公益诉讼已经趋于成熟的情况下，创设与之仅在起诉主体有些许差别而其他制度设计方面高度重合的生态环境损害赔偿制度的必要性存疑。而且较之于同一权利人的请求权竞合，"两类诉讼"的双重主体使其对诉讼请求竞合问题更难以处理 [4]。

---

[1] 如《水污染防治法》第九十四条的规定，行政机关有权根据污染行为造成直接损失的 20% 或 30% 计算罚款。
[2] 段厚省.请求权竞合研究 ［J］.法学评论，2005（2）：152-160.
[3] 王小钢.生态环境损害赔偿诉讼的公共信托理论阐释：自然资源国家所有和公共信托环境权益的二维构造 ［J］.法学论坛，2018，33（6）：32-38.
[4] 牛颖秀.生态环境损害赔偿诉讼与环境民事公益诉讼辨析：以诉讼标的为切入的分析 ［J］.新疆大学学报（哲学·人文社会科学版），2019，47（1）：40-47.

2. 磋商程序与诉讼程序的衔接问题

基于磋商制度在生态环境损害赔偿中的诉讼阻却性效果，正式出台的《生态环境损害赔偿制度改革方案》将《生态环境损害赔偿制度改革试点方案》中的"赔偿权利人也可以直接提起诉讼"的规定予以了删除，从而确立了磋商程序强制前置的规则。考虑到磋商可能基于客观不能而阻碍诉讼的发生，于是在《审理生态环境损害案件的若干规定》的第一条明确将"磋商未达成一致"和"无法进行磋商"的情形作为了启动诉讼的条件。虽然看似磋商程序已经趋于完善，但仔细分析就会发现其仍然存有漏洞。

其一，磋商的效率问题。一方面，效率问题是纠纷解决机制前置程序的通病，环境民事公益诉讼中就仅规定可以调解、和解。磋商制度的精髓在于妥协和让步，而基于公益维护之需要，《生态环境损害赔偿制度改革方案》要求落实"应赔尽赔"的方针，实际上禁止磋商中的让步限制了磋商的核心功能[1]。缺乏让步的磋商制度成为前置程序，其效果是值得怀疑的。另一方面，《审理生态环境损害案件的若干规定》第十六条要求，生态环境损害赔偿诉讼"审理"过程中又新增民事公益诉讼的，可以合并审理。然而磋商程序明显不属于"审理"程序，在赔偿权利人与赔偿义务人进行磋商时，完全有可能出现检察机关或社会组织以同一侵害的行为人为被告而提起环境民事公益诉讼的情形[2]。换言之，现阶段的制度设计主要对磋商与生态环境损害赔偿诉讼机制进行了衔接的制度架构，而忽略了与生态环境损害赔偿诉讼具有同质性的环境民事公益诉讼的衔接，由此造成磋商与否、磋商结果如何都无法阻碍环境民事公益诉讼的提起，磋商程序沦为形式。

其二，磋商的性质问题。有观点认为，生态环境损害赔偿磋商协议是当事人意思自治的产物，因此在本质上属于民事合同的范畴，而

[1] 张梓太，席悦.生态环境损害赔偿纠纷解决机制分析与重构［J］.江淮论坛，2018（6）：128-135.
[2] 汪劲.论生态环境损害赔偿诉讼与关联诉讼衔接规则的建立：以德司达公司案和生态环境损害赔偿相关判例为鉴［J］.环境保护，2018，46（5）：35-40.

对于民事合同的司法确认缺乏实定法上的依据[1]。由此引发关于赔偿磋商制度的性质问题。目前学界对此的认识可以分为三类，第一类是"公法属性说"，代表人物是黄锡生、韩英夫，其认为生态环境损害赔偿诉讼在本质上是公法取向的，因此磋商达成的协议应当具有公法属性[2]。第二类是"私法属性说"，代表人物是王金南、程雨燕，其认为磋商中的政府已经不再是行政管理者，而成为私益性质的权利人，从而与被磋商人处于平等的法律地位[3]。第三类是综合"公法属性说"和"私法属性说"，代表人物是刘莉、胡攀，其将生态环境损害赔偿磋商界定为具有一阶公法、二阶私法的双阶构造[4]。笔者认为，生态环境损害赔偿制度属于公法性质上、私法操作上的请求权，应当重点以目的来论性质，而非手段，因此赋予生态环境损害赔偿磋商协议得到司法确认的权利并无理论上的障碍。

三、环境民事公益诉讼与生态环境损害赔偿诉讼的衔接机制

环境民事公益诉讼与生态环境损害赔偿诉讼的衔接机制根据性质的不同，可以划分为解释论视角下的衔接和建构论视角下的衔接。解释论视角下的衔接是认识到诉讼程序变革的巨大成本，从而立基于现实，开展"两类诉讼"在既有规则框架下的适用研究。建构论视角下的衔接是无视当前的制度架构，而以一种超然态度、纯理性化的角度提出"两类诉讼"的制度完善策略。本书以赋予行政机关以责令赔偿生态环境损害的行政权力为视角，论证这一建构论视角的制度完善策

---

[1] 张梓太，席悦.生态环境损害赔偿纠纷解决机制分析与重构［J］.江淮论坛，2018（6）：128–135.
[2] 关于公法属性说的讨论，参见黄锡生，韩英夫.生态损害赔偿磋商制度的解释论分析［J］.政法论丛，2017（1）：14–21；韩英夫，黄锡生.生态损害行政协商与司法救济的衔接困境与出路［J］.中国地质大学学报（社会科学版），2018（1）：30–39.
[3] 参见王金南.实施生态环境损害赔偿制度 落实生态环境损害修复责任［N］.中国环境报，2015–12–04（2）；程雨燕.生态环境损害赔偿磋商制度构想［J］.北方法学，2017，11（5）：81–90.
[4] 刘莉，胡攀.生态环境损害赔偿磋商制度的双阶构造解释论［J］.甘肃政法学院学报，2019（1）：37–46.

略如何实现。

（一）程序完善方面

1. 受案范围方面

前已述及，环境民事公益诉讼与生态环境损害赔偿诉讼面临的一个核心问题是二者的并行使用存在过罪化问题。笔者认为，解决这一问题的关键是明确上述"两类诉讼"的受案范围。由于"两类诉讼"在性质上属于代位执法诉讼，因此虽然其在形式上只是一种程序规则，但实际上"两类诉讼"创造出新的实体权益，并且引发了立法、行政和司法关系的重构。也正是基于"两类诉讼"的公法性质，其对实体的影响使其不再是一个简单的法律问题，而应当是一个公共政策问题[1]。为了在环境容量和社会发展水平的承受范围内合理地开展"环境执法"，控制"两类诉讼"的受案范围成为一项事半功倍的手段。

第一，"两类诉讼"的受案范围应引入"违法性"要件。传统观念认为，"两类诉讼"具有民事性质，因此应当基于环境侵权的特殊性而在责任构成中采"无过错责任"原则。但是上文已述，"两类诉讼"在性质上是公法性质的执法诉讼。加之"两类诉讼"对于实体权利具有根本性的影响，是一种成本高昂、正当性匮乏的司法机制。因此应当限缩"两类诉讼"的受案范围，根据公法原则，将责任构成要件加入"违法性要件"，避免司法实践中法院受舆论或政治影响而将不应进行规制的行为不当地纳入司法规制范畴。实际上，在公益诉讼的始发地美国也尽量限制诉讼的发生，虽然采用"任何人皆可起诉"的"夸张"规定，实际上附带了诸如"事实损害"等要件的限制。巩固认为，上述限定公益类诉讼发生的规则，发挥了"过滤案件、保持司法弹性、防止虚假诉讼、便于司法操作、维护权力分立"等功能[2]。《民法典》关于惩罚性赔偿、生态环境损害民事代修复和赔偿的规定，实际上就

[1] 巩固. 环境民事公益诉讼性质定位省思［J］. 法学研究，2019（3）：127-147.
[2] 巩固. 环境民事公益诉讼性质定位省思［J］. 法学研究，2019（3）：127-147.

确立了"违法性"要件，从而限缩了受案范围。

第二，协调"两类诉讼"与行政执法的关系。实践中诸多承担生态环境修复责任的行为主体是先受到环境行政主管部门的巨额处罚的，实际上行政处罚中的行政罚款与生态环境损害赔偿诉讼或环境民事公益诉讼中的环境修复责任、生态环境损害赔偿责任均具有公法性质，因此就有必要协调行政处罚与"两类诉讼"的公法责任之间的关系。论者指出，建立协调互补的生态环境损害救济机制，应当遵循"行政为主、司法为辅"的方针[1]。倘若赔偿义务人已经受到行政处罚，又同时被起诉承担生态环境修复或赔偿责任的，应当根据行政处罚的力度适当折抵诉讼产生的公法责任。

第三，协调"两类诉讼"与刑事公诉的关系。实践中诸多造成环境侵害引发生态环境修复或赔偿责任的主体，同时触犯了国家环境保护法律并构成污染环境犯罪，由此引发刑事责任与修复或赔偿责任的重合。以德司达（南京）染料有限公司污染环境案为例，该案中的被告在刑事公诉中被判处罚金2000万元，随后在生态环境修复和赔偿责任中判赔2428万元。根据传统观念，生态环境修复与赔偿责任属于民事责任的范畴，因此与刑事责任可以共容。《审理生态环境损害案件的若干规定》第八条要求，对于刑事裁判未予确认的事实，仍然可以在生态环境损害赔偿诉讼中根据民事诉讼证明标准予以认定。可以看出，现行法律实际上同意刑事责任与生态环境损害赔偿责任的共存。然而前已述及，私法责任说带有难以自圆其说的漏洞，生态环境修复与赔偿责任实际上是一种公法责任。那么公法责任与刑事责任是何种关系呢？《行政处罚法》第三十五条就规定，刑事罚金与行政罚金可以互相折抵，可见行政责任与刑事责任实际上具有替代关系。汪劲就指出，应当确立生态环境损害赔偿数额、行政罚款数额与刑事罚

---

[1] 王岚.论生态环境损害救济机制［J］.社会科学，2018（6）：104-111.

金数额既协调一致、又对立计算的规则[1]。

2. 诉前程序方面

构建案件通报制度。最具生态环境损害事件发现优势的主体首先是损害事件周边公众，其次是环境行政主管部门、公安机关、检察机关和地方政府，社会组织往往并不具备信息上的比较优势。笔者认为，检察机关的刑事公诉、环境行政主管部门的行政调查是获取生态环境损害信息的直接来源，而提起"两类诉讼"均非上述两部门的主要职责，因此应当建立向检察机关、政府通报案件的特殊制度。具体而言，案件通报应当分成两个层级。第一层级，检察机关的刑事公诉与环境行政主管部门的行政调查发现有生态环境损害事实的，应当将案件情况移送检察机关公益诉讼科、政府负责生态环境损害索赔的部门和社会组织，让赔偿权利人能够尽早地介入到案件中，避免随着时间推移而出现的证据灭失。第二层级，为了避免在强制性前置的磋商程序进行过程中，社会组织或检察机关提起环境民事公益诉讼而使磋商制度失去意义，应当建立磋商信息公开制度，尤其是在政府准备主动磋商时就应当向上述部门或社会组织公开，且构成阻却环境民事公益诉讼的原因行为，从而防止"两条线作战"引发的高额成本。值得一提的是，学界普遍认为生态环境损害赔偿制度的公益取向，使磋商附带了一定的刚性，而限制了政府的让步空间。笔者认为，正是基于"两类诉讼"的公法性质，责任确定的过程中应当综合考量已经开展的刑事责任追究和行政责任追究，参照行政责任与刑事责任来最终酌情确定生态环境修复或赔偿责任。

3. 起诉顺位方面

"两类诉讼"的功能趋同，而多管齐下的制度理想可能在实践中引发监管漏洞或监管重叠的问题。根据"一件事情由一个部门负责"的管理学原理，"两类诉讼"应当构建一种协调制度。在众多可供

---

[1] 汪劲.论生态环境损害赔偿诉讼与关联诉讼衔接规则的建立：以德司达公司案和生态环境损害赔偿相关判例为鉴［J］.环境保护，2018，46（5）：35-40.

选择的协调制度之间，起诉顺位制度是被推崇最多的制度。总体而言，起诉顺位制度就是将"两类诉讼"视为起诉主体不同但公益保护效果趋同的制度设计。基于起诉主体不同是"两类诉讼"的重要区别，因此可以在"两类诉讼"的起诉主体——行政机关、检察机关、环保组织——之间确立起诉的优先顺位，从而使纠纷进入不同的化解轨道[1]。主流观点认为，应当构建"行政机关—环保组织—检察机关"三位一体、逐层递进的起诉顺位制度[2]。虽然在形式上看学界对生态环境损害赔偿诉讼优先达成了共识，但是理论基础上却有分歧。

其一，诉讼优势的角度。一般认为，生态环境损害赔偿诉讼优于环境民事公益诉讼，原因在于：首先，生态环境损害的修复或赔偿具有复杂性、特殊性和专业性，行政机关较之于检察机关和公益组织，在环境监测、环境执法，以及人员和技术配备方面具有比较优势，因此由其举证证明生态环境损害或主导环境修复更具实效。其次，环境行政规制与生态环境损害赔偿诉讼相比较，前者是更为直接和根本的手段，鉴于上述两项手段均由行政机关主导，因此行政机关可以基于行政处罚、行政强制等情形，调整生态环境损害赔偿诉讼的力度，避免两项公法责任的叠加带来的"过罪化"问题。复次，由行政机关主导的生态环境损害赔偿诉讼优先，进而优先适用磋商制度的情形下，行政机关的环境行政规制职权具有的威慑力，可以使环境侵害行为人尽早地达成和解、积极整改，从而实现"无需诉讼的秩序"。从诉讼优势角度论证生态环境损害赔偿诉讼的优先地位，实际上遵循的是一种理性经济人策略。在这种策略的影响下，一般会进一步要求公益组

[1] 程多威，王灿发.论生态环境损害赔偿制度与环境公益诉讼的衔接[J].环境保护，2016，44（2）：39-42.

[2] 参见竺效.生态损害公益索赔主体机制的构建[J].法学，2016（3）：3-12；彭中遥.生态环境损害赔偿诉讼的性质认定与制度完善[J].内蒙古社会科学（汉文版），2019（1）：105-111；汪劲.论生态环境损害赔偿诉讼与关联诉讼衔接规则的建立：以德司达公司案和生态环境损害赔偿相关判例为鉴[J].环境保护，2018，46（5）：35-40；牛颖秀.生态环境损害赔偿诉讼与环境民事公益诉讼辨析：以诉讼标的为切入的分析[J].新疆大学学报（哲学·人文社会科学版），2019，47（1）：40-47；黄大芬，张辉.论生态环境损害赔偿磋商与环境民事公益诉讼调解、和解的衔接[J].环境保护，2018，46（21）：46-50；江必新.依法开展生态环境损害赔偿审判工作 以最严密法治保护生态环境[N].人民法院报，2019-06-27（5）.

织和检察机关履行督促职能，促使行政机关依法履行行政或索赔职权。

其二，诉讼基础的角度。诉讼法学者一般认为，当前环境民事公益诉讼并无实体法上的权利基础，而仅能通过法定诉讼担当等理论证成诉讼的正当性。相较而言，行政机关提起生态环境损害赔偿之诉是行使自然资源国家所有权的外化形式，因此符合传统民事诉讼关于"实体权—请求权—诉权"的诉讼构造和关于原告与诉讼标的之间有直接利害关系的原理[1]。换言之，根据诉讼法理，在有直接利害关系人可以提起诉讼的情况下，法定诉讼担当就无发挥作用之余地，因此应当由行政机关主导的生态环境损害赔偿诉讼优先于其他环境公益司法救济机制。

其三，三权分置的角度。有论者基于三权分置理论提出，行政权是保护公共利益的首要措施，在司法权与行政权均具有类似权能时，应当严格遵循行政权优先原则。具体而言，其认为，生态环境损害赔偿诉讼由行政机关主导，因此可以视其为环境行政的一部分；而环境民事公益诉讼的起诉、审判均与行政机关绝缘，因此可以视其为环境司法的一部分。为了避免司法权过度扩张而侵犯行政权的作用范围，从而恪守三权分置的现代法治理念，理应由生态环境损害赔偿诉讼具有优位性，进而保障司法权的谦抑性[2]。

针对起诉顺位这一制度设计也有论者针锋相对地指出，不应强制规定"两类诉讼"的起诉顺位，原因在于：其一，"两类诉讼"是并行不悖的两种维护环境公益的手段，并无优劣之别；其二，环保组织提起民事公益诉讼乃法律授权，规定起诉顺位实质上是剥夺了环境公益诉讼的诉权；其三，行政索赔绝对优先会加剧"公益诉讼国家化"问题，消解了该制度对于吸纳公众进行环境治理的初衷；其四，不设置起诉顺位可以营造出行政索赔与公益组织索赔的竞争氛围，防止行

[1]　牛颖秀.生态环境损害赔偿诉讼与环境民事公益诉讼辨析：以诉讼标的为切入的分析［J］.新疆大学学报（哲学·人文社会科学版），2019，47（1）：40-47.
[2]　牛颖秀.生态环境损害赔偿诉讼与环境民事公益诉讼辨析：以诉讼标的为切入的分析［J］.新疆大学学报（哲学·人文社会科学版），2019，47（1）：40-47.

政索赔的懈怠；其五，在提起刑事公诉之时附带提起环境民事公益诉讼，而非严格遵循起诉顺位，将更具实效性[1]。

值得一提的是，虽然理论界普遍推崇生态环境损害赔偿诉讼优先于环境民事公益诉讼，但是二者的操作方式却有所区别。一种操作是合并审理模式，即当生态环境损害赔偿诉讼提起之后，又有适格原告提起环境民事公益诉讼的，将后诉与前诉合并，由审理生态环境损害赔偿诉讼的法庭合并审理该案[2]。这种操作的优势在于能够充分调动社会力量积极参与监督、从事环境保护的共治氛围，从而提升诉讼的公信力和仪式感，使其更具统筹性、整体把握性和实效性[3]。但是其弊端也比较明显，一方面，各方主体的共同参与会营造出对环境侵害人的"围剿"态势，在舆论和政治压力下法院能否保持司法公正是值得怀疑的。另一方面，"两类诉讼"的并行可能造成在调查取证、律师费等方面的双倍支出，引发司法成本的增加，并可能给环境侵害人造成不成比例的负担。另一种操作是择一行使模式，即当生态环境损害赔偿诉讼提起之后，理论上阻却环境民事公益诉讼的提起，除非前诉的诉讼请求不能完全后诉的诉讼请求；当生态环境损害赔偿之诉提起在环境民事公益诉讼之后的，应当中止前诉，待生态环境损害赔偿诉讼结案后再行处理[4]。

4. 诉讼请求方面

"两类诉讼"的诉讼请求日益趋同，《审理生态环境损害案件的若干规定》第十一条要求，诉讼请求可以包括承担修复生态环境等责

---

[1] 具体可参见王小钢.生态环境损害赔偿诉讼的公共信托理论阐释：自然资源国家所有和公共信托环境权益的二维构造［J］.法学论坛，2018，33（6）：32-38；陈爱武，姚震宇.环境公益诉讼若干问题研究：以生态环境损害赔偿制度为对象的分析［J］.法律适用，2019（1）：22-31；宋丽容.生态环境损害赔偿与社会组织公益诉讼之衔接［J］.中国环境管理干部学院学报，2018，28（5）：6-9；李浩.生态损害赔偿诉讼的本质及相关问题研究：以环境民事公益诉讼为视角的分析［J］.行政法学研究，2019（4）：55-66.

[2] 持此种观点的文章可参见彭中遥.生态环境损害赔偿诉讼的性质认定与制度完善［J］.内蒙古社会科学（汉文版），2019（1）：105-111；程多威，王灿发.论生态环境损害赔偿制度与环境公益诉讼的衔接［J］.环境保护，2016，44（2）：39-42.

[3] 吴惟予.生态环境损害赔偿中的利益代表机制研究：以社会公共利益与国家利益为分析工具［J］.河北法学，2019（3）：129-146.

[4] 《审理生态环境损害案件若干规定》第十六条、第十七条实际上就确立了"择一行使模式"，即生态环境损害赔偿诉讼绝对优先，不允许后提起的环境民事公益诉讼通过从诉的方式合并审理。

任形式。《环境民事公益诉讼解释》第十八条规定，诉讼请求包括恢复原状等责任形式。相比之下，从文义解释的角度分析，前者规定的承担修复生态环境责任与后者规定的恢复原状责任是对方不具备的，因而具有共存的价值。该解释第二十条又规定，原告请求恢复原状的，法院可以判决被告修复生态环境。换言之，虽然有论者指出"修复生态环境"与民法中的"恢复原状"有重大差异[1]，但是在最高人民法院的司法解释中，实际上认同"修复生态环境"和"恢复原状"的替代关系，进而让"两类诉讼"的诉讼请求趋同。

在此背景之下，笔者认为确立修复生态环境优先于损害赔偿的制度设计才是当务之急。原因在于：其一，虽然"生态环境损害赔偿制度"用了"赔偿"一词，但是此处的赔偿应作广义理解，即赔偿既可以是通过"修复"的方式实现对自然界的赔偿，也可以是通过金钱给付的方式实现对公益诉讼代表人的赔偿。可见修复是生态环境损害赔偿制度的重要内容[2]。其二，调研发现，检察机关、行政机关等适格原告对赔偿资金的管理感到力不从心，生态环境损害赔偿制度倘若能够以修复为制度抓手，就可以避免赔偿资金管理的混乱问题。其三，修复是目的，而赔偿只是直接目的不能达成之后的备用手段。论者就此指出，从《生态环境损害赔偿制度改革方案》中可以看出，其确立的基本原则是"损害修复优先，货币赔偿替补"[3]。修复应当是生态环境损害赔偿制度的核心内容，《生态环境损害赔偿制度改革方案》第一条就开宗明义地指出"建立生态环境损害的修复和赔偿制度"，可见修复责任的优先地位。

5. 证据融通方面

环境侵害事件发生后，往往由环境行政机关对环境事件进行应急处理和立案调查，然而上述调查取证理论上仅遵循行政执法的证据要

---

[1] 吕忠梅，窦海阳.修复生态环境责任的实证解析［J］.法学研究，2017（3）：125-142.
[2] 王岚.论生态环境损害救济机制［J］.社会科学，2018（6）：104-111.
[3] 侯佳儒.生态环境损害的赔偿、移转与预防：从私法到公法［J］.法学论坛，2017（3）：22-27.

求，而且也仅服务于本部门的行政处理。当赔偿权利人、检察机关和社会组织分别收集所需证据，而各方主体基于证据收集标准不统一、采样程序不规范、鉴定意见不科学等因素会影响证据的效力[1]。不仅由此造成重复取证问题，而且也可能基于职权原因而错失收集证据的第一时间，进而造成证据灭失问题。为此，有必要在证据收集和证据认定上建立融通机制。

其一，证据收集中的融通机制。为避免环境行政机关、检察机关等在履行职务的过程中收集的证据达不到诉讼的要求，同时鉴于原告在证明环境损害时面临的距离证据较远、取证技术性要求较高等因素，应当在环境案件查处部门与检察机关、社会组织等主体间建立案件通报程序，让各适格主体可以尽早介入案件，开展生态环境损害调查、证据收集、鉴定评估等工作，并让不同部门间收集的证据进行信息共享。其二，证据认定中的融通机制。由于环境行政处罚、环境刑事公诉、生态环境损害赔偿诉讼与环境民事公益诉讼对环境损害的证明标准有所不同，从而影响到证据在不同诉讼程序中的证明效力，由此带来的司法成本不容小觑。鉴此，有论者指出，各适格主体间可以建立环境行政执法、环境刑事公诉、生态环境损害赔偿诉讼与环境民事公益诉讼的证据相互转化认定的机制[2]。

（二）制度建构方面

上文根据解释论的视角介绍了"两类诉讼"的衔接之道。这种视角的好处在于能够以最小的制度转轨成本实现效益的最大化，弊端则在于基于不尽彻底的制度变迁，并不能从根本上解决"两类诉讼"之间重叠、龃龉带来的现实问题。下文笔者拟从建构论的角度，以创设责令赔偿生态环境损害职权来探究"两类诉讼"衔接的理论进路。

---

[1] 汪劲.论生态环境损害赔偿诉讼与关联诉讼衔接规则的建立：以德司达公司案和生态环境损害赔偿相关判例为鉴 [J].环境保护，2018，46（5）：35-40.

[2] 牛颖秀.生态环境损害赔偿诉讼与环境民事公益诉讼辨析：以诉讼标的为切入的分析 [J].新疆大学学报（哲学・人文社会科学版），2019，47（1）：40-47.

1. 制度建构的理想图景（图 5.1、图 5.2）

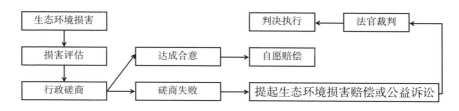

图 5.1　当前的制度设计

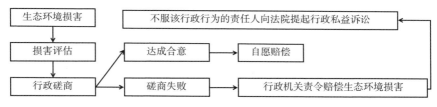

图 5.2　理想的制度设计

当前关于生态环境损害修复和赔偿的制度设计，依循这样的思路：当实践中发现生态环境损害，首先对损害进行大致的评估，其次由行政机关提出磋商。此时就面临两种结果：当磋商达成合意，则由环境侵害人自愿承担修复或赔偿责任；当磋商失败，则由适格主体提起生态环境损害赔偿诉讼或环境民事公益诉讼，最终由法院承担着环境公益保护的职责。这是一种法院主导型的救济模式，笔者认为，从建构论的角度来看，生态环境损害的修复和赔偿本就属于公法责任，其主导权应当向行政机关转移，即赋予行政机关责令修复或赔偿生态环境损害的行政职权，然后由行政机关负责生态环境损害的修复和填补。具体而言，当生态环境损害发生，行政机关进行损害评估，然后由其与环境侵害人进行行政磋商，倘若磋商达成合意，则由侵害人主动修复或赔偿，倘若磋商失败，则由行政机关根据相关法律法规的规定责令环境侵害人修复或赔偿生态环境损害。倘若环境侵害人不服该行政行为，则有权向法院提起行政私益诉讼。

2. 制度建构的根本缘由

以法院为中心的环境问题解决机制存在诸多弊端，下文拟从诉讼模式存在的问题和高权行政的优势来论述构建责令修复或赔偿生态环境损害职权的必要性。

（1）诉讼模式存在的弊端

以法院为中心的环境公益保护模式存在的弊端包括以下几个方面：其一，滞后性，即法院非因当事人请求不得主动介入社会争端，而产生当事人的前提往往是生态环境已经受损。根据环境损害"预防易、修复难"的规律，可知诉讼模式的启动可能已经构成生态环境损害的最严重形态，因此对于环境公益的保护并非妥当。其二，单一（相对）性，即司法权的运行往往遵循"就事论事"的原则，当同类型的生态环境损害同时发生，而法院往往基于责任的相对性仅能就个别环境侵害人进行个案裁判，而对类案处理缺乏实效性。其三，不公平性。不公平性是环境司法规制单一性附带的结果，即虽然是类案导致的环境公益侵害，而基于司法能力的有限、社会影响的考虑等因素，实践中被推上被告席的往往是"精挑细选"的责任人，由此造成"事类虽同、轻重乖异"的现象，被起诉的特定企业承担巨额的修复或赔偿责任，而其他触犯同一法律的行为主体却免受司法制裁，由此造成的不公平性问题不言而喻[1]。其四，成本高昂。司法成本高可以从两个方面来理解：一是个案处理中的成本高，即司法救济往往程序烦琐、旷日持久，由此造成的社会成本不容小觑；二是类案处理中的成本高，由于司法救济的单一（相对）性，法院缺乏类案处理的制度优势，由此造成类案处理中的高成本。其五，技术性处理难题。从实践来看，司法机关无论是对技术问题的鉴定、识别工作，还是对周期绵长、流程复杂的执行工作，抑或巨额赔偿金的管理工作，司法机关均谈不上拿手，

---

[1] 李晖，杨雷.生态环境损害赔偿制度研究：兼论其与环境公益诉讼的衔接[J].西部法学评论,2018（3）46-54.

甚至是其工作的主要短板。而技术识别、资金管理、裁判执行恰是环境损害治理最关键的环节[1]。

（2）公权力行政存在的优势

司法规制存在的弊端，正好是行政规制发挥作用的场域，具体而言：其一，较之于司法规制的滞后性，行政规制具有前瞻性。实践中行政机关就往往通过制定标准、设定环境许可和审批、进行监督检查等方式对环境侵害人形成制裁和威慑，由此使环境行政规制具有预防性和前瞻性特征。其二，较之于司法规制具有的单一性，行政规制具有普适性。行政机关往往通过技术手段衡量辖区的环境承载能力，并通过普适性制度对类案进行同等规制，由此带来环境治理的规模效应。其三，较之于司法规制存在的不公平问题，行政规制具有公平性特征。对于实践中存在的侵害环境公益的类案，根据依法行政的原则，行政机关缺乏无故减轻或加重个别侵害人责任的权力，由此带来的环境执法具有相当的公平性。其四，较之于司法规制具有的高成本特点，行政规制具有低成本的特点。行政机关在处理环境公益侵害事件中，往往拥有"一刀切"的治理特征，由此带来环境治理的规模经济，较之于司法规制能够节省成本。

（3）三权分置理论的制度建构导引

环境国家的理念下，立法、行政与司法应当分工协作实现环境保护任务。但是当环境公益保护的职权向法院倾斜，无可避免地引发下列问题：一方面，上文述及，生态环境修复和赔偿责任实际上是一种公法责任，当其转变为法院裁判的民事争议，则因为行政职责被转嫁至司法机关，司法机关由此扮演着替代行政机关进行行政惩戒的角色，由此引发"行政职权民事化"或"司法角色行政化"的问题，构成对现行三权分置体制的重大变革。论者就此指出，"改良"后的司法机关已经超越了经典法律理论对分权架构中的司法机关的角色定位，使

---

[1] 林潇潇.论生态环境损害治理的法律制度选择［J］.当代法学，2019（3）：126-136.

其呈现出"行政权"的特征，这里面就隐含着一个费解的逻辑，"为何不直接让行政机关承担这方面的任务？"[1]另一方面，在行政机关本就具备一定程度的罚款、恢复原状等职权的情况下，若允许行政机关针对责任人提出民事诉讼的权利，无疑矮化了行政机关作为公益保障直接责任人的地位，遮蔽了行政机关的环境保护义务，最终造成公法责任向私法逃逸的嫌疑[2]。

3. 制度建构的域外考察

从世界范围来看，各国立法机关往往将生态环境损害修复和赔偿权力赋予政府或法院。2004 年欧盟发布《关于预防和补救环境损害的环境责任指令》，其明确政府拥有责令环境侵害人修复或赔偿生态环境损害的权力，倘若政府通过自身或第三者实现救济之后可以向责任人索赔。而其他主体只能要求政府根据指令实施职权，而不得代替政府作出索赔的请求。总体而言，欧盟采用行政赋权的方式解决了生态环境损害的修复和索赔问题。就美国而言，其确立了公民诉讼与自然资源损害赔偿诉讼并存的模式，前者是一种普通公众可以提出的通过法院实现阻却性执法目的的诉讼，后者则是以政府为主导，损害填补为主旨的诉讼，且大多通过行政程序来完成，而通过诉讼形式进行索赔的案例十分稀少。德国在规定水资源国家所有的前提下，也规定对水体的损害治理采取行政机关主导的损害补救模式[3]。可见欧盟[4]及德国、美国最终选择了"以行政责任为主导的责任模式"[5]。

我国在环境治理的议题上似乎展现出比其他国家更加强调司法本

---

[1] 支持行政机关承担生态环境损害规制职能的观点可参见林潇潇.论生态环境损害治理的法律制度选择 [J].当代法学，2019（3）：126-136；徐以祥.论生态环境损害的行政命令救济 [J].政治与法律，2019（9）：82-92.

[2] 张宝.生态环境损害政府索赔权与监管权的适用关系辨析 [J].法学论坛，2017（3）：14-21.

[3] 林潇潇.论生态环境损害治理的法律制度选择 [J].当代法学，2019（3）：126-136.

[4] 但是论者考证，在《欧洲示范民法典草案：欧洲私法的原则和示范规则》第六卷第二章第二百零九条将生态环境损害视为侵权法上的损害，允许政府或指定的机关向加害人请求损害赔偿。这实际上是从行政规制转向了司法规制。参见李昊.论生态损害的侵权责任构造：以损害拟制条款为进路 [J].南京大学学报（哲学·人文科学·社会科学），2019（1）：49-60，159.

[5] 但是论者亦指出，这样的行政责任模式深受环境民事责任归责体系、责任构成、责任承担方式等规则的影响和渗透。参见王琪.公私法互融背景下的域外生态环境损害责任制度对我国的启示 [J].环境保护，2019（Z1）：94-99.

位的倾向。根据"代理彩票理论"，立法者在决定将生态利益纳入法益的保护范畴之时，还需要在行政机关和法院之间进行代理权赋予的抉择。《关于预防和补救环境损害的环境责任指令》赋予政府以责令赔偿生态环境损害的行政权力，可以视为立法机关将生态环境损害救济的代理权授予了政府。与此相反，我国 2015 年发布的《生态环境损害赔偿制度改革试点方案》规定，对于生态环境损害的救济，由作为索赔主体的行政机关借助诉讼的方式通过法院裁判予以解决。换言之，在生态环境损害救济这一议题上，我国摒弃了行政规制而选择了司法规制路径。虽然在社会转型期，传送带模式不敷使用，司法审判由此承担起更多的制度试错责任[1]。但是西方的司法规制传统源于普通法系国家的"笃信司法"的文化，且司法规制矮化了政府在环境监管、环境执法中的信息、技术和证据获取等优势，同时因有违三权分置原理而带来颠覆法治的风险问题，因此选择行政规制似乎是更为稳妥的路径。

4. 责令修复、赔偿生态环境损害的制度建构

论者对实体法未加规定的情况下，在环境行政规制之侧另起炉灶地建立环境司法规制的模式表达了质疑，并对责令赔偿生态环境损害的职权赋予表示赞同。例如况文婷、梅凤乔认为，应当"确立责令赔偿生态环境损害这一责任形式"[2]；巩固[3]也指出，立法应当构建"具有损害填补功能的责任形式"，即确立"公法性的生态损害修复与赔偿制度，明确赋予执法者追究此类责任的权力与责任"[4]。张宝也指出，从法律的体系性和逻辑一致性来看，应当增加生态环境损害不能修复时的责令赔偿规定[5]。徐以祥也强调："应当确立行政命令救济在应

---

[1] 鲁篱，凌潇.论法院的非司法化社会治理［J］.现代法学，2014（1）：30–43.
[2] 况文婷，梅凤乔.论责令赔偿生态环境损害［J］.农村经济，2016（5）：30–34.
[3] 巩固在同意赋予责令修复或赔偿生态环境损害职权之外，还提出另一种意见，即修改和完善环境附加刑（主要是罚金），从而通过刑事附加刑体现对生态环境的侵害和报偿，进而让刑事责任满足环境公益弥补之需。参见巩固.2015 年中国环境民事公益诉讼的实证分析［J］.法学，2016（9）：16–33.
[4] 巩固.环境民事公益诉讼性质定位省思［J］.法学研究，2019（3）：127–147.
[5] 张宝.生态环境损害政府索赔权与监管权的适用关系辨析［J］.法学论坛，2017（3）：14–21.

急性救济、生态环境修复和非金钱替代性修复方面的主导地位。"[1]

但是也需意识到，将生态环境损害的修复与赔偿权力从法院转移至政府可能也会附带诸多问题[2]。一方面，政府直接对环境侵害人进行的处罚、责令修复或赔偿环境损害的行政决定，虽然有助于节省司法成本、提高行政效能，但是行政权对私主体权利义务的直接分配，因未经严格的程序规制，则可能造成对责任主体惩处不严或惩处过度问题；另一方面，行政权力的行使虽然具有相对的便捷性，但是公法责任建立本身是一个庞杂且工程浩大的工作，责令修复或赔偿生态环境损害职权的建立有赖于一系列成熟的规则支撑，否则就会对公法责任的实现产生阻碍[3]。

在赋予行政机关以责令修复、赔偿生态环境损害职权的同时，应当着重建构信息公开和公众监督机制。因为生态环境修复周期长、技术难度大、消耗资金较多，为防止政府独自垄断责令修复、赔偿职权与后期的执行、监督修复职能所附带的"规制俘获"问题，应当充分调动环保组织或社会公众的参与权，通过强制性的信息公开，将责令修复、赔偿生态环境损害职权置于公众监督之下，从而客观评估修复、赔偿职权的行使状况，以及修复、赔偿的验收情况等。为了提升这种监督的实效，应当明确检察机关可以通过行使检察建议、调查核实与提起环境行政公益诉讼等权力，履行法定的监督职能。

---

[1] 徐以祥.论生态环境损害的行政命令救济［J］.政治与法律，2019（9）：82-92.
[2] 例如李兴宇就强调，行政执法的"惩戒功能"定位与生态环境修复的"全面填补"追求有所"背驰"。参见李兴宇.生态环境损害赔偿磋商的性质辨识与制度塑造［J］.中国地质大学学报（社会科学版），2019（4）：44-56.
[3] 王琪.公私法互融背景下的域外生态环境损害责任制度对我国的启示［J］.环境保护，2019，47（Z1）：94-99.

第六章 结 语

　　环境公益的司法保护形成了独具特色的中国方案。然而环境公益的司法保护是一项极其复杂的事务，因为同一环境侵害行为往往具备多重违法属性，由此造成责任追究和规制手段之间的复杂关系：其一，环境公益的司法保护需要处理好与传统的环境行政规制之间的关系；其二，环境公益的司法保护需要处理好各环境公益司法保护手段之间的关系；其三，环境公益的司法保护还需要处理好与环境私益的司法保护手段之间的关系[1]。从国外的立法经验来看，亦是如此。美国《清洁空气法》就构建出行政命令、行政罚款、民事诉讼和公民诉讼在内的综合追究机制[2]。

　　由于缺乏对环境公益法律保护的全局性把握，"头疼医头、脚痛医脚"成为环境公益诉讼制度设计的隐含逻辑，造成既有环境公益诉讼的研究多及于一般而未见全貌，因此论者对环境公益的整全性救济方案提出了建议和期待。例如巩固指出："当前中国环境公益诉讼的问题并非仅技术层面的细枝末节，而是系统性、方向性的。"[3]侯佳儒也认为，环境损害赔偿立法是一项系统性工程，应当将生态环境损害制度的研究和设计置于"生态损害赔偿体系"的框架之下，"进行

---

[1]　论者就指出，对于生态环境损害，应当构建必要的"行政与司法的联动救济"。参见郭武.论环境行政与环境司法联动的中国模式 [J].法学评论，2017（2）：183-196.
[2]　王岚.论生态环境损害救济机制 [J].社会科学，2018（6）：104-111.
[3]　巩固.环境民事公益诉讼性质定位省思 [J].法学研究，2019（3）：127-147.

全盘观照、整体布局、全面推进"[1]。张梓太、席悦也指出："有必要体系化地重构生态环境损害赔偿纠纷解决机制"[2]。

环境公益司法保护的体系性建构虽然达成了基本共识，但是在实践中却容易出现两种极端：一方面，部分地区的司法部门基于司法改革的成本收益疏离，而形成不求有功但求无过的心态，使其奉行极端保守的鸵鸟政策，对于其他地区试点的环境刑事附带民事公益诉讼、环境行政附带民事公益诉讼持否定态度，由此造成增加当事人诉讼成本、减缓环境司法效能的问题。另一方面，为了在司法改革中增强机构和本人的工作显示度和完成上级摊派下来的任务，部分地区的司法机关及其工作人员采取了极开放甚至冒进的态度，用案件数量和标新立异的组合方式来彰显业绩，由此造成环境公益诉讼内外部程序的整合与衔接面临触法的问题。由此衍生出的问题是，环境公益诉讼程序协调的限度在哪里，对于突破合理限度的制度实践又当如何规制。

环境公益诉讼程序协调机制的建构应当遵循一些恒定的原则，这种原则的遵守一方面能够节约行政成本、司法成本和当事人的诉讼成本，另一方面则需要实现环境公益的周全保护。笔者认为，环境公益诉讼程序协调应当遵循的原则主要是诉讼公正原则和诉讼经济原则。

其一，诉讼公正原则。顾培东曾指出，无论是从横向角度分析世界各国，还是从纵向角度分析从古至今的纠纷解决机制，一个共同的规律是，在争议双方之外，寻求一个中立的第三方对争议事项进行裁判，是各国、各时代的共通做法[3]。这种做法之所以能够普及和延续，最核心的因素在于，这种纠纷解决机制内嵌了以最低代价保障诉讼公正的装置。公正由此成为诉讼制度得以产生和发展的基石[4]。那么，什么是诉讼公正呢？论者指出，诉讼公正是指当事人的权利和利益在

[1] 侯佳儒.生态环境损害的赔偿、移转与预防：从私法到公法［J］.法学论坛，2017（3）：22-27.
[2] 张梓太，席悦.生态环境损害赔偿纠纷解决机制分析与重构［J］.江淮论坛，2018（6）：128-135.
[3] 顾培东.社会冲突与诉讼机制［M］.3版.北京：法律出版社，2016：19-54.
[4] 正是基于这样的考虑，论者指出立法权追求民主，行政权追求效率，司法权追求公正。参见王峰.行政诉讼、民事诉讼与刑事公诉之比较研究：从制度属性的视角［J］.行政论坛，2013（1）：69-74.

法院裁判下达成合理的分配关系，具体可分为诉讼过程公正和诉讼结果公正，前者是指诉讼参与人的行为组合公正，后者是指法律事实和客观事实达到最大限度的重合，法律也得以正确适用[1]。

在环境公益诉讼程序协调机制的建构中，也应当遵循诉讼公正原则，最大限度地维护环境公益和环境私益，避免走形式或顾此失彼。以诉讼公正原则为切入点，则可以得出环境公益诉讼的程序协调应当保持在一定的阈值之内，因为倘若全然拒绝程序协调而走双轨制之路，则可能造成效率缺失和裁判歧异等问题。相反，倘若将环境民事、行政和刑事公诉全部整合，甚至在同一诉讼程序中将私益性质的环境诉讼或代位执法性质的生态环境损害赔偿诉讼纳入其中，则基于利益协调的困难而可能造成审判过程和裁判结果的不公正。笔者认为，在目前环境公益诉讼制度建构的现实情境下，有限的内部程序整合与外部程序衔接是保障诉讼公正的必然选择。上文中提及的环境公益诉讼的内部程序整合与外部程序衔接，都是当前的诉讼结构能够承担的，突破了这样的界限就可能侵蚀诉讼公正原则。

其二，诉讼经济原则。诉讼程序归根结底是一种化解纠纷的技术，在创造和涉及诉讼程序的过程中，除了作为生命和灵魂的诉讼公正价值，诉讼经济是诉讼追求的核心价值或第二位价值[2]。诉讼经济可以表示为诉讼收益和诉讼成本的比值，比值越大越符合诉讼经济原则。此处的成本除了显性的诉讼费用、代理费用等人财物支出，还包括隐性的时间、名誉等成本。顾培东就指出，经济意义上的"一切节约都归结为时间的节约"[3]。诉讼的收益也不限于诉讼为当事人挽回的经济利益，还包括法院对合法社会关系的保护、对法律秩序的维护以及

---

[1]　陈桂明.诉讼公正与程序保障：民事诉讼程序优化的法哲学探讨[J].政法论坛（中国政法大学学报），1995（5）：41-47，63.
[2]　顾培东也认为，"如果说公正是诉讼的最高价值，那么效益或许应被视为诉讼的第二价值。因为资源优化配置越来越突出地成为人类社会生活的根本主题"，参见顾培东.社会冲突与诉讼机制[M].3版.北京：法律出版社，2016：87.
[3]　顾培东.社会冲突与诉讼机制[M].3版.北京：法律出版社，2016：98.

对纠纷的预防或抑制作用[1]。叶俊荣就此指出："投入产出、成本与收益所体现的商业规律既然适用于理性化的经济活动，当然也可能成为支配诉讼活动走向的内在力量。"[2]诉讼公正原则与诉讼经济原则具有内在的关联性，诉讼经济应当是在保障诉讼公正的基础上讲效益，而诉讼经济本身也可能构成诉讼公正的实质内容，可见诉讼经济与诉讼公正的互动关系。

在环境公益诉讼程序协调议题中，有论者认为基于同一环境侵害行为造成的多个权利或责任主体以及附带的重复审判问题，应当探索通过诉之合并寻求纠纷的一次性解决。但是纠纷的一次性解决作为可欲的设想，在目前的立法和实践来看却仍然面临着一定的限制[3]。因为环境侵害的极端复杂性带来的环境公益和环境私益保护问题也沾染了复杂性特征，在这种情况下，寻求一劳永逸地对纠纷予以解决往往会夸大司法解决纠纷的能力，甚至可能带来"矫枉过正"从而引发效益进一步丧失的问题。因为协调任务的多寡与程序的公正及效率成反比。心理学研究就表明，冲突行为对行为责任者的制裁过程越短，制裁所产生的威慑功能就越强烈[4]。无限制地诉之合并就可能延缓环境司法的威慑效能。例如将环境公益诉讼内部程序整合与外部程序衔接二者的再整合，就可能构成同一法庭"不能承受之重"。

鉴于此，笔者认为，为了保障环境公益诉讼的程序协调机制能够在社会结构可承受的范围内运行，应当构建一些规制程序协调的策略。

其一，明确环境行政规制与环境司法规制各自的作用空间。环境行政规制具有治理环境问题的规模优势，我国的历史进程、文化传统也塑造出略显保守的司法体制。在此背景下，笔者认为应当在环境行政规制与环境司法规制之间划定出各自的界域，防止权力的重叠或漏

---

[1] 陈桂明.诉讼公正与程序保障：民事诉讼程序优化的法哲学探讨［J］.政法论坛（中国政法大学学报），1995（5）：41-47，63.
[2] 叶俊荣.环境政策与法律［M］.台北：元照出版公司，2010：235.
[3] 例如张卫平就指出，如果不考虑立法成本，应当通过制定单独的《公益诉讼法》专门规定公益诉讼程序。参见张卫平.民事诉讼法［M］.4版.北京：法律出版社，2016：339.
[4] 顾培东.社会冲突与诉讼机制［M］.3版.北京：法律出版社，2016：99.

洞。然而我国当前的环境司法规制却呈现出挤占环境行政规制作用空间的问题，原因主要和我国特有的政治传统有关，我国具有高度动员能力和资源集中能力，各级政府如果对制度和政策理解不透、把握不准，工作过程中就容易使司法机关演变成地方官员打造"政绩工程"的工具 [1]。龙宗智指出："法院的功能设置不可避免地具有服务性和服从性。" [2] 在生态文明建设相继写入党章和宪法的背景下，地方政府为了打造生态政绩，将法院作为服务于这一工程的重要力量就成为一种"理性选择"。然而这种"运动式"治理对当前的环境问题可能有些许益处，但是其不利于形成稳固的、普适的制度，一旦失去权力和运动加持，法院规制环境公益的弊端也就会显露无疑，最终有损法治的要义。

根据法治的要求，立法、行政和司法机关应当保持一种合理分工和权力平衡，在环境治理议题中，"政府的归政府、法院的归法院"仍然是理想路径。还需要补充的一点是，虽然政府和法院的职能划分是当前环境治理的重要内容，但是并不意味着环境治理应当由上述二者独占。从比较法的角度来看，环境治理先进国家已经将环境损害视为一种能够促进社会福祉的副产品，从而削弱对环境损害的仇视程度，转而追求一种社会各界共同参与的社会化填补机制 [3]。因此，在政府和法院的环境规制之侧，还应当探索建立以环境污染社会救助基金、环境污染强制责任保险等在内的社会化填补机制。

其二，通过案例指导明确环境公益诉讼的协调范围。最高人民法院将规范性文件区分为司法解释和司法指导文件，而司法指导文件更是被论者称为"法官的宪法" [4]。在立法程序复杂，而司法解释的出台又缺乏灵活性的情况下，积极通过案例指导来引导环境公益诉讼的

---

[1] 马长山.新一轮司法改革的可能与限度 [J].政法论坛，2015，33（5）：3-25.

[2] 龙宗智，袁坚.深化改革背景下对司法行政化的遏制 [J].法学研究，2014（1）：132-149.

[3] 侯佳儒就指出，"环境污染的结果是'坏的'，但污染环境行为本身却不一定是'恶的'"。参见侯佳儒.生态环境损害的赔偿、移转与预防：从私法到公法 [J].法学论坛，2017（3）：22-27.

[4] 傅郁林.改革开放四十年中国民事诉讼法学的发展：从研究对象与研究方法相互塑造的角度观察[J].中外法学，2018，30（6）：1423-1448.

协调范围就成为一种可行的路径。例如吉林省白山市江源区卫计局及江源区中医院行政附带民事公益诉讼案，是我国第一起环境行政附带民事公益诉讼案。由于其创设的环境行政附带民事公益诉讼程序有效地解决了环境行政公益诉讼与环境民事公益诉讼程序竞合问题，因此具有极大的适用空间。但是考虑到修法的困难，最高人民检察院最终通过将其纳入《最高人民法院 最高人民检察院指导性案例》确立了该种协调程序，并随后被诸多地方法院、检察院仿效[1]。其原理在于，指导案例能够澄清法律或应对法律短缺，推进和更新司法政策、实施和加强司法行政管理，同时，指导案例的存在为司法改革提供了参照，既可以避免实践中极度开放的改革试点带来的混乱，也可以为"畏首畏尾"的司法机关提供改革的"挡箭牌"，使指导性案例成为决定或引导环境公益诉讼协调机制作用范围的重要工具。

但是需要强调的是，指导性案例或司法指导性文件在很多时候已经不再是对法律的解释，而成为全新的造法，即所谓的"立法性司法解释"或"立法性案例指导"。考虑到司法指导性文件和指导性案例是由最高人民法院的业务庭负责起草，虽然理论上讲上述法律文件的草案会在最高人民法院或其下辖法院的庭室间传阅、会审、讨论和修改，并最终经最高人民法院审判委员会通过后以最高人民法院的名义颁布。但是较之于立法程序，其缺乏统一的组织和起草，无法保障充分的沟通和交流，因此，其效力和正当性存疑[2]。因此亟待在指导性案例发挥预期效用的情况下进一步推动修法，使指导性案例所蕴含的规则得以法治化[3]。

---

[1] 也有论者指出，最高人民检察院的指导性案例主要用于指导和约束下级人民检察院，从案例中衍生出的判断标准是否应被法院系统所承认或吸纳，现行法律并无明确规定。参见周光权.检察案例指导制度：透视与建议［J］.人民检察，2013（16）：9-12.

[2] 傅郁林.改革开放四十年中国民事诉讼法学的发展：从研究对象与研究方法相互塑造的角度观察［J］.中外法学，2018，30（6）：1423-1448.

[3] 变法与法治之间存在着一种悖论，倘若一味地强调"变法先行"，那么在没有试验或充分设计而完全由主观决策来推进的情况下展开的改革，就可能不能达到预期的目的。因此在法治的大框架下进行突破现行法律的试点或改革具有一定的正当性。参见马长山.新一轮司法改革的可能与限度［J］.政法论坛，2015，33（5）：3-25.

主要参考文献

一、中文著作

［1］林毅夫.关于制度变迁的经济学理论：诱致性变迁与强制性变迁［C］//罗纳德·H.科斯等.财产权利与制度变迁：产权学派与新制度学派译文集.刘守英等，译.上海：格致出版社，上海三联书店，上海人民出版社，2014.

［2］赵颖，巴图.民事公诉抑或行政公诉：兼论检察监督之重新定位［C］//别涛.环境公益诉讼.北京：法律出版社，2007.

［3］吕忠梅，李云鹤，张忠民.环境司法专门化：现状调查与制度重构［M］.北京：法律出版社，2017.

［4］蔡志方.行政救济与行政法学（三）［M］.台北：学林文化事业有限公司，1998.

［5］盖尤斯.法学阶梯［M］.黄风，译.北京：中国政法大学出版社，1996.

［6］夏征农，陈至立.辞海：彩图本［M］.6版.上海：上海辞书出版社，2009.

［7］陈新民.德国公法学基础理论（上下）［M］.济南：山东人民出版社，2001.

［8］罗斯科·庞德.通过法律的社会控制［M］.沈宗灵，译.北京：商务印书馆，1984.

［9］叶俊荣.环境政策与法律［M］.2版.台北：元照出版有限公司，2010.

［10］卢梭.社会契约论［M］.3版.何兆武，译.北京：商务印书馆，2003.

［11］汪劲，田忳社.环境法学［M］.北京：中国环境科学出版社，2001.

［12］宋亚辉.社会性规制的路径选择：行政规制、司法控制抑或合作规制［M］.北京：法律出版社，2017.

［13］王名扬.美国行政法（上下）［M］.北京：中国法制出版社，1995.

［14］孙洁冰.刑事公诉 行政诉讼附带民事诉讼制度研究［M］.重庆：重庆大学出版社，1990.

［15］陈晨.遵循类型化的思考：典型行民交叉案件诉讼模式构想［C］// 万鄂湘.审判权运行与行政法适用问题研究：全国法院第22届学术讨论会论文集（上下）.北京：人民法院出版社，2011.

［16］E.库拉.环境经济学思想史［M］.谢扬举，译.上海：上海人民出版社，2007.

二、中文期刊论文

［1］范子英，赵仁杰.法治强化能够促进污染治理吗?：来自环保法庭设立的证据［J］.经济研究，2019，54（3）：21-37.

［2］张宝.环境法典编纂中民事责任的定位与构造［J］.环球法律评论，2022，44（6）：40-55.

［3］王慧.环境民事公益诉讼的司法执行功能及其实现［J］.中外法学，2022，34（6）：1503-1522.

［4］张忠民.论环境公益诉讼的审判对象［J］.法律科学（西北政法大学学报），2015，33（4）：115-122.

［5］黄秀蓉，钭晓东.论环境司法的"三审合一"模式［J］.法制与社会发展，2016，22（4）：103-117.

［6］王曦 . 论环境公益诉讼制度的立法顺序［J］. 清华法学，2016，10（6）：101-114.

［7］徐以祥 . 我国环境公益诉讼的模式选择：兼评环境行政公益诉讼为主模式论［J］. 西南民族大学学报（人文社科版），2017，38（10）：86-94.

［8］刘超 . 环保法庭在突破环境侵权诉讼困局中的挣扎与困境［J］. 武汉大学学报（哲学社会科学版），2012，65（4）：60-66.

［9］丁国民，高炳巡 . 论我国环境公益诉讼的归位与诉讼模式的选择［J］. 中国社会科学院研究生院学报，2016（6）：121-127.

［10］张旭东 . 环境民事公私益诉讼并行审理的困境与出路［J］. 中国法学，2018（5）：278-302.

［11］黄忠顺 . 论公益诉讼与私益诉讼的融合：兼论中国特色团体诉讼制度的构建［J］. 法学家，2015（1）：19-31.

［12］吴如巧，雷嘉，郭成 . 论环境民事公益诉讼与私益诉讼的共通性：以最高人民法院相关司法解释为视角的分析［J］. 重庆大学学报（社会科学版），2019，25（5）：167-178.

［13］罗丽 . 我国环境公益诉讼制度的建构问题与解决对策［J］. 中国法学，2017（3）：244-266.

［14］汪劲 . 论生态环境损害赔偿诉讼与关联诉讼衔接规则的建立：以德司达公司案和生态环境损害赔偿相关判例为鉴［J］. 环境保护，2018，46（5）：35-40.

［15］李浩 . 生态损害赔偿诉讼的本质及相关问题研究：以环境民事公益诉讼为视角的分析［J］. 行政法学研究，2019（4）：55-66.

［16］彭中遥 . 论生态环境损害赔偿诉讼与环境公益诉讼之衔接［J］. 重庆大学学报（社会科学版），2021，27（3）：169-180.

［17］吴俊 . 中国民事公益诉讼年度观察报告（2017）［J］. 当代法学，2018，32（5）：136-146.

［18］李友根.论公私合作的法律实施机制：以《反不正当竞争法》第6条为例［J］.上海财经大学学报（哲学社会科学版），2010，12（5）：34-41.

［19］胡建淼，邢益精.公共利益概念透析［J］.法学，2004（10）：3-8.

［20］贺海仁.私法、公法和公益法［J］.法学研究，2006，28（6）：154-155.

［21］梁忠.界权论：关于环境法的另一种解释［J］.中国地质大学学报（社会科学版），2019，19（2）：23-34.

［22］巩固.环境法律观检讨［J］.法学研究，2011，33（6）：66-85.

［23］陈慈阳.环境永续过程中之法制缺漏与新制度之建构：以环境救济法典之建构为任务［J］.清华法治论衡，2012（2）：14-37.

［24］朱学磊.论行政公益诉讼的宪法基础：以传统行政诉讼模式的合宪性危机为线索［J］.现代法学，2016，38（6）：23-32.

［25］张千帆."公共利益"的困境与出路：美国公用征收条款的宪法解释及其对中国的启示［J］.中国法学，2005（5）：36-45.

［26］郑贤君."公共利益"的界定是一个宪法分权问题：从Eminent Domain 的主权属性谈起［J］.法学论坛，2005，20（1）：20-23.

［27］张千帆."公共利益"的构成：对行政法的目标以及"平衡"的意义之探讨［J］.比较法研究，2005（5）：1-14.

［28］邢昕.行政公益诉讼启动标准：基于74份裁判文书的省思［J］.行政法学研究，2018（6）：136-144.

［29］吕普生.集合式利益、分布式利益抑或复合式利益？：公共利益本质问题论争的学术史考察［J］.江汉论坛，2015（7）：60-66.

［30］黄锡生，谢玲．环境公益诉讼制度的类型界分与功能定位：以对环境公益诉讼"二分法"否定观点的反思为进路［J］．现代法学，2015，37（6）：108-116.

［31］章志远．行政公益诉讼热的冷思考［J］．法学评论，2007，25（1）：17-24.

［32］许尚豪．如何保持中立：民事公益诉讼中法院的职权角色研究［J］．政治与法律，2017（9）：13-23.

［33］徐以祥．环境规制与财产权保障的冲突和协调［J］．现代法学，2009，31（2）：94-100.

［34］韩大元．宪法文本中"公共利益"的规范分析［J］．法学论坛，2005（1）：5-9.

［35］张翔．财产权的社会义务［J］．中国社会科学，2012（9）：100-119.

［36］于安．行政诉讼的公益诉讼和客观诉讼问题［J］．法学，2001（5）：16-17，37.

［37］吴惟予．生态环境损害赔偿中的利益代表机制研究：以社会公共利益与国家利益为分析工具［J］．河北法学，2019，37（3）：129-146.

［38］何燕，李爱年．生态环境损害担责之民事责任认定［J］．河北法学，2019，37（1）：171-180.

［39］程龙．刑事附带民事公益诉讼之否定［J］．北方法学，2018，12（6）：117-124.

［40］张宝，潘鸣航．环境公益诉讼中"公益"的识别与认定：一种反向排除的视角［J］．中南大学学报（社会科学版），2018，24（2）：37-45.

［41］关保英．行政公益诉讼的范畴研究［J］．法律科学（西北政法大学学报），2009，27（4）：53-61.

［42］张卫平．民事公益诉讼原则的制度化及实施研究［J］．清华法学，2013，7（4）：6-23.

［43］徐祥民．2012修订的《民事诉讼法》没有实现环境公益诉讼"入法"［J］．清华法学，2019，13（3）：158-170.

［44］巩固．大同小异抑或貌合神离？ 中美环境公益诉讼比较研究［J］．比较法研究，2017（2）：105-125.

［45］朱谦．环境公共利益的法律属性［J］．学习与探索，2016（2）：59-65.

［46］苏振华，郁建兴．公众参与、程序正当性与主体间共识：论公共利益的合法性来源［J］．哲学研究，2005（11）：63-69.

［47］于改之．刑民交错案件的类型判断与程序创新［J］．政法论坛，2016，34（3）：142-153.

［48］徐以祥，周骁然．论环境民事公益诉讼目的及其解释适用：以"常州毒地"公益诉讼案一审判决为切入点［J］．中国人口·资源与环境，2017，27（12）：97-105.

［49］刘艺．检察公益诉讼的司法实践与理论探索［J］．国家检察官学院学报，2017，25（2）：3-18.

［50］刘艺．构建行政公益诉讼的客观诉讼机制［J］．法学研究，2018，40（3）：39-50.

［51］刘长兴．超越惩罚：环境法律责任的体系重整［J］．现代法学，2021，43（1）：186-198.

［52］黄学贤．行政公益诉讼若干热点问题探讨［J］．法学，2005（10）：45-52.

［53］孙笑侠，吴彦．论司法的法理功能与社会功能［J］．中国法律评论，2016（4）：73-88.

［54］张陈果．论公益诉讼中处分原则的限制与修正：兼论《新民诉法解释》第289、290条的适用［J］．中外法学，2016，28（4）：

902-927.

[55] 陶建国. 德国环境行政公益诉讼制度及其对我国的启示 [J]. 德国研究，2013，28（2）：68-79.

[56] 王太高. 论行政公益诉讼 [J]. 法学研究，2002，24（5）：42-53.

[57] 黄忠顺. 论诉的利益理论在公益诉讼制度中的运用：兼评《关于检察公益诉讼案件适用法律若干问题的解释》第19、21、24条[J]. 浙江工商大学学报，2018（4）：19-29.

[58] 竺效. 论环境侵权原因行为的立法拓展 [J]. 中国法学，2015（2）：248-265.

[59] 冯勇. 行政公益诉讼受案范围的界定：标准与架构 [J]. 人民论坛，2013（17）：146-147.

[60] 王太高. 公益诉讼：中国行政诉讼的新课题 [J]. 扬州大学学报（人文社会科学版），2002，6（5）：56-61.

[61] 曹树青. "怠于行政职责论"之辩：环保行政部门环境公益诉讼原告资格之论见 [J]. 学术界，2012（3）：109-115.

[62] 赵许明. 公益诉讼模式比较与选择[J]. 比较法研究，2003（2）：68-74.

[63] 詹建红. 论环境公益诉讼形态的类型化演进[J]. 河北法学，2006，24（8）：100-107.

[64] 张雪樵. 检察公益诉讼比较研究[J]. 国家检察官学院学报，2019，27（1）：149-160.

[65] 孙洪坤，陶伯进. 检察机关参与环境公益诉讼的双重观察：兼论《民事诉讼法》第55条之完善 [J]. 东方法学，2013（5）：115-124.

[66] 李扬勇. 论我国环境公益诉讼制度的构建：兼评《环境影响评价公众参与暂行办法》 [J]. 河北法学，2007，25（4）：145-148.

［67］李艳芳，李斌.论我国环境民事公益诉讼制度的构建与创新［J］.法学家，2006（5）：101-109.

［68］柯阳友，曹艳红.论民事公益诉讼和行政公益诉讼的关系［J］.刑事司法论坛，2006（1）：419-426.

［69］路国连.论行政公益诉讼：由南京紫金山观景台一案引发的法律思考［J］.当代法学，2002，16（11）：94-98.

［70］巩固.2015年中国环境民事公益诉讼的实证分析［J］.法学，2016（9）：16-33.

［71］王峰.行政诉讼、民事诉讼与刑事公诉之比较研究：从制度属性的视角［J］.行政论坛，2013，20（1）：69-74.

［72］肖建国.利益交错中的环境公益诉讼原理［J］.中国人民大学学报，2016，30（2）：14-22.

［73］陈海嵩.生态环境损害赔偿制度的反思与重构：宪法解释的视角［J］.东方法学，2018（6）：20-27.

［74］汪习根.公法法治论：公、私法定位的反思［J］.中国法学，2002（5）：49-58.

［75］郭明瑞，于宏伟.论公法与私法的划分及其对我国民法的启示［J］.环球法律评论，2006，28（4）：425-430.

［76］张海燕.论环境公益诉讼的原告范围及其诉权顺位［J］.理论学刊，2012（5）：108-111.

［77］王明远.论我国环境公益诉讼的发展方向：基于行政权与司法权关系理论的分析［J］.中国法学，2016（1）：49-68.

［78］王明远.美国妨害法在环境侵权救济中的运用和发展［J］.政法论坛（中国政法大学学报），2003，21（5）：34-40.

［79］郭武.论环境行政与环境司法联动的中国模式［J］.法学评论，2017，35（2）：183-196.

［80］由然.环保法庭为何无案可审？：法律经济学的分析和解释［J］.东岳论丛，2018，39（2）：176-184.

［81］谭冰霖.行政主体低碳化的法律规制：一个组织法的视角[J].东岳论丛，2016，37（2）：156-164.

［82］史玉成.生态利益衡平：原理、进路与展开[J].政法论坛，2014，32（2）：28-37.

［83］宋华琳.论政府规制与侵权法的交错：以药品规制为例证[J].比较法研究，2008（2）：32-45.

［84］徐祥民.论我国环境法中的总行为控制制度[J].法学，2015（12）：29-38.

［85］黄锡生，何江.论我国环境治理中的"政企同责"[J].商业研究，2019（8）：143-152.

［86］汪劲.环境影响评价程序之公众参与问题研究：兼论我国《环境影响评价法》相关规定的施行[J].法学评论，2004，22（2）：107-118.

［87］黄锡生，何江.环评与安评外延之辩及制度完善：基于天津港爆炸事故的环境法思考[J].中国地质大学学报（社会科学版），2016，16（4）：1-9.

［88］黄锡生，韩英夫.环评区域限批制度的双阶构造及其立法完善[J].法律科学（西北政法大学学报），2016，34（6）：138-149.

［89］黄锡生，何江.我国罚没财物处置：规则、问题与纠偏[J].安徽大学学报（哲学社会科学版），2018，42（1）：108-115.

［90］胡建淼，吴恩玉.行政主体责令承担民事责任的法律属性[J].中国法学，2009（1）：77-87.

［91］梁春艳.我国环境公益诉讼的模式选择[J].郑州大学学报（哲学社会科学版），2015，48（6）：46-50.

［92］谭冰霖.论第三代环境规制[J].现代法学，2018，40（1）：118-131.

［93］金自宁.作为风险规制工具的信息交流 以环境行政中 TRI 为例［J］.中外法学，2010，22（3）：380-393.

［94］黄锡生，王美娜.环境不良信用信息清除制度探究［J］.重庆大学学报（社会科学版），2018，24（4）：136-144.

［95］窦海阳.环境损害事件的应对：侵权损害论的局限与环境损害论的建构［J］.法制与社会发展，2019，25（2）：136-154.

［96］张辉.论环境民事公益诉讼的责任承担方式［J］.法学论坛，2014，29（6）：58-67.

［97］李兴宇.论我国环境民事公益诉讼中的"赔偿损失"［J］.政治与法律，2016（10）：15-27.

［98］谢玲.论生态损害的司法救济［D］.重庆：重庆大学，2017.

［99］周珂，林潇潇.论环境民事公益诉讼案件程序与实体法律的衔接［J］.黑龙江社会科学，2016（2）：116-122.

［100］叶金强.论侵权损害赔偿范围的确定［J］.中外法学，2012，24（1）：155-172.

［101］邹士超.环境保护禁令制度研究［D］.重庆：西南政法大学，2013.

［102］黄忠顺.中国民事公益诉讼年度观察报告（2016）［J］.当代法学，2017，31（6）：126-137.

［103］黄学贤.行政公益诉讼回顾与展望：基于"一决定三解释"及试点期间相关案例和《行政诉讼法》修正案的分析［J］.苏州大学学报（哲学社会科学版），2018，39（2）：41-53.

［104］唐瑭.风险社会下环境公益诉讼的价值阐释及实现路径：基于预防性司法救济的视角［J］.上海交通大学学报（哲学社会科学版），2019，27（3）：29-37.

［105］况文婷，梅凤乔.论责令赔偿生态环境损害［J］.农村经

济，2016（5）：30-34.

［106］邓可祝.合作型环境行政公益诉讼：我国环境行政公益诉讼发展的一种可能路径［J］.行政法论丛，2016（1）：42-61.

［107］张旭勇.公益保护、行政处罚与行政公益诉讼：杭州市药监局江干分局"撮合私了"案引发的思考［J］.行政法学研究，2012（2）：109-115，137.

［108］覃慧.检察机关提起行政公益诉讼的实证考察［J］.行政法学研究，2019（3）：87-100.

［109］李兴宇.生态环境损害赔偿磋商的性质辨识与制度塑造［J］.中国地质大学学报（社会科学版），2019，19（4）：44-56.

［110］鲁篱，凌潇.论法院的非司法化社会治理［J］.现代法学，2014，36（1）：30-43.

［111］顾培东.诉讼经济简论［J］.现代法学，1987，9（3）：39-41，29.

［112］周立平.略论刑事诉讼经济原则［J］.法学，1993（2）：13-15.

［113］王涛.陪审制兴衰考［J］.中国刑事法杂志，2016（1）：102-122.

［114］李晓明，辛军.诉讼效益：公正与效率的最佳平衡点［J］.中国刑事法杂志，2004（1）：3-12.

［115］张卫平.重复诉讼规制研究：兼论"一事不再理"［J］.中国法学，2015（2）：43-65.

［116］苏力.法律活动专门化的法律社会学思考［J］.中国社会科学，1994（6）：117-131.

［117］蔡学恩.专门环境诉讼的内涵界定与机制构想［J］.法学评论，2015，33（3）：126-132.

［118］于文轩.环境司法专门化视阈下环境法庭之检视与完善

［J］.中国人口·资源与环境，2017，27（8）：62-68.

［119］吕忠梅，刘长兴.环境司法专门化与专业化创新发展：2017—2018 年度观察［J］.中国应用法学，2019（2）：1-35.

［120］黄锡生.我国环境司法专门化的实践困境与现实出路[J].人民法治，2018（4）：29-31.

［121］朱景文，杨欣.“量化法治”与环境司法专门化的发展[J].山西大学学报（哲学社会科学版），2018，41（1）：95-102.

［122］黄锡生.环境权民法表达的理论重塑［J］.重庆大学法律评论，2018（1）:117-135.

［123］郑飞.论中国司法专门性问题解决的“四维模式”［J］.政法论坛，2019，37（3）：67-77.

［124］舒国滢.从司法的广场化到司法的剧场化：一个符号学的视角［J］.政法论坛（中国政法大学学报），1999，17（3）：12-19.

［125］姚莉.司法公正要素分析［J］.法学研究，2003，25（5）：3-23.

［126］占善刚，王译.环境司法专门化视域下环境诉讼特别程序设立之探讨［J］.南京工业大学学报（社会科学版），2019，18（2）：11-23.

［127］卢风.整体主义环境哲学对现代性的挑战［J］.中国社会科学，2012（9）：43-62.

［128］朱明哲.生态文明时代的共生法哲学［J］.环球法律评论，2019，41（2）：38-52.

［129］江山.法律革命：从传统到超现代：兼谈环境资源法的法理问题［J］.比较法研究，2000（1）：1-37.

［130］江伟，韩英波.论诉讼标的［J］.法学家，1997（2）：3-14.

［131］陈杭平.诉讼标的理论的新范式：“相对化”与我国民事

审判实务［J］.法学研究，2016，38（4）：170-189.

［132］吴良志.论生态环境损害赔偿诉讼的诉讼标的及其识别［J］.中国地质大学学报（社会科学版），2019，19（4）：30-43.

［133］李仕春.诉之合并制度的反思及其启示［J］.法商研究，2005（1）：83-89.

［134］徐震邦.民事诉讼中哪些案件可以合并审理［J］.法学，1984（3）：30-31.

［135］张晋红.民事诉讼合并管辖立法研究［J］.中国法学，2012（2）：146-155.

［136］朱纪彤.环境公益诉讼与私益诉讼衔接问题研究［J］.社会科学动态，2019（3）：90-95.

［137］张卫平.中国民事诉讼法立法四十年[J].法学，2018（7）：43-56.

［138］卢超.从司法过程到组织激励：行政公益诉讼的中国试验［J］.法商研究，2018，35（5）：25-35.

［139］李艳芳，吴凯杰.论检察机关在环境公益诉讼中的角色与定位：兼评最高人民检察院《检察机关提起公益诉讼改革试点方案》［J］.中国人民大学学报，2016，30（2）：2-13.

［140］张忠民.检察机关试点环境公益诉讼的回溯与反思［J］.甘肃政法学院学报，2018（6）：28-42.

［141］颜运秋，张金波.构建完整的生态环境保护公益诉讼制度：兼论新民事诉讼法第55条［J］.江西社会科学，2013，33（12）：145-151.

［142］徐以祥.公众参与权利的二元性区分：以环境行政公众参与法律规范为分析对象［J］.中南大学学报（社会科学版），2018，24（2）：63-71.

［143］高冠宇，江国华.公共性视野下的环境公益诉讼：一个理

论框架的建构［J］.中国地质大学学报（社会科学版），2015，15（5）：10–15.

［144］马长山.新一轮司法改革的可能与限度［J］.政法论坛，2015，33（5）：3–25.

［145］朱岩.风险社会与现代侵权责任法体系［J］.法学研究，2009，31（5）：18–36.

［146］李浩.关于民事公诉的若干思考［J］.法学家，2006（4）：5–10.

［147］王江.环境法"损害担责原则"的解读与反思：以法律原则的结构性功能为主线［J］.法学评论，2018，36（3）：163–170.

［148］郭宗才.民事公益诉讼与行政公益诉讼的比较研究［J］.中国检察官，2018（9）：3–6.

［149］宋京霖.行政公益附带民事公益诉讼的理论基础［J］.中国检察官，2017（18）：7–9.

［150］何文燕，姜霞.行政诉讼附带民事诉讼质疑［J］.河南省政法管理干部学院学报，2002，17（2）：72–76.

［151］翟晓红，吕利秋.行政诉讼不应附带民事诉讼［J］.行政法学研究，1998（2）：78–82.

［152］洪浩、邓晓静.公益诉讼制度实施的若干问题［J］.法学，2013（7）：116–122.

［153］朱辉.行政附带民事诉讼程序整合问题探讨［J］.甘肃政法学院学报，2014（6）：104–110.

［154］杨万霞.行政附带民事诉讼：解决行政、民事争议交织案件的一种选择［J］.广西政法管理干部学院学报，2002，17（3）：113–115.

［155］徐金波.行政公益附带民事公益诉讼相关问题研究［J］.中国检察官，2017（18）：10–14.

［156］迟晓燕．行政公益附带民事公益诉讼的诉讼请求及判决执行［J］.中国检察官，2017（18）：19-21.

［157］孙洪坤，施丽芝．论环境行政附带民事公益诉讼的法律适用与制度构建：以首例环境行政附带民事公益诉讼案件为切入点［J］.山东法官培训学院学报，2018，34（1）：48-58.

［158］傅郁林．改革开放四十年中国民事诉讼法学的发展 从研究对象与研究方法相互塑造的角度观察［J］.中外法学，2018，30（6）：1423-1448.

［159］李浩．论检察机关在民事公益诉讼中的地位［J］.法学，2017（11）：168-181.

［160］邵世星．论民事诉讼检察监督的立法完善［J］.国家检察官学院学报，1999，7（1）：72-73.

［161］章剑生．行政行为对法院的拘束效力：基于民事、行政诉讼的交叉视角［J］.行政法论丛，2011（1）：391-415.

［162］何海波．行政行为对民事审判的拘束力［J］.中国法学，2008（2）：94-112.

［163］秦前红．检察机关参与行政公益诉讼理论与实践的若干问题探讨［J］.政治与法律，2016（11）：83-92.

［164］朱沛东，潘建明．行政附带民事公益诉讼相关实务探析［J］.法治社会，2017（6）：103-109.

［165］高德清．检察公益诉讼若干程序问题研究［J］.法治研究，2019（3）：86-93.

［166］李龙．民事诉讼诉的合并问题探讨［J］.现代法学，2005（2）：78-84.

［167］黄学贤．行政诉讼调解若干热点问题探讨［J］.法学，2007（11）：43-49.

［168］张开恩．行政附带民事诉讼刍议［J］.河北法学，1998，

16（2）：24-26.

［169］陈瑞华.刑事附带民事诉讼的三种模式［J］.法学研究，2009，31（1）：92-109.

［170］姜保忠，姜新平.检察机关提起刑事附带民事公益诉讼问题研究：基于150份法院裁判文书的分析［J］.河南财经政法大学学报，2019，34（2）：79-87.

［171］肖建华.刑事附带民事诉讼制度的内在冲突与协调［J］.法学研究，2001，23（6）：55-66.

［172］刘艺.刑事附带民事公益诉讼的协同问题研究［J］.中国刑事法杂志，2019（5）：77-91.

［173］陈兴良.刑民交叉案件的刑法适用［J］.法律科学（西北政法大学学报），2019，37（2）：161-169.

［174］宋世杰，彭海青.刑事诉讼的双重证明标准［J］.法学研究，2001，23（1）：76-84.

［175］王福华，李琦.刑事附带民事诉讼制度与民事权利保护［J］.中国法学，2002（2）：131-139.

［176］龙宗智.刑民交叉案件中的事实认定与证据使用［J］.法学研究，2018，40（6）：3-20.

［177］张卫平.民刑交叉诉讼关系处理的规则与法理［J］.法学研究，2018，40（3）：102-117.

［178］陈卫东.关于附带民事诉讼审判实践中若干问题探析［J］.法律科学·西北政法学院学报，1991，9（2）：80-83.

［179］李会彬.传统刑事责任与民事责任关系的理论反思及其重新界定［J］.政治与法律，2019（7）：38-49.

［180］丹尼尔·W·凡奈思.全球视野下的恢复性司法［J］.南京大学学报（哲学·人文科学·社会科学），2005，42（4）：130-136.

［181］吴如巧，姚柯纯.试论我国环境法庭"三审合一"审判模式［J］.江西理工大学学报，2017，38（4）：24-30.

［182］纪格非.论刑民交叉案件的审理顺序［J］.法学家，2018（6）：147-160.

［183］邢会丽.刑民交叉案件中刑事判决的效力问题研究［J］.河北法学，2019，37（6）：190-200.

［184］秦天宝.我国环境民事公益诉讼与私益诉讼的衔接［J］.人民司法（应用），2016（19）：10-13.

［185］于春婷.环境公/私益诉讼机制协调问题研究［D］.长春：吉林大学，2018.

［186］占善刚.民事诉讼中的证据共通原则研究［J］.法学评论，2012，30（5）：36-42.

［187］孙佑海.对修改后的《民事诉讼法》中公益诉讼制度的理解［J］.法学杂志，2012，33（12）：89-93.

［188］肖建国，黄忠顺.环境公益诉讼基本问题研究［J］.法律适用，2014（4）：8-14.

［189］张洪川，张昕.海洋环境污染中公益与私益的诉讼交叉［J］.人民司法（应用），2017（22）：98-101.

［190］周骁然.论环境民事公益诉讼中惩罚性赔偿制度的构建［J］.中南大学学报（社会科学版），2018，24（2）：52-62.

［191］牛颖秀.生态环境损害赔偿诉讼与环境民事公益诉讼辨析：以诉讼标的为切入的分析［J］.新疆大学学报（哲学·人文社会科学版），2019，47（1）：40-47.

［192］侯佳儒.生态环境损害的赔偿、移转与预防：从私法到公法［J］.法学论坛，2017，32（3）：22-27.

［193］竺效.生态损害公益索赔主体机制的构建［J］.法学，2016（3）：3-12.

［194］王岚．论生态环境损害救济机制［J］．社会科学，2018（6）：104-111.

［195］刘莉，胡攀．生态环境损害赔偿磋商制度的双阶构造解释论［J］．甘肃政法学院学报，2019（1）：37-46.

［196］黄萍．生态环境损害索赔主体适格性及其实现：以自然资源国家所有权为理论基础［J］．社会科学辑刊，2018（3）：123-130.

［197］郭海蓝，陈德敏．省级政府提起生态环境损害赔偿诉讼的制度困境与规范路径［J］．中国人口·资源与环境，2018，28（3）：86-94.

［198］宋丽容．生态环境损害赔偿与社会组织公益诉讼之衔接［J］．中国环境管理干部学院学报，2018，28（5）：6-9.

［199］李昊．论生态损害的侵权责任构造：以损害拟制条款为进路［J］．南京大学学报（哲学·人文科学·社会科学），2019，56（1）：49-60.

［200］陈爱武，姚震宇．环境公益诉讼若干问题研究：以生态环境损害赔偿制度为对象的分析［J］．法律适用，2019（1）：22-31.

［201］彭中遥．生态环境损害赔偿诉讼的性质认定与制度完善［J］．内蒙古社会科学（汉文版），2019，40（1）：105-111.

［202］史玉成．环境利益、环境权利与环境权力的分层建构：基于法益分析方法的思考［J］．法商研究，2013，30（5）：47-57.

［203］王小钢．生态环境损害赔偿诉讼的公共信托理论阐释：自然资源国家所有和公共信托环境权益的二维构造［J］．法学论坛，2018，33（6）：32-38.

［204］巩固．环境民事公益诉讼性质定位省思［J］．法学研究，2019，41（3）：127-147.

［205］谢海定．国家所有的法律表达及其解释［J］．中国法学，2016（2）：86-104.

［206］张宝.生态环境损害政府索赔权与监管权的适用关系辨析［J］.法学论坛，2017，32（3）：14-21.

［207］吕忠梅，窦海阳.修复生态环境责任的实证解析［J］.法学研究，2017，39（3）：125-142.

［208］李晖，杨雷.生态环境损害赔偿制度研究：兼论其与环境公益诉讼的衔接［J］.西部法学评论，2018（3）：46-54.

［209］段厚省.请求权竞合研究［J］.法学评论，2005，23（2）：152-160.

［210］张梓太，席悦.生态环境损害赔偿纠纷解决机制分析与重构［J］.江淮论坛，2018（6）：128-135.

［211］程多威，王灿发.论生态环境损害赔偿制度与环境公益诉讼的衔接［J］.环境保护，2016，44（2）：39-42.

［212］林潇潇.论生态环境损害治理的法律制度选择［J］.当代法学，2019，33（3）：126-136.

［213］徐以祥.论生态环境损害的行政命令救济［J］.政治与法律，2019（9）：82-92.

［214］王琪.公私法互融背景下的域外生态环境损害责任制度对我国的启示［J］.环境保护，2019，47（Z1）：94-99.

［215］陈桂明.诉讼公正与程序保障：民事诉讼程序优化的法哲学探讨［J］.政法论坛，1995，13（5）：41-47，63.

［216］龙宗智，袁坚.深化改革背景下对司法行政化的遏制［J］.法学研究，2014，36（1）：132-149.

三、外文文献

［1］Leopold A. A Sand County Almanac: And Sketches Here and There［M］. New York: Oxford University Press，1987:224-225.

［2］Stephenson M C. Legislative Allocation of Delegated Power:

Uncertainty, Risk, and the Choice between Agencies and Courts [J]. Harvard Law Review, 2006, 119（4）:1035-1070.

［3］Vermeule A. The Delegation Lottery [J]. Harvard Law Review, 2006, 119（4）:105-111.

［4］Blumm M C. Two Wrongs? Correcting Professor Lazarus's Misunderstanding of the Public Trust Doctrine [J]. Environmental Law, 2016, 46（3）: 481-489.

［5］Green L. Tort Law Public Law in Disguise [J]. Texas Law Review. 1960（38）:1-13.